Joel Tillinghast

Alles, was Sie über Stock-Picking wissen müssen

Joel Tillinghast

Alles, was Sie über Stock-Picking wissen müssen

Die Bausteine des Anlageerfolgs

Börsenbuchverlag

Die Originalausgabe erschien unter dem Titel
Big Money Thinks Small: Biases, Blind Spots, and Smarter Investing
ISBN 978-0-231-17571-5

2. Auflage 2024

Übersetzung: Egbert Neumüller
Gestaltung Cover: Daniela Freitag
Gestaltung, Satz und Herstellung: Timo Boethelt
Lektorat: Elke Sabat
Druck: GGP Media GmbH, Pößneck

ISBN 978-3-86470-850-3

Bibliografische Information der Deutschen Nationalbibliothek:
Die Deutsche Nationalbibliothek verzeichnet diese Publikation in der Deutschen Nationalbibliografie; detaillierte bibliografische Daten sind im Internet über <http://dnb.d-nb.de> abrufbar.

BÖRSEN MEDIEN
AKTIENGESELLSCHAFT

Postfach 1449 • 95305 Kulmbach
Tel: +49 9221 9051-0 • Fax: +49 9221 9051-4444
E-Mail: buecher@boersenmedien.de
www.boersenbuchverlag.de
www.facebook.com/plassenverlag
www.instagram.com/plassen_buchverlage

INHALT

TEIL IV - LEBE LANG UND GEDEIHE

TEIL V - WAS IST SIE WERT?

VORWORT

PETER LYNCH

Ich war gewissermaßen mein Leben lang aktiver Stock-Picker, und daher schmerzt es mich, wenn Kritiker bequem alle in die gleiche Schublade stecken und sagen: „Aktive Manager können ihre Benchmark-Indizes nicht schlagen." Ich sage Ihnen an dieser Stelle, dass das nicht stimmt. Als Anleger muss man wissen, dass nicht alle aktiven Manager gleich sind. Es gibt viele geschickte Anlageprofis, deren Fonds im Laufe der Zeit ihre Benchmarks geschlagen haben – und Joel Tillinghast kann mit allen mithalten. Er managt den Fidelity Low-Priced Stock Fund inzwischen mehr als doppelt so lange, wie ich den Fidelity Magellan gemanagt habe.

Es gibt viele Bücher, die einem angeblich helfen, zum besseren Anleger zu werden. Aber nur wenige von ihnen verflechten die menschlichen Aspekte der Geldanlage und der Geschäftswelt mit dem Zahlenaspekt, und noch weniger tun dies, indem sie von den Erfahrungen eines Menschen zehren, den man mit Fug und Recht als einen der erfolgreichsten Stock-Picker und aktiven Investmentfonds-Manager der letzten drei Jahrzehnte bezeichnen kann. Egal, ob Sie professioneller Investor oder Anfänger sind: „Alles, was Sie über Stock-Picking wissen müssen" kann Ihnen helfen, besser zu verstehen, wie man die üblichen Tücken, Fallen und Fehler der Geldanlage vermeidet.

Ich lege seit über 50 Jahren Geld an und hatte das Vergnügen, mit einigen der besten Köpfe der Geldanlage zusammenzuarbeiten oder sie kennenzulernen, unter anderem Mario Gabelli, Sir John Templeton, Warren Buffett und Will Danoff. Einfach gesagt kann sich Joel mit ihnen allen messen. Ich kann dies mit großem Zutrauen sagen, weil ich ihn nicht nur seit mehr als 30 Jahren kenne, sondern ihn damals auch bei Fidelity eingestellt habe. Seither bin ich Zeuge von Joels Wachstum als Anlageprofi, und ich bin immer wieder von seiner übermenschlichen Fähigkeit fasziniert, Berge von Informationen über Hunderte von Unternehmen auf einmal aufzunehmen, sie zu analysieren, herunterzudestillieren und zu verwenden, um langfristige Gewinner zu finden sowie viele von den Verlierern zu meiden.

Diese analytische Fähigkeit und seine Einstellung, dass der Kunde an erster Stelle steht, ließen mich vor über 30 Jahren Joels unverlangten Anruf entgegennehmen, als er nach einer neuen beruflichen Herausforderung suchte. Ich weiß noch, dass meine Assistentin Paula Sullivan, mit der er zunächst gesprochen hatte, mir sagte: „Sie müssen mit dem Mann reden. Er ruft immer wieder an und ist echt schnuckelig. Er kommt aus dem Mittleren Westen, und ich finde, er könnte Farmer sein." Ich sagte zu Paula: „Ich kann ihm fünf Minuten geben." Also hatte ich Joel am Telefon und war sofort von ihm beeindruckt. Er war ein Aktien-Spürhund und hatte zahlreiche tolle Ideen, zum Beispiel Puerto Rican Cement. Dann erzählte er von einer Sparkasse, von der ich noch nie gehört hatte und die mich begeisterte. Wir sprachen noch über einige Unternehmen, darunter Chrysler und Armstrong Rubber. Letztlich sprach ich über eine Stunde lang mit ihm. Als wir aufgelegt hatten, rief ich sofort den Chef der Investmentabteilung von Fidelity an und sagte ihm: „Wir müssen diesen Mann einstellen. Er ist unglaublich. So gut wie jemals einer, der mir begegnet ist." Das war im September 1986 und der Rest ist Geschichte. Die Performance in der Vergangenheit ist zwar keine Garantie für die künftigen Ergebnisse, aber Joel hat in den fast 28 Jahren seiner Amtszeit den Anteilseignern seines Fonds beeindruckende Ergebnisse geliefert.

In meinen Augen ist Joel einer der großartigsten und erfolgreichsten Stock-Picker aller Zeiten. Er ist ein wahrhaft leuchtendes Beispiel eines aktiven Managers, dem es gelungen ist, die Wall Street zu schlagen. Ich bin dafür, dass in einem Wörterbuch bei dem Eintrag „Alpha" ein Bild von Joel zu sehen sein sollte. Er ist ein einzigartiger, einmaliger Anleger, und daher gibt es kein Rezept, um seinen Erfolg nachzuahmen. Dabei verkörpert er eindeutig die Eigenschaften und Merkmale, die meines Erachtens von entscheidender Bedeutung sind, um ein großartiger Anleger zu sein. Er ist geduldig, offen und flexibel. Zudem ist er in der Lage, die Wirren der Welt lange genug zu ignorieren, damit seine Investments zum Erfolg gelangen können. Er ist bereit, eigenständige Recherchen anzustellen, und er ist ebenso bereit, es einzugestehen, wenn er sich geirrt hat, und dann auszusteigen. Er ist beharrlich, aber nicht stur. Gute Investoren haben einige dieser Eigenschaften, großartige Investoren wie Joel haben sie alle.

Eine weitere Eigenschaft, die Joel wirklich vom Rest des professionellen Investmentpulks abhebt, ist seine Fähigkeit, dort Wert zu finden, wo ihn niemand sonst suchen würde, oder jedenfalls nur sehr wenige. In diesem Buch schreibt Joel über die Aktien von Wasserversorgern. Wasser-Aktien sind langweilig. Und wenn dann noch merkwürdige Namen wie Dwr Cymru (Welsh Water), Severn Trent und Northumbrian Water hinzukommen, versteht es sich fast schon von selbst, dass sich nur sehr wenige Menschen damit befassen ... jedenfalls nicht so viele wie etwa mit Google oder Apple. Und diejenigen, die sich doch solche Aktien ansehen, haben gewöhnlich nicht genug Geduld und Engagement, um die tiefgreifenden fundamentalen Recherchen anzustellen, die erforderlich sind, um die Storys zu verstehen und Gelegenheiten zu finden. Ich weiß noch, wie ich einmal mit Joel über diese Wasserversorger sprach, deren fundamentale Story wirklich reizvoll klang. Wer außer Joel würde sich so etwas anschauen?

Auch beweist Joel immer wieder seine Fähigkeit, langfristig wachsende Aktien zu finden, bevor sie ihren großen Lauf nach oben erleben. Schließlich tun ja diejenigen am meisten weh, die man auf dem Weg nach oben verpasst. In diesem Buch beleuchtet Joel einige der Unternehmen, die er in der Frühphase ihres Wachstumszyklus gefunden hat und die später große Beiträge zu der vergangenen Performance des Fidelity Low-Priced Stock Fund leisteten – Ross Stores, AutoZone, Monster Beverage, Ansys und viele andere. Die meisten Anleger neigen dazu, eine Aktie flüssigzumachen, nachdem sie 10 oder 15 Prozent gestiegen ist, und dann eine andere zu kaufen. Aber dass eine Aktie um 10 oder 15 Prozent gestiegen ist, heißt ja nicht, dass sie keinen Spielraum mehr für weiteres Wachstum hätte. Ein erfolgreicher Anleger ist einer, der langfristig dabeibleibt und die fundamentale Story weiterhin beobachtet. Bleibt sie, bleibt man dabei, bleibt sie nicht, macht man etwas anderes. Diese Fähigkeit und andere haben Joel in seiner beruflichen Laufbahn zu einem derart unglaublich erfolgreichen Anleger gemacht.

In „Alles, was Sie über Stock-Picking wissen müssen" nutzt Joel seine Erfahrung als ausgefuchster Manager eines aktiven Aktien-Investmentfonds, um zu veranschaulichen, dass manche Investmenttheorien funktionieren ... oder eben nicht. Er hat im Laufe seiner Karriere zwar eine ausgeprägte Fähigkeit an den Tag gelegt, erfolgreich zu sein, aber ebenso wie alle anderen Anleger ist auch er nicht unfehlbar. Stock-Picking ist harte Arbeit, und im Laufe von fast drei Jahrzehnten machen sogar die besten Investoren – wie Joel – Fehler. Was zählt, ist die Gesamtheit der Arbeit, die man geleistet hat. In diesem Buch untersucht Joel in außerordentlicher Weise einige seiner bedauerlichsten Investments und schlägt Möglichkeiten vor, wie die Leser es womöglich vermeiden können, die gleichen Fehler wie er zu machen.

Er schreibt, man könne zwar nicht lernen, ein großartiger Anleger zu sein, aber man könne lernen, vor Fehlern zurückzuschrecken und ein erfolgreicher Anleger zu sein. Überzeugende Aktienwerber und andere können den Durchschnittsanleger zu Selbstüberschätzung und übereilten Entscheidungen verleiten. Joel schreibt, dass sich vorsichtiges Handeln, Geduld und die Vermeidung von Fehlern mit weitaus größerer Wahrscheinlichkeit auszahlen als wenige gewagte Investments.

In diesem Buch stellt Joel die fünf Grundprinzipien zur Vermeidung von Investment-Missgeschicken vor. Je nachdem, ob man das Glas als halb voll oder als halb leer betrachtet, kann man diese Grundsätze als Dinge formulieren, die man unterlassen oder die man tun sollte. Zum Beispiel:

1. Nicht emotional anhand des Bauchgefühls investieren/ Geduldig und rational investieren

2. Nicht in Dinge investieren, die man nicht versteht, und dabei Wissen verwenden, das man nicht besitzt/In etwas investieren, das man versteht
3. Nicht bei Ganoven oder Idioten anlegen/Bei fähigen, ehrlichen Managern anlegen
4. Nicht in launenhafte, sich schnell verändernde und hoch verschuldete Massenunternehmen investieren/In belastbare Unternehmen mit einer Marktnische und einer starken Bilanz investieren
5. Nicht in brandheiße „Story"-Aktien investieren/In Aktien investieren, die man zum Spottpreis bekommt

„Alles, was Sie über Stock-Picking wissen müssen" ist kein weiteres Buch darüber, wie man am Markt oder mit dem Markt „spielen" sollte. Mich stört dieser Begriff schon immer. Im Zusammenhang mit der Geldanlage ist das Verb „spielen" sehr gefährlich. Die Geldanlage in Aktien ist nicht leicht, sollte aber auch nicht schmerzhaft sein. Sie erfordert schlicht und einfach Arbeit sowie das Verständnis, dass sich Aktienkurse auf lange Sicht meistens so entwickeln wie die Unternehmensgewinne. Diese Korrelation ist unglaublich eng. So ist beispielsweise der Gewinn von Ross Stores in den letzten 24 Jahren auf das 75-Fache gestiegen, und es überrascht nicht, dass der Aktienkurs in diesem Zeitraum auf das 69-Fache gestiegen ist. Der Gewinn von Monster Beverage ist in den letzten 15 Jahren auf das 119-Fache gestiegen, und wenig überraschend ist sein Aktienkurs auf das 495-Fache gestiegen. Dabei muss man beachten, dass die gleiche Korrelation gilt, wenn der Gewinn sinkt. Die Geschichte ist mit Beispielen dafür übersät.

Die allermeisten Aktien sind angemessen („fair") bewertet. Ich sage schon immer, dass man, wenn man sich zehn Aktien anschaut, eine finden wird, in die zu investieren sich lohnt. Wenn man sich 20 anschaut, findet man zwei, bei 100 sind es zehn ... und so weiter. Es gewinnt derjenige, der die meisten Steine umdreht. Um diese Metapher weiter zu strapazieren: Joel dreht nicht nur die meisten Steine um, sondern ist auch noch ein großartiger Geologe!

Joel hat sein Engagement für diese Arbeit bewiesen. Er versucht nicht, den Markt zu „timen“. Er wendet die nötige Zeit und Mühe auf, über jede einzelne Aktie Recherchen anzustellen, und das nicht nur kurz vor dem Kauf, sondern auch – und das ist genauso wichtig – während er sie besitzt. Ich möchte behaupten, Joel arbeitet so fleißig wie irgendeiner der besten professionellen Anleger, und der Erfolg, den er für die Anteilseigner seines Fonds erzielt, belegt dies.

Viele Menschen haben genug Hirnschmalz, um mit Aktien Geld zu verdienen, aber nicht jeder hat den dafür nötigen Magen. Joel hat beides, und durch kluge Anweisungen geleitet er den Leser meisterhaft durch jeden Schritt seines Anlageprozesses. Er führt vor, wie man die richtigen Fragen stellt und wie man objektiv über die Verfassung seines Portfolios nachdenkt.

Dieses Buch enthält derartig viele großartige Informationen, dass ich jetzt aufhöre und Sie schlicht auffordere, es zu lesen. „Alles, was Sie über Stock-Picking wissen müssen“ ist Pflichtlektüre … es ist ein Tenbagger!

GEISTIGES GESCHICK

1
DIE WELT IST TOTAL VERRÜCKT

„Überzeugungen werden zu Gedanken, Gedanken werden zu Worten, Worte werden zu Taten, Taten werden zu Gewohnheiten, Gewohnheiten werden zu Werten, die Werte werden zum Schicksal."
- Mahatma Gandhi -

Wollen Sie reich werden? Wirtschaftswissenschaftler finden diese Frage absurd, weil die Antwort so offenkundig „Ja" lautet. Wenn Sie die Vorstellung, ein Vermögen aufzubauen, nicht reizen würde, bezweifle ich, dass Sie das vorliegende Buch über Anlageentscheidungen lesen würden. Trotzdem wäre es unklug von mir – wie von jedem anderen –, zu viele Annahmen bezüglich Motiven, Überzeugungen und Entscheidungsfindung zu treffen. Ein Schlüsselthema dieses Buches ist, dass in der Welt der Geldanlage die Wirklichkeit nicht so ist, wie sie scheint, und dass sich das Ideal häufig sowohl von dem Anschein als auch von der Wirklichkeit unterscheidet. Auch treffen wir Entscheidungen nicht so rational, wie wir glauben. Und unsere Entscheidungen sind nicht perfekt – wir alle treffen Entscheidungen, die wir später bereuen.

In diesem Buch geht es darum, wie man durch die Vermeidung von Fehlern erfolgreich Geld anlegt. Es besteht aus fünf Teilen, denn man erntet erfreuliche Anlagegewinne, wenn man **(1) Entscheidun-**

gen rational fällt, (2) in Dinge investiert, die man kennt, (3) mit ehrlichen, vertrauenswürdigen Managern zusammenarbeitet, (4) Unternehmen meidet, die gefährdet sind, zu veralten oder sich zu ruinieren, und (5) Aktien richtig bewertet. Zwar werden diejenigen Leser, die selbst schon Investmentfehler begangen haben, die Geschichten über meine Fehler am besten begreifen, aber ich hoffe, das Buch bietet einer breiteren Leserschaft die Chance, aus den Fehlern anderer zu lernen – und dass es auch ein bisschen unterhaltsam ist.

Ich leite seit 1989 den Fidelity Low-Priced Stock Fund (FLPSX) anhand eines auf den inneren Wert ausgerichteten Ansatzes, und seither übertrifft er sowohl den Russell 2000 als auch den Standard & Poor's 500 um jährlich vier Prozentpunkte. In diesen 27 Jahren wären aus einem Dollar, den man in den FLPSX investiert hätte, 32 Dollar geworden, aus einem in einen Index investierten Dollar nur zwölf Dollar.

Aber die Welt der Unternehmen und der Aktien verändert sich ständig. Was in der Vergangenheit funktioniert hat, funktioniert in Zukunft vielleicht nicht mehr. Und vor allem sind die Anleger unterschiedlich, sie sind emotional unterschiedlich veranlagt, sie haben unterschiedliche Begabungen, Kenntnisse, Motivationen und Ziele. Es gibt entschieden kein Rezept für alle. Und da wir uns gerade erst kennengelernt haben, darf ich nicht gleich Schlüsse über Sie ziehen.

„WAS PASSIERT ALS NÄCHSTES?" UND „WAS IST SIE WERT?"

Die meisten Anleger wollen, was eine Aktie angeht, zwei Fragen beantworten: „Was passiert als Nächstes?" und „Was ist sie wert?" Unser Verstand beantwortet die erste Frage von Natur aus sofort, häufig ohne zu merken, dass er sie überhaupt gestellt hat. Der Aktienkurs ist gestiegen, deshalb wird er jetzt noch weiter steigen – außer natürlich wenn er fällt. Ein Unternehmen meldet katastrophale Zahlen. Dann werden die Ergebnisprognosen zusammengestrichen. Der Aktienkurs taucht ab – außer wenn der Markt bereits wusste, dass es ein

Blutbad geben würde, und nun erleichtert ist, dass die Ausblicke der Unternehmensleitung nicht noch trübseliger ausgefallen sind. Unweigerlich passiert nach dem, was als Nächstes passiert, etwas anderes, auf das man vielleicht nicht vorbereitet ist. Die Frage, was als Nächstes geschieht, ist eine endlose Tretmühle nach dem Motto „Und was dann?". Dabei werden viele Antworten falsch sein.

Je länger der Zeithorizont, umso wahrscheinlicher ist man den anderen Anlegern einen Schritt voraus. Aufmerksame Anleger betrachten das Geschehen wenigstens ein paar Schritte im Voraus. Die Antwort auf die zweite Stellung der Frage „Was passiert als Nächstes?" hängt in gewissem Maße von der Antwort auf die erste ab, die dritte von der zweiten und möglicherweise von den ersten beiden. Und so weiter. Nehmen wir einmal an, ein Unternehmen hätte ein fabelhaftes neues Produkt entwickelt. So etwas führt oft zu hohen Umsätzen und Gewinnen. Aber hohe Gewinne locken Konkurrenten an, sodass ... Manchmal bleibt das erste Unternehmen, das ein Produkt auf den Markt gebracht hat, der Gewinner und streicht alles ein. In anderen Fällen hat der Pionier ein Messer im Rücken und ist ein warnendes Beispiel, wo man nicht investieren sollte. Ob man die Frage in beiden Fällen nun richtig oder falsch beantwortet, ich wüsste nicht, wie man sie in Anlageentscheidungen umwandeln könnte.

Die Frage „Was ist sie wert?" ist noch verwickelter. Viele Anleger ignorieren die Frage nach dem Wert, weil sie meinen, ihre Beantwortung sei zu schwierig. Andere stellen sie deshalb nicht, weil sie meinen, der Preis und der Wert einer Aktie seien das Gleiche. Sie nehmen an, eine Aktie sei genau das wert, wofür man sie verkaufen (oder kaufen) kann. Wenn man eilig verkaufen muss, bekommt man den Marktpreis, nicht den Wert. Der Grundgedanke des Value-Investings – das ich verfechte – besagt, dass Preis und Wert nicht immer gleich sind, es aber zu irgendeinem künftigen Zeitpunkt eigentlich sein müssten. Da man diesen Zeitpunkt nicht kennt, ist Geduld zwingend erforderlich.

Der Beweis für den Wert kommt erst nach Jahren, lange nach der Kauf- oder Verkaufsentscheidung. Der Wert lässt sich nur indirekt und niemals präzise angeben, denn er basiert auf Gewinn- und Cashflow-Prognosen, die sich auf die unergründliche Zukunft beziehen. Vorhersagen sind immer Ratespiele, niemals Tatsachen. In vielen Fällen hängt das, was sich tatsächlich ergibt, zunehmend vom Geschehen im Laufe der Zeit ab. Wenn die Verluste eines Unternehmens in einem Jahr besonders fürchterlich ausfallen und es untergeht, dann bleibt wirklich nur noch ein Restwert. Die meisten Menschen sind nicht geduldig genug, um sich durch so etwas Langwieriges und Skizzenhaftes wie eine Bewertung zu wursteln.

Um die Frage nach dem Wert zu beantworten, braucht man viel Geduld und wenig Umschlag. Der scheinbar leichtere Weg des ständigen Kaufens und Verkaufens anhand der Frage, was als Nächstes passiert, funktioniert bei den meisten Anlegern nicht, auch nicht bei den Profis. Der Umschlag eines Portfolios ist – je nachdem, was niedriger ist – die Summe der Käufe oder Verkäufe in Prozent des angelegten Vermögens. Ein Umschlag von 100 Prozent würde also bedeuten, dass die Positionen in jedem Jahr komplett ausgetauscht werden. Investmentfonds müssen die Angaben zu ihren Positionen und zu ihrem Umschlag an die Börsenaufsicht U.S. Securities and Exchange Commission (SEC) melden, sodass ihr Geschäftsgebaren öffentlich bekannt ist.

Aus den meisten Studien geht so ungefähr hervor, dass ein Fonds umso schlechter läuft, je höher sein Umschlag ist (siehe Tabelle 1.1). Alle Studien, die ich gesehen habe, zeigen, dass Investmentfonds mit einem Umsatz von mehr als 200 Prozent eine schlechte Performance aufweisen. Diejenigen mit einem Umschlag über 100 Prozent laufen ein bisschen besser, aber nicht viel besser. Die Studien sagen *nicht* übereinstimmend aus, ob das beste Umschlagsniveau mäßig oder so nahe null wie menschenmöglich ist. Investmentfonds mit einem Umsatz unter 50 Prozent setzen wahrscheinlich einen überlegten, geduldigen Ansatz ein – wie zum Beispiel Value-Investing.

Tabelle 1.1
Umschlag und Überrendite von Investmentfonds

Quintil des Umschlags	Durchschnittlicher Umschlag	Jährliche Überrendite
1 (hoch)	128 %	-0,24 %
2	81 %	-0,31 %
3	59 %	+0,07 %
4	37 %	+0,33 %
5 (gering)	18 %	+0,10 %

Quelle: Salim Hart (Fidelity), bei Morningstar gelistete aktiv gemanagte Aktienfonds mit einem Anlagevermögen von mehr als 0,5 Milliarden US-Dollar.

FOLKLORE UND MASSEN

Historiker, Psychologen und Volkswirte beschreiben das Verhalten an Börsen unterschiedlich. Jahrhundertelang schilderte die Folklore sie als überfüllten, anonymen Karneval der Massentäuschung mit einem Hauch von Sünde. An einem Ort, an dem Geiz und Neid Konstanten sind, erwartet niemand, dass Entscheidungen moralisch ideal sind. Finanziell gesehen stammen die größten Gefahren aus einem Fehlverständnis der Wirklichkeit, das zu endlosen Zyklen von Aufschwung und Niedergang führt. Dazu zählen die holländische Tulpenmanie, die Südseeblase, der Große Krach, die Blase in Japan und Dutzende mehr – natürlich auch die Technologie- und die Immobilienblase. Die Anleger dachten, sie würden sich an Abenteuern beteiligen, die die Welt neu erfinden würden. Als die Blasen platzten, blieben ihnen vergeudetes Kapital, Betrügereien und erdrückende Schulden.

Das französische Multitalent Gustave Le Bon schrieb 1895 „Psychologie der Massen“ als Hasstirade auf die französische Politik, aber seine Bemerkungen beschreiben auch, wie an Börsen Manien entstehen. Unter dem Einfluss von Massen verhalten sich Menschen bizarr und so, wie sie es allein niemals tun würden. Le Bons Schlüsselthema ist, dass Massen auf dem kleinsten, barbarischsten Nenner ihres kollektiven Unbewussten geeint sind – Instinkte, Leidenschaften und Gefühle –, niemals aufgrund von Vernunft. Da Massen nicht vernünftig überlegen können, können sie Fakt und Fiktion nicht unterscheiden. Massen lassen sich von Spektakeln, Bildern und Mythen beeindrucken. Fehlinformation und Übertreibung werden dann ansteckend. Wahren Gläubigen, die gemeinsame Überzeugungen bekräftigen, fällt Prestige zu. Massen jagen einem Wahn so lange nach, bis die Erfahrung ihn vernichtet.

Britische Anleger konnten dem Bild von aus Gold gebauten Städten in der Neuen Welt nicht widerstehen und ließen die Südseeblase anschwellen. Heute mag man sich das Eldorado als Bluttests ohne Nadel, Kolonien auf dem Mars oder solarbetriebene selbstfahrende Autos vorstellen. Anleger können Aktien wie Facebook, Amazon, Salesforce.com oder Tesla so glühend anhängen wie Religionen. Professionelle Fondsmanager *sollten* weniger empfänglich für den Druck sein, dazuzugehören und sich anzupassen, als Privatanleger, aber ... Wir bekommen vierteljährliche und jährliche Kritiken unserer relativen Performance und unserer Abweichungen von Benchmarks, und wir haben Kunden, die ihre Depots schließen, wenn wir in diesem Wettrennen zurückliegen.

Die South Sea Company wurde 1711 als Plan zur Privatisierung der britischen Staatsschulden gegründet. Die Krone gewährte der Gesellschaft das Exklusivrecht, mit Südamerika zu handeln. Die Inhaber von Staatsanleihen konnten diese gegen Aktien der South Sea Company eintauschen, und die Gesellschaft sollte die Anleihezinsen kassieren. Die Zinseinnahmen sollten die *einzige* Netto-Einnahmequelle der South Sea Company sein. Der internationale Handel brachte zwar ein spekulatives Knistern mit sich, aber damit erzielte die Gesellschaft nie Gewinn, nicht einmal als sie Sklaven in ihre Fracht aufnahm. Trotzdem verachtfachte sich der Aktienkurs bis zum Juni 1720 innerhalb eines halben Jahres auf 1.000 Pfund. König Georg I. war Ehrengouverneur der Gesellschaft, und viele aus der höheren Londoner Gesellschaft ließen sich in die Manie hineinziehen. Die Aktien wurden ratenweise angeboten. Andere liehen sich Geld, um Aktien zu kaufen. Innerhalb weniger Monate fielen die Südsee-Aktien auf 150 Pfund, im Jahr danach unter 100 Pfund. Dadurch wurden viele ruiniert, die sich dafür verschuldet hatten.

Während der Südseeblase wurden fünf Arten von Fehlern gemacht, wobei die Anleger das **Gegenteil** der fünf Grundsätze des vorliegenden Buches machten. Der erste Grundsatz besagt, *Entscheidungen rational zu treffen.* Die Entscheidung, in die South Sea Company zu investieren, gab eine gemeinsame Halluzination goldener Städte in Südamerika wieder. Es stimmt, dass der Handel mit dem englischsprachigen Nordamerika lukrativ gewesen war, aber Südamerika war größtenteils spanisches Territorium. Wenn sich Fakten nicht problemlos belegen lassen, hält man sich häufig (und oft irrtümlich) an die Urteile von Autoritäten. Natürlich wurden die Aktienbeteiligung des Königs und seine Position in der South Sea Company als Unterstützung gewertet. Die Angst, etwas zu verpassen (FOMO = Fear Of Missing Out), klingt nur so lange lächerlich, bis man gesehen hat, wie Menschen um einen herum einen unverdienten Geldsegen einstreichen. FOMO kann überwältigend sein! Der berühmte Physiker Sir Isaac Newton soll durch die Südseeblase Geld verloren und danach gesagt haben: „Ich kann die Bewegungen der Himmelskörper berechnen, nicht aber den Wahnsinn der Menschen."

Zweitens sollte man *in Dinge investieren, die man kennt.* Nichts von den Erfahrungen der meisten Investoren der South Sea Company qualifizierte sie, den Nutzen des Handels mit Südamerika zu quantifizieren. Seefahrten waren lang und langsam, nur wenige Anleger hatten je England verlassen oder sprachen Spanisch. Vielleicht begriffen die Anleger nicht, dass es in Spaniens Interesse lag, den Handel mit seinen Kolonien zu monopolisieren. An der Spitze der gesellschaftlichen Ordnung standen die Königsfamilie und landbesitzende Adlige, bei denen zu viele geschäftliche Kenntnisse als unwürdig galten. Die einzigen Engländer, die eine gewisse Vorstellung davon gehabt haben mögen, wie profitabel Fahrten nach Südamerika sein konnten, waren die Piraten.

Drittens sollte man *mit ehrlichen, fähigen Managern zusammenarbeiten.* Die Werber der South Sea Company hatten keine Erfahrung damit, Schifffahrtsrouten zu betreiben, und auch kein Interesse daran; sie waren darauf aus, an den Aktionären Geld zu verdienen, nicht für sie. Damals wie heute waren staatlicherseits gewährte Monopole normalerweise lukrativ, aber für manche roch das nach einem kriminellen Aspekt. Aktienbezugsrechte wurden an Angehörige der herrschenden Klasse vergeben, unter anderem an König George I., seine deutsche Geliebte, an den Prince of Wales, den Schatzkanzler und den Finanzminister. Die Werber der South Sea Company gaben Aktien zu überhöhten Preisen aus. Bei der größten Begebung wurden Aktien zum dreifachen Nennwert gegen Staatsanleihen getauscht. Danach wurden Schatzkanzler John Aislabie und andere abgesetzt und inhaftiert, Dutzende fielen in Ungnade.

Viertens sollte man *wettbewerbsintensive Branchen meiden und stabile Finanzstrukturen anstreben.* Der Charakter des Handels mit Südamerika und die finanzielle Struktur der Aktienpositionen machten einen Bankrott nach einer gewissen Zeit unvermeidlich. Die britische Krone war gar nicht in der Lage, das Monopol zu gewähren, denn es lag in Spaniens Interesse, die Kontrolle über den Handel mit seinen Kolonien zu behalten, und England war kein Verbündeter. Auch Frankreich hatte Ambitionen, sodass die langfristigen Aussichten für Seefahrtslinien in die Südsee trübe waren. Außerdem wurden Käufe von Südsee-Aktien auf Arten und Weisen finanziert, die nicht auf Dauer ausgelegt waren. Viele Beamte bekamen ohne Anzahlung Aktien, was man als Optionen betrachten könnte, aber auch als Bestechung, denn sie steckten einfach den Nettogewinn ein. Die Aktien wurden der Allgemeinheit auf Raten angeboten, gegen eine Anzahlung und zwei spätere Zahlungen, während andere sich Geld liehen, um Aktien zu kaufen. Als die Rechnungen fällig wurden, verkauften viele ihre Aktien, um sich das nötige Bargeld zu beschaffen.

Und schließlich sollte man *Aktienkurse mit dem inneren Wert vergleichen.* Der Börsenkurs der Südsee-Aktien war vollständig von jeglichen realistischen Einschätzungen des Wertes abgekoppelt. **Der innere Wert ist der „wahre" Wert einer Aktie anhand der Dividenden, die sie den Erwartungen zufolge über ihre gesamte restliche Lebensdauer ausschütten wird.** Archibald Hutcheson, ein Parlamentsabgeordneter, der sich gegen den Plan stellte, berechnete im Frühjahr 1720, dass die Aktien 150 Pfund wert seien, während der Marktpreis ein Vielfaches davon betrug. Hutchesons Wertschätzung basierte hauptsächlich auf den Zinseinnahmen der South Sea Company. In den Vorjahren hatten die Expeditionen der Gesellschaft Verluste gebracht (und sollten dies auch künftig tun), sodass man mit Fug und Recht hätte sagen können, sie besitze keinen betrieblichen Wert. Im Jahr 1720 hatte die South Sea Company eine Dividende ausgeschüttet, die – was nicht tragfähig ist – höher als ihr Reingewinn war, sodass ihre Dividendenrendite ein unzuverlässiger Wertindikator war.

Der Massenwahn erklärt einige Fehlurteile im Rahmen der Südseeblase, aber nicht alle. Menschen sind durchaus für sich allein in der Lage, nicht zu wissen, was sie nicht wissen. Als Anleger versuchen wir, die Entscheidungen und die Nachhaltigkeit von Organisationen zu beurteilen, und das hat nichts mit Massenpsychologie zu tun. Der Prozess, den Wert einer Aktie einzuschätzen, erfordert Überlegungen, die Wahrscheinlichkeiten und Statistik beinhalten, und dafür braucht man eine andere Art psychologischer Kenntnisse.

SCHNELLES DENKEN, LANGSAMES DENKEN

Wie soll man über die Geldanlage denken? Gemäß der vereinfachten Beschreibung der Entscheidungsfindung des Psychologen Daniel Kahneman gibt es zwei Denksysteme: System 1, das schnell denkt, und System 2, das langsam und tiefgründig denkt. System 1 (das populärwissenschaftlich als „lizard brain" bezeichnet wird, im Deutschen als Echsenhirn, Reptiliengehirn und so weiter) erkennt Muster automatisch, schnell und mühelos – wobei es einem sagt, was als Nächstes passieren wird. System 2 wendet komplexen Gedanken wie dem Wert einer Aktie oder dem Verständnis Kahnemans widerwillig seine Aufmerksamkeit zu. Zwar werden Wahl (im Sinne von Entscheidung), Handeln und Aufmerksamkeit mit System 2 in Verbindung gebracht, aber häufig haben Entscheidungen ihren Ursprung in System 1. Häufig sind wir überzeugt, wir seien rational zu unseren Entscheidungen gekommen, durch einzelne logische Schritte, aber in Wirklichkeit sind wir durch emotional gesteuerte Mustererkennung dazu gelangt, also durch Intuition. Wenn sich solche Intuitionen auf Wahrscheinlichkeiten und Statistik beziehen, sollte man ihnen nicht trauen.

System 2 hätte nichts zu verarbeiten, wenn das Echsenhirn nicht ständig Ursache-Wirkung-Beziehungen vorschlagen und daraus Absichten ableiten würde, auch wenn sich viele seiner Tipps als Humbug entpuppen. Da unsere Intuition so mühelos Gefühle und Neigungen erzeugt, liefert sie oft die Illusion von Wahrheit, und wir fühlen uns mit den entsprechenden Überzeugungen ungerechtfertigt wohl. Selbstvertrauen und Zuversicht beruhen öfter auf Unwissenheit als auf Wissen.

System 1 ignoriert Mehrdeutigkeit und dämpft Zweifel durch einen Tunnelblick, der auf die Offensichtlichkeit des unmittelbar Sichtbaren gerichtet ist. Kahneman nennt das *What You See Is All There Is* oder WYSIATI (etwa „Es gibt nur das, was man sieht"). Anstatt eine schwierige Frage zu beantworten, beantwortet unser Verstand häufig eine einfachere Frage mithilfe von *Heuristiken* oder Abkürzungen. System 1 achtet mehr auf Überraschungen und Veränderungen als auf das Normale, Durchschnittliche und Wiederkehrende. Es gewichtet geringe Wahrscheinlichkeiten zu hoch, verankert Entscheidungen in einem engen Rahmen und ist für Verluste empfindlicher als für Gewinne.

WIE VERHALTEN SICH ANLEGER WIRKLICH?

Kahneman hat die Beobachtung gemacht, dass sich Menschen nicht so verhalten, wie sich der Annahme von Volkswirten zufolge ein *rational* wirtschaftender Mensch (der sogenannte Homo oeconomicus) verhält. Volkswirte erheben die Forderung, dass Entscheidungen logisch konsistent sein und das wirtschaftliche Wohlergehen maximieren sollen. Niemand, den ich kenne, nicht einmal der gierigste Mistkerl von allen, maximiert irgendetwas zielstrebig in logisch konsequenter Weise (höchstens sein Elend). Der Rationalste von allen ist vielleicht Warren Buffett, der großartige Value-Anleger und CEO von Berkshire Hathaway. Aber die meisten Menschen sind nicht so eindimensional, sondern wägen zwei oder mehr entgegengesetzte Ziele gleichzeitig ab. Sie optimieren. Betrachten wir einmal die Rendite *und* das Risiko: Der Homo oeconomicus ist nicht risikoavers, ich aber schon. Wenn mich die Entscheidungen anderer Menschen verblüffen, erwäge ich, dass hinter ihren Entscheidungen andere Motive stecken.

Wenn ich mir ansehe, wie sich der wirtschaftende Mensch den Volkswirten zufolge verhält, werde ich daran erinnert, dass ich ein fehlerbehaftetes und fehlbares menschliches Wesen bin, auch wenn ich stets anstrebe, besser zu werden.

- *Perfekte Information:* Jeder kennt alle relevanten Informationen über alle Wertpapiere, auch wenn sie verborgen oder geheim sind, und es gibt keine Falschinformationen.
- *Perfekte Voraussicht:* Wir wissen genau, wie sich die Zukunft abspielen wird.
- Die Menschen berechnen und vergleichen bei allem die Chancen und den erwarteten Nutzen.
- Jeder interpretiert Nachrichtenmeldungen korrekt.
- Die Geschmäcker ändern sich nicht (in Einzelhändler zu investieren, die sich an Jugendliche richten, ist ein Kinderspiel).
- Jeder ist unendlich gierig (ist es wirklich rational, mehr Geld zu wollen, als man braucht?).
- Angestellte tun das Gleiche, was auch Eigentümer tun würden.

Volkswirte untersuchen das Anlagerisiko von einem hohen Standpunkt aus und werfen allerlei Risiken in einen Topf. Sie betrachten den Markt *von außen* und stecken die Ergebnisse einer *gesamten* Gruppe statistischer Subjekte in Kategorien, sodass sie die Netto-Auswirkungen auf das gesamte System betrachten, nicht die einzelnen Ergebnisse. Wenn beispielsweise der Ölpreis steigt und die Gewinne von Fluggesellschaften und Speditionen im gleichen Maße sinken, wie die Gewinne der Ölgesellschaften steigen, dann ist das dem System egal – netto betrachtet besteht kein systemisches Risiko. Das Risiko wurde „wegdiversifiziert". Bei dieser Sichtweise kommt es nicht darauf an, ob das Risiko auf unfähigen oder unehrlichen Managern beruht, auf Obsoleszenz oder Überschuldung – **alles** ist „Marktrisiko".

Hingegen nehmen Anleger eine Vielzahl unterschiedlich gearteter Risiken wahr – manche sind attraktiver als andere, und das Gesamtrisiko ist höher. Ich achte auf das Risiko, zu viel zu bezahlen, aber in der systemischen Betrachtungsweise ist das egal, denn mein Verlust ist ja Ihr Gewinn. Die Sicht von außen ist auch deshalb unnatürlich, weil sie anders als die meisten Wertpapieranalysten die Story und die Einzelheiten des konkreten Falles ignoriert und nicht versucht, dessen einzigartiges Ergebnis vorherzusagen. Indes kann die Sicht von außen von Nutzen sein, um die Prävalenz oder Basisrate der geeigneten statistischen Bezugsklasse zu schätzen.

Die *Prävalenz* oder *Basisrate* ist die Häufigkeit einer Eigenschaft in einer statistischen Population. Zum Beispiel entwickeln sich aus vielleicht zwei Prozent der biotechnologischen Forschungsprojekte profitable Arzneimittel. Wenn man sich die Merkmale des konkreten Falles anschaut, kann man die Bezugsklasse als gut finanzierte Biotech-Firmen definieren, die im Genehmigungsverfahren der Food and Drug Administration bereits weiter fortgeschritten sind. Wählt man eine zu breite Bezugsklasse, kann der Blick von außen alles – auch Spiele, bei denen sich Wahrscheinlichkeiten und Können vermischen, beispielsweise Tennis, Schach oder Geldanlage – in reine Wahrscheinlichkeitsspiele verwandeln.

SIND DENN MÄRKTE NICHT EFFIZIENT?

Die Effizienzmarkthypothese (EMH) gründet sich auf eine Reihe verhaltensbezogener Annahmen, die eher zutreffen als nicht. In der wirklichen Welt hat keine Person perfekte Informationen über alle am Markt gehandelten Wertpapiere, und nicht alle sind gleich gut informiert, allerdings stehen denjenigen, die sie haben wollen, ganz gute Informationen zur Verfügung. Nicht jeder interpretiert die Informationen auf die gleiche Weise, aber durchaus viele. Niemand besitzt die perfekte Voraussicht, aber der Markt blickt nach vorn. Anleger versuchen, Aktien rational zu bewerten, aber nicht alle Käufer sind Anleger. Eigentlich sollte man nur dann handeln, wenn eine Aktie fehlbewertet ist, aber viele Menschen handeln auch sonst. Die Transaktionskosten sind zwar nicht gleich null, aber sie sind auf niedrige Niveaus gefallen. Jeder, der von null Steuern ausgeht, bekommt ernste Probleme mit dem Finanzamt.

Die EMH gelangt zu Schlussfolgerungen, die eher zutreffend sind als nicht, zum Beispiel: Aktien sind zu jedem Zeitpunkt angemessen bewertet und spiegeln allwissend alle überall vorhandenen Informationen wider. Die Preise schwanken zufällig, wenn Nachrichten bekannt werden oder sich die Zinsen ändern. Alle Aktien bieten die gleiche risikobereinigte Rendite (wozu dann einzelne Aktien auswählen?). Niemand darf erwarten, dass eine Aktie oder ein Portfolio den Markt schlägt. Man kann die Rendite nicht verbessern, aber man kann die Volatilität wegdiversifizieren, indem man ein Portfolio hält, das den gesamten Markt nachbildet – einen Indexfonds. Der einzige Hebel, den man ansetzen kann, um die Rendite zu steigern – in der wirklichen Welt mit ihren Gebühren und Steuern –, ist die Vermeidung dieser Kosten. Die EMH wirkte derart zwingend, dass sie John Bogle, den Gründer des Investmentfonds-Giganten Vanguard, veranlasste, den ersten Indexfonds auf den S&P 500 mit niedrigen Gebühren aufzulegen.

Ich betrachte die EMH als warnendes Beispiel. Es stimmt zwar, dass die Durchschnittsperson durchschnittliche Ergebnisse erzielt, aber wie bei allen anderen Unternehmungen auch sind hier manche geschickter und interessierter als andere. Bei jedem Wettspiel gibt es gleich viele Gewinner und Verlierer. Aber wenn man nur das durchschnittliche Ergebnis der gesamten Kategorie betrachtet, müsste jeder einen Indexfonds kaufen und bräuchte sich um nichts mehr zu kümmern. Die Konkurrenz ist intelligent und fleißig, daher muss man, um einen Vorsprung zu bekommen, mehr tun als nur das.

Sind Sie wirtschaftlich rationaler und emotional ausgeglichener als der Durchschnittsmensch? Haben Sie finanzielle Verpflichtungen, die Ihre Fähigkeit einschränken könnten, geduldig zu sein, während sich Ihre Anlagen mehren? Sind Sie mehr daran interessiert, sich mit einer Tätigkeit, die Sie nicht verstehen, einer Masse anzuschließen, als daran, zu verstehen, weshalb Menschen gewisse Dinge tun? Ihre Antworten helfen Ihnen, zu entscheiden, ob Sie einer anderen statistischen Gruppe angehören als der überaus breiten Kategorie der Anleger.

Vor der Fähigkeit steht das Interesse, und wenn Sie Stock-Picking als großartiges Geschicklichkeitsspiel betrachten und im Aktienmarkt ein faszinierendes Rätsel mit mehr Kanten als ein Zauberwürfel sehen, dann bin ich ganz bei Ihnen. Erscheint Ihnen hingegen Investment-Research als lästige Pflicht und der Aktienmarkt als Glücksspiel, dann ist für Sie ein Indexfonds das Beste.

Indexanleger meinen, sie würden dafür entlohnt, das Gesamtmarktrisiko auf sich zu nehmen, Value-Anleger meinen, sie würden zusätzlich dafür bezahlt, dass sie dann, wenn sich andere falsch verhalten, das Gegenteil tun. Wenn man sich nicht für die Frage interessiert, was richtiges und falsches beziehungsweise gutes und schlechtes Verhalten sein könnte, dann sieht man darin keine Quelle des Gewinns. Dabei geht es nicht immer um entweder/oder – manche Menschen finden es für sich in Ordnung, einen Indexfonds *und* einen aktiv gemanagten Fonds *und* einzelne Wertpapiere zu besitzen.

BEDAUERN

Ob man nun in einzelne Aktien investiert, in einen aktiv gemanagten Fonds oder in einen Indexfonds, die Gründe für Bedauern gehören wahrscheinlich in die fünf **umgedrehten** (Fehler-)Schubladen, mit denen wir uns in diesem Buch befassen:

1. Zulassen, dass Emotionen statt der Vernunft die Entscheidungen lenken.

2. Meinen, man könne mehr, als man wirklich kann.
3. Sein Kapital den falschen Leuten anvertrauen.
4. Unternehmen wählen, die wegen Obsoleszenz, Konkurrenz oder Überschuldung in die Pleite steuern.
5. Für Aktien zu viel bezahlen, meistens für solche mit lebhaften, markanten Storys.

Im ersten Teil des vorliegenden Buches befassen wir uns damit, wie das Reptiliengehirn bei Entscheidungen vorhersehbare Verzerrungen hervorruft, die fatal werden, wenn man die Unterschiede zwischen Anlage, Spekulation und Glücksspiel nicht recht versteht oder wenn Anleger aus Fehlern nichts lernen. Menschen, die nicht nachdenken, bevor sie handeln, werden nicht bemerken, dass es Sachverhalte gibt, die sie gut kennen, andere, die sie nicht so gut kennen, und wieder andere, über die niemand wirklich etwas weiß.

Im zweiten Teil suchen wir die blinden Flecke der Geldanlage auf. Dabei kann es sich um kleine Details der Dynamik der Anlageberatung handeln, um exotische Wertpapiere oder um bestimmte Branchen. Es kann sich auch um kosmische Fragen zu kulturellen Missverständnissen oder zur Beziehung (oder Nichtbeziehung) zwischen Wirtschaftskennzahlen und bestimmten Aktien handeln. Erforschen Sie Ihre eigenen Stärken und Einschränkungen, dann verstehen Sie auch diejenigen der handelnden Personen, denen Sie Ihr Kapital anvertrauen.

In Teil III geht es darum, die Ehrlichkeit und die Kompetenz des Managements zu beurteilen. Geschickte Manager sorgen dafür, dass sich die Unternehmen auf das konzentrieren, was für die Kunden von einzigartigem Wert ist, und sie setzen das Kapital dort ein, wo es die besten Renditen bringt. Betrüger hinterlassen Spuren, die man häufig in den Bilanzen der Unternehmen finden kann.

Sogar fähige Manager haben in schwierigen Geschäftsfeldern zu kämpfen, und daher erkundet der vierte Teil des Buches die Frage, warum manche Branchen nachhaltiger und belastbarer sind als andere. Selbst entwickelte Produkte, wenig Mitbewerber, evolutionärer Wandel und geringe Verschuldung – all das verlängert die Lebensdauer von Unternehmen.

Der Wert einer Anlage hängt von ihren Einnahmen, ihrem Wachstum, ihrer Langlebigkeit und von Gewissheit ab, und darum setzen wir in Teil V die Einzelteile zusammen. Um einen Abzinsungssatz zu ermitteln, untersuchen wir die historischen Renditemuster von Aktien. Um sicherzugehen, dass wir auch den richtigen Cashflow abzinsen, betrachten wir die Qualität der Gewinne. Doch selbst wenn man eine Aktie korrekt als unterbewertet identifiziert hat, kann ihre Bewertung noch weiter sinken.

DIVERSIFIZIERUNG UND INDIZES

Sollte man nun einzelne Aktien auswählen oder mithilfe eines Fonds diversifizieren? Diversifizierung kann Risiken streuen, senken und umwandeln – das gilt vor allem für die mit den Unternehmen verbundenen Risiken, weniger für die auf den Anleger bezogenen. Ein Indexfonds auf den S&P 500 ist zwar eine sehr vollständige Form der Diversifizierung, aber auch aktiv gemanagte, aus einzelnen Aktien bestehende Fonds sind diversifiziert. Wenn man impulsiv wie ein wirbelnder Derwisch investiert, macht es kaum etwas aus, ob man das mit dem S&P 500 oder mit einzelnen Aktien macht. Dann hilft die Diversifizierung nichts, aber sie vermeidet immerhin konzentrierte Investments in Bereichen, die man nicht versteht. Indexanleger können sich auf allgemeinere Regeln sowie auf allgemeinere Wirtschaftskenntnisse verlassen als Stock-Picker, die das Wachstums- und Wettbewerbsbild spezifischer Branchen und Unternehmen verstehen müssen.

Ein Indexfonds betrachtet das Risiko des Betrugs seitens Unternehmen – Verschwendung, Obsoleszenz, Bankrott und Aktienbewertung – von außen. In manchen Führungsteams von Unternehmen gibt es Idioten und/oder Betrüger. So gering die durchschnittliche Häufigkeit eines üblen Managements auch sein mag, durch einen Indexfonds nimmt man sie mit. Man bekommt dafür aber auch brillante Neuerer und vorbildliche Verwalter, die der jeweiligen Prävalenz entsprechen. Manche Branchen schwinden dahin, manche Unternehmen sind knapp bei Kasse, und der Index enthält sie im Verhältnis ihrer Marktbewertungen. Es rettet den Index, dass er ebenfalls anteilig die aufgehenden Sterne und die Cashcows enthält. Indexanleger brauchen sich nicht mit Einzelheiten zu plagen, sie brauchen bloß zu wissen, ob die Gesamtbilanz positiv oder negativ ist. Wenn nicht gerade das gesamte Wirtschaftssystem eines Landes korrupt oder veraltet ist, dann fällt sie gewöhnlich positiv aus.

Die Bewertungen und Erträge eines Indexfonds sind ihrerseits wiederum gewissermaßen der Gruppendurchschnitt der Gesamtheit der Aktien, wobei spektakuläre Schnäppchen die grotesk überbewerteten Ausschläge ausgleichen – sofern man zugesteht, dass es die Schnäppchen und Blasen gibt, die die EMH leugnet. Für diejenigen unter uns, die nicht rechtgläubig sind, ist es denkbar, dass der Index mehr als seinen inneren Wert kostet und dass die Erwartungsrenditen von Aktien vergleichsweise unattraktiv sein können. An dieser Stelle möchte ich Sie auffordern, über die Erwartungsrenditen eines breiteren Spektrums von Gelegenheiten nachzudenken. Man kann sein Geld ja in inländische und ausländische Aktien stecken, in verschiedene Arten von Anleihen, in Immobilien, Bargeldäquivalente, Kunst, Gold, Dosenfleisch und Munition. Normalerweise, aber nicht immer, sind Aktien die kluge Alternative.

Indexanleger minimieren ihr Bedauern auf andere Weise als Stock-Picker, indem sie sich zumeist darauf konzentrieren, unnötige Aktivitäten einzudämmen und ihren Wissensstand zu erweitern. Sie befassen sich meist nicht zu sehr mit dem inneren Wert, auch wenn ich glaube, dass sie weniger zu bereuen hätten, wenn sie es täten. Für sie kommen treuhänderisches Fehlverhalten und finanzielle Zusammenbrüche wie Blitze aus heiterem Himmel. Im Gegenzug können spezialisierte Stock-Picker an allen folgenden Fronten in die Luft fliegen: emotionale Entscheidungen, Verständnislücken, Zusammenarbeit mit bösen Buben, unerwartete Disruption, Überschuldung oder schlicht zu hohe Kaufpreise. Sie würden zwar gern alle diese Risiken auf einmal minimieren, aber das können sie nicht. Die gute Nachricht ist, dass Stock-Picker einfach dadurch eine Outperformance erzielen können, dass sie diejenigen Sachen weglassen, die ihre Rendite herunterziehen. Sie haben es auf unterbewertete Aktien von Unternehmen abgesehen, die sie verstehen, aus wachsenden Branchen sowie mit einem fähigen Management.

WIE MAN ÜBER DIE GELDANLAGE DENKEN SOLLTE

Bei der Geldanlage beginnt alles mit Entscheidungen. Das hat etwas von einem Spiegelkabinett an sich, denn dabei schätzt man die Entscheidungen von anderen Menschen ein. Man hat es mit der unbekannten Zukunft zu tun, die Fakten liegen nicht auf dem Tisch. Und darum holen wir als gesellige Wesen die Meinungen anderer ein, die falsch sein können, manchmal sogar dramatisch falsch. Das Beste, was wir als Einzelpersonen tun können, ist, Entscheidungen gedankenvoll mithilfe unseres Systems 2 (des langsamen Denkens) zu treffen und dabei weniger, aber bessere Entscheidungen anzustreben. Ganz unmittelbar bedeutet dies, zu viel Umschlag zu vermeiden und zu versuchen, eher anhand der Frage „Was ist sie wert?" als anhand der Frage „Was passiert als Nächstes?" zu investieren. Es bedeutet auch, dass man für die Geldanlage ein Format wählt, das zu einem selbst passt – Aktien, Indexfonds, aktiv gemanagte Fonds oder ein ganz anderes.

2 DUMME MENSCHLICHE TRICKS (ENTSCHEIDUNGS-VERZERRUNGEN)

„Der Grad der Emotion ändert sich umgekehrt zur Kenntnis der Tatsachen – je weniger man weiß, desto mehr regt man sich auf."

- Bertrand Russell -

Psychologen behaupten, dass Menschen systematisch berechenbare Beurteilungsfehler begehen – vor allem in komplexen, mehrdeutigen Situationen wie etwa am Aktienmarkt, wo die Probleme beziehungsweise Aufgabenstellungen (anders als im Casino) nicht klar strukturiert sind und die Lösungen von Zufälligkeit umhüllt sind. Die Geldanlage zwingt einen, aus unzureichenden Informationen Schlussfolgerungen zu ziehen. Es ist kein Wunder, dass wir Entscheidungen anhand der Informationen treffen, die wir vor uns haben, und dass wir Indizien vernachlässigen, die wir nicht sehen, oder dass wir lieber auf eine oftmals erzählte Geschichte zurückgreifen, als uns in die Komplexität zu vergraben. Geschichten beziehen sich auf einzigartige Ereignisse, nicht auf statistische Gruppen, und darum berechnen wir entweder gar keine Wahrscheinlichkeiten oder wir berechnen sie falsch, da wir vom falschen Bezugspunkt ausgehen. Dieses Kapitel behandelt die verschiedenen Arten, auf die psychologische Verzerrungen Fehlinformationen in unsere Investments hineinbringen und wie uns der Aktienmarkt für bestimmte Emotionen und Verhaltensweisen bezahlen lässt, für andere hingegen belohnt.

Wir neigen dazu, Informationen anhand ihrer *Verfügbarkeit* (problemlose Abrufbarkeit) zu gewichten, weil unser System 1 meint, *das, was wir sehen, sei alles, was es gibt.* Dieses WYSIATI führt dazu, dass einem sofort die jüngsten, dramatischen, unerwarteten und persönlich relevanten Bilder in den Sinn kommen. Was einem nicht in den Sinn kommt, sind historische, statistische, theoretische und durchschnittliche Dinge. Sogar wenn man sich damit befasst, bleibt der Wert einer Aktie dunkel. Deshalb besagt die Abkürzung: Die heutigen Nachrichten sind gut, also kaufe ich die Aktie. Solche Anleger hängen ihr Fähnlein in den Wind und behaupten dabei, sie würden „datenabhängig" handeln. Jede überlegte Entscheidung basiert auf Daten beziehungsweise Informationen. Welche Daten? Warum?

Nach einem Crash nehmen die mit Aktien verbundenen Risiken die gesamte Bildfläche ein, während in der Endphase einer Hausse eher die astronomischen Renditen riskanter Glamour-Aktien hervorstechen. Die Fortschreibung der jüngeren Vergangenheit führt dazu, dass man Aktien teuer kauft und billig verkauft. Ebenso machen Fonds und Anlageklassen, die diesen Monat gut gelaufen sind, Schlagzeilen, nicht aber die Tatsache, dass Aktien über die meisten längeren Zeiträume eine bessere Performance gebracht haben als Schatzwechsel. Wenn eine Branche einen Aufschwung erlebt, werden die Rekordgewinne von zutiefst zyklischen Unternehmen gemeldet, ohne anzumerken, dass sie vor nicht allzu langer Zeit Verluste geschrieben haben und das bald wieder tun werden. Der Abgasskandal und die Rückrufaktionen, die Volkswagen im Jahr 2016 plagten, ließen die Aktie abstürzen. Der Skandal mag die Frage betreffen, ob Volkswagen gut aufgestellt war und gut gemanagt wurde, aber er war derart schockierend, dass er jeglichen Versuch einer Antwort überwog. An ihre Stelle trat eine andere Frage, die folgendermaßen zu beantworten war: Die Aktie verkaufen! *Jetzt!*

Beleuchten wir stattdessen die stillen Hinweise. Im Hintergrund lauern ungeprüfte Annahmen über die Gesellschaft und über Institutionen. Um den Rezenzeffekt zu beheben, studiere man die Geschichte

– je länger und breiter, umso besser. Um die Zukunft ins Auge zu fassen, braucht man als Anleger eine Vorstellung von der üblichen Basis. Man muss feststellen, welche Dinge sich ändern und welche bleiben. Statistik, Wahrscheinlichkeit und die Sicht von außen sind von entscheidender Bedeutung. Dabei ist die Geschichte besonders wichtig, weil die Menschen Dinge wiederholen, die funktionieren, man aber am Aktienmarkt zu seinen Entscheidungen keine rechtzeitigen Rückmeldungen bekommt – und diejenigen, die man bekommt, bestehen größtenteils aus Rauschen.

Der Nachteil der Geschichte ist die *narrative Verzerrung*. In „Der Schwarze Schwan" schrieb Nassim Taleb im Jahr 2010:

> „Die narrative Verzerrung meint unsere beschränkte Fähigkeit, eine Reihe von Fakten zu betrachten, ohne eine Erklärung in sie hineinzuweben oder, was auf das Gleiche hinausläuft, ihnen eine logische Verknüpfung aufzuzwingen, einen *Beziehungspfeil*. Erklärungen verbinden Fakten miteinander. Dadurch kann man sich besser an sie erinnern; durch sie *ergeben sie mehr Sinn*. Diese Neigung kann dann fehlgehen, wenn sie unseren *Eindruck*, etwas zu verstehen, verstärkt."

Anders gesagt wird es problematisch, wenn man dort eine Ursächlichkeit sieht, wo keine vorliegt.

Wenn man eher dazu neigt, zweifelhafte Geschichten zu glauben, wenn sie greifbar, sichtbar, persönlich, emotional reizvoll, ungewöhnlich sind und etwas bestätigen, das wir bereits glauben, dann sollte man sich in die andere Richtung bewegen. Man sollte sich eher mehreren und längeren Geschichten zuwenden, der vergleichenden und der statistischen Geschichte sowie grundsätzlich der Theorie. Indes ist das Datamining eine Wachstumsindustrie, und noch nie war es leichter, unechte Korrelationen zwischen dem Aktienkurs von Amazon und dem Silberpreis oder zwischen dem S&P 500 und der Butterproduktion in Sri Lanka herzustellen. Anleger brauchen eine Erklärung, die sich über die Zeit halten kann, dazu Zahlen und durchgehende Skepsis.

ES WAR *NICHT* UNVERMEIDLICH

Eine Nebenerscheinung der narrativen Verzerrung ist der *Rückschaufehler*, die revisionistische historische Tendenz, zu meinen, ein Ergebnis sei unvermeidlich und die ganze Zeit vorhersehbar gewesen. Aber in Wirklichkeit waren die erforderlichen Informationen nicht verfügbar. Ich persönlich kämpfe dadurch gegen den Rückschaufehler an, dass ich Akten über die Unternehmen führe und immer wieder die Gründe für meine Trades notiere. Andere führen ein Investmentjournal. Dieses kann ein sogenanntes „Prämortem" beinhalten. Dabei begibt man sich im Geiste auf eine Zeitreise, stellt fest, dass sich eine Entscheidung als falsch entpuppt hat, und leitet die Gründe für den Fehlschlag ab. Wenn ich meine früheren Notizen durchgehe, merke ich oft, dass an die Stelle des ursprünglichen Grundes für den Kauf ein neuer getreten ist, der sogar noch stärker sein kann, oder aber ein Verkaufssignal. Für Monster Beverage interessierte ich mich ursprünglich wegen seiner natürlichen Fruchtsaftgetränke, aber die Kursgewinne wurden durch das explosionsartige Wachstum seiner Energydrinks verursacht. Im Gegenzug wirkten Bewertungen von Energiekonzernen, die auf einem Ölpreis von 110 Dollar beruhten, dämlich, als der Ölpreis bei 45 Dollar stand.

DER ANKEREFFEKT

Da Geschichten so reizvoll sind, fangen wir oft beim falschen (statistischen) Bezugspunkt an, und man nennt das *falsche Verankerung*. Manchmal sind Menschen hochgradig beeinflussbar, und wenn man ihnen dann eine irrelevante Zahl vorlegt, wird sie zu ihrem Anker. Zum Beispiel bringen es Anleger häufig nicht über sich, eine Aktie unter dem Einstandspreis zu verkaufen, weil sie hoffen, den Breakeven zu erreichen (stattdessen sollten sie ihre Entscheidung lieber anhand des heutigen inneren Wertes fällen). Bei Aktien, die von einem absurd unterbewerteten Preis aus steil gestiegen sind, empfahl der Fidelity-Fondsmanager Peter Lynch ein „mentales Tipp-Ex", um die entgangenen Gewinne zu löschen, damit man sich auf die heutigen Chancen für weitere Gewinne konzentrieren kann.

Jede beliebige Zahl kann zum falschen Anker werden – die früheren Hochs einer Aktie, ein historisches Bewertungsniveau oder eine Gewinnschätzung. Gewöhnlich ist es irrelevant, das heutige Kurs-Gewinn-Verhältnis (KGV) einer Small-Cap-Aktie oder eines Wachstumswerts mit dem durchschnittlichen KGV über fünf Jahre zu vergleichen, weil sich das Wachstumsprofil und die Marktbedingungen radikal geändert haben können. Stattdessen sollte man sich darum kümmern, wie das heutige KGV aufgrund dessen, was man weiß, aussehen sollte, vielleicht indem man die Aktie mit ähnlichen Gelegenheiten vergleicht. Hilfreich für die Einschätzung des Wertes ist auch ein Blick auf ein Mosaik aus Daten, anstatt Entscheidungen auf eine einzige Kennzahl zu reduzieren.

Indem man von außen auf die richtige Zusammenstellung von Bezugspunkten blickt, kann man sein Urteil an besseren Wahrscheinlichkeitsschätzungen verankern. Die korrekte statistische Bezugskategorie schließt alle Fälle ein, die ähnlich gelagert waren, als die Gruppe gebildet wurde, auch diejenigen, die nicht mehr existieren. Mehr Daten produzieren gewöhnlich zuverlässigere Vorhersagen. Aber wenn man weiß, dass eine Gruppe Äpfel und Birnen enthält, ist eine engere Bezugsklasse besser. Hier muss man die Überlebenden-Verzerrung vermeiden oder nur diejenigen Beispiele untersuchen, die es erfolgreich geschafft haben. Später werden wir uns mit der Frage befassen, warum manche Branchen und Unternehmen anfälliger für Bankrotte sind als andere.

Allgemeiner gesprochen können uns eine inkorrekte Verankerung und WYSIATI dazu verleiten, Schritte zu überspringen und zu meinen, wir befänden uns näher an der Schlussfolgerung, als wir es sind. Wachsende Unternehmen sind mehr wert als schmelzende Eiswürfel. Qualitativ hochwertige Unternehmen lassen sich präziser bewerten als schrottige Massenunternehmen, aber wenn man einen herausragenden, wachsenden Blue Chip entdeckt hat, beweist das noch nicht, dass er zu jedem Preis ein Kauf ist.

GEGENARGUMENTE SUCHEN

Der *Bestätigungsfehler* ist die Neigung, dass man, wenn man etwas für zutreffend hält, Belege dafür sucht, die das bestätigen, und gegenteilige Tatsachen ignoriert. Das Echsenhirn trifft bei dringenden physischen Gefahren schnelle Entscheidungen. Aber wenn man Geld anlegt, braucht man eine unabhängige, zutreffende Antwort – keine schnelle. Da heute alle digital miteinander vernetzt sind, wird es immer schwieriger, die Echokammer zu vermeiden. Soziale Netzwerke und andere Medien versuchen ausdrücklich, einen mit Content zu füttern, der einem gefällt und dem man vermutlich zustimmt. Die Vermögensverwaltungs-Szene ist schon immer eine Art Klub: Vermögensverwalter haben ähnliche Hintergründe und ähnliche Denkgewohnheiten. Wenn eine Aktie steigt, nachdem ich sie gekauft habe, und Kollegen gratulieren mir zu diesem Treffer, fällt es schwer, dies nicht als Beleg dafür zu nehmen, dass ich richtiggelegen habe. Aber lieber sollte ich mich fragen, ob ich falschgelegen, aber Glück gehabt habe und die Aktie jetzt überbewertet ist.

Suchen Sie nach Gegenargumenten oder nach einer bearishen Story! Drehen Sie den Spieß um. Überlegen Sie, ob die entgegengesetzte Story ebenfalls sinnvoll klingt. Es heißt ja zum Beispiel, dass niedrige oder negative Zinsen die Konjunktur ankurbeln. Umgedreht: Niedrige Zinsen dämpfen die Konjunktur, denn sie signalisieren, dass die Regierung bezüglich der Konjunktur panisch ist (und man selbst es auch sein sollte). Dann kassieren Sparer weniger Zinsen und müssen weniger Geld ausgeben, um ihre finanziellen Ziele zu erreichen. Alles hat auch seine Schattenseite. Finden Sie sie! Außer in der Nähe der Tiefpunkte von Baissen hat gewöhnlich jedes Investment irgendeinen Mangel, und sei es auch nur, dass es zu teuer ist. Außerdem: Dass keine Belege dafür vorliegen, ist kein Beleg dafür, dass er nicht vorhanden ist; wenn sich ein Betrug nicht nachweisen lässt, heißt das nicht, dass er nicht stattgefunden hat.

BULLISH

Wenn man Gegenargumente ausschließt, wird man anfällig für *übertriebenen Optimismus,* dass die gewählten Aktien florieren werden. Die Wall Street fördert diese Tendenz, denn Aktien kaufen kann jeder, verkaufen aber nur, wer welche besitzt. Die Kaufempfehlungen sind weitaus zahlreicher als die Verkaufsempfehlungen. Die Realität bleibt chronisch hinter Ergebnisschätzungen für Unternehmen, die sich auf mehr als ein Jahr erstrecken, zurück – und auch hinter den geschätzten langfristigen Wachstumsraten. Sinkende Gewinne werden selten vorausgesagt, treten aber häufig auf. Dies gilt jedoch nicht für Prognosen über die nächsten zwei Quartale, die, wenn überhaupt, ein bisschen zu niedrig ausfallen. Die Unternehmen und die Analysten kommen stillschweigend überein, in den Quartalen „positive Überraschungen" hervorzurufen. Gegen übertriebenen Optimismus helfen Skepsis und Vergleiche von früheren Prognosen mit den entsprechenden Ergebnissen.

Manche Menschen können die Wahrheit nicht ertragen und leugnen sie. Wenn erfolglose Anleger einen Verlust erleiden, wälzen sie ihn gern ab. In kleinen Dosen nehmen wir alle unser Geschick als Ursache guter Ergebnisse in Anspruch und schieben schlechte Ergebnisse unserem Pech in die Schuhe. Aber man ist selbst schuld und muss herausfinden, was passiert ist. Loyalität gegenüber Kollegen oder einer Organisation darf die Wahrheitssuche nicht stören. Man kann ein Problem nur dann beheben, wenn man es richtig erkennt und diagnostiziert. Man muss sich selbst fragen, ob es Dinge gibt, die man nicht wissen will. Wenn das Problem darin besteht, dass man die Antwort nicht kennt, aber auch sonst niemand kennt sie, dann muss man das akzeptieren und nach Fragen suchen, die man beantworten kann. Menschen, die mit der Wahrheit nicht zurechtkommen, sollten ihr Geld von jemand anders verwalten lassen.

HOCHGRADIGE SELBSTÜBERSCHÄTZUNG

In Investment-Institutionen grassiert die *Selbstüberschätzung*, wonach *ihre* Antwort die richtige sei. Die Wall Street wirkt wie ein Magnet auf Alphamännchen und auf Menschen, die mit einem goldenen Löffel im Mund geboren wurden, aber meinen, den hätten sie sich verdient. Es fördert die Karriere ernstlich, wenn man von sich selbst überzeugt ist. Auf Gebieten, auf denen sich die Kompetenz leicht messen lässt, gehen Selbstsicherheit und Fähigkeit gewöhnlich Hand in Hand. Versuche, Anlagegeschick zu erkennen, werden durch Rauschen sowie durch Glücks- und Pechsträhnen über den Haufen geworfen, aber trotzdem strömen die Kunden in Scharen zu einer stimmigen Story, die zuversichtlich vorgetragen wird. Selbstüberschätzung kann sogar *rational* sein, insofern der Homo oeconomicus alle Risiken eingeht, die das Vermögen maximieren. Hasenfüße wie ich gehen Risiken jedoch nur dann ein, wenn wir dafür bezahlt werden. Von den billigen Plätzen aus wirkt es, als hätten ein paar siegreiche, wagemutige Leute, die Risiken eingehen, einfach nur Glück.

Selbstvertrauen wird zu Selbstüberschätzung, wenn man die Wahrscheinlichkeiten ganz falsch berechnet und Risiken eingeht, mit denen man sich nicht wohlfühlt. Um zu glauben, die eigene Analyse sei richtig und der Markt liege falsch, braucht man Selbstvertrauen – und wenn dieses Selbstvertrauen keinen guten Grund hat, ist es Arroganz. Man sollte seinen Fähigkeiten, seinem Wissen, seinem Geschick und seiner Geduld entsprechend durchaus selbstbewusst sein, auch wenn einem der Markt das am heutigen Tage nicht gerade signalisiert. Auch ist es nützlich, die Grenzen des eigenen Wissens und seines Geschicks zu kennen. So bin ich zum Beispiel bei Aktien selbstbewusster als bei Anleihen und auf lange Sicht selbstbewusster als auf kurze Sicht. Man hüte sich vor Themen, die am Rande des eigenen Kompetenzkreises liegen (bei mir zum Beispiel psychologische Feinheiten).

Entscheidungen können auch davon beeinflusst werden, ob man Kompromisse als Verlust oder als Gewinn *einordnet*. So würde beispielsweise niemand eine Versicherung abschließen, wenn er sie als gewissen regelmäßigen Verlust des Beitrags einordnen beziehungsweise

„framen“ würde. Stattdessen wird sie als vorteilsbringende Gewissheit verkauft, dass die Versicherten keine katastrophalen Verluste erleiden werden. Wenn etwas als Vorteil oder Gewinn präsentiert wird, wählen die meisten Menschen die garantierte oder die sicherere Option. Wird etwas als Nachteil oder Verlust präsentiert, wählen sie die riskantere Option – was in unserem Beispiel bedeuten würde, dass man sich gegen ein verheerendes Ereignis nicht versichert. Bei der Geldanlage schließt man ständig Kompromisse zwischen Risiko und Rendite sowie zwischen verschiedenen Risiken, zum Beispiel Unehrlichkeit, Missmanagement, Obsoleszenz und Bankrott. Solange man nicht wirklich etwas umsonst bekommt, sollten Vergleiche nicht als Verlust oder Gewinn, sondern als Kompromisse betrachtet werden.

FEHLER *SCHNELL* ERKENNEN

Oft heißt es, Anleger seien *kurzsichtig risikoavers*, weil sie schneller verkaufen, um Gewinne mitzunehmen, als um Fehler anzuerkennen. Sie jäten die Blumen und gießen das Unkraut. Wenn jedoch der innere Wert einer Aktie unverändert bleibt, dann ist es kein Fehler, eine gefallene Aktie zu behalten. Ich kaufe dann vielleicht sogar nach. Es ist ein Fehler, sich an einen früheren Wert zu klammern, wenn sich die Situation ernstlich verschlechtert hat und die Aktie inzwischen zu hoch bewertet ist. Auch ist es ein Fehler, zu verkaufen, wenn der Wert einer Aktie schneller gestiegen ist als ihr Kurs. Fehler muss man schnell erkennen, Verluste nicht unbedingt.

VON DEN FEHLERN ANDERER PROFITIEREN

Aufgrund dieser vielen nur allzu menschlichen Schwächen halten manche die regelbasierte, an Zahlen ausgerichtete Geldanlage für die Lösung. Dem stimme ich nicht vollständig zu. Algorithmen, Bots und Suchfilter nehmen die Emotion aus der Geldanlage heraus. Diese von quantitativen Investoren („Quants“) zunehmend eingesetzten Instrumente funktionieren oft wie Fachidioten: Sie erledigen komplexe Dinge außerordentlich gut, bauen hingegen bei einfachen Aufgaben Mist. So führen beispielsweise sogenannte „Flash Crashs“ dazu, dass Preise kurzzeitig auf Niveaus fallen, die weit unterhalb jeglicher irgendwie vernünftigen Wertschätzung liegen.

System 1 stellt die aus früheren Zeiten stammende tief verwurzelte Klugheit dar und sorgt dafür, dass einfache Aufgaben einfach sind – für Menschen. Ich fürchte, die Quants vergessen, dass Aktien nicht bloße Zahlen sind, sondern Besitzanteile an Unternehmen, die von Menschen betrieben werden. Ich glaube, derzeit können Menschen besser einschätzen, wem man trauen darf, und sich besser vor Augen halten, wie Gesellschaften, Institutionen und Technologien wohl interagieren und sich entwickeln werden. Meine Idealvorstellung ist Spock: halb Mensch, halb Vulkanier.

Ein letzter Anlauf zur Rettung des rational wirtschaftenden Menschen: Für manche Emotionen und Verhaltensweisen lässt uns der Aktienmarkt bezahlen, für andere bezahlt er uns etwas. Verbraucher bezahlen Geld für Waren und Dienstleistungen, die ihnen ein bestimmtes Gefühl vermitteln. Sogar bei lächerlichen Dingen wie etwa einer Glücksspielorgie in Las Vegas heißt es, der Kunde sei König. Wenn Anleger Aktien wählen können, die ihnen ein ähnliches Gefühl vermitteln, warum sollten sie dann nicht bereit sein, dafür einen entsprechenden Geldbetrag dranzugeben? Schwankungsfreudige Glamour-Aktien verschaffen einem den gleichen Kick wie ein Ausflug nach Las Vegas, und dabei kann man auch noch die Verluste steuerlich geltend machen. Oft ist Anlegern nicht klar, dass alles, was sich normale Menschen wünschen, mit versteckten Kosten verbunden ist: Action, Aufregung, Spaß, Bequemlichkeit, soziale Akzeptanz, Beliebtheit und gesellschaftliche Exklusivität. Ebenso gibt es ein Schatteneinkommen für Geduld, Langeweile, Sorgen, Mut, Leid, Einsamkeit, dafür, dass man ein Sonderling ist, und dafür, dass man wie ein Idiot wirkt.

Die kostspieligsten Emotionen sind diejenigen, die auf Bequemlichkeit und auf Panik ausgerichtet sind und die einen zu ungeplanten Käufen und Verkäufen verleiten. „Ach Mist, wie kann es denn sein, dass ich mit einer konservativen Aktie die Hälfte meines Geldes verloren habe? Die Schwarzseher hatten recht. Jetzt muss ich die Beweismittel vernichten." Danach kommt dann: „Ich hatte recht damit, in Panik zu verfallen, und jetzt führt kein Weg mehr zurück." Sich unter Star-Aktien herumzutreiben, ist ein schickes Vergnügen, solange es eben dauert. Hingegen befürchten Value-Anleger, die Börse könnte recht haben und die Lage könnte wirklich stockfinster sein, obwohl sie selbst sie bloß für grau und trübe halten. Wenn man von den Fakten bestätigt wird, kann es sich sehr lohnen, ein Sonderling zu sein.

Ich bin zwar überzeugt, dass geduldige Menschen bessere Entscheidungen treffen als hyperaktive, die auf Nervenkitzel aus sind, doch selbst wenn sie die gleichen Aktien halten, garantieren die Steuern, dass die Geduld siegt. Die Provisionen und Gebühren verschärfen dies noch, aber vorläufig lassen wir sie beiseite. Stellen Sie sich vier Anleger vor, die auf kurzfristige Trades 35 Prozent Steuern bezahlen, und auf Positionen, die sie mindestens ein Jahr lang halten, 15 Prozent. Alle kaufen die gleiche Aktie, die jedes Jahr um acht Prozent steigt und keine Dividende ausschüttet. Der einzige Unterschied besteht darin, wie oft die Anleger ihre Aktie verkaufen und gleich danach wieder kaufen. Einer tut das alle sechs Monate, die anderen im Abstand von einem Jahr, zehn Jahren und 30 Jahren. Nach 30 Jahren hat der lethargische Trader fast doppelt so viel Wert angesammelt wie der häufige Trader (Tabelle 2.1)

Tabelle 2.1

Die Auswirkungen der Steuern auf die kumulierte Rendite über 30 Jahre

	Abstand zwischen den Trades:			
	6 Monate	**1 Jahr**	**10 Jahre**	**30 Jahre**
Rendite vor Steuer	8,0 %	8,0 %	8,0 %	8,0 %
1.000 Dollar werden zu	4.576 $	7.197 $	7.822 $	8.703 $
Rendite nach Steuer	5,2 %	6,8 %	7,1 %	7,5 %

Anmerkung: Der Steuersatz auf Aktien, die kürzer als ein Jahr gehalten werden, beträgt hier 35 Prozent, langfristige Positionen werden mit 15 Prozent besteuert.

Ebenso ziehen Transaktionsgebühren und Fonds-Verwaltungsgebühren die Nettoerträge herunter und summieren sich im Laufe der Zeit. Nehmen wir an, Sie haben in einen Hedgefonds investiert, der zwei Prozent des verwalteten Vermögens und 20 Prozent vom Jahresgewinn kassiert. Er handelt wie der oben erwähnte Trader alle sechs Monate. Nehmen wir an, die Transaktionskosten belaufen sich pro Jahr auf 0,03 Prozent des verwalteten Vermögens. Aus den 1.000 Dollar würden dann in 30 Jahren 2.499 Dollar werden. All das spricht dafür, nichts zu tun beziehungsweise einen scheinbar faulen Manager mit moderaten Gebühren zu wählen.

Mit langweiligen Aktien fällt es leichter, Geduld zu haben. Wenn ich dafür bezahlt werde, Langeweile in Kauf zu nehmen, gehören sie zu meinen Lieblingsinvestments. Stabile Aktien mit geringer Volatilität haben sich historisch besser entwickelt, als es die Theorie vorhersagen würde, und aufregende, riskante Aktien sind schlechter gelaufen. Theoretisch werden Anleger dafür bezahlt, dass sie Schwankungen in Kauf nehmen, aber die historischen Renditen legen nahe, dass das Risiko für manche Spekulanten in Wirklichkeit vielleicht eine *Annehmlichkeit* ist. Ständige Bewegung macht Spaß, vor allem wenn sie aufwärts verläuft. Wenn man genau abpassen könnte, wann eine Hausse anfängt und aufhört, würde man die Aktien mit dem größtmöglichen Beta (ein Maß für die relative Volatilität) kaufen.

Ich bezweifle, ob die nächste Zukunft stabiler, langweiliger Aktien wie die Vergangenheit sein wird. Da die Quants gemerkt haben, dass Aktien mit niedriger Volatilität gut gelaufen sind, vermarkten sie jetzt Portfolios anhand des „Low-Vol-Faktors" und treiben dadurch die Kurse in die Höhe. Dieser Faktor funktionierte bislang, weil diese Aktienklasse historisch unterbewertet war. Der zweite Grund für die Beliebtheit wenig schwankender Aktien ist, dass Sparer, die ihr Geld normalerweise in Sparbücher oder Geldmarktfonds stecken würden, dafür jetzt fast nichts mehr bekommen. Um eine Art Zinsen zu bekommen, müssen sie in Aktien investieren, möchten dabei aber die gleiche Wertstabilität wie bei einem Sparbuch haben. Wenn nicht gerade ein Crash kommt, rechne ich damit, dass die Renditen wenig volatiler Aktien die Theorie stützen werden, wonach Anleger dafür bezahlt werden sollten, dass sie größere Risiken eingehen.

Der vielleicht universellste Trost ist die gesellschaftliche Akzeptanz. Unter den ganzen Motivationen derjenigen, die Millionen verdienen, die sie nicht brauchen, stehen gesellschaftliche Akzeptanz, Beliebtheit und Respekt sicherlich weit oben. Manche Firmen sind akzeptierter, populärer und respektierter als andere, und dies schlägt sich bei ihren Besitzern nieder. Die Aktien der populärsten und respektiertesten Unternehmen werden meist zu höheren Bewertungen verkauft als die Aktien anderer Unternehmen, und historisch gesehen performen teure Aktien schlechter als der Markt. Normalerweise sind Unternehmen deswegen beliebt und respektiert, weil sie und ihre Aktien sehr gut gelaufen sind. Aber viele können, nachdem sie die Messlatte so hoch gelegt haben, diesen Standard nicht halten, und die Strafe ist hart.

Es ist zwar unbequem, aber den meisten Anlegern ergeht es mit Aktien besser, die vorübergehend in Ungnade gefallen sind. Aktien, die weder beliebt, respektiert noch gesellschaftlich akzeptabel sind, werden gewöhnlich zu gedrückten Preisen verkauft. In den 1980er- und 1990er-Jahren wurden Zigaretten-Aktien gemieden, weil sie gesellschaftlich inakzeptable, schädliche und sogar tödliche Produkte verkaufen. Obwohl sie rasant ihre Gewinne steigerten, wurden Tabakwerte jahrzehntelang mit KGV-Abschlägen verkauft (mit kurzen Ausnahmen wie beispielsweise 1972/1973). Obgleich Rauchen nach wie vor gesundheitsschädlich ist und jedes Jahr weniger Zigaretten verkauft werden, schlagen diese Aktien den Markt im Laufe der Zeit bei Weitem, und ihre KGVs sind gestiegen.

Fast schon per Definition sind die größten Fehlbewertungen mit einem auffallenden, hässlichen Mangel verbunden, der laut der herrschenden Meinung nicht überwunden werden kann. In solchen Fällen wird die einsame, vorzugsweise gut recherchierte Schlussfolgerung, er lasse sich entweder beheben oder sei gar nicht so schlimm, belohnt. Grundsätzlich würde man stets verständliche, gut geführte und nachhaltige „Franchises“ zu Schnäppchenpreisen kaufen, aber in der Praxis muss der Markt der Auffassung sein, es fehle ein Element.

Im Schnitt zahlt es sich aus, ein Sonderling zu sein und die wahre Lage erkannt zu haben. Noch mehr belohnt wird man für den Mut, anhand einer unpopulären Meinung zu handeln, dank deren man wie ein Idiot dastand – sofern sie sich als zutreffend erweist. Davor stehen endlose Leiden und Sorgen, die Masse könnte tatsächlich recht haben.

Sind Sie bereit, diese Wühlarbeit zu machen und das Leiden, die Einsamkeit und die Sorgen zu ertragen, die mit überlegenen Renditen einhergehen? Der Homo oeconomicus ist dazu bereit, aber viele Menschen sind es nicht. Ich persönlich vertrage Langeweile gut, möchte aber nicht unbedingt leiden. Wenn Ihnen das alles zu viel vorkommt, sind Ihre besten Möglichkeiten die Investition in einen Indexfonds oder in einen gut ausgestatteten Fondskomplex, dessen Manager einen langfristigen Horizont haben. Doch selbst dann können Sie durch ungeduldiges Trading den Nutzen der Geduld Ihres Fondsmanagers zunichtemachen.

Ein Wort zu Volkswirten: Ihre albernen, surrealen psychologischen Annahmen sind verschlüsselte Empfehlungen. Investieren Sie dort, wo Sie dank überlegener Informationen einen Vorsprung haben. Betrachten Sie die allgemeine Interpretation, aber auch abweichende Sichtweisen. Schätzen sie den Wert von Aktien ein und handeln Sie nicht aus anderen Gründen. Seien Sie (kalkuliert) mutig. Halten Sie die Steuern, Gebühren und Transaktionskosten möglichst niedrig; das geht am besten, indem Sie selten handeln. Doch vor allem unterschätzen Sie die Konkurrenz nicht. Wenn Sie durchschnittlich sind, rechnen Sie nicht mit überlegenen Ergebnissen. Die Annahme des perfekten Wettbewerbs – dass Unternehmen an Märkten mit Wettbewerb nur den angemessenen Profit verdienen können – bedeutet, dass man dort hingehen sollte, wo die Konkurrenz nicht hingeht.

Psychologen raten dazu, den Horizont über die leicht erhältlichen Informationen hinaus zu erweitern und den gesellschaftlichen Kontext, historische Statistiken sowie einen Begriff von der üblichen Basis einzubeziehen. Seien Sie skeptisch, wenn Sie glauben, auf die narrative Verzerrung hereingefallen zu sein. Konzentrieren Sie sich auf den heutigen Wert einer Aktie. Wirken Sie dem Bestätigungsfehler entgegen, indem Sie Gegenargumente suchen und sich fragen, ob auch die entgegengesetzte These stimmt. Betrachten Sie Kompromisse als Kompromisse, nicht als Verluste oder Gewinne. Denken Sie selbst!

Das Ziel durchdachter Entscheidungen ist, sicherzustellen, dass die Dinge, auf die es ankommt, niemals Sklaven des Trivialen sind. Indem man seine Perspektive erweitert und reflektiert, kann man unnötige Irrtümer entdecken und sich für schwere Entscheidungen den Rücken stärken. Trennen Sie den Gedanken von der Person und lassen Sie die Gedanken kämpfen, nicht die Menschen.

3
SPIELER, SPEKULANTEN UND ANLEGER

Hauptmann Renault: Ich bin entsetzt, schockiert.
Ich musste feststellen, dass hier Glücksspiele stattfinden.
Angestellter des Casinos: Ihr Gewinn, Monsieur.
- Casablanca (Film, 1942) -

GLÜCKSSPIEL, SPEKULATION UND GELDANLAGE

In den Augen der Allgemeinheit sieht das alles nach Glücksspiel aus, und manchmal ist es das auch. Die Wall Street verwirrt die Dinge noch mehr, indem sie alle ihre Kunden als *investors* bezeichnet, also als Anleger beziehungsweise Investoren. Misslicherweise ist jedes Investment mit irgendeiner Form der Spekulation über künftige Ereignisse verbunden. Noch gefährlicher ist, dass viele Menschen meinen, sie würden anlegen, obwohl sie in Wirklichkeit spekulieren. Die Unterscheidung ist allerdings wichtig, weil Anleger ihre Informationen anders sammeln sowie mit ihren Risiken und der Unsicherheit anders umgehen als Spekulanten.

Mit diesem Kapitel möchte ich Sie warnend von unabsichtlichem Glücksspiel und von Spekulationen hinsichtlich Kursen, Psychologie und Themen abhalten, über die man nichts wissen kann. Anders als im Casino sind sich die meisten Menschen, die an der Wall Street

Glücksspiel betreiben, dessen nicht bewusst. Manche Kategorien der Spekulation haben ihren schlechten Ruf verdient, während andere notwendig sind, damit unser kapitalistisches System überhaupt existieren kann. Menschen spekulieren, um sich auf die Zukunft vorzubereiten, wenn unentbehrliche Informationen fehlen und manchmal gar nicht zu bekommen sind. Meiner Meinung nach investiert man profitabler, wenn man auf Faktoren spekuliert, die sich auf den Gewinnfluss auswirken, den ein Unternehmen generiert, statt auf Börsenkurse oder Massenpsychologie.

Das Spektrum spaltet sich anhand zweier Dimensionen. Erstens: ereignisorientiert oder ganzheitlich? Sucht man nach einem erkennbaren Auslöser oder Katalysator, der einen gewinnbringenden Trade hervorbringt, oder ist man eher auf das ganzheitliche (umfassende und langfristige) Gefühl aus, dass Kapital und Einkommen gesichert sind? Zweitens: gut recherchiert oder nicht? Hat man gründliches Research betrieben, schlampiges Research oder gar keins?

Die möglichen Kombinationen eines ereignisorientierten Trades mit gründlichen, schludrigen oder keinen Nachforschungen, ob die Chancen günstig stehen, sind in Tabelle 3.1 dargestellt. Ich würde einen ereignisbasierten Trade, der auf gewissenhaften Recherchen beruht, als *kluge Spekulation* bezeichnen. Bei oberflächlichem Research wird daraus eine *leichtsinnige Spekulation.* Ohne Research ist es Glücksspiel. Das gleiche Spektrum der Gründlichkeit der Recherchen lässt sich auch für ganzheitliche Trades darstellen. Ein *Investment* ist das Produkt gründlicher Recherchen, die darauf hindeuten, dass das Kapital grundsätzlich sicher ist und eigentlich eine angemessene Rendite anfallen müsste. Aus

Tabelle 3.1
Mögliche Kombinationen aus der Gründlichkeit von Recherchen und den Gegenständen von Recherchen

	Ereignisorientiert	**Ganzheitlich**
Gründliche Recherchen	Kluge Spekulation	Investment
Schlampige Recherchen	Leichtsinnige Spekulation	Riskantes Investment
Keine Recherche	Glücksspiel	Glücksspiel

oberflächlichem Research und einem ganzheitlichen Ansatz ergibt sich ein *riskantes Investment*. Der grundsätzliche Glaube ohne stützende Indizien, irgendwie werde alles rosig enden, ist Glücksspiel.

KENNE DIE WAHRSCHEINLICHKEITEN!

Gewöhnlich verliert ein Glücksspiel seinen Zauber, sobald man seine Wahrscheinlichkeiten und statistischen Merkmale begriffen hat. Es gibt die berühmte Story der Kartenzähler vom MIT, aber diese Leute betrieben *kein* Glücksspiel, denn sie hatten ihre Chancen analysiert. Wenn man die Wahrscheinlichkeiten nicht kennt oder sich nicht um sie kümmert, ist Glücksspiel wahrlich ein Tribut an die Unwissenheit. Nehmen wir beispielsweise an, bei einer Lotterie bekäme die Gesamtheit der Spieler nur 65 Prozent der Erlöse aus dem Losverkauf zurück. Dann verliert man der Wahrscheinlichkeit nach in der Sekunde, in der man ein Los kauft, 35 Prozent seines Geldes. Das übliche Endergebnis ist ein Totalverlust.

Ich habe schon einmal an Finanzmärkten gespielt, dachte damals jedoch, ich würde auf Zinssätze spekulieren. Ich bin sicher, die meisten Glücksspieler am Aktienmarkt tun dies ebenso unwissentlich, wie ich es tat. Wie ich später noch erzählen werde, gewann und verlor ich einen für mich damals riesigen Geldbetrag, weil ich sturköpfig dachte, mein anfänglicher Sieg habe bewiesen, dass ich richtiglag. Zu den verräterischen Anzeichen von Glücksspiel gehört es, dass man auf ganz bestimmte Ereignisse wettet, dass der Zeithorizont fast gleich null ist, dass man Hebel einsetzt, zu sehr auf nur eine Story setzt und keine Möglichkeit hat, einzuschätzen, ob die Chancen günstig stehen.

UNKLUGE SPEKULATIONEN

Richtig gemachte Spekulation ist kein Glücksspiel. Spekulation hat ebenso wie Sex einen zwielichtigen Ruf, wird aber allgemein praktiziert, häufig genossen, und ohne sie gäbe es uns alle nicht. Das lateinische Wort, von dem der Begriff abstammt, *speculari*, bedeutet „erspähen, beobachten, auskundschaften". Die einzige Möglichkeit, sich auf das vorzubereiten, was das Schicksal bringt, und es möglicherweise auch zu gestalten, besteht darin, zu beobachten und zu versuchen, es uns vorzustellen. Unternehmen müssen gewissermaßen vorwegnehmen, was die Kunden wohl wollen werden, woher die Rohmaterialien kommen sollen und welche Mengen benötigt werden. Man kann kein Geld anlegen, ohne sich vorzustellen, wann und wie das Kapital in Gefahr sein könnte oder wo es überaus produktiv sein könnte. Der Prozess, die Zukunft ins Auge zu fassen und sie gewissermaßen zu erschaffen, kann niemals lupenrein logisch sein, aber ohne ihn hat der rational wirtschaftende Mensch keine Grundlage für seine Berechnungen.

Anleger müssen unweigerlich spekulieren, aber viele der beliebtesten Gegenstände der Spekulation eignen sich nicht für Recherchen, die ihnen einen Vorteil verschaffen. Zu den tückischsten Spekulationen zählen diejenigen auf Aktienkurse, Rohstoffpreise und die Massenpsychologie – außer wenn man etwas hat, das einem sagen kann, dass man sich irrt, beispielsweise einen Begriff vom fairen Wert. Wenn die Märkte effizient sind, können frühere Preisbewegungen nichts über den künftigen Preisverlauf aussagen. Wenn das zutrifft – und es trifft *hinreichend* zu –, dann bedeutet es, dass Research hinsichtlich historischer Preisänderungen nicht belohnt wird.

Die Logik der Preisdynamik – des Momentums – ist wechselhaft und unbeständig. Zahlreiche Studien haben ergeben, dass steigende Preise kurzfristig *tatsächlich* künftige Gewinne zutreffend vorhersagen, dass Preisrückgänge weitere Verluste zutreffend vorhersagen und dies manchmal deutlicher tun als Wertindikatoren. Nach etwa einem Jahr beginnt sich das Momentum umzukehren, darum müssen Trader flink sein. Im Internetzeitalter erscheint es vollkommen lächerlich, dass das Momentum die langsame Ausbreitung von Informationen oder die Unterreaktion auf Nachrichten widerspiegelt. Wahrscheinlicher ist es, dass das Momentum Überreaktionen auf Nachrichten, soziale Beweise und Übertreibungen widerspiegelt. Abgesehen davon lassen Unternehmen schlechte Nachrichten häufig tröpfchenweise heraus, und die Probleme, die zu sinkenden Gewinnen führen, lassen sich oft nur langsam beheben. Value-Käufer müssen sicherstellen, dass ihre Erwartungen weit genug heruntergeschraubt wurden.

Das Momentum ist ein schnelllebiges Spiel mit komplexen Wechselwirkungen – wie weit man selbst nach vorn blickt und wie weit man glaubt, dass die Masse nach vorn blickt. Stellen Sie sich ein Spiel vor, bei dem jeder Teilnehmer eine ganzzahlige Zahl zwischen 1 und 100 nennt. Der Gewinner ist derjenige, dessen Zahl abgerundet der Hälfte des Durchschnittswertes der anderen Teilnehmer am nächsten kommt. Haben Sie schon eine Zahl gewählt? Manche Menschen würden 50 nehmen, weil das der Durchschnitt der Zahlen zwischen 0 und 100 ist. Aber wenn man auf die Hälfte der durchschnittlichen Zahl abzielt, könnte man 50 durch 2 teilen und 25 nehmen. Da man weiß, dass auch die Gegner diese Berechnung anstellen, wäre es vielleicht besser, 12 zu nehmen. Langfristige Anleger versuchen, so weit nach vorn zu blicken, wie das Auge sehen kann. Weitere Durchgänge würden einen auf 6, auf 3 und schließlich auf 1 bringen. Ein Mathematiker würde sagen, dass das Endergebnis im Grenzfall gegen null geht.

Wenn man dieses Spiel tatsächlich spielt, blicken die Gewinner einen oder zwei Schritte nach vorn, aber weiter nicht. Wer 50 oder 25 genommen hat, der hat nicht genug über Effekte zweiter Ordnung nachgedacht, also über die Reaktionen auf Ereignisse. So führt beispielsweise eine Preisspitze bei einem Rohstoff zu einem Anstieg des Angebots, der wiederum die Preisdynamik dämpfen kann. Blicken Sie ein kleines bisschen nach vorn und fragen Sie sich: Wenn diese Tatsachen offensichtlich sind, wie werden die anderen wohl darauf reagieren? Da es sich um ein Spiel handelt, hängt alles davon ab, wer noch mitspielt. Dabei gewinnt man solche Spiele niemals mit null, weil die anderen Spieler selten überlegen, wie das Ende aussieht. Für mich grenzt die Spekulation, wie lange die anderen kurzsichtig bleiben werden, nach wie vor an Glücksspiel.

Es kann sich zwar auszahlen, sich mit dem Gruppenverhalten zu befassen, aber gewöhnlich nicht in Form des exakten Datums und der exakten Zahl, die Spekulanten anstreben. Wenn sich Trader auf eine zwingende anfängliche Prämisse versteifen und die Logik zu weit treiben, entstehen Börsenblasen. Spekulanten nehmen dann steigende

Preise als Beleg dafür, dass sie richtiggelegen haben. Sie erkennen ihren Irrtum erst nach einer geraumen Weile. Die Menschen vermeiden die Vernunft so lange, bis sie alles andere ausprobiert haben. Wenn man sich wie die meisten Spekulanten einbildet, es gebe klare Anzeichen dafür, *wann* die Party ihrem Ende entgegengeht, wird man sicherlich in die feiernde Herde hineingezogen, obwohl man das unvermeidliche Ergebnis kennt.

Andere unmögliche Fragen liegen im fernen Dunst. Beispielsweise beträgt die Dividendenrendite des S&P 500 derzeit zwei Prozent. Somit würde es 50 Jahre dauern, bis man die Kaufkosten durch Dividenden wieder hereingeholt hätte. Sollte man darum mutmaßen, ob sich die Konjunktur in ein paar Jahrzehnten in einem Aufschwung befinden, vor sich hin dümpeln oder im Keller sein wird? Ich weiß dafür nicht genug. Stattdessen suche ich nach Situationen, in denen es weniger absurd ist, sich die ferne Zukunft auszumalen, und mache einen Bogen um Spekulationen, die kippen würden, wenn ich irgendwie wüsste, wie die Konjunktur in Jahrzehnten aussehen wird.

SPEKULATIONEN AUF UNTERNEHMEN

Zu den Fragen, über die es sich zu spekulieren lohnt, gehört, ob die Unternehmensleitung zu gegebener Zeit die richtigen Entscheidungen treffen wird, ob eine Branche aufgrund der Entwicklung zum Allerweltsprodukt, aufgrund von Obsoleszenz oder weil sie sich finanziell übernimmt, für Bankrotte anfällig ist und wie hoch der Wert eines Wertpapiers sein könnte. Da man hier Antworten auf Herausforderungen und Chancen vorwegnimmt, die sich noch nicht gezeigt haben, weiß es niemand wirklich. Allerdings können die Erfolgsbilanzen von Managern und Branchen nützliche Hinweise liefern. So wird beispielsweise der stationäre Handel auch im Internet verkaufen müssen, sonst läuft er Gefahr, von Amazon vernichtet zu werden. Meine Spekulationen richten sich darauf, welche Warenkategorien langsamer ins Internet wechseln werden, wie sich Käufe im Internet und im Geschäft kombinieren lassen könnten und welche Ketten die nötigen Systeme und die Anpassungsfähigkeit besitzen, um ihre Kunden in beiden Formaten zu bedienen.

Man kann unmöglich erfolgreich in Biotech- und Internetunternehmen im Anfangsstadium investieren, ohne zu spekulieren, ob aus der Forschung etwas wird, ob den Kunden das Produkt gefallen wird und wie groß der potenzielle Absatzmarkt sein könnte. Wenn man keine Ahnung von Beta-Agonisten oder von der B2B-CRM-Wellenanalyse hat und nicht weiß, weshalb Kunden so etwas vielleicht haben wollen, und wenn man die betreffenden Aktien trotzdem kauft, dann ist das Glücksspiel. Hingegen kann sich das für kundige Insider, die dicht an der Branche sind, unglaublich lohnen. Ohne die spezialisierte Kategorie extremer Spekulanten, die man Wagniskapitalgeber nennt, würden viele wissenschaftliche Projekte niemals das Geld bekommen, das sie brauchen, um aus Ideen Produkte zu machen. Der Fortschritt ist auf derartige Spekulationen angewiesen, bei denen regelmäßige Einnahmen und die Gewissheit über die Zukunft Nebensache sind.

Anleger blicken auf das Geld, das ein Unternehmen im Laufe seiner Lebensdauer in Form von Dividenden ausschütten kann, während Spekulanten konkrete Ereignisse herausgreifen. Wenn eine Aktie als „Play" auf irgendetwas angepriesen wird, halten Sie ein! Dann wird einem eine Spekulation angeboten, die nur dann gelingt, wenn andere Faktoren weniger maßgeblich sind als der ins Auge gefasste. Beispielsweise werden Aktien von Fluggesellschaften als Play auf sinkende Ölpreise angepriesen, aber ein solcher Trade kann an geringem Passagieraufkommen, Ticket-Preiskriegen, Arbeitskämpfen oder einem stümperhaften Management scheitern. In einer Wettstube kann man identifizierbare Risiken eingehen, aber bei Aktien sind die attraktiven Risiken mit den weniger attraktiven Risiken gemeinsam verpackt.

DIE GEWISSHEIT, DASS DAS KAPITAL SICHER UND DIE RENDITEN ANGEMESSEN SIND

Benjamin Graham, der Vater des Value-Investings, hat einmal geschrieben: „Ein Investmentbetrieb ist ein Betrieb, der aufgrund gründlicher Analyse die Sicherheit des Kapitals und eine angemessene Rendite verspricht." Dies eröffnet folgende Fragen: (a) was eine angemessene Rendite wäre, (b) wie man beurteilt, ob das Kapital sicher ist, und (c) wie viel Analyse ausreicht.

Eine angemessene Rendite ist größer als der Satz, den man derzeit am Markt erhält, oder jede Rendite, die man für annehmbar hält. Die Erwartungsrenditen von Anleihen werden klar angegeben, bei Aktien müssen sie hingegen abgeleitet werden, wobei ein breiter Fehlerspielraum besteht. Nur weil man eine höhere Rendite braucht, bekommt man sie ja noch nicht. Im Jahr 2017 brachten manche japanischen und europäischen Anleihen negative Zinsen, sodass ihre Inhaber in der Zukunft weniger Yen oder Euro zurückbekamen, als sie angelegt hatten. Aua! Die Alternativen sind Bargeld oder andere Anlagen, die möglicherweise ebenfalls miese Renditen liefern. Jedes Investment hängt stets von seinem Preis und von den aktuellen Umständen ab; derzeit sind manche mündelsicheren Anlagen trotz dieser Bezeichnung keine Anlagevehikel mehr.

Da Aktien Beteiligungen an Unternehmen sind, keine bloßen Zahlen auf einem Bildschirm, muss die angestrebte Sicherheit auf dem betreffenden Unternehmen basieren. Wenn man seinen Verstand auf Unternehmen statt auf Aktienkurse schult, bewegt man sich in die richtige Richtung. Wir sind nicht alle gleich kompetent für die Analyse jedes Wertpapiers oder jeder Branche, aber wenn man sich auf Bereiche konzentriert, mit denen man vertraut ist, hat man mehr Gewissheit, dass man die richtigen Indizien zusammengetragen hat. Wenn man sein Kapital nur ehrlichen, kompetenten Managern anvertraut, senkt man das Risiko von Pflichtverletzungen. Manche Branchen sind brutal wettbewerbsintensiv und verändern sich ständig, und manche Unternehmen sind auf die Freundlichkeit von Bankiers angewiesen. Nehmen Sie lieber etwas anderes, das mehr Sicherheit bietet.

Bei Aktien ist die Gewissheit, dass das Kapital sicher ist, metaphorischer als bei Anleihen, aber in beiden Fällen ist sie quantitativ. Kauft man ein Wertpapier, das einen Dollar wert ist, für 60 Cent, hat man eine breitere *Sicherheitsmarge*, als wenn man 80 Cent bezahlt. Allerdings ist der Wert eine Prognose, sodass mein Dollar für Sie vielleicht nur aus

70 Cent besteht. Anders als Bargeld sind viele buchhalterische Zahlen Schätzungen, sodass ein Dollar Gewinn eines Unternehmens an anderer Stelle vielleicht als andere Zahl gemeldet wird. Bei Aktien besteht die Sicherheit des Kapitals in einer reichlichen Sicherheitsmarge, die man aufgrund vorsichtiger Prognosen bezüglich eines Unternehmens berechnet, das konservative Rechnungslegungsgrundsätze befolgt.

Gründliches Research erhöht sowohl die tatsächliche als auch die empfundene Gewissheit. Außerdem erreicht es einen Punkt, an dem es die Renditen senkt. Hört man wiederholt Varianten der gleichen Nachricht, kann einen das dazu verleiten, ihre Bedeutung zu übertreiben. Manche Informationen haben nur eine kurze Haltbarkeit und können schon abgelaufen sein, bevor eine Entscheidung gefällt wird. Unser Verstand kann nur eine begrenzte Zahl von Tatsachen auf einmal verarbeiten – nach allgemeiner Auffassung etwa sieben –, sodass ein größerer Input die Entscheidungsfindung nicht verbessert. Es geht eher darum, Muster zu erkennen, als um die Lösung einer Polynomgleichung. Und viele Fragen müssen vor allem deshalb für immer unklar bleiben, weil man dabei versucht, die ferne Zukunft vorherzusehen.

Zu viele Anleger denken einfach nicht genug über Informationen nach, die nur knapp außer Sichtweite sind, und verbringen zu viel Zeit mit Meldungen, die endlos weitergetwittert wurden. Wenn man die Quartalsberichte eines Unternehmens für viele Jahre durchsieht, bekommt man ein Gefühl dafür, auf welche treibenden Kräfte es ankommt. Dieses Gefühl zu bekommen dauert länger, wenn man die Berichte erst prüft, wenn sie herauskommen, anstatt die früheren zu studieren. Natürlich sind die Neuigkeiten sieben Tage rund um die Uhr verfügbar, während man die Historie aufstöbern muss. Für jemanden, der nur an die Gegenwart denkt, ist ein unehrlicher oder unfähiger Manager nur dann eine Nachricht wert, wenn er in letzter Zeit etwas Skandalöses getan hat. Unternehmen, die sich übernommen haben, die unter den veränderten Zeiten oder unter der Konkurrenz leiden, ziehen erst die Aufmerksamkeit auf sich, wenn sie wirklich zusammenbrechen.

Verschieben Sie die Chancen zu Ihren Gunsten, indem Sie sich Daten über längere Zeithorizonte sowie durch die Linse großer statistischer Gruppen ansehen. So kann ich beispielsweise nicht ein Jahr im Voraus die täglichen Marktschwankungen vorhersagen, aber ich finde es nützlich, zu wissen, dass es von den Tageshochs zu den -tiefs gemessen seit 1928 rund 25 Baissen mit Rückgängen um 20 Prozent gegeben hat. Sehr irritierend! Seltsamerweise war der Gesamtverlust des S&P 500 nur in sechs dieser 87 Jahre größer als 20 Prozent. Vielen Baissen waren explosive Spitzen vorausgegangen, oder sie wurden von steilen Rückfederbewegungen gefolgt, die den schlimmsten Schaden innerhalb eines Jahres wieder wettmachten. Fasst man die Beobachtungen im Laufe der Zeit statistisch zusammen (oder beobachtet mehr Mitglieder der Gruppe), zeichnet sich wahrscheinlich die zentrale Tendenz ab. Anstatt Zeitpunkte einzuschätzen, denke ich in Bereichen.

Diversifizierung kann die Gewissheit erhöhen, dass unvorhergesehene Ereignisse das Portfolio nicht in die Luft sprengen werden. Das Schicksal mancher Branchen wie etwa der Fluggesellschaften bessert sich, wenn sich das anderer, etwa der Ölförderer, verschlechtert. Wenn man wirklich nicht auf den Ölpreis spekulieren will, kann man Aktien einer Airline und eines Ölproduzenten kaufen. Zwar senkt die Diversifizierung das Risiko, aber dadurch verschwindet es nicht, auch nicht wenn man über den gesamten Markt diversifiziert. Wer in einen Indexfonds auf den S&P 500 investiert, trägt nur das unvermeidliche Marktrisiko und nicht die spezifischen Risiken einzelner Aktien. Aber wenn man Werte gut beurteilen kann, darf man damit rechnen, im Laufe der Zeit den Markt zu schlagen, und die Diversifizierung über ein Portfolio unterbewerteter Aktien sollte eigentlich die Wahrscheinlichkeit einer totalen Bombe senken.

VOM WERT ABGELENKT

Technologie ist eine Erweiterung des menschlichen Verhaltens und macht uns zwar in mancher Hinsicht zu besseren Anlegern, aber ein noch größerer Segen ist sie für das Glücksspiel, zu dem sie uns hinzieht. Zuerst die gute Nachricht: Moderne Such- und Filtersoftware spart enorm viel Zeit bei der Ortung statistisch attraktiver Wertpapiere. Auch macht es Google leichter, Artikel, Unternehmensinformationen und Wettbewerbsanalysen zu finden. Das EDGAR-System, die Online-Bibliothek des Bundes für Jahresberichte von Unternehmen, ist eine wunderbare, zu wenig genutzte Quelle. Die Telefonkonferenzen zu den Ergebnismeldungen stehen inzwischen gewöhnlich jedermann überall im Internet offen.

Außerdem ist das Internet ein Werbe- und Nachrichtenmedium, das um die Aufmerksamkeit wetteifert, wobei es normalerweise das Reptiliengehirn anspricht. Die kommerzielle Absicht des Internets besteht darin, einen durch Werbung abzulenken; Dinge zweifelhafter Herkunft, die die Aufmerksamkeit fesseln, sind als Clickbait hervorragend. Alle diese Ablenkungen führen zu Multitasking. Wenn man mehrere Dinge gleichzeitig tut, muss man alle ziemlich gedankenlos tun. Dazu passend eine plastische, wahrscheinlich erfundene Geschichte: Eine New Yorker Analystin, die gerade mit ihrem iPhone beschäftigt war, trat in den Verkehr und kam um. Betreiben Sie bei der Geldanlage kein Multitasking!

Die durchschnittliche Haltedauer von Aktien, die an der New York Stock Exchange notieren, ist von rund sieben Jahren im Jahr 1960 auf vier Monate im Jahr 2016 gesunken. Diese Angaben werden sicherlich durch die hyperaktivsten Trader verzerrt, aber ich vermute, dass auch die mediane Haltedauer kürzer geworden ist. Hochgeschwindigkeits-Computernetzwerke haben den Onlinehandel preiswert und superleicht gemacht, und unter den algorithmischen Tradern findet ein Wettrüsten statt. Mithilfe spezieller Server und Datenleitungen direkt bei der Börse haben die Hochgeschwindigkeitshändler die Ausführungszeiten von Handelsgeschäften auf Millisekunden reduziert. Die Leichtigkeit, die Schnelligkeit und die Kosten des Tradings sind fantastisch, aber sie machen es auch zu leicht, auf eine Laune hin blitzschnell in Wertpapiere einzusteigen und wieder auszusteigen. Schatzanleihen wechseln im Schnitt mehrmals jährlich den Besitzer.

BEHALTEN SIE IHRE DENKMÜTZE AUF

Spekulation kann reizvoll sein, weil sie erkannte Katalysatoren beinhaltet, konkrete Situationen und endliche Zeiträume – das können aber auch Nachteile sein. Bei Aktien wird eine konkrete Spekulation wie beispielsweise auf Ölpreis und Luftfahrt gelegentlich von Faktoren zum Entgleisen gebracht, die die Spekulanten in den Hintergrund geschoben hatten. Und wenn man seine Fähigkeit einschränkt, geduldig abzuwarten, bis eine Idee Früchte trägt, wird die Anlage dadurch spekulativer. So haben beispielsweise Optionen ein feststehendes Verfallsdatum und Einschussdarlehen müssen zurückgezahlt werden, sodass sich durch sie der Zeithorizont verkürzt.

Hier eine kurze Checkliste, um sicherzustellen, dass man tatsächlich anlegt und kein Glücksspiel treibt:

1. Machen Sie sich Gedanken um die Gewinne des gesamten Unternehmens im Laufe der Zeit?
2. Haben Sie genug Recherchen angestellt, um sich Ihrer Schlussfolgerungen recht sicher zu sein?
3. Wird das Unternehmen stabil genug bleiben, damit man sagen kann, das Kapital sei sicher?
4. Ist es vernünftig, eine angemessene Rendite zu erwarten?

Wer in Indexfonds investiert, interpretiert diese Fragen anders als ein Stock-Picker. Bei Indexanlegern beziehen sich die Gewinne auf alle 500 im S&P 500 Index enthaltenen Unternehmen, nicht auf ein bestimmtes Unternehmen, sodass eine andere Art von Nachforschungen erforderlich ist. Viele Quellen der Unsicherheit bezüglich einer einzelnen Aktie – darunter eine unehrliche oder unfähige Unternehmensleitung, Obsoleszenz und Bankrott – werden durch Diversifizierung gedämpft. Der Index ist eine sehr vollständige Form der Diversifizierung, aber man kann auch mithilfe einzelner Aktien diversifizieren. Teil V dieses Buches befasst sich genauer mit der Frage, welche Renditen man erwarten kann, sowohl bei Indizes als auch bei Aktien.

4
VERSTAND STATT GELD

„Die Dinge, die wir an Menschen bewundern, Freundlichkeit und Großzügigkeit, Offenheit, Ehrlichkeit, Verständnis und Gefühl, sind Begleiterscheinungen eines Versagens in unserem System. Und diejenigen Charakterzüge, die wir verabscheuen, Heftigkeit, Habgier, Gewinnsucht, Gemeinheit, Egoismus und Eigennutz, sind die Züge des Erfolgs. Und während die Menschen die Qualität von Ersterem bewundern, lieben sie gleichzeitig die Erzeugnisse von Letzterem."

- John Steinbeck -

GESCHÄFTSLEUTE UND ANLEGER

Fast alle Unternehmer in der von der Zeitschrift *Forbes* herausgegebenen Liste der 400 reichsten Milliardäre haben Unternehmen gegründet, die über Jahrzehnte exponentiell gewachsen sind. Man denke an Bill Gates und Microsoft, Larry Page und Google, an Sam Walton und Walmart. Die meisten Anleger auf der Liste sind Value-Investoren, die unterwegs zu Geschäftsleuten wurden. Man denke an Warren Buffett, Charlie Munger und Carl Icahn. Das wirkt paradox. Anleger investieren in Unternehmen, sollten daher nicht sowohl Unternehmer als auch Anleger entweder von Wachstum oder von Wert im Sinne von „Value" profitieren? Zwar kommt es Anlegern zugute, wenn sie wie Geschäftsleute denken, aber die beiden Gruppen spielen nach verschiedenen Regeln, definieren Chancen unterschiedlich und haben verschiedene Eigenschaften. Dieses Kapitel erkundet die psychologischen Merkmale erfolgreicher Anleger.

Unternehmer konzentrieren normalerweise ihr gesamtes Kapital und ihre gesamte Energie auf ein einziges geschäftliches Unterfangen. Wenn das betreffende Unternehmen floriert, dann ist das grandios. Anleger hingegen diversifizieren, entweder auf eigene Faust oder mittels Investmentfonds-Managern, die sie verpflichten, mindestens 20 Papiere zu halten. Jeder, der es in die *Forbes*-Liste schafft, muss außerordentliches Geschick *und* Glück (oder die richtigen Eltern) haben. Die Diversifizierung mindert die Auswirkungen von Glück oder Pech auf die Anleger. Um die Auswirkungen ihres Geschicks zu verstärken, müssen Anleger sorgfältig herausragend günstige Wahrscheinlichkeiten auswählen, um massiv auf sie zu setzen, und mittelmäßige Gelegenheiten übergehen. Ebenso verstärkt die Konzentration von Portfolios die Auswirkungen von Glück beziehungsweise Pech, aber sie kann nachteilig oder vorteilhaft sein.

Warren Buffett treibt den Gedanken konzentrierter Portfolios ins Extrem, wenn er von einer Investment-Lochkarte spricht, die sich auf nur 20 Chancen *im Laufe eines Lebens* beschränkt. Ebenso wie eine Ehe ist der Besitz eines Unternehmens ein dauerhaftes Engagement. Würde die Geldanlage genauso funktionieren, würden Anleger hohe Maßstäbe anlegen und geduldig auf das richtige Investment warten. Investmentfonds-Manager brauchen notgedrungen schon am ersten Tag alle 20 Löcher auf. Trotzdem fasziniert mich die Vorstellung einer Lochkarte. Wenn man sein Unternehmen Berkshire Hathaway nicht als einziges großes Loch betrachtet, hat Buffett seine Milliarden genutzt, um sich noch ein paar Karten zu kaufen.

Es liegt in der Natur der Sache, dass die extremsten Ausreißer meistens nicht diversifizierte Geschäftsleute sind. Es gibt aber auch nicht diversifizierte Investoren, die im großen Stil gescheitert sind. So wurde beispielsweise der Stiftungsfonds der Yale University im Jahr 1825 ausradiert, nachdem er fast sein gesamtes Vermögen in die Eagle Bank gesteckt hatte, die danach Bankrott machte.

Aktionäre müssen einschätzen, wie und warum Geschäftsleute denken und handeln. Das liegt daran, dass sie sowohl auf die Karten als auch auf den Spieler setzen, aber das Blatt nicht selbst in der Hand halten. Professionelle Investoren sind gleichzeitig auch

Geschäftsleute, denn wir verkaufen Beratungs- und Verwaltungsdienstleistungen. Auch ähneln wir Filmkritikern, die Filme verreißen, die sie selbst nicht hätten produzieren können; die besten unter uns haben genug ausgezeichnete Filme rezensiert, um sie angemessen beurteilen zu können. Und während Unternehmer auf der Jagd nach Kunden sind, die von den Konkurrenten vernachlässigt wurden, suchen Anleger nach Werten, die anderen entgangen sind, was zwar manchmal das Gleiche ist, oft aber auch nicht.

Natürlich sind nicht alle erfolgreichen Investoren Value-Anleger. Es gibt zahllose Arten, an der Börse Geld zu verdienen, die sich jeweils für einen anderen Persönlichkeitstyp eignen. Auch bei leichtsinnigen Spekulanten und Glücksspielern, die Glück haben, kann es gut laufen, aber wie lange? Eigenschaften, die Value-Anlegern helfen, können gerissenen Spekulanten schaden – und umgekehrt. Außer wenn Sie ein seltener Aktien-Biathlet sind (ich bin es nicht), möchte ich Sie davor warnen, zwischen Anlage und Spekulation hin und her zu springen. Man kann nicht zur gleichen Zeit Schach und Tennis spielen. Aber brechen Sie die Value-Methode nicht übers Knie: Wenn sie bei Ihnen nicht funktioniert, finden Sie eine Methode, die bei Ihnen funktioniert.

Bei Anlegern ist Geduld eine Tugend, aber Spekulanten müssen befürchten, dass Ideen und Informationen veralten. Geduld lohnt sich nur bei Unternehmen mit dauerhaften Stärken – ein Thema, auf das wir später noch zurückkommen werden. Ruhige emotionale Gelassenheit ist für Investoren hilfreich, aber Spekulanten können emotionale Sensibilität und Sorgen für sich nutzbar machen. Anleger brauchen eine gründliche, nachhaltige Art der Entschlossenheit, Spekulanten hingegen eine flexiblere Sorte.

GEÜBTE INTUITION

In der Geschäftswelt hat jeder Persönlichkeitstyp seine Art, Geld zu verdienen. Hingegen ragen bei erfolgreichen Anlegern zwei Charakterzüge hervor: das, was Psychologen als *denkende* und *intuitive* oder rationale Analysten bezeichnen. (Beachten Sie, dass „intuitiv“

hier nicht im populären Sinne von „Bauchgefühl" verwendet wird. „Intuitiv" heißt hier „abgestimmt auf Mustererkennung, Bedeutung, abstrakte Theorie und das Unsichtbare einschließlich der Zukunft".) Denkende Menschen treffen Entscheidungen anhand von Logik (sie nutzen ihr System 2), hingegen entscheiden *fühlende* Menschen anhand von Menschen und Gefühlen. Am Aktienmarkt ist alles abstrakt – der Versuch, zu erraten, was die Zukunft bringen wird und was das bedeutet. Ohne Theorie erreicht man da nichts. Ich würde die Kombination aus Denkend und Intuitiv – sich mit dem Unsichtbaren auf logisch konsistente Weise auseinanderzusetzen – als geübte Intuition bezeichnen.

EMOTIONAL BEWUSST SEIN, ABER DIE VERNUNFT ENTSCHEIDEN LASSEN

Gute Analysten bevorzugen meist das Denken gegenüber dem Fühlen und denken rational. Sie achten aufmerksam auf die Verzerrungen, die wir in Kapitel 2 beschrieben haben, und sie bemühen sich, die Fakten nicht selektiv zu sehen und ihre Bedeutung weder zu stark zu gewichten noch zu sehr zu verallgemeinern. Sie prüfen Hypothesen, wo sie es können. Sie gehen nicht davon aus, ihre Vorhersage sei eine absolute Tatsache.

Stoische Gelassenheit kombiniert mit emotionaler Bewusstheit ist für Aktien die perfekte Kombination. Die Angst spüren, aber die Vernunft entscheiden lassen. Die *häufigsten* Patzer werden von denjenigen begangen, die alles glauben, was ihnen ihr Bauchgefühl sagt. Die *größten* Katastrophen werden von Menschen verursacht, die es nicht emotional bemerken, wenn ihnen ihr Bauch eine zutreffende Warnung zugrummelt, es sei etwas faul. Sich Sorgen zu machen kann eine gute Sache sein, wenn es einen nicht unter Stress setzt oder man das zu intensiv empfindet. Als Value-Investor mache ich mir gern Sorgen, wenn die Dinge *nicht* schiefgehen, weil dann die emotionale Belastung geringer ist. Doch vor allen Dingen bringt es nur dann etwas, sich Sorgen zu machen, wenn man daraufhin die Alternativen durchgeht und einen besseren Weg findet. Wenn vorhergesagt wird, dass der Himmel einstürzt, und man nichts dagegen tun kann, sollte man sich entspannen, weniger Nachrichten konsumieren, glücklich sein.

NEUGIERIGE SKEPTIKER

Alle geschickten Investoren, die mir begegnet sind, waren neugierig und lernten lebenslang. Sie lasen viel und ständig. Um die Zukunft vorwegzunehmen, ist es wichtiger, zu wissen, warum gewisse Dinge geschehen sind, als zu wissen, was geschehen ist. Wenn ich mich mit historischen Beispielen befasse, stelle ich fest, dass manche Faktoren mehr oder weniger Einfluss ausüben, als ich andernfalls gedacht hätte. Und wenn Dinge passieren, die noch nie zuvor passiert sind, untersuche ich, wie andere in der Vergangenheit mit beispiellosen Ereignissen umgegangen sind.

Neugier muss durch Skepsis ausgeglichen werden. Jeder braucht ein Spam-Filter und einen Mist-Detektor – eine Möglichkeit, überflüssige oder falsche Informationen auszusortieren und wegzuwerfen. In der Finanzwelt sind die Dinge oft nicht so, wie sie scheinen. Seien Sie skeptisch und bereit, Gedanken infrage zu stellen, die andere als selbstverständlich betrachten.

EIGENSTÄNDIGES DENKEN

Schüler mit guten Notendurchschnitten schaffen das meistens durch Wissbegier und Fleiß, aber man kann gute Noten auch dadurch bekommen, dass man das System austrickst, sich bei Lehrern einschleimt und alles nachplappert, was sie hören wollen. Bei der Geldanlage, wo Nichtstun oft Fehler verhindert, stellt eine bestimmte Sorte von Faulheit eine gute Anpassung dar, aber geistige Faulheit nicht, und nicht eigenständig zu denken ist absolutes Gift. Bei dem ganzen Spiel geht es darum, herauszufinden, was den anderen entgangen ist. Die größten Preise gehen an diejenigen, die anders denken und korrekt denken. Manche Anlageideen werden dumm oder verrückt wirken, und manche werden es auch sein, aber die Alternative dazu ist Mittelmaß. Je nach den Ergebnissen wird man dann entweder als mutig bezeichnet oder als arrogant und tollkühn. Schämen Sie sich nicht für Fehler, sondern nur dafür, sie nicht zu korrigieren. Während man bei Kursen an einer Universität vielleicht nach drei Tests und einer Hausarbeit bewertet wird, sagt einem der Aktienmarkt nie, mit welchen Fragen man sich befassen soll, wie man an sie herangehen soll und ob man vielleicht völlig danebenliegt.

IN BEZUG AUF LÖSUNGEN OPTIMISTISCH

Optimismus ist ein mächtiger Verbündeter von Unternehmen, aber für Anleger ist nur eine bestimmte Art davon nützlich: der Optimismus, dass man mithilfe von Anstrengung lernen und wachsen wird sowie Lösungen für aktuelle Zielkonflikte finden wird. Bei Unternehmungen, bei denen man selbst den Ausgang beeinflusst, erhält einen der Optimismus aufrecht. Apple-Chef Steve Jobs wäre ohne sein „reality distortion field", sein Feld der Wirklichkeitsverzerrung, nicht Steve Jobs gewesen. Wenn man glaubt, dass sich Probleme lösen lassen und dass sich Lösungen umsetzen lassen, dann *wird* es zum Erfolg kommen.

Anleger haben ihr Schicksal in vielfacher Hinsicht nicht unter Kontrolle, und daher macht sie *übertriebener* Optimismus lediglich blind für Risiken und Unsicherheiten, und er verzerrt die relativen Einschätzungen des Lohns. Anleger können Zeitpunkt und Menge eines Kaufs oder Verkaufs festlegen, nicht aber den Preis, höchstens nachteilig. Unangebrachter Pessimismus veranlasst einen, sich Chancen entgehen zu lassen, und ist obendrein aufreibend. Der typische Optimismus von Value-Anlegern besteht in der lahmen Überzeugung, bei einer konkreten Aktie seien die Aussichten zwar trübe, aber ihr Preis passe zu stockfinsteren Aussichten. Verkehrte Welt: Wenn allgemeine Panik ausbricht, kommt für Value-Anleger die Sonne heraus.

DISZIPLIN – WAS MAN *NICHT* TUT

Disziplin kann sich in dem äußern, was man *nicht* tut, oder darin, was man tun *muss*. Für Anleger ist die erste Sorte wichtiger, für Spekulanten die zweite. Wenn man sich an Warren Buffetts 20 Löcher hält, wird man nicht bei Dutzenden ziemlich attraktiven Chancen aktiv. Teilt man die Lebenserwartung eines Erwachsenen durch 20, müsste man in diesem Fall als Investor jahrelang untätig herumlungern, was die Kunden oder den Arbeitgeber irritieren würde. Das würde wirken wie eine analytische Lähmung – und für einen Spekulanten wäre es das auch. Im Gegenzug muss ein ereignisorientierter Trader, dessen Ereignis nicht eintritt, verkaufen. Das muss auch ein Momentum-Trader, der die Regel anwendet, dass Aktien, die um zwölf Prozent gefallen sind, verkauft werden müssen. Sie können nicht an einem Tag kurz mal auf Value-Investing umstellen.

MEINUNGSVERSCHIEDENHEITEN AKZEPTIEREN

Erfolgreiche Anleger setzen sich über die gesellschaftliche Konvention hinweg, dass Menschen, die nicht einer Meinung sind, einander nicht mögen. Normalerweise verläuft das gesellschaftliche Leben reibungsloser, wenn man gemeinsame Standpunkte hat. Indes steht bei der Geldanlage und in der Wissenschaft die Wahrheit an oberster Stelle, und darum werden hier Freundschaften durch abweichende Auffassungen bezüglich nicht offensichtlicher Fakten nicht unterhöhlt. Auch muss man wissen, dass geistig offene, analytische Menschen alle möglichen schrulligen Ideen ausprobieren, die sich als falsch erweisen. Aber irgendwann gelangen sie zur Wahrheit.

FEHLER AKZEPTIEREN

Ob man es nun Demut, Bescheidenheit oder Ehrlichkeit mit sich selbst nennt, auf jeden Fall scheitert man mit der Geldanlage, wenn man Fehler beim Anlegen nicht eingesteht. Wenn man Glück und Geschick voneinander trennt, wächst das Geschick. Gut sein ist besser als gut auszusehen. Aus irgendeiner Perspektive macht jeder Anleger die ganze Zeit Fehler. Wenn ich stramm bei einer langfristigen Position bleibe und ein Kurseinbruch vorhersehbar ist, dann muss ich einräumen, dass ein flinker Spekulant meinen Fehler erkannt haben könnte. Die Logik von Spekulanten ist zwar gewöhnlich kurzfristig, aber sie kann auch langfristig korrekt sein. Psychopathen kommt es bei der Geldanlage zugute, dass ihnen andere Menschen egal sind, aber gewöhnlich stolpern sie darüber, dass sie nicht in der Lage sind, es anzuerkennen, wenn sie falschliegen. Die Fähigkeit, Fehler einzugestehen, kann ein Barometer für die grundsätzliche Wahrhaftigkeit sein.

Kluge Spekulanten und Anleger studieren ihre Erfahrungen, um zu verstehen, woher ihre Treffer und Fehlschläge kommen und weshalb sie insgesamt vielleicht gewinnen könnten. Zum Beispiel halte ich mich heute, nachdem ich in Branchen zu wagemutig war, die ich nicht verstand, von einigen fern und halte in anderen meine Positionen so lange sehr klein, bis ich mehr darüber weiß. Mein Bauchgefühl identifiziert mehr wankelmütige Menschen, als es in Wirklichkeit gibt; wenn ich ihre Unternehmensrechnung studiere, kann ich die *wirklichen* bösen Buben viel besser ausfindig machen. Da ich Kohle-Analyst war, konnte ich Unternehmen meiden, die zu heftigen Konkurrenzkämpfen und zur Obsoleszenz neigen. Bei der Geldanlage ist es hilfreich – sogar sehr hilfreich –, zu knausern und nicht zu viel zu bezahlen. Also gewinne ich dadurch, dass ich mich auf einfache Unternehmen mit einem ehrlichen Management und eigenen Produkten konzentriere, die ich billig kaufen kann. Allerdings hinke ich in stürmischen, thematischen Momentum-Haussen erbärmlich hinterher.

MIT FEHLSCHLÄGEN LEBEN

Fidelity stellt im Allgemeinen hochintelligente, fleißige, ehrgeizige, analytische Leute ein, die bereits eine Erfolgsbilanz vorzuweisen haben. Daher hat es selten technische Gründe, wenn Analysten rausfliegen, sondern liegt gewöhnlich daran, dass die Börse keine Uni ist und sie noch nicht gelernt haben, mit Fehlschlägen zu leben. Selbst wenn man den Bewertungsmaßstab senkt, besteht man mit 55 Prozent keine Prüfung, aber an der Börse schafft man es allerhöchstens, in 55 Prozent der Fälle richtigzuliegen. Aktien fallen, wenn sie hätten steigen sollen, und sie steigen, wenn man einen Rückgang vorhergesagt hat. Was Fehlschläge angeht, so bringt mir jeder Tag an der Börse einen Mückenstich ein, und an manchen Tagen muss ich ernstlich bluten. Ich habe schon einmal vorgeschlagen, wir sollten erwägen, Leute einzustellen, die eine Misserfolgsbilanz vorzuweisen haben, aber mir wurde gesagt, es gebe bessere Möglichkeiten, belastbare Menschen mit Mumm zu bekommen.

SICH MIT MEHRDEUTIGKEIT WOHLFÜHLEN

Gute Anleger akzeptieren, dass sie es ständig mit mehrdeutigen Situationen zu tun haben. Außer einigen wenigen begabten Finanzprofessoren ist niemand je perfekt informiert. Damit jemand eine Aktie kaufen kann, muss jemand anders sie verkaufen, und das wahrscheinlich weil die betreffende Person meint, mit der Aktie sei etwas nicht in Ordnung. Wer hat nun recht? In einer Hausse kann geheimnisvolles Getue sexy und verführerisch sein, aber bei einem Kurssturz geht man vom Schlimmsten aus. Es ist ein schwieriges Kunststück, eine verhältnismäßig stetige oder sogar antizyklische Toleranz gegenüber Mehrdeutigkeiten zu wahren. In Momenten, in denen einem eine mehrdeutige Situation, die brutal abgestürzt ist, einen Stich versetzt und man das Risiko so schnell loswird, wie man kann, werden unter den Leichentüchern herrliche Gelegenheiten sichtbar. Wenn sich ausgelassene Abenteuer mehr gelohnt haben, als man es verdient hat, sollte man seiner Begeisterung einen Dämpfer versetzen und auf klar definierte Gewinnströme umschwenken.

DIE RICHTIGEN SACHEN

Zwar müssen Anleger Unternehmen und Geschäftsleute verstehen, und oft sind sie selbst Unternehmer, aber sie diversifizieren über viele Positionen und müssen in Wahrscheinlichkeiten denken. Die erfolgreichsten Anleger gehören meist zur rationalen, analytischen Sorte – laut der psychologischen Typologie sind sie *intuitiv* und *denkend*. Die Zukunft lässt sich nur theoretisch verstehen, weil sie ja noch nicht Wirklichkeit ist. Die Vernunft ist bei Aktienentscheidungen eine bessere Richtschnur als Emotionen, daher funktioniert ein Ansatz am besten, der von den Emotionen losgelöst, sich ihrer allerdings bewusst ist. Als Anleger muss man belastbar sein, weil einem der Aktienmarkt eine Menge Misserfolge auftischt. Man muss eigenständig denken, bereit sein, abseits der Masse zu stehen, und Meinungsverschiedenheiten akzeptieren. Am meisten belohnt der Markt das Aushalten von Mehrdeutigkeit, wenn kaum jemand sie aushält, und darum sollte man als Anleger anstreben, eine konstante oder antizyklische Toleranz zu wahren.

BLINDE FLECKE

5
MUSS ICH DAS WISSEN?

„Wahres Wissen heißt, das Ausmaß seiner Unwissenheit zu kennen."
– Konfuzius –

Unser Verstand ist findig, wenn es darum geht, anhand knapper Informationen schnell ein Urteil zu fällen. Ohne diese Fähigkeit würden wir endlos über Recherchen brüten und niemals rechtzeitige Entscheidungen treffen. Aber der Preis dafür besteht darin, dass wir Details übergehen, von denen wir später merken, dass sie lebenswichtig sind. Beispielsweise fesseln potenzielle Renditen unsere Aufmerksamkeit, nicht aber Themen wie Risikokontrolle, Anreize und Kosten. Wir wenden in neuen Kontexten Abkürzungen an, die in einer bestimmten Branche oder einem bestimmten Land funktionieren, wenn auch nicht immer erfolgreich. Manche Menschen meinen, sie könnten wirtschaftliche Kennzahlen und mit ihrer Hilfe auch Zinsen, Kursschwankungen und sogar die Kurse einzelner Aktien vorhersagen. Viel Glück dabei! So lange, bis etwas bei der Übersetzung schiefgeht, ignorieren wir kulturelle und institutionelle Unterschiede im Ausland, weil wir davon ausgehen, dass Geld eine universelle Sprache ist.

Wir übersehen gewisse Punkte, weil sie nicht zu der Story passen, die wir im Kopf hatten. Ein Gegenmittel ist es, seinen Horizont zu erweitern. Ich denke erst größer, dann kleiner, ich zoome aus der Theorie heraus und in die kniffligen Details hinein. Man kann Tatsachen kennen, aber auch Menschen, und man kann wissen, wie man Dinge erledigt. Manche Wahrheiten sind objektiv, andere subjektiv. Zur Enttäuschung der Querköpfe sind in der Finanzwelt viele Dinge Konventionen, die stimmen, wenn genügend Menschen mitmachen. Aber Reflexion braucht Zeit.

Hier nun die Geschichte von „Fred", der sich nicht recht klar über seine Ziele war, darüber, wie Berater arbeiten, und über die Mechanismen komplexer Wertpapiere wie etwa börsennotierter Fonds (ETFs = Exchange Traded Funds):

„Mein Portfolio steckt komplett in ETFs", grummelte Fred. Etwa vier Jahre zuvor hatte er einen Finanzberater beauftragt, der sein Geld vorwiegend in ETFs angelegt hatte. ETFs sind Anlagepools, die ständig wie Investmentfonds Anteile ausgeben und zurücknehmen, allerdings wie Aktien an Börsen gehandelt werden. Er wusste, dass sein Berater eine unterdurchschnittliche Performance erzielt hatte, denn sein Depot hatte weniger abgeworfen als ein Indexfonds auf den S&P 500, den er behalten hatte. Auch war er hinter dem Barclay's Bond Index zurückgeblieben. Da war etwas faul, aber Fred konnte den Fehler nicht benennen.

ZIELE UND RISIKOTOLERANZ

Manche Faktoren, die sich auf einen persönlichen Finanzplan auswirken, sind objektiv, etwa Alter, Einkommen und Vermögen, aber andere kennt man selbst am besten, zum Beispiel die Risikotoleranz und die Ziele. Bevor man sich teure Hilfe holt, muss man sich darüber klar sein, was man erreichen will. Aufgabe eines Beraters ist es, sich auszudenken, *wie* man seine Ziele mit einem vernünftigen Plan (an den man sich hält) erreicht, nicht, *was* die Ziele sind. Ich neige zu der Auffassung, dass Sie ein intelligenter Mensch sind und selbst denken sollten. Gleichzeitig kann es Ihnen viel Leid ersparen, wenn Sie anerkennen, dass Sie nicht alles wissen und Hilfe brauchen.

Wenn Menschen ihre Ziele abwägen, stellen sie sich selten andere Umstände als ihre derzeitigen vor. Zum Beispiel neigen jüngere Menschen dazu, ihre private Altersversorgung auszuklammern und ihre Ersparnisse auszugeben, wenn sie ihre Arbeitsstelle wechseln oder verlieren. Menschen verlieren ihre Arbeit mit größerer Wahrscheinlichkeit in Rezessionen, wenn die Aktienkurse niedrig sind. Ein unglückliches Ereignis führt zum anderen. Vielleicht ist es nicht möglich, anders für Unvorhergesehenes vorauszuplanen, als mehr zu sparen. Das Knifflige daran ist, in wohlhabenden Zeiten eine Anlagemischung zu wählen, die einem etwas bringt, wenn das Einkommen sinkt. So konnte Fred beispielsweise seine Einkommensziele für den Ruhestand nicht ohne Aktien erreichen, wollte aber nichts zu Gewagtes.

KOSTEN UND ANREIZE

Fred konzentrierte sich auf das, was sein Berater für seine Finanzen tun konnte, und es kam ihm nicht in den Sinn, dass sein Berater sich auf das konzentrierte, was Fred für *seine* Finanzen tun konnte. Die Kosten eines Anlegers sind für jemand anders ein Anreiz. Ich schlug Fred vor, den Berater zu fragen, *wer* ihn bezahlte. Wie viel und wofür? War er in der Lage, Freds Interessen an die oberste Stelle zu setzen? Oder befand er sich in einem Konflikt? Wenn die Verkaufsspesen hoch sind, muss man aufpassen. Die Firma seines Beraters verlangte eine Gebühr, die auf dem Depotstand basierte, und dazu Provisionen für Handelsgeschäfte, von denen der Berater einen Teil erhielt. Je mehr ein Berater in seinem Depot handelte, umso mehr Geld verdiente er daher. Und wenn man sich Freds Auszüge ansieht, stellt man fest, dass der Berater die Positionen alle acht Monate komplett ausgetauscht hat. Die Gebühren und die Provisionen zehrten einen Teil von Freds Erträgen auf.

Es ist unvermeidlich, dass Anleger ihr Kapital in die Hände anderer Menschen legen – und dabei bevorzugen sie Hände, die Vertrauen verdienen. Ein Berater ist möglicherweise nur der erste Faden in einem Gewebe des Vertrauens. Und er verlässt sich seinerseits auf die Ehrlichkeit und Kompetenz der leitenden Angestellten der Fonds, bei denen er sich engagiert, und diese wiederum sind auf die Talente der Chefs der Unternehmen in ihrem Besitz angewiesen, welche sich ihrerseits auf ihre Untergebenen und Geschäftspartner verlassen. Normalerweise liefern Führungskräfte gern Angaben zu ihrer Kompetenz, die allerdings interpretierbar sind. Manager sollten in der Lage sein, klar zu erklären, was an ihrem Tun einzigartig ist, weshalb es zum Erfolg führt, und sie sollten Zahlen als Nachweis vorlegen können. Hingegen kann man, was ihre Motivation und ihre Moral angeht, nur raten. Ich finde Hinweise, indem ich Anreizpläne und die Wahl der Rechnungslegungsgrundsätze studiere. Im Laufe des Buches kommen wir noch auf das Thema zurück, Verrat durch Schurken und unfähige Manager zu vermeiden.

WARUM FUNKTIONIERT DIE STRATEGIE?

Man darf nur dann erwarten, dass eine Anlagestrategie den Markt schlägt, wenn man erkennen kann, wie sie das zu tun gedenkt, weshalb der Markt diese Entscheidungsregeln nicht verwendet, und wenn Belege dafür vorliegen, dass der Ansatz etwas bringt. Indexanleger streben nur an, mit dem Index gleichzuziehen, was sich abgesehen von den Gebühren leicht erreichen lässt. Freds Berater machte etwas mit „thematischer Sektorrotation“ und „Factor-Investing“, aber weshalb er das machte, war schwer zu fassen. Sein Berater versuchte, Verschiebungen der wirtschaftlichen Dynamik zu erwischen, um auf die dynamischsten Faktoren und die angesagtesten Branchen aufzuspringen. Jedoch konnte er die Entscheidungsregeln nicht zusammenstellen, nach denen er ETFs handelte, oder irgendeinen Beleg dafür vorlegen, dass seine Strategie effektiv war.

Ich kaufe Aktien für weniger, als sie meiner Meinung nach wert sind, und halte sie so lange, bis sie korrekt bewertet sind. Das dauert normalerweise Jahre. Aber wenn ich gut gewählt habe, hat ihr innerer Wert im Laufe der Zeit zugenommen, sodass ich nicht nur die durchschnittliche Rendite bekomme, sondern auch noch die Diskrepanz zwischen Preis und Wert. Schnäppchen treten nur auf, wenn Anleger ihre Aktien ohne Rücksicht auf den Wert verkaufen, vielleicht weil sie von den aktuellen Aussichten abgelenkt sind oder sich langweilen. Meine Theorie lässt sich nicht auf direktem Weg beweisen, weil der Wert eine subjektive Prognose ist. Allerdings beruhen die meisten Schätzungen auf historischen Finanzdaten, und die Indizien deuten überwältigend darauf hin, dass billige Aktien outperformen, egal ob man sich am Gewinn, am Cashflow oder an den Vermögenswerten orientiert. Fehltritte begehe ich gewöhnlich dann, wenn sich die Ereignisse schnell und unerwartet ändern oder wenn es mir nicht gelingt, die weniger gewissen Elemente einer Prognose von den gewisseren zu unterscheiden.

RISIKOKONTROLLE: DIVERSIFIZIERUNG

Manager und Berater werden anhand ihrer Renditen bezahlt, aber ihre eigentliche Aufgabe besteht darin, Risiken zu erkennen und zu managen. Anleger können die Renditen nicht kontrollieren, aber sie können entscheiden, welche Risiken sowie welche Kauf- und Verkaufspreise akzeptabel sind. Es gibt hauptsächlich zwei Möglichkeiten, Anlagerisiken zu kontrollieren – Diversifizierung und sorgfältige Auswahl –, und sie ziehen in entgegengesetzte Richtungen. Diversifizierung über gegensätzliche, nicht miteinander korrelierte Risiken senkt die Volatilität der Gesamtergebnisse, vor allem im Vergleich zu einer Benchmark. Die billigste und einfachste Möglichkeit, zu diversifizieren, ist das Index-Investing, aber auch als Stock-Picker kann man durch die Wahl entgegengesetzter und unkorrelierter Risiken diversifizieren. Die Aktienauswahl senkt das Risiko, indem sie unattraktive Risiken beseitigt, insbesondere das Risiko, einen zu hohen Preis zu bezahlen, und indem sie attraktive Risiken wählt. Und auch an Märkten mit breiter Renditestreuung ist die Auswahl das leistungsfähigere Werkzeug.

Realistisch betrachtet können Fondsanleger nicht jede einzelne Position verstehen, und das brauchen sie auch nicht. Aber sie sollten begreifen, wie die Wertpapiere ausgewählt werden und wie flexibel die

Marschbefehle der Manager womöglich sind. Manche Fonds versuchen, einen Index zu erreichen, während *aktiv gemanagte* Fonds versuchen, ihn zu schlagen. Welche Kriterien oder Formeln wendet man bei Indexfonds an, um die Bestandteile des Index zu ermitteln? Welche Anlagegründe gibt es, einen bestimmten Index oder eine bestimmte Formel zu verwenden? Weshalb glaubt der Manager eines aktiven Fonds, er könne den betreffenden Markt schlagen? Lässt sich sein Wissensvorsprung auf einen Trading-Algorithmus reduzieren? Surft er auf Trends, oder nimmt er eine langfristige Perspektive ein?

Da der S&P 500 Index weithin als Messlatte für den US-amerikanischen Aktienmarkt verwendet wird, gelten Fonds, die diesen Index nachbilden, als optimal diversifiziert. Wenn man das Risiko als die Wahrscheinlichkeit betrachtet, hinter der Benchmark zurückzubleiben, ist ein Indexfonds auf den S&P 500 per Definition sehr sicher. Man darf erwarten, dass er exakt den Index nachbildet, wovon dann (geringe) Gebühren abgehen. Aber ein Indexfonds ermöglicht es Ihnen nicht, das Risiko zu kontrollieren, indem Sie überteuerte Wertpapiere und bestimmte Risiken, die Sie nicht wollen, vermeiden. Und wenn der Gesamtmarkt crasht, kommt es auf die absolute Performance an. Dann verliert man trotzdem einen Brocken.

Der Blick von außen auf die erwarteten Renditen der Aktienkategorie oder des Aktienindex ist für diversifizierte Anleger der Schwerpunkt ihrer Recherchen. Für Stock-Picker ist er nur der erste Schritt. Beide benötigen ein Narrativ, um die Daten zu erklären und eine Investmentbegründung zu geben. Beide verlassen sich darauf, dass das Gesetz der großen Zahlen so etwas wie die wiederkehrenden Muster der Vergangenheit produziert. Nicht immer ist es leicht, die richtige statistische Bezugsklasse für den Gesamtmarkt oder für eine Anlagestrategie zu definieren und zu ermitteln, welche Länge des Zeitraums ausreicht. Der S&P 500 Index gibt zwar die amerikanischen Aktien ganz gut wieder, nicht aber die Aktien insgesamt. Wenn man andere Anfangs- und Endpunkte wählt, stellt man oft fest, dass sich die Geschichte hinsichtlich zentraler Tendenzen widerspricht.

Wenn man den breitestmöglichen Blick von außen einnimmt und alle Aktien der Welt betrachtet, die großen und die kleinen, ist die ausschließliche Investition in den S&P 500 eine **aktive** Entscheidung, kleinere und internationale Aktien abzuwählen. Und es gibt über die Aktien hinaus noch viele andere Anlageklassen. Auch der britische FTSE 100, der MSCI Developed World Index und vielleicht drei Dutzend weitere ETFs bieten preiswerte, breit gestreute Engagements bei Großunternehmen. Ein S&P-Index-ETF *plus* ein FTSE-100-Index-ETF ist besser diversifiziert als nur ein S&P-Tracker. Der Sinn von breit angelegten Aktienindexfonds in einem Portfolio ist, an den globalen Aktienmärkten durchschnittliche Renditen zu verdienen, nicht, nebenbei eine exotische Wette zu tätigen. Von Dingen, die man nicht kennt, sollte man sich fernhalten: ETFs auf ausländische Spezialunternehmen, Devisen und Rohstoffe.

Vergleicht man die langen Historien der Börsenrenditen in vielen Ländern, sieht man, dass die Aktien im Allgemeinen unter größeren Schwankungen mehr Ertrag brachten als Anleihen und dass die Vereinigten Staaten besser gelaufen sind als viele andere Länder. Die Tatsachen stützen offenbar die Theorie, dass Aktien höhere Renditen bieten, weil sie riskanter sind. Sollte man also, um die Renditen amerikanischer Aktien vorherzusagen, die Bilanz aller entwickelten Märkte der Welt betrachten, oder bilden die Vereinigten Staaten irgendwie eine Ausnahme? Ich vermute, dass Amerika denjenigen Teil seines Glücks wird bewahren können, der aus seiner Rechtsstaatlichkeit, seinen demokratischen Institutionen, seiner verhältnismäßig freien Marktwirtschaft und seinen großartigen Universitäten resultiert. Man kann aber auch behaupten, dass ein Teil des Vorsprungs purem Glück oder vorübergehenden Faktoren zu verdanken war.

Freds Berater kaufte den Large Cap China ETF, um auf Chinas aufstrebende Volkswirtschaft zu setzen, allerdings übersah er dabei etwas. Dieser ETF basiert auf dem FTSE China 50 Index, in dem Staatsunternehmen stark übergewichtet sind. Etwas mehr als die Hälfte des Index besteht aus Banken und Finanzgesellschaften, sodass er weniger diversifiziert ist, als man denken könnte. In China ist Vollbeschäftigung wichtiger als Gewinn, und daher vergeben Banken Darlehen an ineffiziente Staatsunternehmen mit fragwürdigen Finanzen. Die profitabelsten, dynamischsten Teile von Chinas Wachstumsstory –

kleine Privatunternehmen und Technologie-Unternehmen – sind in diesem Index kaum vertreten.

Wenn die Gesamtergebnisse einer Kategorie von Ausreißern geprägt sind, bringt Indexing nicht die erwarteten Ergebnisse. Bei manchen Anlageklassen, zum Beispiel bei Wagniskapital, Junkbonds und Biotechnologie, haben die Renditeverteilungen keinerlei Ähnlichkeit mit der statistischen Glockenkurve. Je nach der Mischung aus extremen Verlierern und extremen Gewinnern im Index taumeln diese Kategorien zwischen einem grässlichen und einem fabelhaften Eindruck hin und her; daher fand ich, Fred wäre mit einem aktiv gemanagten Fonds besser bedient als mit dem ETF auf einen Index hochverzinslicher Anleihen. In diesem Index sind die Unternehmen mit den meisten Schulden am höchsten gewichtet. Wenn die Rendite einer Anleihe sinkt, steigt ihr Preis, sodass auch ihre Gewichtung im Index steigt. Hingegen bevorzugen menschliche Wesen bei einer bestimmten Rendite die kreditwürdigsten Unternehmen.

AUSWAHL: THEMEN OHNE ZAHLEN

Stock-Picking funktioniert am besten, wenn man sich auf Bereiche konzentriert, in denen es weniger arrogant ist, die Zukunft ins Auge zu fassen. Gewöhnlich hat man den größten Wissensvorsprung bei Details, die weder von kosmischer Bedeutung noch aufregend sind und sich nicht so schnell ändern. Wenn man nicht erkennt, welche Prognosen wertlos oder mit den Konsensprognosen identisch sind, und sie dann *nicht mehr aufstellt*, gelangt man nicht zum Erfolg. So lehnt Warren Buffett beispielsweise Unternehmen ab, die er nicht versteht; mittelmäßige Manager; zynische Branchen, Allerweltsbranchen und sich schnell verändernde Branchen; außerdem Aktien, die nicht zum Schnäppchenpreis zu haben sind. Da bleiben zwar fast keine Aktien mehr übrig, aber Buffett beseitigt dadurch die Möglichkeit schlimmer Enttäuschungen.

Die meisten ETFs sind Handelsinstrumente, die auf eine schmale Gruppe abzielen, nicht auf Diversifizierung. Sie werden als Möglichkeit angeboten, vom Risiko einzelner Aktien wegzukommen, aber das Kombinieren der Fakten verschiedener Aktien ist eine Kunst. Nehmen wir an, zwei Aktien bilden einen Index, beide stehen bei 50 Dollar, wobei die eine fünf Dollar Gewinn je Aktie erzielt, die andere vier Dollar Verlust je Aktie. Das profitable Unternehmen hat ein Kurs-Gewinn-Verhältnis (KGV) von 10. Aus der Summe der beiden Unternehmen ergibt sich ein KGV von 100. Und wie sieht der Mittelwert einer wettbewerbsfähigen und einer mittelmäßigen Position aus? Rivalitäten zwischen Konkurrenten sind häufig die größten Risiken einer Branche, und die versteht man nur, wenn man alle größeren Akteure untersucht.

Freds Berater machte ihm den Smartphone-ETF mit der Aussage schmackhaft, dass „sich jeder eins besorgen" werde. Aber Themen ohne Zahlen sind riskant, denn ohne Zahlen kann man den Wert nicht einschätzen. Eigenartigerweise waren die Zulieferer von Apple und Samsung im Smartphone-Index weit bedeutender als Apple und Samsung selbst. Wenn viele Zulieferer ihre Produkte an gigantische Kunden verkaufen, sitzen sie am schwächeren Hebel. Ebenso seltsam war es, dass High Tech Computer und Blackberry, die Verluste schrieben, stärker gewichtet waren als Samsung, das Milliarden verdiente. Ein großer Teil des Wachstums dieser Branche stammt aus dem Verkauf billiger Handys in Asien, die häufig von Huawei hergestellt werden, das nicht im ETF vertreten ist. Der Preisdruck führt dazu, dass die Gewinne dieser Branche manchmal fallen, obwohl die Umsätze steigen. Wenn ich die Gewinner innerhalb einer Branche identifiziert habe, würde ich nur in diese *zum richtigen Preis* investieren wollen.

DATEN OHNE VERSTÄNDNIS

Factor-Investing oder „Smart Beta" liegt derzeit bei Finanzberatern und ETF-Werbern im Trend. Anstatt Aktien als Bündel untrennbar verbundener Risiken zu betrachten, konstruieren sie Portfolios aus Aktien, die sehr hoch oder sehr niedrig benotet sind, was Eigenschaften wie die Marktkapitalisierung, die Preisschwankungen, das Momentum der Kurse oder Kennzahlen für Wachstum oder Value angeht. Studien zeigen, dass Aktien mit niedriger Marktkapitalisierung, geringer Volatilität, hohem Momentum und hohem Substanzwert outperformt haben, wenn auch manchmal erratisch. Die Belege für Wachstum sind uneinheitlich und uneindeutig. Früher wurden diese Faktoren verwendet, um Taxonomien für Fonds und Aktien zu erstellen, unter anderem die berühmte „style box" der Investmentfonds. Meine Fonds neigen schon immer zu Small Caps, Value und geringer Volatilität.

Die Experten sind sich weniger darüber einig, **warum** diese Faktoren funktionieren, wie man feststellen soll, ob ein früheres Urteil über einen Faktor falsch war oder wie man Entscheidungsregeln für Kauf und Verkauf findet. Zwar haben Small Caps über lange Strecken deutlich outperformt, sowohl im Inland als auch im Ausland, aber sie hatten auch viele Jahre lange Phasen, in denen sie hinterherhinkten. Vielleicht werden Small Caps abgetan, weil man hier schwerer an Informationen und Analysen herankommt, aber ich möchte behaupten, dass das heute weniger zutrifft als früher. In der Tat können Small Caps riskanter sein, weil die Unternehmen weniger diversifiziert, zyklischer sowie mehr auf Allerweltsprodukte bezogen sind und häufig eine stärkere Kundenkonzentration haben. Allerdings kann ich die Behauptung nicht widerlegen, der Small-Cap-Effekt sei ein Relikt aus der Zeit vor der Globalisierung und einer weniger straffen Durchsetzung des Kartellrechts.

Fred war verblüfft vom TVIX ETN und konnte nicht verstehen, weshalb er auf seine Rechnung gekauft worden war. Der TVIX – Velocity Shares 2X Long VIX Short Term Exchange Notes – ist ein vom VIX abgeleitetes Derivat. Auf kurze Sicht ist der VIX das Angstbarometer der Wall Street. Der VIX ist ein Index der impliziten Volatilität von Optionen auf Aktienindizes, die bis zum Folgemonat reichen. Die Erwartung der Trader an die künftige Kursvolatilität lässt sich nicht unmittelbar beobachten und muss daher aus den Optionspreisen geschlossen werden. Die Volatilität hat keinen inneren Wert. Abgesehen davon, festzustellen, ob der VIX irgendwie zum Mittelwert zurückkehrt, gibt es keine Möglichkeit, sie langfristig in den Blick zu nehmen. Trotz reichlicher Daten lässt sie sich nicht analysieren. Und noch schlimmer: Der TVIX ist gehebelt.

TEUFLISCHE DETAILS ÜBER SCHULDEN

Dreifach gehebelte Fonds steigen und fallen dreimal so schnell, aber möglicherweise verstehen Anleger nicht, welche Folgen das hat. Der ETF leiht sich ständig das Zweifache der Investition des Anteilseigners, damit er die dreifache Menge des zugrunde liegenden Index, zum Beispiel des VIX, halten kann. Das heißt, wenn der zugrunde liegende Index um 25 Prozent fällt, dann fällt der dreifach gehebelte ETF um 75 Prozent. Immer wenn der Wert des ETFs fällt, muss der ETF genug von seinem Index verkaufen, um die geliehenen Anlagen auf den doppelten Wert des ETFs zu reduzieren. Nehmen wir nun an, der Index würde sofort um 33,3 Prozent steigen und somit wieder auf sein ursprüngliches Niveau schnellen. Wie in der nachfolgenden Abbildung zu sehen, würde sich dadurch der Wert des dreifach gehebelten ETFs zwar verdoppeln, hätte aber, da er um 75 Prozent gefallen war, am Ende nur noch den halben Anfangswert. Dies zeigt Abbildung 5.1.

Abbildung 5.1:
Invers und direkt dreifach gehebelte ETFs

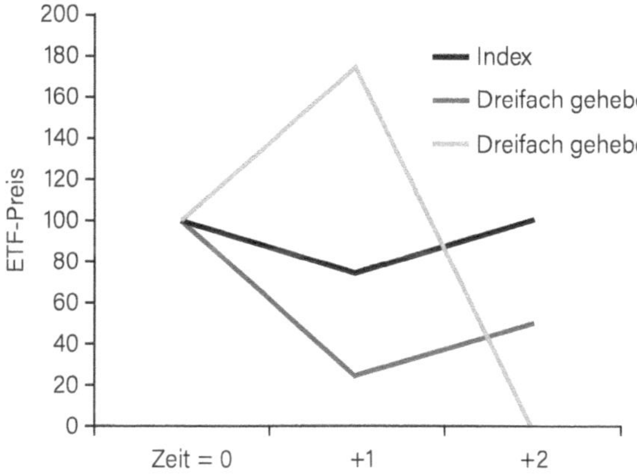

Geliehenes Geld verkürzt die Zeithorizonte von Anlegern, und durch die ständige Hebelwirkung ist in die Fonds ein schädlicher Algorithmus eingebettet: teuer kaufen und billig verkaufen. In unserem Beispiel fiel und stieg der Index so, dass er dort landete, wo er begonnen hatte, indes hätte dabei der dreifach gehebelte ETF die Hälfte seines Wertes verloren. Auf die zeitliche Abfolge kommt es dabei nicht an. Ein Anstieg, auf den ein Einbruch folgt, würde das gleiche Ergebnis bringen. Ob nun long oder short, wenn man (mithilfe geliehenen Geldes) mehr investiert, wenn es wie gewünscht läuft, sind sogenannte Whipsaws garantiert – man wird gezwungen, im ungünstigsten Moment auszusteigen.

Bearishe (oder inverse) ETFs hingegen wetten gegen einen Index, ohne dass sie dafür die Mechanik des Leihens von Aktien brauchen, um sie zu shorten. Leerverkäufe sind ein gefährliches Unterfangen. Die meisten Long-Investitionen haben ein unbegrenztes Gewinnpotenzial, und das Verlustpotenzial ist auf 10 bis 100 Prozent begrenzt. Wenn man shortet, ist der Gewinn auf 100 Prozent begrenzt und das Verlustpotenzial unbegrenzt. Betrachten wir unser voriges Beispiel, in dem der Index von 100 auf 75 sackte und zurück auf 100 schnellte, prozentuale Änderungen von zuerst -25 Prozent und dann von +33,3 Prozent. Für einen Shortseller würden sich die Ergebnisse auf +25 Prozent und -33,3 Prozent umkehren. Dreifach gehebelte ETFs würden diabolische Ergebnisse liefern. Die Verdreifachung eines Verlusts von 33,3 Prozent würde den bearishen Fonds ausradieren, obwohl der Index letztlich unverändert geblieben ist.

„Warum erfinden die solche ETFs?“, fragte Fred wütend.

Derivate und Anleihen sind Kontrakte, keine Besitzanteile an einem Unternehmen. Falls es rechtliche Pflichten und Schutzmaßnahmen gibt, sind sie im Kleingedruckten versteckt. Ansonsten sind ihre Emittenten anders als die leitenden Manager von Unternehmen, die man besitzt, nicht verpflichtet, im besten Interesse des Inhabers zu handeln. Aber die Wall Street erfindet finanzielle Vorrichtungen mit Funktionen, die so kompliziert sind, dass viele Käufer sie nicht richtig beurteilen können. Für diejenigen, die sie besser verstehen als andere, sind diese *Ineffizienzen* profitabel, weil sie die unachtsamen Opfer hinters Licht führen. Die Kunden wissen vielleicht, dass ein Fonds gehebelt ist, begreifen aber nicht, dass er durch dieses Merkmal zu einer schlechten Anlage wird. Die perfekten Zielpersonen denken eher an eine Story ohne Zahlen, anstatt an den Wert eines Papiers zu denken. Sachkundige Teilnehmer, die wissen, wie die Wertpapiere funktionieren, nutzen die unklugen Handelsangebote derjenigen aus, die sie nicht verstehen.

Zweck dieses Kapitels war es, Sie für Situationen zu sensibilisieren, in denen Sie die Einzelheiten nicht kennen und unwahre Annahmen treffen. Freds blinde Flecke und unbegründete Sprünge weichen fast mit Sicherheit von Ihren oder meinen ab, aber wahrscheinlich haben sie etwas gemeinsam. Wenn man seine Ziele nicht kennt, dann kennt sie auch sonst niemand. Viele Menschen wollen nicht fragen, wie und warum Strategien funktionieren. Kosten, Anreize, wem man trauen kann und Risikokontrolle wirken wie Ablenkungen von der Aufgabe, die Erwartungsrenditen zu maximieren, sind aber in Wirklichkeit zentraler Bestandteil dieser Aufgabe.

Die besten Investmentrisiken sind solche, deren man sich bewusst ist, die man analysieren kann und die günstige Wahrscheinlichkeiten aufweisen. Bei kleineren, einfacheren, stabileren Unternehmen lässt sich all das leichter beurteilen. Wenn man sich nicht die Zeit genommen hat, die Details zu verstehen, hat man die Komplexität zum Feind. Diversifizierung schützt einen gegen Risiken, die man nicht bewusst wahrnimmt und die man nicht analysieren kann. Das Beste aus beiden Welten bedeutet, dass man über Aktien mit besseren Chancen diversifiziert. Alles, was der Fähigkeit in die Quere kommt, einen langfristigen Standpunkt einzunehmen – zum Beispiel finanzielle Hebelwirkungen –, sollte man meiden.

6
FÜR MICH DAS EINFACHE LEBEN

„Menschen, die meinen, sie wüssten alles,
sind ein großes Ärgernis für uns, die alles wissen."
- Isaac Asimov -

Man sollte in Unternehmen investieren, die man versteht und gut kennt. Das ist ein großartiger Ratschlag, aber er bedarf einer Erläuterung. Um ein Unternehmen zu verstehen, muss man verstehen, was jedes Segment macht und wie sie alle Geld verdienen. Man muss die Faktoren identifizieren, die seine künftigen Gewinne hervorbringen werden, und in der Lage sein, einen mehr oder weniger zutreffenden Versuch zu starten, sie vorherzusagen. Nicht alle Branchen lassen sich gleich leicht verstehen. Manche, zum Beispiel die Biotechnologie, sind für die meisten Laien fast unmöglich zu verstehen. Wenn man sich eine Weile damit befasst, wird man feststellen, dass manche Branchen brutal wettbewerbsintensiv und unprofitabel sind, während andere konsequent lukrativ sind.

Google hat uns einen großartigen Dienst erwiesen, indem es Informationen zu beliebigen Themen sofort verfügbar gemacht hat, aber das hat auch einen Nachteil: Es fördert die Illusion, man wisse mehr, als man tatsächlich weiß. Es mangelt einem an entscheidendem Wissen, aber man ist sich sicher, dass man es sich in Sekundenschnelle beschaffen kann. Die Menschen sind schon immer für diese Illusion anfällig gewesen, vor allem wenn sie intelligent und wissbegierig sind. Die Sorte von Informationen, die man sofort findet, hilft einem mit weitaus größerer Wahrscheinlichkeit bei der Beantwortung der Frage „Was passiert als Nächstes?" als bei der Frage „Was ist sie wert?". Dies kann bei der Geldanlage zu einer gefährlichen Kombination führen: zu einer gewissen Selbstüberschätzung und einem kurzfristigen Fokus.

Kennen heißt nicht wissen, aber oft geht das Hand in Hand. Berühmt ist die Aussage von Peter Lynch von Fidelity, die Beobachtung der Einkaufsgewohnheiten seiner Frau Carolyn habe ihm einen guten Ausgangspunkt für Aktienresearch geboten. Carolyn wusste, warum die Strümpfe von *L'eggs* besser waren als die Strumpfhosen anderer Marken. Auch wusste sie, ob und wann ein Konkurrent ein viel besseres Produkt herausbrachte. Um ein Unternehmen zu verstehen, muss man wissen, warum die Kunden seine Produkte kaufen. Wenn Sie sich nicht sicher sind, welche Branchen Sie am besten kennen, würden Peter und ich Ihnen raten, mit Verbraucherprodukten anzufangen.

Die Tatsache, dass man etwas kennt, kann auch gegen den Anleger arbeiten. Wenn man von 1972 bis 2016 immer in die nach Marktkapitalisierung größte Aktie des S&P 500 Index investiert hätte, dann hätte die Rendite unter vier Prozent gelegen, während der Index mehr als zehn Prozent eingebracht hätte. Ein ähnlicher, aber kleinerer Effekt war bei den zehn größten Aktien des S&P 500 zu sehen. Unternehmen mit hohem Börsenwert sind nicht immer große Unternehmen, und sie sind den Anlegern nicht immer vertraut, aber normalerweise geht beides einher. Im Jahr 2016 war der Marktwert von Facebook dramatisch höher als der von Walmart, obwohl sein Umsatz nicht einmal ein Zwanzigstel betrug, und das vielleicht gerade *weil* es so bekannt war. Allgemein bekannte Namen fühlen sich sicherer an. Bekanntheit (oder zumindest die Größe) schlägt sich auch in den Ratings und Renditen von Anleihen nieder. Kleinere, weniger bekannte Unternehmen bezahlen höhere Zinsen als populäre Großunternehmen mit gleicher Bonität.

WAS MUSS MAN WISSEN?

Wenn man nicht gerade Philosophie studiert hat, dann hat man wohl so gut wie null Zeit damit verbracht, darüber nachzudenken, was man nicht weiß. Der ehemalige US-Verteidigungsminister Donald Rumsfeld sprach etwas Wichtiges an, als er von „bekannten Unbekannten" und „unbekannten Unbekannten" sprach, aber für Menschen, die darüber noch nie nachgedacht hatten, klang das nach Gelaber. Falls es einen schnellen Weg gibt, herauszufinden, was man weiß und was man nicht weiß, so gehörte er jedenfalls nicht zu meiner Ausbildung. Philosophen macht folgendes Paradoxon vielleicht Freude: Wenn ich wüsste, was ich nicht weiß, dann wüsste ich es ja. Aber als Anleger hilft mir das nichts. Ich will einfach Bereiche vermeiden, in denen ich nicht genug weiß.

Wenn ich „wissen" und „verstehen" schreibe, habe ich dafür sehr bestimmte Kriterien im Sinn. Verstehe ich, warum die Kunden das Produkt des Unternehmens kaufen und warum sie aufhören könnten, es zu kaufen, oder warum sie auf ein Konkurrenzprodukt umsteigen könnten? Was konkret macht das Unternehmen besser als seine Mitbewerber? Wie verdient das Unternehmen sein Geld? Warum steigt und sinkt seine Profitabilität? Was treibt sein Wachstum an? Wie scheitert ein solches Unternehmen? Weiß ich etwas darüber, wie das Unternehmen in fünf Jahren dastehen wird, und über die Faktoren, die über den Ausgang bestimmen? Kann ich in dieser Branche eine großartige Chance erblicken? Ist das ein Bereich, in dem ich kluge Entscheidungen treffen werde?

Manche Anleger sprechen davon, dass man seinen Kompetenzkreis kennen soll. Ich stimme diesem Gedanken nicht nur zu, sondern möchte ihn auch in seiner stärksten möglichen Form formulieren. Der Unterschied bewegt sich in der gleichen Größenordnung wie der zwischen den 4.000 Facebook-Freunden, die man hat, und den zwei oder drei lebenslangen Freunden – eher ein Unterschied der Art als der Menge. Man will ja nicht, dass flüchtige Bekanntschaften die Zeit mit besten Freunden unterbrechen. Damit will ich sagen, dass „Kompetenzkreis" einen Kreis besonderer Fähigkeiten oder besonderer Erkenntnisse bedeuten sollte. Ich kann in allen Branchen kompetent sein, aber manche sind leichter zu beherrschen und in manchen Punkten bin ich besser als in anderen. Auf die Rangfolge kommt es an.

Erfolgreiche Menschen machen sich das Leben leichter, indem sie sich auf diejenigen Tatsachen und Handlungen konzentrieren, auf die es am meisten ankommt. Tut man das nicht, steckt man entweder im Hamsterrad oder verzettelt sich in Belanglosigkeiten. Das Kniffligste daran ist, für neue und widersprechende Informationen offen zu bleiben, die sich auf die eigenen Ziele auswirken, und gleichzeitig die Stördaten auszublenden. *Ein Test auf Rauschen ist die Frage, ob eine bestimmte Information auch in ein oder zwei Jahren noch nützlich sein wird*, sodass eine Menge kleinlicher Details über Quartalsergebnisse wegfallen.

Die Tatsachen, nach denen ich suche, sehen oft nach faden Hintergrundinformationen aus, dabei waren und sind sie wahr und werden es noch lange Zeit bleiben. Ich suche nach wichtigen Fakten mit langer Lebensdauer, zum Beispiel nach einer Beschreibung der Wettbewerbsposition eines Unternehmens oder danach, wie die Unternehmensführung den Cashflow historisch verwendet hat. Zu diesen Themen hört man auf *Fox News* oder auf *CNBC* wenig, denn sie sind keine Neuigkeiten und somit keine Nachrichten. Solche Fakten gründlich zu betrachten ist für mich viel wertvoller als die Lektüre von sechs Berichten über aktuelle Quartalsergebnisse.

SCHWIERIGE BRANCHEN MEIDEN

Ich bin ein aufrichtiger Verfechter des Kompetenzkreises, trotz meiner persönlichen Geschichte wiederholter Fehltritte. Mein Fonds enthält gewöhnlich rund 800 Wertpapiere. Ich versuche, einen Ausgleich zu finden zwischen dem „Kompetenzkreis“ und „das Netz weiter auswerfen“. Für mich ist die Eröffnung endloser Möglichkeiten der Teil meines Jobs, der mir Spaß macht, die bewusste Beschränkung meiner selbst hingegen nicht. Aber wenn man seine Willenskraft nicht ausübt und in den Dienst eines wichtigen Ziels stellt, führt das in die Katastrophe.

Es stehen Tausende von Aktien zur Auswahl, und selbst wenn sie das Feld auf ihren Kompetenzkreis einengen, bleiben den meisten Anlegern noch reichlich Gelegenheiten. Ich muss den Löwenanteil der Möglichkeiten ablehnen, darunter auch viele, die absolut gut sind. Manche Ansätze, zum Beispiel nur Aktien zu kaufen, die in Finanz-Fernsehsendern präsentiert werden, führen einen direkt zu weniger attraktiven Gelegenheiten. Die meisten Methoden sind mehr oder weniger zufällig, zum Beispiel dass man bei A anfängt und das Alphabet durchgeht. Wenn man sich auf Aktien konzentriert, die man kennt, könnte das eine bessere Sammlung von Möglichkeiten hervorbringen. Zumindest ist man dann besser in der Lage, *großartige* Gelegenheiten zu entdecken.

Die Entscheidung, welche Branchen man untersucht und welche man übergeht, hängt von dem vorhandenen Wissen, von den Zielen und von der Attraktivität der Branchen ab. Wenn man in einer Branche arbeitet, weiß man darüber natürlich mehr als die meisten anderen Menschen. Wenn man ein regelmäßiges Einkommen braucht, sollte man sich auf stabile Branchen konzentrieren, in denen hohe Dividendenrenditen üblich sind, und sich von denjenigen fernhalten, die keine Dividenden ausschütten. Nach einigen Erkundigungen stellen die meisten Anleger fest, dass manche Branchen langfristigen Anlegern reichlich Chancen bieten, andere nur wenige. Kurzfristig orientierte Trader können an den Kursausschlägen in erratischen Branchen Geld verdienen, wenn diese sich von Verlusten zu Gewinnen verlagern. Aber längerfristig orientierte Anleger werden feststellen, dass ihre Renditen eher der durchschnittlichen Rendite ähneln, und wenn die mittelmäßig ist, dann sind auch ihre Ergebnisse mittelmäßig.

Um Branchen zu erkunden, verwende ich gedruckte Exemplare des „Value Line Investment Survey", den es jetzt auch online gibt. Value Line bietet zwei Dienste an, die jeweils rund 1.700 nach Branchengruppen sortierte Aktien abdecken. Alle drei Monate erscheint zu jedem Unternehmen ein einseitiger Bericht, der rund 15 Jahre vergangene Zahlen und aktuelle Bemerkungen enthält. Zusätzlich gibt es Branchenberichte, die die Finanzergebnisse der einzelnen Gruppen zusammenfassen. Wenn ich die Seiten über die Stahlindustrie oder über Fluggesellschaften durchblättere, sehe ich gleich, dass die meisten Firmen zumindest in manchen Jahren Verlust gemacht haben. Auf den Unternehmensseiten sehe ich dann, dass American, Delta, United und US Airways Bankrott gemacht haben, und das manchmal mehrfach. Wenn ich kein Unternehmen finde, das herausragende Gewinne erzielt und die Branche erneuert, blättere ich weiter.

Wenn in einer Branche eine miserable langfristige Profitabilität und kein Wachstum erwartet wird, heißt das laut der Effizienzmarkthypothese nicht, dass ihre Aktien hinter dem Markt zurückliegen werden. All das Schlechte soll in die Aktienkurse eingepreist sein, sodass trotzdem eine anständige Rendite zu verdienen ist. Aktien werden im Allgemeinen deshalb im Verhältnis zu ihren Gewinnen oder zu ihren Vermögenswerten billig gehandelt, weil die Aussichten zumindest kurzfristig düster sind. Im Schnitt schlagen billige Aktien den Markt, auch wenn die tatsächlichen Gewinnsteigerungen hinter diesem Markt zurückliegen, was darauf hindeutet, dass die Erwartungen zu niedrig waren. Man sollte aber nicht einfach nur nach lausigen Aussichten suchen. Als Kategorie bleiben Unternehmen, die Verlust machen, im Allgemeinen hinter dem Markt zurück, was darauf hindeutet, dass die Erwartungen nicht niedrig genug waren.

Wenn man sein Universum möglicher Investments einengt, sollte man die Chancen zu den eigenen Gunsten verschieben. Die EMH postuliert, dass alle Aktien und Branchengruppen die gleichen risikobereinigten Renditen aufweisen. Wenn das stimmt, wird das Anlageuniversum durch das Streichen von Aktienkategorien zwar kleiner und weniger diversifiziert, aber das dürfte der Erwartungsrendite nicht schaden. Ich würde sagen, der Ausschluss einer wirklich zufälligen Branche schadet meinen Chancen nicht und kann sie sogar verbessern, wenn ich über die Branche wenig weiß. Fondsmanager werden wegen ihres Wissens eingestellt, und deshalb geben wir ungern zu, dass wir in manchen Branchen erbärmlich sind. Auch meide ich Entscheidungsregeln, die wohl Aktien ausschließen, von denen ich glaube, dass sie günstige Eigenschaften haben könnten, zum Beispiel niedrige Kurs-Gewinn-Verhältnisse oder niedrige Marktkapitalisierungen.

DIE UNVORHERSEHBARE REISE VON DENDREON

Unprofitable Biotech-Aktien übersteigen mein Verständnis schon immer weit. Aber das hält mich nicht davon ab, zu versuchen, von Ärzten, die ich kenne, etwas darüber zu erfahren. Die Medizin liegt absolut in deren Kompetenzkreis, nicht aber in meinem. Deshalb horchte ich auf, als „Dr. Rubin", ein medizinisch geschulter Psychiater, der Krebspatienten behandelt, von Dendreon begeistert war, als die Aktie des Unternehmens bei vier Dollar stand. Dendreon entwickelte Provenge, eine Immuntherapie gegen Prostatakrebs. Ich teilte Dr. Rubins Faszination für die Entwicklung einer neuen, humaneren Krebsbehandlung, aber ich kaufte keine Dendreon-Aktien. Ich konnte weder die Zulassungen der Food and Drug Administration (FDA) noch die künftigen Gewinne einschätzen.

Um die Profitabilität von Dendreon auf fünf Jahre hinaus einzuschätzen, müsste man ganz klar die Wahrscheinlichkeit dafür kennen, dass Provenge von der FDA zugelassen wird, und auch die Größe seines Marktes. Das Zulassungsverfahren der FDA für neue Arzneimittel besteht aus drei Phasen, und in jeder Phase stehen die Chancen gegen die Zulassung. Bei Provenge dauerte dieses Verfahren zehn Jahre: sieben Jahre, bis die FDA entschieden hatte, dass die ersten Studien bewiesen hatten, dass das Medikament unbedenklich und wirksam ist, zwei weitere Jahre für ein zweite Runde von Studien, und dann ein weiteres Jahr für die endgültige Zulassung. Nach der Zulassung schnellte die Dendreon-Aktie innerhalb eines guten Jahres auf 56 Dollar in die Höhe, also mehr als das Zehnfache, und bescherte Dr. Rubin auf dem Papier ein gar nicht so kleines Vermögen. Manche Analysten sagten voraus, der Umsatz von Provenge könnte bis zum Jahr 2020 auf vier Milliarden Dollar steigen.

Vor diesen Fakten hätte ich keinesfalls die vielen Windungen und Wendungen bei der Entwicklung von Provenge vorhersehen können. Häufig nehmen Anleger bei jungen Unternehmen an, sobald ein größerer Meilenstein erreicht wäre – etwa eine FDA-Zulassung –, wäre alles golden. Doch für Dendreon war die FDA-Zulassung nicht das Ende des Regenbogens. Sechs Wochen nach der Zulassung von

Provenge legte Medicare eine Begrenzung der Kostenerstattung für Arzneimittel gegen Prostatakrebs vor. Eine Behandlung mit Provenge kostete 93.000 Dollar, andere Krebsmedikamente waren noch teurer. Auch private Krankenversicherungen hielten sich bei der Kostenerstattung zurück. Jeder Provenge-Patient erhielt das Mittel auf sein Immunsystem abgestimmt, sodass die Herstellung nur langsam anlief. Ein Forscher veröffentlichte einen Bericht, der darauf hindeutete, dass die klinischen Daten zum Überlebensvorteil durch die Impfung durch das Alter der Patienten verzerrt waren. Wie bei allen Medikamenten traten bei manchen Patienten Nebenwirkungen auf.

Dendreon musste seine Umsatzprognose für das erste Jahr zurückziehen, denn der Umsatz betrug nur die Hälfte der früheren Prognose von 400 Millionen Dollar. Dann brachte Johnson & Johnson Zytiga heraus, das in Kombination mit Provenge genommen oder als konkurrierende Therapie positioniert werden konnte. Zytiga und die andere Konkurrenztherapie Medivation werden oral eingenommen, während Provenge injiziert wird. Provenge war wissenschaftlich ein Erfolg, jedoch kommerziell ein Flop. Im Jahr 2014 verkündete Dendreon bei einer Pressekonferenz, bei der es ursprünglich neue Ergebnisse melden wollte, dass es Insolvenz beantragt hatte.

Anleger sollten ihre Meinung ändern, wenn sich die Fakten ändern, aber wenn man ein Unternehmen und seine Branche gut kennt, dürfte das nicht allzu oft passieren. Nicht einmal heute kann ich sagen, ob Dr. Rubins Erkenntnis, dass die Wissenschaft sehr gut war, die Frage „Was passiert als Nächstes?“ oder „Was ist sie wert?“ beantwortete. Nicht einmal ein übermenschlicher Wertpapieranalyst wäre in der Lage gewesen, alle Aufs und Abs bei Dendreon vorherzusagen. Wenn er eine perfekte Voraussicht gehabt hätte, wäre er zu dem Schluss gekommen, letztendlich sei der Wert von Dendreon null, aber das hätte viele Jahre lang völlig falsch gewirkt.

VERSICHERUNGEN

Eine der ersten Branchen, die ich betreute, waren Lebensversicherungen, die womöglich auf langweilige Weise vorhersehbar wirken. Eine Versicherung funktioniert nach dem Prinzip, dass dann, wenn sich eine große Anzahl von ähnlichen, aber unkorrelierten Risiken ballt, das Endergebnis nahe am theoretischen Durchschnitt oder der zentralen Tendenz liegt. Eine Risikolebensversicherung ist im Prinzip ein geradliniges Geschäft. Stark vereinfachend gesagt könnte eine Versicherungsgesellschaft beispielsweise eine Million Leben versichern, jeweils für eine Prämie von 1.000 Dollar im Jahr, also insgesamt eine Beitragssumme von einer Milliarde Dollar kassieren. Die Zahl von einer Million Leben ist groß genug, damit sich statistische Durchschnitte ergeben, und eine versicherungsmathematische Schätzung von 10.000 Todesfällen dürfte ungefähr zutreffen. Geht man von Versicherungssummen von 65.000 Dollar pro Person sowie von Vertriebs- und Verwaltungskosten in Höhe von 25 Prozent der Prämien aus, entstehen der Versicherungsgesellschaft jährliche Aufwendungen von 900 Millionen Dollar. Somit dürfte sie einen versicherungstechnischen Gewinn von 100 Millionen Dollar im Jahr zuzüglich Anlageeinkünften aus ihren Reserven erzielen.

Man kann also vernünftigerweise vorhersagen, wie eine konservative Lebensversicherung in fünf oder zehn Jahren dastehen wird, wobei die gemeldeten Gewinne sogar auf Annahmen über die Zukunft *beruhen*. Die Vorhersage an sich ist jedoch trübe. Die Lebensversicherung wird wohl kaum obsolet werden, aber dieser Markt wächst nur minimal. Die Gewinne fallen nicht katastrophal aus, weil alle so ziemlich die gleichen Sterblichkeitstafeln verwenden und die Kosten im Griff haben. Aber sie fallen auch nicht spektakulär aus, weil alle einfachen Lebensversicherungspolicen gleich aussehen, sodass die Unternehmen lediglich über den Preis konkurrieren können. Versicherungen, die Preiskriege lostreten, um Marktanteile zu gewinnen, geben ihre Profitabilität auf, und deshalb beschreiten die meisten einen Mittelweg. Die Einkünfte aus Geldanlagen sind aufgrund der Änderungen von Aktienkursen und Zinsen veränderlich. Wenn man

Veränderungen von Aktienkursen und Zinssätzen wirklich vorhersagen könnte, wären Gewinnmodelle nicht die beste Einsatzmöglichkeit solcher Prognosen.

Für Lebensversicherungsgesellschaften, die Renten- und sonstige Einkommenspolicen vergeben, sind die veränderlichen Annahmen über die Investmenteinkünfte von entscheidender Bedeutung. Anstatt zu versuchen, die Finanzmärkte vorherzusagen, passen vorsichtige Versicherungsgesellschaften den zeitlichen Verlauf des Cashflows aus ihrem Anleiheportfolio an den zeitlichen Verlauf der Zahlungen an die Rentenbezieher an. Da die Rentenbezieher risikoscheu sind, halten sich vorsichtige Versicherungsgesellschaften an Anleihen höchster Bonität. Jedoch haben die Inhaber der Policen vielfältige Wahlmöglichkeiten – auch ihre Police verfallen zu lassen –, die diesen Balanceakt zunichtemachen können. Anders als die Sterblichkeit ist das menschliche Verhalten veränderlich und nicht immer berechenbar. Außerdem sind Versicherungsgesellschaften manchmal in Versuchung, Junkbonds zu kaufen oder inkongruente Laufzeiten in Kauf zu nehmen, um höhere Zinsen zu bekommen.

Schaden- und Unfallversicherungen haben es ebenso sehr mit Ungewissheit wie mit Risiken zu tun. Insbesondere für Katastrophenversicherungen gibt es so etwas wie ein normales Jahr nicht, sondern viele Jahre sind gut, manche jedoch bringen massive Verluste. Eine Gesellschaft, die eine kleine Anzahl hoch bewerteter und geografisch konzentrierter Besitztümer versichert, wird mit geballten, unvorhersehbaren Ansprüchen konfrontiert sein. Auf kurze Sicht können Versicherungen nicht wissen, ob sie ihre Prämien so festgelegt haben, dass sie die wahren künftigen Wahrscheinlichkeiten widerspiegeln, und das scheint auch kaum von Bedeutung zu sein. Letztlich setzt sich das Gesetz des Durchschnitts durch, aber die Vorhersage von Quartals- und Jahresergebnissen ist aussichtslos. Wenn das eigene Unternehmen Gebäude in Miami in Milliardenhöhe gegen Sturmschäden versichert hat, klebt man in der Hurrikansaison vor dem Wetterbericht.

Bankrotte von Versicherungen resultieren gewöhnlich aus Konzentrationen von Investment- und Versicherungsrisiken, die schlecht ausgegangen sind. First Executive ging 1991 bankrott, weil es massiv in Junkbonds investiert hatte, die nicht aktiv gehandelt wurden, und riesige Verluste erlitt, als es gezwungen war, sie abzustoßen. Fremont Indemnity wurde 2003 insolvent, weil es in Kalifornien zu viele Arbeiterunfallversicherungen ausgestellt hatte. Der Markt für Arbeiterunfallversicherungen war in den 1990er-Jahren sehr wettbewerbsintensiv geworden, sodass die Prämien gesenkt wurden. Dann riefen Änderungen der Leistungsgesetze eine Epidemie von missbräuchlichen Ansprüchen und Prozessen hervor. Für die Anbieter solcher Versicherungen spiegeln die tatsächlichen künftigen Wahrscheinlichkeiten nicht die vergangene Entwicklung wider; sie sind unbekannt und instabil. Die Gefahr lauert dort, wo Risiken selten und geballt auftreten, wo sie in letzter Zeit nicht mehr aufgetreten sind und die Versicherer daher die Prämien zu niedrig ansetzen.

AIG

Aufgrund meiner Kenntnis einiger ihrer Versicherungstöchter sowie ihres AAA-Bonitätsratings und ihres Rufs dachte ich im Jahr 2007, die American International Group (AIG) befinde sich in meinem Kompetenzkreis. Doch unwissentlich war ich weit aus diesem Kreis herausgerutscht. Die jahrzehntelange Erfolgsbilanz von AIG mit unerreichtem und fast ununterbrochenem Wachstum ermöglichte es dem Konzern, zur größten (nach Marktwert) Versicherungsgesellschaft der Welt zu werden. AIG wurde 1919 in Schanghai gegründet, war eine führende Versicherung in Asien, wo das Versicherungsgeschäft immer noch kräftig wächst, und auch weltweit führend. AIG bot Unternehmensversicherungen aller Art an, Arbeiterunfallversicherungen, Rückversicherungen, Kfz-Versicherungen, Hypothekenversicherungen, Einzel- und Sammellebensversicherungen, Unfall- und Krankenversicherungen, feste und variable Rentenversicherungen, Vermietung von Flugzeugen, Finanzprodukte, Finanzbürgschaften, verbürgte Anlagekontrakte und anderes mehr. Aufgrund der weltweiten Diversifizierung und der vielfältigen Sparten hätten Probleme in einem Bereich eigentlich durch Stärke an anderer Stelle ausgeglichen werden müssen.

Im Laufe des Jahres 2007 war die AIG-Aktie von ihrem Hoch aus wegen der Kontroverse um die Sparte für Finanzprodukte (AIGFP) um 20 Prozent abgerutscht. Ich bildete mir irrtümlich ein, ich wüsste etwas über die Situation, weil AIGFP 1987 von meinem früheren Kollegen Howard Sosin gegründet worden war. Bevor Sosin zu AIG ging, hatte er bei Drexel Burnham Lambert gearbeitet, wo er die Abteilung für finanzielle Swap-Geschäfte leitete. Aber diese persönliche Verbindung hatte mit der Lage von AIG im Jahr 2007 nichts zu tun. Sosin hatte AIG bereits 1993 verlassen. Die Swap-Abteilung von Drexel hatte vorwiegend als Broker agiert (gegen eine Gebühr Käufer und Verkäufer zusammengebracht), hingegen nahm AIG Risikopositionen in Finanz-Swaps ein und betrachtete die Swaps als Versicherung.

AIGFP handelte mit zunehmend komplexen Swaps, die anders waren als diejenigen, die ich einst am Rande kennengelernt hatte. Credit Default Swaps (CDS), also Kreditausfallversicherungen, waren zu einem der Kernprodukte von AIGFP geworden. In der jüngeren Vergangenheit waren Zahlungsausfälle auf Hypothekenschulden und Unternehmensschulden recht selten gewesen, und deshalb wurden die Gebühren zu niedrig angesetzt. Häufig betrugen die jährlichen Gebühren nicht einmal ein Prozent des versicherten Risikos. Viele Käufer von CDS-Versicherungen sicherten damit jedoch keine riskanten Anleihen ab, sondern wetteten auf Zahlungsausfälle. AIG verlor.

Im Nachhinein war es eine absolut schreckliche Idee, CDS als Versicherungsprodukte zu betrachten. Anleihebegebungen können sich auf Milliarden Dollar belaufen, sodass durch ihre Versicherung enorme, geballte Risiken entstehen können. Eine Versicherung funktioniert durch die Zusammenlegung einer großen Anzahl kleiner Risiken. Die CDS waren eher eine Katastrophendeckung, aber im Unterschied zu Schadensversicherungen hingen hier die Katastrophen von menschlichem Verhalten und nicht von Naturereignissen ab. Noch schlimmer war, dass Kreditdesaster wechselseitig mit dem Konjunkturzyklus korreliert sind. Daher konnten Zahlungsausfälle sogar ansteckend wirken!

Da AIG riskante Kredite versichert hatte, besaß es im Endeffekt große Konzentrationen an Anlagerisiken, die gleichzeitig faul wurden.

Als die CDS-Verbindlichkeiten wuchsen, musste AIG mehr Sicherheiten bereitstellen, und das belastete seine Liquidität. Um diese Blutung zu stoppen, schloss AIG einige Swaps zu ungünstigen Zeitpunkten, sodass Verluste, die hätten vorübergehend bleiben können, dauerhaft wurden. Für das Jahr 2007 meldete AIG einen Verlust von 99,7 Milliarden Dollar. Die Aktie krachte von ihren Hochs aus um 98 Prozent in die Tiefe, und die US-Regierung intervenierte, um die Insolvenz abzuwenden.

Die Investition in einfache Unternehmen hat unter anderem den Vorteil, dass im Falle, dass Außenstehende die Probleme diagnostizieren können, fähige Manager bereits wissen, ob und wie sie sich beheben lassen. Ich war eindeutig von meinem Kompetenzkreis abgeschweift und steckte bis über den Hals drin, aber vielleicht galt das auch für das Management von AIG. Ich sage mir, dass ich ja nicht der einzige war, der nur die kurze jüngere Geschichte der CDS betrachtete und keine breiter angelegte Analogie zur Übernahme großer Ballungen hochgradig korrelierter Katastrophenrisiken gegen minimale Prämien wahrnahm. Nur die AIG-Angestellten wussten das wirklich. Aber das ist nur das, was ich mir sage, und Unwissenheit fühlt sich besser an, wenn man sie mit anderen teilt.

Ich versuche ständig, etwas Neues zu lernen, sodass es nicht immer leicht ist, mich an meinen Kompetenzkreis zu halten, erst recht wenn es um meine Fachkompetenz geht. Obwohl ich gedacht hatte, ich würde die Versicherungsbranche ganz gut begreifen, hatte sich AIG weiterentwickelt. Mir entgingen vertraute Quellen von Katastrophen bei Versicherungen, weil sie in einem unvertrauten Kontext auftraten. Ich hatte es zugelassen, dass meine früheren Engagements und mein Wissen in Bereiche abglitten, die ich nicht verstand. Grundsätzlich bevorzuge ich kleinere, einfachere Unternehmen. Anstatt in ein komplexes Konglomerat wie AIG mit einem Dutzend Sparten, von denen zwei Blackboxes sind, investiere ich nun lieber in zehn kleinere, transparentere Aktien.

Ich fühle mich nach wie vor sonderbar zu dem Potenzial von Biotech-Blockbustern hingezogen, aber ich weiß, dass ich die Häufigkeit von Blindgängern nicht einschätzen kann. Und jetzt weiß ich auch, dass ich makroökonomische Variablen des Gesamtmarkts nicht vorhersagen kann – dank einer desaströsen Erfahrung im Futures-Handel, die ich im nächsten Kapitel bespreche. Und nachdem ich im Ausland investiert habe, erkenne ich nun an, wie gefährlich es ist, die örtlichen Institutionen nicht vollständig zu verstehen, von der Sprache ganz zu schweigen. Wenn man sich eng an seine Stärken hält, passieren solche Fehler nicht.

7
KLEIN DENKEN

„Die seltsame Aufgabe der Volkswirtschaftslehre besteht darin, Menschen vorzuführen, wie wenig sie in Wirklichkeit über das wissen, was sie ihrer Vorstellung nach gestalten können."
- Friedrich von Hayek -

„Ich bin nur deshalb reich, weil ich weiß, wann ich mich irre."
- George Soros -

GROSSE FRAGEN

Das Bruttoinlandsprodukt (BIP) gibt die Umsätze aller Unternehmen einer Volkswirtschaft an, und dies deutet auf deren Gewinnentwicklung hin, die wiederum mit ihren Aktienkursen zusammenhängt – aber volkswirtschaftliche Kennzahlen sagen den Aktienmarkt erschreckend ineffektiv vorher. Täglich werden neue Wirtschaftsdaten veröffentlicht, was unseren Zeithorizont tendenziell verkürzt. Noch wichtiger ist, dass die Zusammenhänge zwischen verschiedenen allgemeinen Zahlen, spezifischen Unternehmen und ihren Aktienkursen schwach und dynamisch sind sowie oft missverstanden werden. Daten berichten über die Vergangenheit, Aktienkurse geben die Erwartungen an die Zukunft wieder. Die Kette der zeitweiligen Zusammenhänge erschwert es, zu erkennen, wo wir uns geirrt haben, oder überhaupt zu merken, dass wir uns geirrt haben. Die meisten Wirtschaftsprognosen sind dafür gedacht, die

Tendenz der Aktienkurse anzudeuten, halten aber nie inne, um den fairen Wert von Aktien einzuschätzen.

Zu der intellektuellen Neugier kommt bei der Geldanlage anhand des Gesamtbilds noch der Sirenengesang hinzu, dass sie leicht *aussieht*, weil täglich in den Nachrichten eine Flut einschlägiger Informationen erscheint. Es kann sogar den Anschein haben, dass makroökonomische Nachforschungen weniger Recherchen erfordern als bei konkreten Aktien. Darüber hinaus wäre der Wert perfekter Vorhersagen von Änderungen des BIPs oder des S&P 500 gigantisch im Vergleich zu Prognosen über einzelne Aktien. Makroinvestoren handeln an massiven, liquiden Märkten, sodass sie sich nie Gedanken darüber machen müssen, schnell in Positionen der gewünschten Größe einzusteigen (oder daraus auszusteigen). Die Positionen lassen sich vergrößern, weil die Einschusspflichten bei Futures und Derivaten, die auf Aktienindizes, Anleihen, Rohstoffen oder Devisen basieren, im Vergleich zu einzelnen Aktien winzig sind. Und im Gegensatz zu den Aktienmärkten sind Leerverkäufe an den Rohstoffmärkten kein Problem.

Zwar setzen die meisten Anleger, die einen Top-down-Ansatz verfolgen, die Geldanlage in den Sand, aber manche haben mit Entscheidungen, die sich auf das große Ganze beziehen, ein spektakuläres Vermögen verdient. Roger Babson sagte den Börsencrash 1929 zutreffend voraus und hinterließ ein Vermögen, mit dem er das Babson College stiftete. George Soros und John Paulson verdienten Milliarden daran, dass sie das Britische Pfund respektive Subprime-Hypotheken shorteten. Als ich noch jünger war, war ich überzeugt, dass Makroexperten eine große universelle Theorie der gesamten Wirtschaft im Kopf haben müssten. Inzwischen bin ich überzeugt, dass ihre gemeinsamen Eigenschaften folgende sind: erstens Offenheit für sich widersprechende Informationen, zweitens eine Möglichkeit, zu prüfen, ob sie falschliegen, und drittens die Bereitschaft, ihre Meinung zu ändern.

Fast von Anfang an dachten sich Volkswirte die Wirtschaft als Maschine. Der Volkswirt William Phillips baute eine Skulptur der Wirtschaftsmaschine, die er MONIAC nannte. Mein Großvater William war erstaunlich begabt, Autos zu zerlegen und sie in der richtigen Reihenfolge wieder zusammenzubauen. Das Gleiche wollte ich einmal mit der Volkswirtschaft machen. Aber ich bezweifle, ob ich die Wirtschaft auseinandernehmen kann, geschweige denn, sie zusammenbauen.

Das Problem ist folgendes: Alle Teile der Wirtschaft sind abstrakt. Woraus die Volkswirtschaft oder der Markt und ihre Einzelteile bestehen, hängt davon ab, welche Definitionen man wählt. Man könnte den „Markt" als alle circa 4.000 Aktien bezeichnen, die in den Vereinigten Staaten an Börsen notieren, nur als die 500 im S&P 500 enthaltenen oder gar nur als die 30 des Dow Jones Industrial Average. Besteht die Wirtschaft nur aus den Unternehmen, die in einem Aktienindex enthalten sind? Sollten nicht auch Privatunternehmen und andere Organisationen zählen, ganz zu schweigen von den Selbstständigen?

Ändert man die Definitionen, ändern sich auch die Zahlen. Während der globalen Finanzkrise 2009 fiel es manchen europäischen Ländern schwer, ihre Ziele hinsichtlich der Staatsverschuldung im Verhältnis zum BIP zu erreichen. Indem man die Definition auf Einkünfte aus Prostitution, illegalen Drogen und anderen Aktivitäten ausweitete, konnte man ein um ein paar Prozent höheres BIP melden. Da volkswirtschaftliche Erkenntnisse auf solchen abstrakten, veränderlichen Definitionen basieren, erscheint die Vorstellung eines perfekten Modells, das perfekte Vorhersagen trifft, lächerlich.

Während der Weltwirtschaftskrise schrieb John Maynard Keynes „Allgemeine Theorie der Beschäftigung, des Zinses und des Geldes", das berühmteste Buch, das je über Volkswirtschaft geschrieben wurde. Diese Theorie wird an den meisten Universitäten gelehrt und von vielen Regierungen praktiziert. Die keynesianische Theorie hat zwar ihre Mängel, aber noch gibt es keine kohärentere, umfassendere Alternative, sodass die Frage offen bleibt, ob es besser ist, von Irrtümern geleitet zu werden oder gar nicht geleitet zu werden. Von Keynes stammen die meisten entscheidenden Definitionen, die in der Volkswirtschaftslehre verwendet werden, zum Beispiel dass das BIP dem Konsum, den Kapitalinvestitionen und den Staatsausgaben plus Ausfuhren minus Einfuhren entspricht.

Die am stärksten schwankende Komponente, die häufig den anderen Komponenten vorausgeht und gewöhnlich Aufschwünge und

Abschwünge auslöst, sind die Kapitalinvestitionen. Unternehmen müssen nur dann Kapazitäten aufbauen, wenn die Nachfrage steigt. Wenn die Nachfrage sinkt, erhöhen Unternehmen die Kapazitäten ihrer Fabriken nicht und ersetzen häufig nicht einmal abgenutzte Anlagen. Wenn sich Unternehmen zu Investitionen entschließen, müssen sie die Profite über die gesamte Lebensdauer der Anlagen in Betracht ziehen, nicht nur des nächsten Jahres. Aber künftige Profite sind lediglich Prognosen, noch keine Tatsachen. Deshalb hängt die Investition vom allgemeinen Ausblick der Geschäftsleute ab, von dem, was Keynes als „animal spirits" bezeichnete, im Deutschen meist als „animalische Instinkte" wiedergegeben. Vorhersagen sind falsch, weil die animalischen Instinkte gehoben oder gedrückt sind. Keynes' Modell klingt eher nach einem lebenden Wesen als nach einer Maschine.

Menschen treffen Vorhersagen aus vielen anderen Gründen, als um die Zukunft zutreffend vorherzusagen; an der Wall Street werden Schätzungen in erster Linie dazu verwendet, etwas zu verkaufen und sich nicht mehr darum zu kümmern. So kann zum Beispiel eine Prognose, dass Internetwährungen allgemein akzeptiert werden, dafür gedacht sein, zu Handlungen anzuspornen, die dazu führen, dass sich diese Prognose bewahrheitet. Im Gegenzug gestand Al Gore, dass seine Prognose der globalen Erwärmung dafür gedacht war, Handlungen zur Abwendung der Katastrophe hervorzurufen. Keynes' Modell war eher dazu gedacht, die staatliche Politik zu beeinflussen, als Vorhersagen zu treffen. Als die animalischen Instinkte gedrückt waren, sagte er voraus, die Wirtschaft werde besser laufen, wenn der Staat größere Defizite in Kauf nehmen würde. Und dementsprechend handelten die Regierungen.

Der Volkswirt Milton Friedman behauptete, ökonomische Modelle bräuchten keine Annahmen zu treffen, die irgendwie nach der wirklichen Welt aussehen, sie bräuchten bloß zutreffende Prognosen zu liefern. Wirklich? Naturwissenschaftler fangen damit an, dass sie alles so genau wie möglich beobachten und beschreiben, vor allem wie sich die Teile zu Systemen zusammenfügen. Dann entwickeln sie ein Modell, das die Dinge erklärt. Vorhersagen treffen sie erst (und vorher können sie es nicht), wenn sie erklären können, was passiert. Zwar beginnen Physiker häufig mit einfachen Modellen und idealen Annahmen, von denen sie wissen, dass sie unrealistisch sind, aber später nehmen sie die Reibungen und Komplexitäten hinzu, die sie zuvor ignoriert hatten.

Wichtig ist auch, dass physikalische Modelle wirklich zutreffende Vorhersagen liefern müssen, während das Beweismaß in den Wirtschaftswissenschaften niedriger ist. Als Albert Einstein seine Allgemeine Relativitätstheorie überprüfte, schrieb er: „Wenn sich auch nur eine der daraus gezogenen Folgerungen als falsch erweist, muss sie aufgegeben werden." Schon ein Gegenbeispiel reicht aus, um zu belegen, dass eine naturwissenschaftliche Theorie falsch ist. Ökonomen gehen nicht so vor. Wenn sie es täten, bliebe der Volkswirtschaftslehre nichts mehr übrig. Man zeige mir ein Modell mit lächerlichen Annahmen, das perfekte Vorhersagen trifft, dann werde ich die lächerlichen Annahmen akzeptieren.

In der Ökonomie und bei der Geldanlage gibt es nur Tendenzen, Wahrscheinlichkeiten und Situationen; nichts ist immer und überall. Die meisten wirtschaftlichen Ereignisse spiegeln eine lange Kette von Ereignissen und Wahrscheinlichkeiten wider. Die einzige Möglichkeit, diese Kette zu verfolgen, besteht darin, bei der Beschreibung der Wirklichkeit so genau und präzise wie möglich zu sein und von realistischen Annahmen auszugehen. Wirtschaftliche Theorien, die einfache Handlungen und Transaktionen beschreiben, sind gewöhnlich zuverlässiger als solche, die komplexe Systeme beschreiben. Selbst zu robusten Theorien gibt es Gegenbeispiele, und deshalb halten Wirtschaftswissenschaftler an Theorien mit üblen Vorhersagebilanzen fest, weil sie ihre Gültigkeit ohnehin nicht beweisen können.

Wenn man Aktienkurse mithilfe der Makroökonomie erklärt, verliert man oft den Faden. Die ökonomische Logik erinnert mich an das Kinderspiel „Stille Post", bei dem aus einer einfachen Aussage wie „Frau Dubois hat vor dem Haus eine Geranie gepflanzt" etwas so Unwahrscheinliches wie „Frau Shapiro und Frau Dubois haben im Garten geknutscht" werden kann. In ähnlicher Weise finden bei jedem Glied einer Kette wirtschaftlicher und finanzieller Ereignisse Verzerrungen und Verschiebungen statt. Häufig unterscheidet sich das Endergebnis völlig vom Ausgangspunkt, vor allem weil manche wirtschaftlichen Akteure kurzfristig denken, andere langfristig. Anleger müssen sich die vielen denkbaren Geschichten vorstellen, die sich abspielen könnten, nicht nur die eine, die sich tatsächlich abspielen wird.

Die Input-Output-Analyse des BIPs von Wassily Leontief ist das präziseste Modell einer komplexen Volkswirtschaft, das ich kenne. Die Input-Output-Matrix katalogisiert alle Inputs, die nötig sind, um alles zu produzieren, was die Wirtschaft macht. Angenommen, für ein durchschnittliches Auto benötigt man 2.400 Pfund Stahl, 325 Pfund Aluminium und so weiter. Für die Anlage zur Herstellung des Autos braucht man vielleicht pro Auto zusätzliche 600 Pfund Stahl. Bei einer Autoproduktion von 16 Millionen Stück kann man ausrechnen, wie viele Millionen Tonnen Eisenerz man dafür braucht. Da muss die Vorhersage des BIPs doch ein Kinderspiel sein, oder?

Aber Betriebswirte sagen das BIP nicht anhand eines Input-Output-Modells voraus. Die Dinge, die eine Volkswirtschaft produziert, ändern sich ständig. Unternehmen sind immer auf der Suche nach Möglichkeiten, den gleichen Output mit weniger Input zu produzieren sowie mit alten Inputs neue Produkte herzustellen. Bei wissensorientierten Branchen wie Software, Film oder Pharma, wo die Flaschenhälse und die Kosten im ersten Exemplar stecken, funktioniert das Input-Output-Modell nicht so gut. Dort ist die Herstellung weiterer Kopien billig. Da heutzutage der größte Teil des Wirtschaftswachstums auf Wissensbranchen beruht, ist das Input-Output-Modell zu einer sehr schlechten Art geworden, das BIP-Wachstum einzuschätzen. (Aber schreiben Sie das Modell noch nicht gänzlich ab, denn das Aufkommen von Big Data könnte ihm neues Leben einhauchen.)

MEINE ARBEIT BEI DREXEL

Als ich in den 1980er-Jahren als Volkswirt bei Drexel Burnham Lambert arbeitete, hatten die Kunden keine Verwendung für ausgeklügelte Modelle oder allumfassende Theorien. Sie wollten nur „die Zahl“

wissen, bevor ein wichtiger Wirtschaftsindikator gemeldet wurde, und wenn das nicht klappte, wollten sie Erklärungen für das, was geschehen war.

Wir blickten nie sehr weit oder sehr gewagt in die Zukunft. Die Trader spielten mit Kennzahlen herum, die einen Monat oder ein Quartal später gemeldet wurden. Es war hin und wieder unser liebster Zeitvertreib, die Zahlen exakt vorherzusagen. Als mich mein Chef, Dr. Norman Mains, mit der Betreuung der Wirtschaftsindikatoren beauftragte, riet er mir, niemals gleichzeitig eine Zahl und ein Datum anzugeben. Ich hielt das für einen Scherz, aber es ging ihm darum, dass häufig gemeldete Zahlen viel Rauschen wiedergeben und dass es vieles gibt, das wir nicht wissen können. Manche Wirtschaftspolitiker und manche Investoren glauben, sie könnten kurzfristige Ereignisse vorhersagen und kontrollieren, während andere auf grundsätzlich günstige langfristige Ergebnisse aus sind und dabei zwischenzeitliche Zufälligkeit oder gar Leiden in Kauf nehmen.

Um Schätzungen zu Wirtschaftszahlen abzugeben, die nicht allzu weit danebenlagen, musste ich lernen, wie diese Suppe gekocht wird. Viele Kennzahlen werden aus Zahlen berechnet, die bereits veröffentlicht wurden, und fügen eine neue Information hinzu. Die Industrieproduktion fließt in die Berechnung des BIPs ein, wird aber schon vorher bekannt gegeben und bietet somit einen Hinweis auf das BIP. Der Staat verwendet den Stromverbrauch, um die Industrieproduktion abzuschätzen. Die Gradtagzahlen, von denen Heizung und Klimatisierung abhängen, lassen sich berechnen, bevor die Zahlen zum Stromverbrauch gemeldet werden. Wenn es sehr heiß oder sehr kalt war, wurde mehr Strom verbraucht. Aber bei jedem Schritt gibt es Spielraum, sodass man von Gradtagzahlen nicht unmittelbar zum BIP-Wachstum und schon gar nicht zu dessen Einfluss auf den Markt gelangt.

Ich konnte die monatlichen Zahlen ganz gut anpeilen, indem ich die durchschnittliche Veränderung aus dem Vorjahr nahm. Wenn die Verbraucherpreise im Schnitt monatlich um 0,2 Prozent gestiegen waren, schätzte ich vielleicht 0,2 Prozent. Wenn die Gewinne je Aktie im Vorjahr um zehn Prozent gestiegen waren und der Quartalsgewinn je Aktie 50 Cent betragen hatte, lautete meine Prognose auf 55 Cent. Manchmal waren die Zahlen unzuverlässig, oder in einem Zeitraum traten ungewöhnliche Ereignisse auf, und da wandelte ich die Zahlen etwas ab. Außerdem berücksichtigte ich Komponenten, die bereits gemeldet worden waren. Um sicherzugehen, dass ich nichts übersah, schaute ich mir die Vorhersagen anderer Volkswirte an.

Irgendwann forderte mich Dr. Mains auf, meine Prognosen mit Journalisten und Kunden zu teilen, aber ein Kunde sagte mir, er lese meine täglichen Kommentare nie, weil er damit kein Geld verdienen könne. Meine Vorhersagen träfen ganz gut zu, sagte er, aber sie seien bei allen anderen abgekupfert. Dem Kunden ging es nur um das Ausmaß der Marktreaktion, nicht um die Zahlen an sich, und deshalb lenkten ihn Konsensprognosen und weniger bedeutende Zahlen wie etwa die Kapazitätsauslastung nur ab. Eine korrekte Vorhersage musste außerdem wichtig und unerwartet sein. Dieser Kunde war ein Fan von Volkswirten mit klaren Ansichten und einer hartnäckigen Meinung, die zufällig seiner eigenen entsprach. Volkswirte treffen Prognosen nicht, weil sie es wollen, sondern weil es von ihnen verlangt wird.

HOHE STEUERN = STARKE WIRTSCHAFT?

Mein frustrierendstes Projekt bei Drexel war der Versuch, nachzuweisen, dass die Steuersenkungen von Präsident Reagan für die Wirtschaft ein großer Segen gewesen waren. Viele Kunden und alle leitenden Mitarbeiter von Drexel waren in der höchsten Steuerstufe, und so verstand sich die gewünschte Schlussfolgerung von selbst. Ich war zwar weit von der obersten Stufe entfernt und misstrauisch, was den Schnittpunkt von Wirtschaft und politischen Überzeugungen angeht, aber ich war überzeugt, die von uns bevorzugte Antwort treffe wirklich zu. Die meisten Volkswirte werden Ihnen sagen, niedrigere Steuern würden dazu führen, dass die Menschen mehr arbeiten, weil sie dann mehr von dem behalten können, was sie produzieren.

Höhere Steuern senken den Anreiz, zu arbeiten, was eigentlich das BIP-Wachstum bremsen sollte, aber die Zahlen spielten nicht mit. Ich rechnete alle Jahre durch, in denen die oberste Steuerstufe über 80 Prozent lag. Im Jahr 1941 wurde sie auf 81 Prozent erhöht, 1942 auf 88 Prozent, 1944 auf 94 Prozent, dann wurde sie 1946 wieder auf 91 Prozent gesenkt, wo sie bis 1964 blieb, als sie auf 77 Prozent gesenkt wurde. In diesen 23 Jahren wuchs das BIP in Dollar des Jahres 2009 gerechnet von 1,27 Billionen Dollar auf 3,59 Billionen Dollar, was einer kumulierten jährlichen Wachstumsrate von 4,6 Prozent entsprach. Das waren tatsächlich die größten Wachstumsraten in den Vereinigten Staaten, seit dort verlässliche Statistiken geführt werden.

Um eine starke Konjunktur mit hohen Steuern zu erklären, brauchte ich also eine andere Story. Als die Vereinigten Staaten die Große Depression hinter sich brachten, kamen viele Menschen kaum über die Runden. Höhere Steuern hätten vielleicht Menschen gezwungen, mehr zu arbeiten, um ihren Lebensstandard beizubehalten. Es galt als patriotische Pflicht, sich für die Kriegsanstrengungen ins Zeug zu legen. Da diese unangenehmen Belege schon einige Jahrzehnte zurücklagen, kümmerte sich niemand darum.

Von 1981 bis 1990 wurde die höchste Steuerstufe von 70 Prozent radikal auf 28 Prozent gesenkt. In diesem Zeitraum betrug das jährliche BIP-Wachstum 3,4 Prozent, war also überdurchschnittlich, aber nicht sehr. Wenn man entschlossen war, die Vorteile niedriger Steuern zu zeigen, verglich man den Zeitraum von 1981 bis 1990 mit den vorangegangenen neun Jahren, die miserabel gewesen waren, auch wenn dieser Vergleich wohl nicht fair war. Von 1972 bis 1981 war der Ölpreis in die Höhe geschnellt, und in den Reagan-Jahren war er wieder gefallen. Die Zinsen waren bis 1981 auf beispiellose Niveaus gestiegen und hatten dann wieder gewendet. Im früheren Zeitraum war der unpopuläre Vietnamkrieg beendet worden, und Richard Nixon war zum einzigen amerikanischen Präsidenten geworden, der je von seinem Amt zurücktrat.

Reagans Steuersenkungen hätten eigentlich ein klarer Fall sein sollen, und ich fragte mich, ob es überhaupt möglich ist, die Volkswirtschaft zu nutzen, um intelligent zu investieren, wenn Kausalzusammenhänge so schwer nachzuvollziehen waren. In der Ökonomie ist *niemals* alles andere gleich. Man kann einen Faktor nicht isoliert betrachten. Es gibt Depressionen, Kriege, inspirierende Politiker, Ölpreisanstiege und Crashs. Innovationen werden in geballter Form entdeckt, nicht zu sauber geplanten Zeitpunkten. Jedes wirtschaftliche Geschehen hat indirekte Auswirkungen und Vorgeschichten, die man nicht sofort sieht. Oft ist es sogar fast unmöglich, die unmittelbaren Wirkungen zu ermitteln. Manchmal bewegen sich Kennzahlen gemeinsam, so wie der Steuersatz und das BIP von 1941 bis 1964, aber das sagt einem nicht, was wodurch verursacht wurde; eine Korrelation belegt keine Kausalität.

TRADING ANHAND DER VOLKSWIRTSCHAFT

Bei Drexel bestand der naheliegende Weg, zu beweisen, dass meine Urteile am Markt etwas wert waren, im Trading.

Anleger und Trader streben ein heikles Gleichgewicht an – neue Informationen annehmen, sich aber nicht in Redundanz verlieren sowie weder zu sehr noch zu wenig auf die Richtigkeit ihrer Fakten und ihrer Logik vertrauen. Manchmal war ich kurzzeitig bezüglich Dingen dreist, über die ich wenig wusste. Darin schlug sich mehr als alles andere mein jugendliches Draufgängertum nieder, sodass ich mein Fähnlein in den Wind neu hereinkommender Berichte hängte. Letztlich wurde meine Risikohaltung von den Umständen diktiert. Während ich bei Drexel arbeitete, schloss ich mein zweites Studienjahr an der Business School ab. Mein winziges Bankkonto wurde von den Studiengebühren mehr als aufgezehrt, ganz zu schweigen von großen Studiendarlehen, und darum musste ich klein anfangen, mit nur einem Future-Kontrakt.

Durch Anzahlung einer kleinen Einlage von vielleicht 1.500 Dollar konnte ich entweder einen Schatzwechsel-Kontrakt im Wert von einer Million Dollar oder einen Schatzanleihe-Kontrakt im Wert von 100.000 Dollar „kontrollieren“; die „Restbeträge“ waren sozusagen geliehen. Es wurden noch Dutzende anderer Futures gehandelt, aber auf die konnte ich mein Wissen als Volkswirt nicht anwenden. Wenn sich der Wert der Schatzanleihe um einen Punkt änderte – also ein

Prozent des Nennwerts –, gewann beziehungsweise verlor der Kontrakt 1.000 Dollar. Die Gewinne oder Verluste durch Preisänderungen werden jeden Tag in bar abgerechnet. Wenn man danebenliegt, kann man seinen anfänglichen Einschuss in ein oder zwei Tagen verlieren. Wenn man richtigliegt, vermehrt sich das Geld schnell.

Ich spürte jeden Tag, wie die Konjunktur anzog. Im Januar 1983 hatte die Arbeitslosigkeit noch bei 11,4 Prozent gestanden. Im Mai sackte sie auf 9,8 Prozent, bis Dezember auf 8,0 Prozent. Ich war absolut überzeugt, dass die Beschäftigung florierte, was auch die Aktien stützen würde. Aber bei galoppierender Konjunktur steigen gewöhnlich auch die Zinsen, weil die Anleiheinhaber wegen der Inflation beunruhigt sind. Ein großer Teil des Futures-Geschäfts von Drexel stammte von Hedgern, die versuchten, sich gegen die steigenden Zinsen zu schützen. Ein Zinssprung oder auch nur die Befürchtung eines solchen würde noch mehr Hedging-Kunden bringen. Alles, was ich mir wünschte, fügte sich zu einer Weltsicht zusammen.

Ich war überzeugt, dass der wirtschaftliche Aufschwung bedeutete, dass die Zinsen definitiv wieder steigen müssten, und dementsprechend engagierte ich mich am Futures-Markt. Circa drei Monate lang klappte alles wunderbar. Schon bald hatte ich genug beisammen, um noch einen Kontrakt hinzuzunehmen, dann noch einen und so weiter. Manchmal kombinierte ich Kontrakte, zum Beispiel ging ich long auf Schatzwechsel und short auf Einlagezertifikate. Bei diesen sogenannten Spreads war die Einschusspflicht geringer als bei den einzelnen Kontrakten.

In diesen drei Monaten war ich sicher, dass ich magische Hände hatte. Ich beschloss, mit voller Überzeugung zu spekulieren. Ich stockte meine Gewinnpositionen auf, wenn sie weiter in meine Richtung liefen. Hebelwirkungen können ebenso wie Alkohol zu übertriebenem Optimismus und zu Selbstüberschätzung führen. Als ich 25 Kontrakte angesammelt hatte und mir klar wurde, dass mich jedes kleine Zucken um 625 Dollar reicher oder ärmer machen konnte, hypnotisierten mich die Monitore. Schon drei Ticks zu meinen Gunsten würden mehr als genug Geld abwerfen, um einen weiteren Kontrakt zu kaufen. Hier sprudelten die Gewinne sehr viel schneller als bei Aktien. Innerhalb von zwölf Wochen hatte ich mehr als 40.000 Dollar eingenommen – mehr als mein Jahresgehalt. Ich malte mir eine glänzende Karriere als Trader aus.

In weniger als einem Monat krachte alles zu Boden. Die Wirtschaft wuchs weiterhin lebhaft, aber unerklärlicherweise verlangsamte sich die Inflation, und die Zinsen purzelten schneller, als sie gestiegen waren. Abgesehen von der Tatsache, dass ich Geld verloren hatte, besaß ich keine Möglichkeit, festzustellen, ob ich richtig- oder falschlag und wo die Quelle meiner Fehler lag. Manche Kennzahlen mussten wohl zufällig sein. Vielleicht hatte ich mich nicht genug auf die richtigen Wirtschaftsindikatoren konzentriert. Vielleicht hatte ich schlicht etwas übersehen. Mein privates Konto, die Abschlussprüfungen, meine Prüfung als zugelassener Finanzanalyst (CFA = Chartered Financial Analyst) und meine Arbeit, sie alle rangelten um meine Aufmerksamkeit.

Meine 40 Riesen Gewinn verschwanden schneller wieder, als sie aufgetaucht waren. Mein Sachbearbeiter war sichtlich alarmiert, als er meinen Kontostand von null und meine Positionen mit einem hypothetischen Wert sah, der das Mehrhundertfache meines Jahreseinkommens betrug. Ich sagte ihm, das sei alles, was ich habe, und verschwieg meine Studiendarlehen und meine fälligen Rechnungen. Er verkaufte mein Depot.

AKTIEN *BLICKEN VORAUS*

Diese Nachschussforderung ließ auch meine Bemühungen platzen, ein Timing-System für den Aktienmarkt zu entwickeln. Ich hatte mit Futures auf Aktienindizes herumgespielt, aber nachdem ich mein Spielgeld und noch mehr verloren hatte, musste ich aufhören. Mein Ziel war es, Wirtschaftsindikatoren mit Zinssätzen in Zusammenhang zu bringen, diese dann mit Aktienindizes und dann vielleicht Aktienindizes mit einzelnen Aktien. Ich hatte mir überlegt, wie gewisse Wirtschaftskennzahlen mit anderen Daten zusammenhingen, aber ich konnte schlicht keine Verbindung zwischen Wirtschaftsdaten, Zinsen, dem Aktienmarkt und letztlich Handelsgewinnen herstellen.

Die meisten Anleger gehen davon aus, dass konjunkturelle Schwankungen einem sagen, was der Aktienmarkt tun wird, aber damit zäumen sie das Pferd von hinten auf. Der Aktienmarkt sagt einem, was die Wirtschaft tun wird. Das Conference Board stellt einen Index führender Indikatoren zusammen, die früher als die allgemeine Konjunktur nach oben oder unten gehen sollen. Von den zehn in diesem Index enthaltenen führenden Indikatoren ist der am beständigsten aussagekräftige der Aktienindex S&P 500. Anleger blicken ein bisschen weiter nach vorn als beispielsweise Einkaufsmanager. Man kann behaupten, dass schleppende Aktienmärkte sowohl auf die animalischen Instinkte drücken als auch Rezessionen *verursachen*.

Da sich Wirtschaftsstatistiken auf die Zinsen auswirken, versuchen viele Investoren, die Aktienkurse anhand der Zinsen vorherzusagen. Manchmal bewegen sich die Aktien- und die Anleihekurse gemeinsam nach oben oder unten, und manchmal laufen sie in entgegengesetzte Richtungen. Wenn die Zinsen steigen und die Anleihepreise fallen, geht es mit der Konjunktur und den Gewinnen gewöhnlich voran. Was ist nun wichtiger, die Zinsen oder die Gewinne? Das kommt darauf an.

Anleger, die sich auf die *Höhe* der Zinsen konzentrieren, kommen zu anderen Schlüssen als diejenigen, die die *Änderungen* der Zinsen beobachten. Die meisten Anleger meinen, sinkende Zinsen würden die Wirtschaft sowie die Gewinne heben und somit höhere Kurs-Gewinn-Verhältnisse (KGVs) rechtfertigen. Das ist gut für die Aktienkurse, aber es zeigt sich, dass bei sehr niedrigen inflationsbereinigten Zinsen auch die Renditen anderer Finanzanlagen ziemlich schlecht sind.

Auf lange Sicht spiegeln Aktienkurse die Unternehmensgewinne wider, und deshalb beobachten viele Markt-Timer diese Gewinne. Und auch hier schauen manche auf die Höhe der Gewinne im Laufe der Zeit, andere auf die Veränderungsrate. Die meisten Markt-Timer werden bullish, wenn die Gewinne anscheinend in die Höhe schnellen. Dem inneren Wert der Gewinnströme schenken sie gewöhnlich keine Aufmerksamkeit.

Prognosen des Gewinnwachstums von Unternehmen enthalten durchaus ein Markt-Timing-Signal, aber nicht dasjenige, das man meinen könnte. Alle versuchen, nach vorn zu blicken, und eine Wette lohnt sich nur, wenn sie korrekt ist und sich von dem unterscheidet, was andere voraussehen. Wenn es vollkommen offensichtlich ist, dass die Gewinne schleppend verlaufen oder sinken werden, ist die Börse bereits gefallen, und das ist ein großartiger Zeitpunkt, um zu kaufen. Und auch das Gegenteil trifft zu. In den vier Jahrzehnten bis 2015 gingen die KGVs in den Jahren, in denen das Gewinnwachstum des S&P 500 am schnellsten war, häufig so scharf zurück, dass die Gesamtrenditen negativ waren. Wenn die Gewinne der im S&P 500 enthaltenen Unternehmen fielen, stiegen die KGVs im Schnitt so sehr, dass die Aktienkurse stiegen.

UM SICH SELBST ZU KENNEN, MUSS MAN DIE FEHLER ANDERER STUDIEREN

In den Jahrzehnten seit meinem Trading-Debakel habe ich viele Anleger gesehen, die ihre Portfolios mit Top-down-Investing in die Luft sprengten. Das taten sie meist auf zwei miteinander zusammenhängende Arten und Weisen: (1) Sie investierten ohne die Vorstellung des angemessenen beziehungsweise fairen Wertes und/oder (2) versäumten es, neue Informationen zu verarbeiten. Devisen, Rohstoffe und viele andere Instrumente, die Makrotrader einsetzen, besitzen keinen inneren Wert. Stattdessen haben beispielsweise Währungen einen durch die Kaufkraftparität implizierten Wert. Ohne ein Konzept des inneren Wertes kann man unmöglich abschätzen, ob der Markt die eigenen Erkenntnisse auch schon gewonnen hat. Um zu diagnostizieren, ob ein Trade gestrauchelt ist, muss man entweder allen Zusammenhängen zwischen Ursachen und Wirkungen nachgehen (was bei Makrotrades zweifelhaft ist) oder man braucht eine Grundlage für die Berechnung eines fairen Wertes.

Anleger sind ständig auf der Suche nach übersehenen Erkenntnissen, die, wenn sie allgemein erkannt würden, am Markt eine große Preisbewegung auslösen würden. Aber die Einschätzung, was alles allgemein bekannt ist, kann nur indirekt erfolgen. In einfachen Situationen können Anleger die Kausalzusammenhänge nachverfolgen und herausfinden, welches Element der Markt noch nicht begriffen hat, aber bei komplexen Themen, die das Gesamtbild betreffen, ist das selten möglich. Die Auffassung vom fairen oder inneren Wert sagt einem allerdings nicht, *welche* Idee fehlerhaft ist, sondern nur, dass der Preis falsch sein könnte. Eine sichtbare Kluft zwischen dem Marktpreis und dem berechneten inneren Wert deutet darauf hin, dass entweder man selbst oder der Markt fehlgeleitet ist.

Außerdem ist der innere Wert eine Möglichkeit, herauszufinden, ob eine Anlageidee falsch war, und eine Handlungsanweisung. Wenn der Verlust von Geld der einzige Hinweis darauf ist, dass etwas faul ist, steckt man in tiefen Schwierigkeiten. Momentum-Anleger kaufen Aktien, die gestiegen sind, und sie verkaufen Aktien, die gefallen sind. Das bedeutet beispielsweise, dass man eine Aktie bei 40 Dollar kauft, sie verkauft, wenn sie unter 35 Dollar fällt, und sie erneut kauft, wenn sie über 41 Dollar steigt. Wenn ich der Meinung wäre, dass eine Aktie 50 Dollar wert ist, und sie für 40 Dollar gekauft hätte, wäre ich noch enthusiastischer, wenn der Preis unter 35 Dollar rutschen würde, sofern sich der innere Wert nicht geändert hätte. Würde die Nachricht, die den Rückgang ausgelöst hat, meine Schätzung des fairen Wertes auf 30 Dollar senken, würde ich verkaufen und meinen Verlust hinnehmen.

In der Religion, der Politik und der Liebe sollen wahre Gläubige unabhängig von der Beweislage standhaft bleiben. Anleger streben die Rationalität von Naturwissenschaftlern an, können sie aber nie erreichen, weil Unternehmen und Volkswirtschaften Strukturen sind, die aus Menschen bestehen. Wenn wirtschaftliche Probleme riesige und facettenreiche Ausmaße annehmen, neigen sie dazu, in politische und philosophische Überzeugungen einzufließen. Wenn beispielsweise eine reiche Gläubigernation bei einer mittellosen Nation eine Rückzahlung nicht eintreiben kann, fällen die Menschen andere moralische und politische Urteile als beim Bankrott eines Unternehmens. Wenn man über Systeme auf Arten und Weisen nachdenkt, die an persönliche Werte rühren, lässt sich Gruppendenken nur schwer vermeiden. In solchen Fällen traue ich mir selbst nicht zu, strikt anhand des Geschehens zu investieren, das ich erwarte, anstatt anhand des Geschehens, das ich mir wünsche oder das ich für richtig halte.

Die üblichen Gruppen, die weder den inneren Wert bedenken noch neue Informationen aufnehmen, sind die Dauerbären (die immer erwarten, dass die Aktien absaufen werden) und die Goldbugs. Das soll nicht heißen, dass keine Bärenmärkte auftreten oder dass Gold keine nützliche Wertaufbewahrung sein kann. Value-Anleger sind genauso darauf aus, ihr Kapital zu bewahren, aber wir sorgen uns auch um die Opportunitätskosten durch Anlagen, die wenig laufende Rendite (etwa Bargeld) oder gar keine (etwa Gold) bringen. Die Permabären und die Goldbugs erzählen oft Storys von bevorstehenden Katastrophen mit anziehender Inflation, die gewöhnlich aus der hohen Verschuldung der Verbraucher und des Staates resultieren. Dann interpretieren sie alle Daten so, dass sie ihre These stützen. Sich Sorgen zu machen ist klug, aber das heißt nicht, dass die sorgenvollste Analyse die klügste wäre.

Ich hege gewisse Sympathien für die Permabären, denn in dem Vierteljahrhundert von 1992 bis 2016 war das durchschnittliche KGV des S&P 500 höher als im vorangegangenen Vierteljahrhundert und in so ziemlich allen Vierteljahrhunderten seit Auflage dieses Index. Manche argumentieren, die höheren KGVs seien durch die Globalisierung, durch die gestiegene Monopolmacht und durch die neuen Technologien gerechtfertigt. Diejenigen, die überzeugt sind, dass die Bewertungskennzahlen für die Börse trotzdem zum Mittelwert zurückkehren werden, wirken wie Permabären. Eine Unterscheidung ist vielleicht in ihrem Handeln während Baissen wie beispielsweise 2009 zu erkennen, als die Bewertungskennzahlen weit unter die Durchschnitte längerer früherer Zeiträume fielen. Wer damals Aktien kaufte, ist kein Permabär.

Gold mag eine Wertaufbewahrung sein, aber es ist nicht klar, wie viel es wert ist. Da Gold keine Einnahmen abwirft, hat es keinen inneren Wert, aber im Laufe der Zeit scheint es einen durchschnittlichen Wert zu besitzen, der an einem Warenkorb von Konsumgütern gemessen wird und immens schwankt. Im Jahr 2001 kostete die Unze Gold 270 Dollar, im Jahr 2011 hingegen 1.900 Dollar. Selbst wenn man eine großzügige Bereinigung um die Inflation der Verbraucherpreise vornimmt, war der reale Goldpreis 2011 fünfmal so hoch wie zehn

Jahre zuvor. Zufällig erreichte zu dieser Zeit die Popularität von hyperinflationären Katastrophen wie in der Weimarer Republik und in Simbabwe einen Höhepunkt. In einer bizarren Parallele zu den Inflationsängsten wurden große Mengen an verbrieftem Papiergold ausgegeben. Investoren mit Sinn für den Wert und mit der Fähigkeit, ihre Meinung zu ändern, hätten damals vielleicht ihre Goldposition verringert.

KEYNES: DER GROSSE VOLKSWIRT ALS ANLEGER

Als ich erfuhr, dass John Maynard Keynes nicht nur einer der bedeutendsten Vertreter der Makroökonomie war, sondern auch ein herausragender Anleger, hoffte ich, er könnte vielleicht ein Vorbild für die Anwendung der Ökonomie auf die Geldanlage sein. Keynes' Methode entwickelte sich im Laufe der Zeit weiter und brachte ihm in unterschiedlichem Maße Erfolg. Er begann seine Laufbahn als Devisenspekulant, wobei er vor allem US-Dollar kaufte und europäische Währungen wie etwa die Mark verkaufte. Im Jahr 1919 schrieb Keynes ein Buch, in dem er argumentierte, Deutschland sei nicht in der Lage, die Reparationen für den Ersten Weltkrieg zu bezahlen, und dass man seine Wirtschaft kaputtmachen würde, wenn man es dazu zwingen würde. Und genau das passierte auch *letzten Endes*.

Da seine Wirtschaft im Chaos versank und es sich krummlegte, um die Reparationen zu bezahlen, geriet Deutschland in die Hyperinflation, und die Papiermark brach 1923 vollständig zusammen. Keynes hätte spektakuläre Gewinne geerntet, wenn er bis dahin short auf die Mark geblieben wäre, aber für diesen Trade hatte er sich Geld geliehen. Im Mai 1920 war der Verfall der Mark durch eine steile Erholung unterbrochen worden, die Keynes ausradierte – danach hatte er Schulden bei Freunden.

Als er wieder Geld (anderer Leute) hatte, mit dem er spielen konnte, wandte er sich dem Rohstoffhandel zu. Dabei hatte er, wie ich sagen würde, unfaire Vorteile: Zugang zu Preisdaten von Rohstoffen in einer Zeit, als diese Informationen nicht allgemein verfügbar waren, und enge Verbindungen zu Politikern. Trotzdem waren seine Ergebnisse im

Rohstoffhandel sehr durchwachsen, vor allem wenn man mehrere verheerende Verluste zu Beginn der Weltwirtschaftskrise berücksichtigt.

Neben seinem privaten Depot begann Keynes, den Chest-Stiftungsfonds des King's College der University of Cambridge zu managen. In den ersten Jahren entschied er aufgrund ökonomischer und monetärer Analysen, wann er zwischen Aktien, Anleihen und Bargeld umschichtete. In der heutigen Terminologie betrieb Keynes Top-down-Asset-Allocation und Sektorrotation und wendete dabei einen Momentum-Stil an. Insgesamt lagen seine Ergebnisse in den 1920er-Jahren hinter denen des britischen Marktes zurück (Abbildung 7.1).

Abbildung 7.1:
Keynes und der Index, 1926 bis 1946

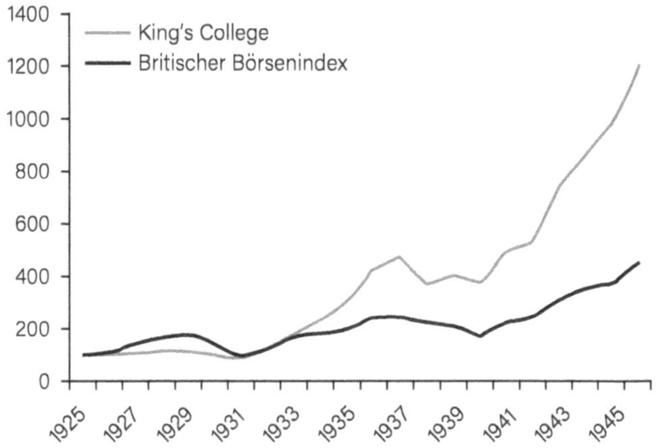

In seinem Investmentbericht an das King's College schrieb Keynes: „Es ist uns nicht gelungen, aus einer allgemeinen systematischen Umschichtung aus Stammaktien heraus und wieder hinein in verschiedenen Phasen des Konjunkturzyklus großen Nutzen zu ziehen." Außerdem bemerkte er: „Sich am Kreditzyklus zu orientieren bedeutet in der Praxis, bei fallender Börse Marktführer zu verkaufen und sie bei steigender zu kaufen, und wenn man die Kosten und die Zinsverluste berücksichtigt, braucht man ein phänomenales Geschick, um da viel herauszuholen." Wenn der größte Makroökonom aller Zeiten mit speziellem Zugang zu Informationen und zu Politikern nicht erfolgreich anhand des Kreditzyklus und des Konjunkturzyklus traden konnte, weiß ich nicht, wer es kann.

Der Börsencrash 1929 und die Weltwirtschaftskrise trafen Keynes als Ökonom und auch als Anleger überraschend. In „The Great Slump of 1930" schrieb er: „Wir haben uns in ein kolossales Wirrwarr verwickelt, bei der Kontrolle einer heiklen Maschine gepatzt, deren Funktionsweise wir nicht verstehen." Privat verlor Keynes vom Hoch zum Tief etwa vier Fünftel seines Vermögens, zum Teil weil er nicht aufhörte, geliehenes Geld einzusetzen. Das Portfolio des King's College hielt sich hingegen besser. Dazu hatte das oben erläuterte Credit-Cycling beigetragen, denn Keynes hatte in einen fallenden Markt hinein Aktien verkauft, und der Kursverfall hatte sich fortgesetzt.

Keynes erkannte klar, dass seine Methode nicht funktionierte, und änderte sie. Statt sich nach dem wirtschaftlichen Gesamtbild zu richten, konzentrierte er sich zunehmend auf eine kleine Anzahl von Unternehmen, die er sehr gut kannte. Statt dem Momentum nachzulaufen, kaufte er unterbewertete Aktien mit großzügigen Dividenden. Im Durchschnitt hatten die Aktien, die er kaufte, eine Dividendenrendite von sechs Prozent. Diese Rendite lag weit über derjenigen der durchschnittlichen britischen Aktie oder Anleihe, und dort, wo Keynes wie üblich Kredite aufgenommen hatte, um zu investieren, deckte sie seine Zinskosten mehr als ab. Die meisten waren kleine und mittelgroße Unternehmen aus langweiligen oder in Ungnade gefallenen Branchen, zum Beispiel Bergbau und Automobilbau – mitten in der Weltwirtschaftskrise. Trotz seines schweren Starts schlug Keynes mehr als 20 Jahre lang die Börsenindizes um jährlich mehr als sechs Prozent.

WO GREIFT DIE EFFIZIENZMARKTHYPOTHESE?

Obgleich sowohl Keynes als auch ich dabei landeten, unterbewertete und größtenteils kleinere Unternehmen zu bevorzugen, glaube ich, dass Keynes eine andere Auffassung von unserer Fähigkeit hatte, die

Zukunft vorherzusehen. Beide begannen wir mit der Hoffnung, mithilfe von Wirtschaftsprognosen an den Märkten zu traden, es gelang uns jedoch nicht, dies gut genug zu machen, um damit ernstlich Geld zu verdienen und es auch zu behalten. Keynes schrieb, wie prekär unsere Kenntnis der künftigen Gewinnrendite konkreter Aktien ist – und dies möchte ich auf die Zukunft jedes komplexen wirtschaftlichen Systems ausweiten.

Weiter vorn in diesem Buch habe ich die Effizienzmarkthypothese besprochen, die postuliert, dass die Preise prinzipiell angemessen sind und dass niemand erwarten darf, den Markt konsequent zu schlagen. Dies ergäbe sich, wenn alle Informationen für alle öffentlich verfügbar wären und wenn sie im Durchschnitt zutreffend interpretiert würden. Was die Statistiken und Trends angeht, die allgemein wichtig genug sind, um im Fernsehen und im Internet gemeldet zu werden, und die ein Millionenpublikum anziehen, erscheint das als angemessene Beschreibung der Realität.

In ihrer starken Form sagt die Effizienzmarkthypothese (EMH), dass sich auch geheime Informationen oder Insiderinformationen in den Börsenkursen niederschlagen. Dies scheint mir nicht zutreffend zu sein, denn ich sehe nach wie vor Berichte über hohe Gewinne, die durch Insiderinformationen über Aktien erzielt wurden. Aber abgesehen von dem Film „Die Glücksritter“ fällt es mir schwer, an ein größeres Beispiel für (realen) Insiderhandel anhand von Wirtschaftsdaten zu denken. Wirtschaftsdaten beziehen sich per Definition auf große Märkte, und daher dürften die potenziellen Gewinne massiv sein. Das Fehlen von Insiderhandel-Skandalen deutet darauf hin, dass die starke Form der EMH für Wirtschaftsdaten gelten könnte. Die meisten Informationen über das große Ganze sind allgemein bekannt oder schlagen sich zumindest in den Preisen nieder.

KLEIN DENKEN

Kurzfristig kann man mit etwas, das Millionen Menschen im Fernsehen oder im Internet gesehen haben, kein Geld verdienen. Um die

Makroökonomie erfolgreich zu nutzen, muss man anhand historischer Beispiele sorgfältig prüfen, ob das eine wirklich zum anderen führt, und man muss auf die Möglichkeit gefasst sein, dass man sich irrt. Man muss prüfen, ob die Modelle, die man in Schule und Studium gelernt hat, funktionieren oder nicht und unter welchen Umständen. Das Ergebnis ist eher ein Mosaik als ein Datenpunkt, und das macht die Sache nicht einfacher, weil es so viele Nachrichtenmeldungen und so viele Zusammenhänge gibt. Nicht alle Informationen sind gleichermaßen bedeutsam; die meisten sind redundant.

Deshalb versuche ich, stattdessen klein zu denken. Über ein bestimmtes Unternehmen gibt es weniger Nachrichten als über die Wirtschaft als Ganzes. Die Analyse von Aktien ist weniger eine Sache sorgfältiger Interpretation als die Analyse der Wirtschaft. Das sind keine Insiderinformationen, es ist bloß so, dass die meisten Menschen nicht darauf achten, vor allem wenn das Unternehmen klein ist. Jeder macht Fehler, wenn er herausfinden will, was die Zukunft bringen wird. Wenn die Zusammenhänge klarer und unmittelbarer sind, treffen die Prognosen mit höherer Wahrscheinlichkeit zu. Im Vergleich zu eher universellen Themen ist es bezüglich einer bestimmten Aktie leichter, zu wissen, was man nicht weiß.

Jeder Anleger, ob er sich nun nach dem Gesamtbild richtet oder nicht, braucht ein Konzept des fairen Wertes, das er als Leitstern verwendet. Die Vorstellung vom fairen Wert zeigt nicht nur an, welche Trades die attraktivsten sind, sondern hilft auch, die Gewichtung neuer Informationen abzustimmen, und auch bei der Entscheidung, ob man eine Position aufstocken oder die Richtung wechseln sollte. Man könnte sagen, dass die Theorie der Reflexivität von George Soros erklärt, warum das Britische Pfund im Verhältnis zur Kaufkraftparität so krass überbewertet wurde und das dann nicht mehr weiterging. Nach diesem Punkt war Soros' leistungsfähigstes Werkzeug die Auffassung vom fairen Wert.

Sowohl Makroanleger als auch Stock-Picker müssen furchtlos nach der Wahrheit streben, wobei mir das Eingeständnis kleinerer Fehler leichter fällt. Sobald ich mich auf eine Theorie eingelassen habe, die große, bedeutende Dinge erklärt, ändere ich nur selten meine Meinung. Es verunsichert mich mehr, einzugestehen, dass ich die Welt um mich herum nicht verstehe als eine kleine Situation von begrenztem Interesse. Zwar mache ich Witze über Investoren, die unaufhörlich meinen, der Aktienmarkt stehe kurz vor einer Implosion oder Gold sei der einzige sichere Hafen, aber auch ich habe meine festgefahrenen Überzeugungen. Eine Idee zu einer bestimmten Aktie ist nur eine von vielen, und ich weiß stets, dass ein gewisser Anteil der Ideen floppen wird. Ein kleinerer Fehler lässt sich grundsätzlich leichter beheben. Klein zu denken reduziert nicht nur die Schwere und die Häufigkeit von Fehlern, sondern es versetzt einen auch in eine bessere geistige Verfassung, mit ihnen zu rechnen und sie zu beheben.

8
BULLEN AUF SHOPPINGTOUR

„In einem gut regierten Land schämt man sich der Armut.
In einem schlecht regierten Land schämt man sich des Reichtums."
- Konfuzius -

Wenn ich ins Ausland reise, sind manche Dinge, die ich nicht weiß oder kenne, offensichtlicher als andere, zum Beispiel die Sprache. Ja, ich tendiere eher zu Ländern, in denen Englisch zu den Geschäftssprachen gehört. Aber auch die rechtlichen und gesellschaftlichen Institutionen sind unterschiedlich. „Eigentum" bedeutet nicht überall das Gleiche und ist nicht überall gleich gut geschützt, vor allem wenn man Ausländer ist. In manchen Ländern halten sich Gerichte an Gesetze, in anderen nicht. Die Steuern (und das, was besteuert wird) sind nicht weltweit harmonisiert. Buchhalterische Zahlen sind Metaphern, die je nach Kontext und Ort variieren. Der gesellschaftliche Status von Geschäftsleuten ist unterschiedlich; in manchen Ländern ist er an die Anzahl der Beschäftigten gebunden, in anderen an die Profitabilität. Alle diese Faktoren wirken sich auf das Verhalten gehobener Manager aus. Annahmen, die aus der amerikanischen Erfahrung mit der Dynamik von Profitabilität, Wachstum, Gewissheit und sogar dem

Überleben von Unternehmen abgeleitet sind, können vollkommen daneben sein.

Der Hauptgrund für internationale Geldanlage ist, dass man dadurch in einem größeren Teich fischen kann. In Kanada und im Vereinigten Königreich gibt es zusammengenommen mehr Aktien als in den Vereinigten Staaten. Das Gleiche gilt für Bermuda, Australien, Hongkong und Singapur – vom Rest der englischsprachigen Welt ganz zu schweigen. Mit Auslandsinvestitionen erzielt man eine größere Diversifizierung, aber da sich die Unternehmen globalisiert haben, haben sich manche der entsprechenden Vorteile verringert.

Bei der internationalen Geldanlage kommt vor allem in Entwicklungs- und Schwellenländern, in denen die Rechte von Kleinanlegern häufig schlecht geschützt sind, außerdem eine Reihe von Risiken hinzu. Man sollte nie davon ausgehen, dass die Bedingungen, die im eigenen Land herrschen, weltweit bestehen. Bei ausländischen Institutionen und Kulturen muss man sichergehen, dass man die Frage „Verstehe ich das?" mit Ja beantworten kann. Wenn man sich nicht die Zeit nimmt, die Unterschiede zu verstehen, sind Investitionen außerhalb der eigenen Komfortzone gefährlich.

In den Industrieländern, die früher zum britischen Empire gehörten, sprechen die meisten Geschäftsleute Englisch. Englischsprachige Finanzunterlagen von Unternehmen und Researchberichte können schon ohne die Feinheiten einer Übersetzung technisch genug sein. Auch in vielen anderen Ländern, vor allem in Nordeuropa, ist Englisch ebenfalls eine Geschäftssprache. Manche Unternehmen, vor allem die großen multinationalen Konzerne, veröffentlichen dort ihre Pressemitteilungen in mehreren Sprachen. Zwar sind Computerübersetzungen von Pressemitteilungen ungefähr zutreffend, aber manchmal beinhalten sie auch erhebliche Pannen. Außerdem haben gleiche Wörter in verschiedenen Sprachen oft ganz unterschiedliche Konnotationen. Die führende Brotmarke Mexikos und Spaniens heißt Bimbo – was im Englischen „Tussi" bedeutet. Ich hatte mir Sara Lee nie als Tussi vorgestellt, aber das ist eine der Marken von Bimbo.

Die Preise von Auslandsinvestitionen sind in Fremdwährung angegeben, und dies kann das Risiko zusätzlich erhöhen. Manche Währungen sind im Rahmen der staatlichen Politik an den US-Dollar gebunden, gewöhnlich weil das betreffende Land viel mit den Vereinigten Staaten handelt. Der Bermuda-Dollar ist immer einen US-Dollar wert, und in Bermuda können beide Währungen verwendet werden. Auch der Hongkong-Dollar ist grob an den US-Dollar gekoppelt. Das Britische Pfund tendiert dazu, sich in größeren Bandbreiten zu bewegen, sowohl gegenüber dem Euro als auch gegenüber dem US-Dollar. Währungsschwankungen geben auch die Inflation des Landes wieder. Aufgrund des bescheidenen Handels mit den Vereinigten Staaten und der sehr hohen Inflation sackte der Simbabwe-Dollar von der Parität zum US-Dollar im Jahr 1983 bis 2009 auf 300 Billionen zum US-Dollar ab, bevor er komplett außer Kraft gesetzt wurde. Manche Länder blockieren oder begrenzen die Ausfuhr von Geld aus ihrem Land.

Manche Anleger meinen, Demokratie und Rechtsstaatlichkeit seien für Anleger nicht wichtig, weil viele Volkswirtschaften auch ohne diesen Ordnungsrahmen schnell wachsen. Ich bin da anderer Meinung. Wenn ich Kapital an einen entfernten Ort schicke, will ich vorher wissen, wie die Gesetze aussehen und wie sie durchgesetzt werden. Als Ausländer ist es mir am liebsten, wenn die Vorschriften so allgemein, gleich und sicher wie möglich sind. Doch sogar in Rechtsstaaten bekommen Bekannte und Ortsansässige eine Vorzugsbehandlung.

Eigentum hat zu verschiedenen Zeiten und an verschiedenen Orten unterschiedliche Bedeutungen. Die Vorstellung, dass Regierungen Eigentumsrechte schützen, geht auf das 13. Jahrhundert und auf die Magna Charta zurück. In England schufen die Enclosure Acts individuelle Eigentumsrechte auf Ackerland, das zuvor Gemeingut gewesen war. In den Vereinigten Staaten galten vor dem Bürgerkrieg zwei Fünftel der Bevölkerung als Eigentum. Hingegen existierte geistiges Eigentum im Jahr 1860 kaum, wurde aber in den Vereinigten Staaten zunehmend geschützt. Ursprünglich galt das Urheberrecht 14 Jahre lang und konnte verlängert werden, aber heute kann es sich auf 120 Jahre erstrecken. Jede größere Regierung besitzt kollektiv Land und Unternehmen. In kommunistischen Ländern gehört der größte Teil der Volkswirtschaft dem Staat.

Während des größten Teils des 20. Jahrhunderts nahm die britische Regierung in der Wirtschaft eine immer größere Rolle ein. Eine gewisse Anzahl von Unternehmen und Branchen wurde verstaatlicht, unter anderem Telefongesellschaften, Elektrizitätsgesellschaften, Gas- und Wasserversorger. Auch grundlegende Industrien wie Kohle und Stahl wurden übernommen, ebenso Transportbranchen wie Bus und Bahn. Auch Rolls-Royce (Triebwerkshersteller), British Leyland (Hersteller von Jaguar und anderen Automarken), Amersham (Medizin) und die British Broadcasting Corporation (BBC) waren in Staatsbesitz. Der Höchststeuersatz überschritt im Vereinigten Königreich im Zweiten Weltkrieg bei 99,25 Prozent seinen Höhepunkt und betrug im Jahr 1966, als die Beatles den Song „Taxman" herausbrachten, 95 Prozent.

In den 1980er-Jahren setzte die britische Premierministerin Margaret Thatcher ein massives Privatisierungsprogramm in Gang, das die meisten der oben genannten Unternehmen betraf. Als Erdgasanalyst von Fidelity verfolgte ich British Gas, nachdem es 1986 privatisiert worden war. Das Unternehmen lief gut, und Thatchers regulatorischer Rahmen schien attraktiver zu sein als die amerikanischen Vorschriften. Ebenso wie bei amerikanischen Versorgern hatte die Regulierungsbehörde eine bestimmte Rendite im Kopf, die allerdings inflationsbereinigt angegeben wurde. In den 1970er-Jahren wurden die amerikanischen Versorgungsunternehmen zugrunde gerichtet, weil die Preise nicht mit der Inflation Schritt hielten.

Als die Wasserindustrie privatisiert wurde, wurden die Aktien gebündelt und ihre Kurse so festgelegt, dass sie steigen sollten. Es gab zehn Versorgungs- und Entsorgungsunternehmen, die zunächst als Paket verkauft wurden. Man musste nur einen Teil anzahlen, den Rest in Form einer späteren Rate. Die Dividendenrenditen waren attraktiv, und ich nahm an, aufgrund der Inflation würden sie noch steigen. Der britische Staat hatte eine als „grüne Mitgift" bezeichnete Geldspritze verabreicht, um enorme Kapitalinvestitionen vorzufinanzieren, die verpflichtend in Umwelt- und Qualitätsstandards investiert werden sollten. Das Beste daran war, dass alle Aktien zu einstelligen Kurs-Gewinn-Verhältnissen (KGVs) angeboten wurden. In diesen

Schnäppchenpreisen schlugen sich die Befürchtungen der Investoren nieder, die Gesetze zur Wasserqualität würden noch mehr gestrafft, was noch mehr Ausgaben erzwingen würde. Die Privatisierung des Wassers war politisch unpopulär, und manche spekulierten, die Regulierungsbehörde würde zugunsten ihrer Kritiker entscheiden.

Da Wasserleitungen Jahrzehnte halten, ließen sie sich unter Vernachlässigung der Wartung (insbesondere der Kanalisation) und der Umwelt zu äußerst geringen Kosten betreiben. Die Regulierungsbehörde dachte, die Wasserwerke könnten Jahr für Jahr effizienter betrieben werden, sodass die Wasserpreise nur mäßig steigen würden. Manche Unternehmen, zum Beispiel South West Water, waren für eher ländliche Gebiete mit einer längeren Küstenlinie zuständig, sodass sie mehr Geld für die Wasserqualität und für die Entsorgung aufwenden mussten. Den Aktionären schien die zulässige Kapitalrendite in der Nähe der realen historischen Renditen britischer Aktien zu liegen. Wasser schien eine unterdurchschnittlich riskante Branche zu sein, und sie war inflationsgeschützt. Zunächst investierte ich in das Bündel aller zehn Unternehmen, und dann verlegte ich mich auf einige wenige mit niedrigen KGVs und starken Bilanzen.

Sieben Jahre später, 1997, waren die meisten Wasser-Aktien nicht weit davon entfernt, ihren vollen zur Privatisierung bezahlten Preis zu verdreifachen. Das war ein spektakuläres Ergebnis, aber es stellte sich heraus, dass der S&P 500 Index der amerikanischen Aktien und der britische FTSE 100 etwa um den gleichen Betrag gestiegen waren. Also waren die Wasserunternehmen zwar gute Aktien, aber keine tollen Bullenmarkt-Aktien. Dass ich über diesen Zeitraum den Markt schlug, lag vor allem daran, dass die Dividendenrendite der Wasser-Aktien viel höher als die der durchschnittlichen Aktie war. Auch brachte es einen gewissen Vorteil, die Aktien in Raten zu bezahlen. Somit hatte ich bei vergleichsweise geringem Risiko eine günstige Performance bekommen.

Ich hatte befürchtet, Großbritannien könnte ein langweiliger Ort für die Geldanlage sein, aber jetzt glaube ich, dass die englischsprachigen Länder zu den besten Orten gehören, um mit Auslandsinvestitionen anzufangen. Im Vereinigten Königreich stieg das Pro-Kopf-BIP im vergangenen Jahrhundert langsamer als in vielen anderen Ländern. Normalerweise strömen die Anleger in diejenigen Länder, in denen das lebhafteste Wachstum vorausgesagt wird. Eine der Überraschungen bei der internationalen Geldanlage ist, dass die Länder mit schnellem Wachstum des Pro-Kopf-BIPs nicht diejenigen mit den besten realen Renditen für Aktionäre sind. Japan und Italien verzeichneten über ein Jahrhundert lang mit das höchste Wachstum des Pro-Kopf-BIPs, aber in Japan waren die Aktienrenditen nur durchschnittlich, in Italien sogar vergleichsweise niedrig. Auf beide Länder und ihre Aktienmärkte hatten Kriege katastrophale Auswirkungen.

Abbildung 8.1

Reale Aktienrenditen und reales Wachstum des Pro-Kopf-BIPs 1900 bis 2015

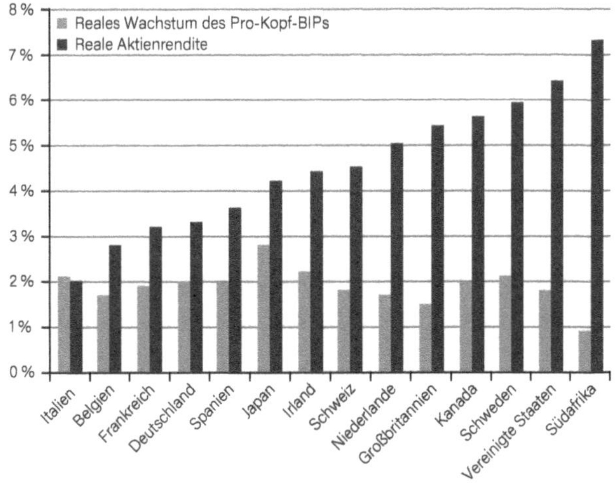

Während des gesamten 20. Jahrhunderts waren Australien [fehlt im Diagramm], Schweden, Südafrika, die Vereinigten Staaten, Kanada und das Vereinigte Königreich die Länder mit den besten Aktienrenditen (Abbildung 8.1). Das Pro-Kopf-BIP wuchs in diesen Ländern nicht besonders schnell, aber einige von ihnen hatten ein überdurchschnittliches Bevölkerungswachstum. Einwanderer und Kapital – beide werden von Ländern angezogen, die Rechtsstaaten sind. Wo Rechtsstaatlichkeit herrscht, dort herrscht auch mehr Vertrauen in Geschäftsbeziehungen. Meist verlangen englischsprachige Länder auch vollständigere Offenlegungspflichten gegenüber Anlegern, sodass die Auswahl konkreter Aktien leichter fällt. Wo einem die Sprache und die Kultur vertrauter sind, hat man das, was man nicht weiß, besser im Griff. Bei einem Zeithorizont von zehn Jahren hat es sich als Regel für die Auswahl unter Rechtsstaaten besser bewährt, Märkte mit niedrigen KGVs zu wählen als Märkte mit schnellem Wirtschaftswachstum in der jüngeren Vergangenheit.

JAPANISCH WERDEN

Japan ist ein sicheres, demokratisches, kapitalistisches Land und ein Rechtsstaat, der die Eigentumsrechte achtet. Der Sozialismus war dort nie populär. Seit 1955 ist dort mit nur kurzen Unterbrechungen die konservative Liberaldemokratische Partei an der Macht. Japan hat weniger Unternehmen verstaatlicht als die Vereinigten Staaten. Allen Berichten zufolge sind Betrug und Korruption abgesehen von der Baubranche, die von der Yakuza verseucht ist, in Japan selten.

Im Jahr 2011 war Japan für Anleger auf der Suche nach Wert ein fantastischer Ort. Ich war erfreut, dort Aktien vieler gut geführter und gut finanzierter Unternehmen zu finden, die unter ihrem Buchwert sowie zu einstelligen KGVs gehandelt wurden. Ich plante eine Reise, auf der ich innerhalb einer Woche so viele Unternehmen wie möglich kennenlernen wollte. Angesichts der vielen zur Auswahl stehenden Aktien und der niedrigen Kurse fand ich, das Verlustrisiko sei harmlos und das Gewinnpotenzial beträchtlich. Ich war während des Tohoku-Erdbebens der Stärke 9,0 (Momenten-Magnituden-Skala) dort, was wohl zu der düsteren Stimmung beitrug.

Die Woche war sehr produktiv. Zwischen einer Konferenz mit japanischen Kleinunternehmen und Terminen mit Unternehmen in der Fidelity-Niederlassung traf ich mich mit Managern von rund zwei

Dutzend voraussichtlichen Investments. Insgesamt waren die Unternehmen, mit denen ich Termine hatte, dynamisch und unternehmerisch denkend. Manche Manager hatten ihr Unternehmen selbst gegründet und besaßen große Aktienblöcke, was in Japan nicht die Norm ist. Man braucht keinen Dolmetscher, um zu sehen, dass Manager von ihrem Unternehmen begeistert sind.

In den Vereinigten Staaten wird jeder Manager angewiesen, dass sein oberstes Ziel die Steigerung des Shareholder Value ist. Wenn ich diesen Gedanken in Japan vorbringe, haben die meisten Geschäftsmänner (in Japan sind Geschäftsleute Männer) keine Ahnung, wovon ich rede. Das liegt vielleicht daran, dass in Japan die Beschäftigung von Legionen von Menschen und ein vorherrschender Marktanteil mehr Prestige einbringen als hohe Gewinne. Manche behaupten, japanische Unternehmen hätten eine längerfristige Sichtweise als amerikanische. Irgendwann müsste ein hoher Marktanteil ja eigentlich zu Gewinnen führen. Aber im Schnitt erwirtschaften japanische Unternehmen geringere Kapitalrenditen als Unternehmen in aller Welt. In Japan werden soziale Bindungen und Verantwortung anders aufgefasst.

Ein japanisches Sprichwort sagt: „Der Nagel, der heraussteht, wird eingeschlagen." Wenn jemand zu viel Geld verdienen würde, dann würde er herausragen, und deshalb tut man es nicht. In Japan betragen CEO-Gehälter viel geringere Vielfache der durchschnittlichen Mitarbeitergehälter als in Amerika. Wahrscheinlich empfinden Beschäftigte mehr Loyalität gegenüber ihrem Unternehmen, wenn alle mehr oder weniger im selben Boot sitzen. Das mag auch erklären, weshalb die Politik in Japan weniger polarisiert ist. Allerdings existiert das „Salaryman"-System der lebenslangen, sozusagen beamtenmäßigen Anstellung in einem Unternehmen heute nur noch in Großkonzernen. Viele Unternehmen versuchen es zu vermeiden, „eingeschlagen" zu werden, indem sie große Bargeldbestände vorhalten und Schulden vermeiden.

In den 1980er-Jahren war Tokio die Lieblingsbörse der ganzen Welt. Der Nikkei 225 erreichte im Dezember 1989 ein Hoch von 38.916 Punkten (Tagesschlusskurs), was ein KGV von fast 70 bedeutete. Manche sagten, es komme mehr auf die Vermögenswerte an als auf Unternehmensgewinne, und die Unternehmen hätten eine Menge Vermögen. Aber bei den Immobilien war die Blase noch größer als bei den Aktien. Begehrte Objekte im Tokioter Bezirk Ginza wurden für umgerechnet bis zu einer Million US-Dollar pro Quadratmeter verkauft. Das ergäbe für ein Einfamilienhaus durchschnittlicher Größe in den Vereinigten Staaten circa 200 Millionen Dollar. Eine Weile wurden solche Objekte mit Hypothekendarlehen über 100 Jahre finanziert. Zyniker sagten, die Gewinne würden durch *Zaitech* aufgebläht – also durch die Praxis, spekulative Handelsgeschäfte mit geliehenem Geld zu finanzieren. Zwei Jahrzehnte später dümpelte der Nikkei um die 10.000 Punkte herum. Er hatte vom Höhepunkt aus rund drei Viertel abgegeben und hat ihn nie wieder erreicht.

Wenn man sich in Tokio umschaut, würde man nie vermuten, dass seine Börse seit 25 Jahren miserabel läuft. Es wirkt wie ein Land mit sehr hohem Lebensstandard. In Japan ist das Pro-Kopf-BIP so schnell gewachsen wie in den Vereinigten Staaten, und seine Arbeitslosigkeit ist geringer. Der Bereich um den Kaiserpalast im Zentrum von Tokio wirkt ruhig, ehrwürdig und sicher.

Als Anleger will ich Gewinne, die dauerhaft herausragen und nicht so bald wieder zerstampft werden. Im Einzelhandel habe ich am häufigsten den unjapanischen Wunsch vorgefunden, herauszuragen, und das waren für mich tatsächlich hervorstechende Investments. Cosmos Pharmaceutical ist eine Discount-Drogeriekette auf Kyushu, der drittgrößten Hauptinsel Japans im Südwesten, weit weg von Tokio. Cosmos bot den Verbrauchern dadurch sehr günstige Preise, dass es die operativen Kosten straff zügelte. Die Verwaltungs- und Vertriebsgemeinkosten (VVGK) betrugen nur 14 Prozent des Umsatzes, was herausragend war. Walmart arbeitet ebenfalls pfennigfuchserisch, gibt aber 19 Prozent seines Umsatzes für VVGK aus.

Cosmos wurde 1983 von seinem CEO Masateru Uno gegründet und wuchs schnell. Vielleicht kann sich Cosmos, da es in einer weniger dicht bevölkerten Region agiert, schneller und günstiger gute Standorte sichern. Drogeriemärkte verdienen an Eigenmarken größere Gewinnspannen als an Markenartikeln, und Cosmos verkauft viele

Eigenmarken. Das Unternehmen schlägt seinen Bestand schneller um als die führenden amerikanischen Ketten CVS und Walgreens. In Japan beträgt die durchschnittliche Lebenserwartung vier Jahre mehr als in den Vereinigten Staaten, sodass die Bevölkerung altert. Man sollte meinen, das verspräche Apotheken und Drogerien starkes Wachstum, aber die Aktie hatte 2011 ein KGV von nur 10. In den fünf Jahren danach versechsfachte sich der Aktienkurs, das Wachstum setzte sich fort und das KGV stieg.

CHINA

Für Superreiche ist Hongkong ein wirtschaftsliberales Paradies. In Hongkong kann man problemlos Geschäfte machen, es herrscht freie Marktwirtschaft, es gibt kaum Regulierungen, die Gerichte schützen das Eigentum und setzen Verträge durch. Wenn man international investiert, erweist sich häufig, dass diese institutionellen Faktoren entscheidender sind als das BIP-Wachstum. China rangiert im Index für wirtschaftliche Freiheit der Heritage Foundation auf Platz 139, und deshalb gehen Menschen nach Hongkong und Macau, um dort Dinge zu tun, die sie in China nicht tun können. Diese Disparität der wirtschaftlichen Freiheit hat historische Gründe. Jahrhundertelang beschränkte China den Außenhandel auf bestimmte Städte. Im 19. Jahrhundert importierte die Britische Ostindien-Kompanie illegal Opium, sorgte dadurch für gesellschaftliche Verheerungen und löste den Opiumkrieg aus, der von 1839 bis 1842 dauerte. Dies verschärfte Chinas Misstrauen gegenüber dem Freihandel und grundsätzlich gegenüber Ausländern.

Mein erster Besuch Chinas im Jahr 1993 galt Fabriken und Büros von Unternehmen, die an der Hongkonger Börse gelistet waren. Die chinesischen Börsen hatten erst ein paar Jahre zuvor eröffnet, und den *Gweilos* („Geistermenschen“, so die oft fälschlicherweise als „weiße Teufel“ übersetzte kantonesische Bezeichnung für Europäer) wurde erst 2014 erlaubt, dort zu handeln. Offenbar wollten viele Staatsunternehmen nur ungern mit Ausländern sprechen. Das war mein erster Besuch in einem Schwellenland, und daher wusste ich nicht recht, was mich erwartete.

Die gesellschaftlichen Verhältnisse wirken sich in China unmittelbar auf die Dynamik der Profitabilität und des Wachstums aus. Anders als in Amerika sind dort Arbeitskräfte billig, und daher unterzogen sogar in modernen Elektronikfabriken Heere lebendiger Menschen die Platinen einer Sichtprüfung auf kleinste Mängel. Viele Unternehmen bieten ihren Mitarbeitern nur spartanische Unterkünfte und Verpflegung, und das wirkt sich natürlich auf ihre Kostenstruktur aus. Um Sozialleistungen wie Krankenversicherung, Bildung und Sozialhilfe zu erhalten, müssen Wanderarbeiter eine lokale Aufenthaltserlaubnis namens *Hukou* beantragen, was entweder das Arbeitskräfteangebot beeinträchtigen oder einem bestimmten Arbeitgeber Arbeitskräfte zuführen kann. Vorschriften zu Umweltverträglichkeit und Produktsicherheit werden nur sporadisch umgesetzt, was wohl auch die Kosten minimiert. Alles hängt von Behördenvertretern ab. In Amerika bedeutet Korruption, dass die Reichen Politiker kaufen, in China werden Funktionäre der Kommunistischen Partei reich.

Verschiedene Menschen haben unterschiedlich große Lust auf das Unbekannte. Ich hatte in China abenteuerlich gegessen und vieles gelernt. Aber ich hatte das Gefühl, als wären mir lediglich die Augen dahingehend geöffnet worden, wie wenig ich über die chinesische Kultur und die chinesischen Institutionen wusste. Warren Buffett ist vor allem deshalb so extrem erfolgreich, weil er sich an Dinge hält, die er kennt und die er durch und durch versteht. Obwohl das eine meiner denkwürdigsten Reisen überhaupt war, kaufte ich in Hongkong nur wenige Aktien, und auch davon nur kleine Positionen. Dazu gehörte auch Yue Yuen, ein Konzern, der im Auftrag von Nike, Adidas und anderen Unternehmen Schuhe herstellt. Er war rasant gewachsen und bot eine hohe Dividendenrendite. Ich musste einfach noch mehr lernen, vor allem über die Details zu einzelnen Unternehmen.

An gewissen chinesischen Technologie- und Kommunikationsunternehmen dürfen Ausländer keine Anteile besitzen. Man kann zwar in schicke chinesische Internet-Aktien wie Alibaba, Baidu oder Ctrip investieren, aber dann hält man bloß variabel verzinsliche Papiere.

Alle Lizenzen und Genehmigungen, um in sensiblen Branchen zu agieren, befinden sich im Besitz eines chinesischen Unternehmens. Ausländer kaufen Anteile an einer Holdinggesellschaft, die ihren Sitz auch außerhalb Chinas haben kann und von dem chinesischen Unternehmen Gebühren und Tantiemen erhält, aber nicht Eigentümerin des Unternehmens ist. Und wie das konkret aussieht, entscheidet die Kommunistische Partei.

VOR LAUTER BÄUMEN DEN WALD NICHT SEHEN

Etwa im Jahr 2000 teilte mir ein Analyst eines Brokerhauses mit, dass China einer der am stärksten wachsenden Absatzmärkte für Produkte der kanadischen Forstwirtschaft war und dass es eine chinesische Waldpflanzungs-Gesellschaft gab, die an der Börse von Toronto notierte. Sie hieß Sino-Forest, war schnell gewachsen, und die Aktie kostete circa einen Dollar, was etwa dem halben Buchwert und dem Dreifachen des Gewinns pro Aktie entsprach. Sino-Forest hatte gewisse Schulden, darunter Wandelanleihen und Bezugsrechte, aber ihre Einberechnung änderte nichts an meiner Meinung. Die Aktie hatte seit drei Jahren stagniert, aber Mitte 2003 verdoppelte sie sich plötzlich. Diese Gelegenheit nutzte Sino-Forest, um sich durch die Ausgabe neuer Aktien Geld zu beschaffen.

Wenn ein Unternehmen neue Aktien mit einem niedrigen KGV und einem geringen Buchwert emittiert, frage ich mich immer, warum es das tut. Manchmal ist den Managern nicht klar, wie sehr dies die Positionen der Bestandsaktionäre verwässert. Als ich mich mit Managern von Sino-Forest traf, schien ihnen der Shareholder Value allerdings nicht egal zu sein. Manchmal zwingen Banken notleidende Unternehmen, sich mithilfe von Aktien Kapital zu beschaffen, aber das schien hier nicht der Fall zu sein. Das Management behauptete, es habe zu einem unvorteilhaften Preis neue Aktien ausgegeben, weil es spektakuläre Gelegenheiten habe, dieses Kapital einzusetzen.

Ich wusste nicht so recht, worin die Geschäftstätigkeit von Sino-Forest bestand. Ich nahm an, es kaufe vom Staat Rechte zum Holzeinschlag, aber es verkaufte solche Rechte auch – an wen, erfuhr ich nie. Sino-Forest behauptete, es setze Marketingagenten ein, die es nicht bekannt geben könne und die die Rechte an unbekannte Kunden verkauften.

Und was genau besaß Sino-Forest eigentlich? In China besitzt niemand Land, alles gehört dem Staat. Der Vorsitzende Mao hat 1956 das Privateigentum verstaatlicht. Dieses Muster hatte sich in der chinesischen Geschichte wiederholt. Während der Ming-Dynastie enteigneten Kaiser Grundbesitz und verpachteten ihn dann. Sogar in Hongkong ist das einzige freie Grundeigentum die St. John's Cathedral, eine anglikanische Kirche. Chinesische Grundbesitzer haben Pachtverträge, Nutzungsrechte oder Baurechte über 30 bis 70 Jahre. Vor allem außerhalb von Peking und Schanghai gibt es kein einheitliches Grundbuchsystem, sodass ich den Grundbesitz von Sino-Forest nicht überprüfen konnte. Sino-Forest blieb dabei, dass die Pachtverträge und die Namen der Gegenparteien vertraulich seien.

Trotz meiner Bedenken war Sino-Forest eine Rakete. Von 2002 bis 2007 stieg sein Kurs-Gewinn-Verhältnis auf mehr als das Doppelte, obwohl die Anzahl der Aktien dramatisch zunahm. Die Aktie war auf 18 Dollar gestiegen, sodass sich ein KGV von 20 ergab. Die Anleger glaubten die Geschichte, dass China alle natürlichen Ressourcen der Welt schlucken würde.

Ich wurde allerdings die nagenden Zweifel bezüglich der Eigentumsrechte in China nicht los. Ein chinesischer Analyst fragte: „Wenn China ein solches Land der Chancen ist, warum holen dann alle ihre Familie und ihr Kapital heraus?" Ich betete, dass die Geschäfte von Sino nicht zu sehr von politischer Gunst abhingen. Der Mitgründer von Sino-Forest und einige andere leitende Angestellte hatten einen Teil ihrer Aktien abgestoßen. Ich folgte ihrem Beispiel und verkaufte meine Position. Im Laufe der nächsten vier Jahre meldete Sino-Forest, dass sich die von ihm verwalteten Waldflächen mehr als verdoppelt hätten, Umsatz und Gewinn ebenfalls. Während der globalen Finanzkrise fiel die Aktie, danach erholte sie sich wieder.

Im Jahr 2011 veröffentlichte die kanadische Researchfirma Muddy Waters einen Bericht, in dem sie behauptete, Sino-Forest habe seine

Finanzabschlüsse gefälscht. Anders als bei den meisten amerikanischen Schwindelaktionen, bei denen die Wirklichkeit beschönigt wird, hatte Sino-Forest fast alles nur erfunden. In dem Bericht von Muddy Waters hieß es, Sino-Forest habe „zugelassene Vermittler" eingesetzt, um Forstprodukte zu kaufen und zu verkaufen sowie Steuern und Spesen zu bezahlen, damit weniger nachverfolgbare Unterlagen anfielen. Auch gab es Transaktionen, zu denen womöglich Insichgeschäfte von Unternehmensvertretern gehörten – etwas, das bei Betrug in Schwellenländern oft vorkommt.

Der Bericht von Muddy Waters deckte allzu viele Details auf, von denen ich nichts gewusst hatte. Sino-Forest zahlte kein Geld, um Holz zu kaufen oder zu schnitzeln, und es bekam auch kein Geld von Holzschnitzelkäufern, alles lief über Vermittler. Im Jahr 2010 behauptete Sino-Forest, es habe in der entlegenen chinesischen Provinz Yunnan, die zu 92 Prozent aus Gebirgen besteht und sich durch schlechte Straßen auszeichnet, das Sechsfache seiner gesetzlichen Quote geschlagen.

Die für mich größte Offenbarung war, dass chinesische Unternehmen bei der State Administration for Industry & Commerce (SAIC, Industrie- und Handelskammer) Abrechnungen einreichen müssen und dass Muddy Waters Zugang dazu erlangt hatte. Die Zahlen in den SAIC-Formularen waren völlig andere als diejenigen, die den Investoren gemeldet worden waren. Ich hatte gar nicht gewusst, dass es SAIC-Formulare gab, anhand deren die Öffentlichkeit sie hätte abgleichen können. Kurz, ich forderte zu allen chinesischen Unternehmen, bei denen ich Betrug witterte, SAIC-Unterlagen an. Später kam man an diese Formulare nicht mehr heran, weil die Kommunistische Partei Chinas zum Schutz ihres Eigentums die Reihen schloss.

Im Jahr 2012 meldete Sino-Forest in Kanada Konkurs an.

RECHTSSTAATLICHKEIT

Bevor man international Geld anlegt, sollte man sich seine Komfortzone und seine Lernbegier überlegen. Für die meisten nordamerikanischen Anleger sind die Industrieländer des ehemaligen britischen

Empires der beste Ausgangspunkt – und Endpunkt. Diese Länder sind rechtsstaatlich. Die Sprache, die Rechtssysteme, die geschäftlichen Gepflogenheiten und die Rechnungslegungsgrundsätze sind dort ähnlich genug, damit man anhand vorliegender Tatsachen bezüglich eines Investments zum gleichen Schluss kommt, wie es in den Vereinigten Staaten der Fall wäre. Anleger, die Lust haben, sich mit fremden Kulturen zu befassen, sollten sich dabei an Länder mit Rechtsstaatlichkeit halten, außer wenn sie bei ihren Recherchen ausgiebig unterstützt werden. Auch muss ihnen klar sein, dass die gesellschaftliche Stellung in vielen Teilen der Welt nicht immer an die Profitabilität eines Unternehmens gebunden ist und bei unternehmerischen Entscheidungen wichtiger ist als der Gewinn.

3

EHRLICHE, FÄHIGE TREUHÄNDER

9
HABE MUT, GROSSARTIG ZU SEIN! ODER VON AUSGEPRÄGTEM CHARAKTER

„Tue niemals Dinge, die auch andere tun können und werden, wenn es auch Dinge gibt, die andere nicht tun können oder werden."
- Amelia Earhart -

Der Wert eines Unternehmens hängt von der Qualität seiner Leitung ab, und gute Manager sind kompetent und ehrlich. Wenn sie nicht kompetent sind, vergeuden sie das Kapital der Anleger. Wenn es ihnen an Integrität mangelt, stehlen sie es. Und wie prüft man ihre Kompetenz? Auf die Gefahr hin, entscheidende Fähigkeiten wie Führungsstärke zu ignorieren, lege ich den Schwerpunkt auf zwei Kennzeichen: ausgeprägte Tüchtigkeit und Kapitalverwendung.

In diesem Kapitel behaupte ich, dass Unternehmen dann nicht gut geführt sind, wenn sie sich nicht ständig bemühen, für die Kunden immer wertvoller zu werden. Wenn die Kunden ein Unternehmen nicht vermissen würden, wenn es verschwände, dann wird es irgendwann verschwinden. Unternehmen brauchen Produkte, die markant genug sind, um hohe Gewinnspannen zu rechtfertigen, und dazu eine Eintrittsbarriere (einen „Burggraben"), welche die hohen Gewinne schützt. Ohne eine solche Besonderheit haben Unternehmen weniger Möglichkeiten, die Profitabilität ihres Kapitals zu entfalten.

Als Value-Anleger suche ich nach Unternehmen, die den Betrag steigern, um den ihr innerer Wert ihren buchhalterischen Wert übersteigt. Diese Differenz bezeichnet man als *Goodwill, ideellen Firmenwert oder Geschäftswert.*

In Kapitel 10 werde ich vorführen, wie ich nach Unternehmen suche, die großartige Hüter ihres Kapitals sind. Sie erzielen im Verhältnis zum investierten Kapital hohe Gewinne. Wenn sie Unternehmen aufkaufen, finden sie dort Gleichgesinnte und bezahlen nicht zu viel dafür. Wenn es ihnen an großartigen Einsatzmöglichkeiten für ihr Kapital fehlt, geben sie es in Form von Dividenden oder Aktienrückkäufen zurück.

AUSGEPRÄGTER CHARAKTER

Sie fragen sich vielleicht, weshalb ich mich auf den Charakter statt auf unternehmerische Strategien oder die Positionierung konzentriere. Kurz gesagt: Der Charakter ändert sich nicht, die Positionierung aber schon. Alles, was ein Unternehmen zum jetzigen Augenblick gebracht hat, hat seinen Charakter geformt. Ein Unternehmen muss gegenüber neuen Möglichkeiten offen sein, es wird sich aber für gewisse Chancen besser eignen als für andere. Wenn ein Unternehmen eine Strategie versucht, die sich über seine Vorgeschichte hinwegsetzt, rechne ich normalerweise damit, dass es von seiner Vergangenheit eingeholt wird – zum Beispiel als J.C. Penney die Angebote und Coupons zurückfuhr, weil es hoffte, in ein höheres Marktsegment eintreten zu können. Unternehmensleitungen, die ihre Grenzen akzeptieren, finden mit größerer Wahrscheinlichkeit Wege, sie zu kleineren Hindernissen zu machen und dadurch zum Erfolg zu gelangen. Vom Standpunkt eines Analysten aus ist diese Methode nicht nur klug, sondern auch praktisch. Den Charakter eines Unternehmens braucht man nur einmal zu beurteilen, während die Verfolgung der Strategie und der Taktiken eines Unternehmens ständige Aktualisierungen erfordert. Die meisten Unternehmen haben keinen starken Charakter. Das heißt nicht, dass sie schlechte Investments wären, sondern nur, dass sie weniger dazu neigen, außerordentlich zu sein.

Wenn ich mich daranmache, den Charakter eines Unternehmens zu verstehen, tue ich so, als wäre ich ein potenzieller Kunde. Ich schaue mir die Marketingwebsite oder Verkaufsbroschüren an, oder ich gehe in ein Geschäft. Dafür eignet sich jedes Forum, sofern das Unternehmen versucht, die voraussichtlichen Kunden davon zu überzeugen, dass es bessere Ware oder zumindest einen günstigeren Preis bietet. Manchmal helfen einem zwar auch Jahresberichte und einfache Researchberichte von Brokerhäusern bei dieser Aufgabe, aber während ich den Charakter eines Unternehmens prüfe, übergehe ich alles, was mit Quartalsberichten zu tun hat. Auf mich wirkt Apple intelligent, elegant und zwar gelegentlich verschroben, aber ansonsten ganz umgänglich. GEICO ist ehrlich, sparsam und gutmütig. Viele Unternehmen haben einen faden Charakter. Wenn Sie nach einer Stunde der Untersuchung immer noch vor einem Rätsel stehen, keine Panik! Gehen Sie einfach zur Strategie des Unternehmens über.

Bei Geschäften und bei der Geldanlage besteht das Geheimnis des Erfolgs darin, etwas Nützliches zu tun, das sonst niemand tut. Aufgabe fähiger Manager ist es, diese Besonderheit zu schützen und auszuweiten. Sobald andere dies nachahmen, ist der Lack ab. Manche Unternehmen haben einzigartige und innovative Produkte, andere sind auf besondere Art organisiert, und wieder andere haben Marken, die bei den Kunden ankommen. Konkurrenten werden kopieren, was sie nur können, sodass etwas, das einst besonders war, alltäglich wird. Der Kundengeschmack ändert sich, und daher müssen sich Unternehmen stets weiterentwickeln, um besonders zu bleiben. Ich halte es zwar für sehr nützlich, die Gepflogenheiten von Unternehmen in der Herstellung oder in Finanzdingen zu studieren, aber in strategischer Hinsicht entscheidend ist, dass man etwas gut macht, was andere Mitbewerber entweder *nicht* machen oder schlecht machen. Der Charakter bietet Hinweise darauf, worin diese Einzigartigkeit bestehen könnte.

STRATEGIE: WAS ANDERE NICHT KÖNNEN

Laut dem Strategie-Guru Michael Porter von der Harvard Business School sind erfolgreiche Unternehmensstrategien die entgegengesetzten Pole zweier Entscheidungen: (1) versuchen, die gesamte Branche zu dominieren, oder stattdessen nur die wenigen Segmente anpeilen, in denen man hervorragend sein kann; (2) wählen, ob man durch die Vermarktung überlegener Produkte oder stattdessen durch Niedrigpreise gewinnt. Wenn sich Unternehmen nicht darüber im Klaren sind, ob sie den gesamten Markt bedienen oder sich auf bestimmte Nischen fokussieren, geraten sie in Schwierigkeiten. Auch können hochwertige Produkte und niedrige Preise als Ziele nicht gleich wichtig sein, sonst sitzt das Unternehmen zwischen den Stühlen. Wenn nicht zu erkennen ist, ob die Ziele Marktbeherrschung oder Fokussierung, exzellente Produkte oder Schnäppchenpreise sind, dann ist laut Porter die Wahrscheinlichkeit hoch, dass eine Strategie nicht funktionieren wird. Außerdem lässt eine schwammige Strategie vermuten, dass ein Unternehmen nicht viel über seinen Kompetenzkreis nachgedacht hat.

Eine Strategie muss auf den Charakter und auf die Beschränkungen eines Unternehmens zugeschnitten sein, andernfalls ist die Passform schlabberig. Sogar robuste Unternehmen unterliegen Beschränkungen, und der Marktführer kann nicht schneller wachsen als die Branche. Viele meiner Investments stecken in kleinen Unternehmen mit endlichen Ressourcen. Sie wären niemals in der Lage, in jedem einzelnen Segment und auf jedem Gebiet alle besten Produkte anzubieten. Auch könnten sie nicht alles, was eine Branche anbietet, zu den niedrigsten Kosten produzieren. Stattdessen müssen sie sich Punkte herauspicken. Sie konzentrieren sich auf einen regionalen Markt oder finden eine Marktnische. Beispielsweise ist der Transport von Zement teuer, und deshalb befinden sich die Konkurrenten, auf die es ankommt, gewöhnlich in der Nähe. Lululemon Athletica verkauft ausschließlich auf Yoga bezogene Kleidung und bedient damit einen gar nicht mal so kleinen Markt, den die großen Bekleidungskonzerne zuvor vernachlässigt hatten.

An Märkten für Massenware sind die Produkte weitgehend identisch, sodass die einzige Möglichkeit, zu konkurrieren, niedrige Preise sind. In manchen Branchen gibt es bedeutende Größenvorteile, sodass den größten Unternehmen die geringsten Kosten entstehen. Auch das Management der Lieferkette, zu dem es unter anderem gehört, die Lieferanten auszuquetschen, ist im Allgemeinen ein Spiel für Großunternehmen. Es gibt aber auch für kleine Unternehmen Möglichkeiten, die Kosten niedrig zu halten, zum Beispiel indem sie bei einem Produkt Elemente weglassen, denen die Kunden keinen hohen Wert beimessen. Im Allgemeinen sind Kunden gegenüber Unternehmen mit besseren Produkten treuer als gegenüber Unternehmen mit niedrigen Preisen, und daher ist die Qualität der bessere Weg, wenn ein Unternehmen die Wahl hat. Allerdings ergibt sich, wenn man versucht, den Mitbewerbern stets einen Schritt voraus zu sein, ein endloser und harter Konkurrenzkampf, vor allem in Branchen, die sich schnell weiterentwickeln.

Wenn erfolgreiche Strategien entweder auf die gesamte Branche oder auf bestimmte Segmente sowie entweder auf Qualität oder Preis abzielen, dann sind vier strategische Kombinationen möglich. Wir befassen uns mit allen und fangen mit einem **überlegenen Produkt für die ganze Branche** an. Die aufregendste Art, wie ein Unternehmen besonders sein kann, ist die Schaffung einer Innovation, die auf der Welt ganz neu ist. Im Jahr 2004 las ich im Emissionsprospekt eines Internetunternehmens: „Wir waren überzeugt, wir könnten der Welt eine großartige Dienstleistung liefern – relevante Informationen zu allen Themen augenblicklich liefern." Nur wenige Unternehmen würden eine derart kühne Behauptung wagen, und noch weniger sollten es tun. Dieses Unternehmen war natürlich Google.

Google hat die Suchmaschine nicht erfunden, seine Innovation war die Leistungsfähigkeit seiner Algorithmen. Ein Unternehmen, das von Dienstleistungen für die Welt spricht, wird sich nicht mit Nischen zufriedengeben, sondern auf die globale Vorherrschaft abzielen. Google ist deshalb die beste Suchmaschine, weil es manche Suchkategorien als Fachabteilungen behandelt – Wissenschaft, Patente, Landkarten und Bilder, um nur wenige zu nennen. Ich vermute, dass sich die

Algorithmen, die hinter diesen Fachabteilungen stehen, teilweise überschneiden. Die meisten technisch ausgerichteten Unternehmen schützen ihre Stellung durch Patente, sodass Zahl und Qualität ihrer Patente auf die Stärke ihrer Stellung hindeuten können. Google hatte Ende 2006 nur 38 Patente, aber im Jahr 2016 meldete es 2.835 neue Patente an. Angesichts seines Markennamens und seiner ständigen Innovationstätigkeit braucht Google vielleicht nicht einmal mehr Patente. Sein Name ist ebenso wie „Tempo" und „Tesafilm" gleichbedeutend mit seiner Kategorie geworden (im Jahr 2015 gründete Google für Google und seine kühnen Vorhaben die Holdinggesellschaft Alphabet Inc.).

Walmart ist ein Beispiel für ein Unternehmen mit einer gut umgesetzten Strategie, **zu niedrigen Preisen an einem sehr breiten Markt** zu verkaufen. Derzeit hat es mehr als 11.000 Geschäfte in mehr als zwei Dutzend Ländern. Abgesehen von Häusern, Autos und Benzin führt Walmart so gut wie alle Produkte, die eine Familie mit mäßigem Einkommen kauft. Bis zu den 1980er-Jahren hätte man Walmart allerdings noch als Nischenplayer bezeichnet. Lebensmittel nahm es erst 1988 ins Sortiment, und damals befanden sich fast alle seine Geschäfte im Süden der Vereinigten Staaten. Gemessen an der Eigenkapitalrendite überschritt seine Profitabilität zwar in den 1980er-Jahren den Höhepunkt, aber sein Gewinn in Dollar erreichte bis zum Jahr 2013 fast jedes Jahr neue Hochs. Der Charakter von Walmart hat sich im Laufe der Zeit nicht verändert, es ist nach wie vor sparsam, effizient, zuverlässig und familienorientiert. Was die Konkurrenten sehen, die Kunden aber nicht, ist die Tatsache, dass Walmart schon immer lernbegierig war. Es sammelt über alles Mögliche Daten und untersucht die brillantesten Ideen im Einzelhandel.

Walmart befindet sich ständig in einem Hamsterrad; niedrige Preise sind nur dann eine siegreiche Strategie, wenn die Kosten noch niedriger sind. Ebenso wie seine frühen Kunden war Walmart sparsam, weil es sparen musste. Einem undifferenzierten Warenhaus fällt es schwer, an Menschen Geld zu verdienen, die nicht viel haben. Die Lieferanten, die in die Walmart-Zentrale in Bentonville im Bundesstaat Arkansas gehen, wissen, dass sie ausgepresst werden. Andererseits profitieren die Zulieferer von den Stückzahlen, die enorm hoch sein können, und von Walmarts Vorschlägen für Kostensenkungen. Um ihre Kosten in den Keller zu drücken, standardisieren die Hersteller ihre Produkte schnörkellos und ohne Schnickschnack. Mithilfe von Strichcodes und Just-in-time-Beschaffung hält Walmart seine Lagerbestände ebenso wie seine Lieferanten auf einem angemessenen Niveau. Wenn Walmart expandiert, verteilen sich seine Verwaltungskosten auf ein größeres Umsatzvolumen. Die Geschäfte von Walmart befinden sich selten in Gebieten mit hohen Mieten, und die meisten Mitarbeiter sind nicht gewerkschaftlich organisiert.

GEICO ist ein Beispiel für **Wettbewerb über den Preis durch Konzentration auf eine Nische** von Kunden, die gewisse Dienstleistungen nicht brauchen oder nicht wollen. Das Unternehmen wurde als Government Employees Insurance Company (Versicherungsgesellschaft für Staatsbedienstete) gegründet, weil es anfangs *nur* Staatsbedienstete versicherte, die statistisch sicherer Auto fahren als der Durchschnitt. Die meisten Autoversicherungen werden über Vertreter verkauft, die zwar kostspielig sind, aber den Versicherungsgesellschaften dabei helfen, die Kunden in Risikokategorien einzuordnen; außerdem bieten sie Beratung, vor allem wenn ein Unfall passiert. GEICO hatte keine große Vertriebsmannschaft und hatte aufgrund seines sparsamen Charakters auch nicht vor, mehr Geld für die Einstellung von Vertretern aufzubringen. Stattdessen organisierte sich GEICO anders und verkaufte seine Versicherungen direkt.

Durch die Ausschaltung der Vertreter sparte sich GEICO eine Dienstleistung, die für sichere Fahrer mehr kostet, als sie wert ist. Wenn man wirklich nicht weiß, welcher Versicherungsschutz für einen selbst der richtige ist, oder wenn man erwartet, in Unfälle verwickelt zu werden, kann ein Vertreter von Nutzen sein. Wenn man aber weiß, was man will, und nie Schäden meldet, braucht man keine Beziehung zu einem Autoversicherungsvertreter. Nicht jeder ist ein überdurchschnittlicher Autofahrer, und daher ist diese Nische nicht für alle geeignet. GEICO will einen gar nicht versichern, wenn man nicht in sein risikoarmes Profil passt. Allerdings haben auch gute

Fahrer Unfälle, und beim Schadenservice knausert GEICO durchaus nicht. Außerdem will niemand wie ein schäbiger Schnäppchenjäger wirken, und darum bewegt uns GEICO durch seine humorvolle Werbung zu dem Eingeständnis, dass wir gern Geld sparen würden.

VOR ENERGIE SPRÜHEND

Meine Lieblingsstrategien kleinerer Unternehmen kombinieren **überlegene Produkte mit Nischenmärkten**. Nischenmärkte befinden sich per Definition nicht im Mainstream, und daher muss man die Augen offen halten, wenn man Nischen erspähen will. Auch Glück schadet dabei nicht. Kurz nach dem Platzen der Internetblase nahm ich an einer Konferenz über Technologie-Aktien teil. Die Aktienkurse vieler Technologie-Unternehmen, die sich dort präsentierten, trudelten noch immer Richtung Erdboden. Durstig und etwas ermattet war ich erfreut, als ich sah, dass am Stand eines Unternehmens namens Hansen Natural den Investoren Freigetränke angeboten wurden. Die servierten Fruchtsaftgetränke waren alle naturbelassen, ohne künstliche Aromen, ohne Farbstoffe und ohne Kohlensäure, ähnlich wie die der etablierten Marke Snapple.

Vom Vertriebssystem vielleicht abgesehen hatte Hansen allerdings nicht vor, Snapple zu imitieren. Es wandte sich an den eigenwilligeren, abenteuerlustigeren kalifornischen Geschmack. Es hatte mit dem Verkauf frischer, naturbelassener Säfte an Filmstudios in Hollywood angefangen. Später brachte es mit Gewürzen und anderen natürlichen Zutaten etwas Schwung hinein. New-Age-Tees und -Softdrinks passten zum Erbe von Hansen, aber Snapple hatte einen starken Markennamen und einen besseren Vertrieb. Stattdessen konzentrierte sich Hansen daher auf „funktionale" Getränke, also Getränke, die eher wegen ihres Nutzens – etwa Energie, Vitamine oder Antioxidantien – als wegen ihres Geschmacks verkauft wurden. Das heißt natürlich nicht, dass Hansen den Geschmack ignorieren konnte, vor allem nicht bei seinen ursprünglichen Saftgetränken. Damals war dieser Fokus derart markant, dass er aus dem Rahmen zu fallen schien.

Der Energydrink „Monster“ von Hansen schmeckte noch besser als die führende Alternative Red Bull, die in den Vereinigten Staaten im Jahr 1997 eingeführt worden war. Die meisten Menschen würden ein Getränk mit dem anregenden Geschmack nach Ginseng, Guarana und Taurin nicht wollen, aber ich hätte es als Student schon gewollt. Ich dachte mir, es könnte da einen nicht bedienten Markt an Ingenieuren, Partygängern, Fernfahrern, Nachtschichtarbeitern und Extremsportlern geben. Aber wie groß war dieser Markt wirklich? Wenn mit einem Getränk einfache Zutaten wie Wasser, Koffein und Zucker verkauft werden, liegt der Schlüssel zum Erfolg im Branding und Marketing. Aber die Marke Hansen drehte sich um Reinheit, Natürlichkeit, Entspannung und Erfrischung, und dass passte nicht zu dem Energydrink. Ginseng und Guarana sind zwar Pflanzen, sodass man Monster als natürlicher als Gatorade bezeichnen konnte, aber die Vorstellung von einem anregenden Gebräu schien mit der „natürlichen“ Identität unvereinbar zu sein, die sich Hansen geschaffen hatte. Monster musste sein Image von Grund auf neu aufbauen. Das gezackte neongrüne M-Logo auf schwarzem Hintergrund sticht im Ladenregal heraus.

Hansen war ein winziges Unternehmen, aber sein Umsatz war rapide gestiegen, es hatte keine großen Schulden und ein Kurs-Gewinn-Verhältnis von 10. Ich kaufte ein paar Aktien zum Kurs von rund vier Dollar. Seither hat es zahlreiche Aktiensplits gegeben, und aus jeder Aktie sind 48 Aktien geworden, sodass die Kostenbasis der derzeitigen Aktien acht Cent beträgt. Unerwartet stiegen Umsatz und Gewinn exponentiell an. Schneller Vorlauf um 16 Jahre: Der Absatz des Energydrinks von Monster ist explodiert und stellt die ursprünglichen Fruchtsaftgetränke dermaßen in den Schatten, dass das Unternehmen in „Monster“ umbenannt wurde. Coca-Cola erwarb eine Minderheitsbeteiligung an Monster und erklärte sich bereit, seine Produkte zu vertreiben. Der Aktienkurs war auf mehr als das 600-Fache angestiegen, auf fast 54 Dollar.

Wenn ich mir überlege, Monster aus dem Fonds zu verkaufen, suche ich als Ersatz nach einem Unternehmen, das mehr tut, um etwas anzubieten, dem die Kunden einen markanten Wert beilegen. Alles hat seinen Preis, aber fast alle meiner lohnenswertesten Aktien hatten einen einzigartigen Charakter und eine einzigartige Positionierung. Manche Monster-Trinker sind begeisterte Fans, und das kommt bei Unternehmen, die im Grunde Massenware verkaufen, nicht oft vor. Während die Nachfrage nach Cola-Getränken nachlässt, steigt der Umsatz mit Energydrinks weiterhin rasant. Wenn man auf ein Unternehmen stößt, das wirklich einzigartig ist, dann ist es – selbst wenn es eine kleine Nische bedient – ein Fehler, es gegen eins von der Stange einzutauschen.

Eine der Möglichkeiten, wie ich herausfinde, dass ein Führungsteam talentiert ist, ist, dass es ein Unternehmen mit besonderem Charakter und einzigartigen Fähigkeiten entwickelt. Die besten Manager sind Produktenthusiasten, die Produkte auf den Markt bringen, die sie selbst kaufen würden, aber sonst nirgends finden. Zwar können größere Unternehmen Kategoriekiller sein, aber die meisten können einfach dadurch deutlich überlegen sein, dass sie sich auf eine schmale Nische konzentrieren und darauf aufbauen. Es ist nie leicht, erstklassige Angebote beizubehalten oder die Kosten im Keller zu halten, aber ich gebe der Qualitätsstrategie bessere Chancen, sofern die Manager Produktleute sind. Eine Ausnahme ist es, wenn sich die Kosten durch Abschaffung eines Elements senken lassen, dem die Kunden keinen Wert beilegen.

10 GUTE WARE FÜRS GELD

„Einen Teil der zehn Millionen gab ich für Glücksspiele aus,
einen Teil für Schnaps und einen Teil für Frauen.
Den Rest habe ich für dummes Zeug ausgegeben."
- George Raft -

KAPITALALLOKATION

Man mag der rechtmäßige Eigentümer eines Wertpapiers sein, aber viele Diskussionen, die über seinen Wert entscheiden, werden von anderen geführt, und daher ist es von wesentlicher Bedeutung, für seine Anlagen gute Hüter zu suchen. So fähig die Manager und sonstigen Akteure auch sein mögen, sie sind nur Menschen und haben die Tendenz, im Falle von Meinungsverschiedenheiten ihre eigenen Interessen zu begünstigen, und daher kommt es darauf an, solche mit einer nachweislich treuhänderischen Geisteshaltung zu finden. In Extremfällen kann der normale Eigennutz in Kriminalität abgleiten. Häufig haben die Hüter ihre Position nicht dadurch erlangt, dass sie fähige Hüter sind, sondern durch Ehrgeiz und andere Leistungen. CEOs kommen oft durch Willenskraft und dadurch an die Spitze, dass sie fantastische Verkäufer, Werksleiter, Ingenieure oder Bilanzbuchhalter sind.

Da ich weder Zeit noch Lust habe, Interviewer oder Detektive loszuschicken, um Verantwortungskompetenz zu beurteilen, konzentriere ich mich lieber auf die Kapitalallokation. Ich bin nämlich wirklich eher ein Sesseldetektiv. Ich suche nach etwas eher Numerischem, das ich aus problemlos verfügbaren Quellen beziehen kann. „Kapitalallokation" ist ein sperriger Begriff, aber ein nützliches Konzept, das Folgendes bedeutet: dem Geld nachgehen. Fließt es an die richtigen Stellen? Haben die Manager das ihnen zur Verfügung stehende Kapital zum höchsten und besten Nutzen hingeleitet, der angesichts der Situation möglich ist?

Es gibt zwei miteinander in Beziehung stehende statistische Möglichkeiten, den Erfolg zu messen – die Rentabilität und den Gegenwartswert –, aber beide beinhalten recht prekäre Vorhersagen. Die erste Methode vergleicht die voraussichtliche Rentabilität von Investitionen in Verbesserungen mit einer Mindestrendite oder kritischen Rendite. Diese Mindestrendite ist normalerweise an die Eigenkapitalkosten beziehungsweise an die niedrigste Rendite gebunden, die langfristige Aktionäre akzeptabel fänden. Wenn die Anleger eine Rendite von mindestens acht Prozent verlangen, sollte das Unternehmen Kapitalvorhaben ablehnen, die weniger abwerfen. Wenn ein Unternehmen mit Kapitalkosten von acht Prozent in etwas investiert, das im nächsten Jahr 13 Prozent einbringen soll, dann hat es einen Dollar in die Schöpfung von circa 1,05 Dollar (1,13/1,08) Gegenwartswert investiert. Ziel ist es, möglichst viel zusätzlichen Wert zu schaffen.

Als ich versuchte, die Kapitalallokation in zwei der ersten Branchen zu untersuchen, die mir bei Fidelity zugeteilt waren – Kohle und Tabak –, war ich verblüfft. Ich vermisste die Vorstellung von bilanzunwirksamen Verbindlichkeiten und von *ökonomischem* Goodwill. In diesen Branchen erfassten die historischen Zahlen der Rechnungslegung nicht den Wert von Kapital und Verbindlichkeiten. Beispielsweise waren gegen Unternehmen beider Branchen Klagen wegen Staublunge und Lungenkrebs anhängig. Es war absehbar, dass die Unternehmen, wenn sie zu Schadenersatz verurteilt würden, diesen widerwillig leisten und somit Kapital in einer Art und Weise einsetzen würden, die keine Aussicht auf Rendite bot. Die Zigarettenhersteller besaßen wenigstens in Form starker Markennamen einen Ausgleich gegen diese voraussichtlichen Verbindlichkeiten. Dazu kam die Feinheit, dass die Warnung, die der Leiter der Gesundheitsbehörde im Jahr 1964 ausgegeben hatte, danach zum Teil als rechtlicher Schutzschild fungierte. Die Ansprüche gegen die Zigarettenhersteller entsprachen ihrem *Marktanteil im Jahr 1964*. Für Philip Morris war das günstig, denn es war seither dramatisch gewachsen.

Die zweite Herausforderung bestand darin, den Wert von immateriellen Vermögensgegenständen wie beispielsweise Marken zu ermitteln. Marlboro und andere starke Marken standen mit symbolischen Beträgen in den Büchern, besaßen allerdings eine gewaltige Kundentreue, die einen riesigen Goodwill vermuten ließ. Philip Morris und RJR Nabisco hatten Lebensmittelkonzerne mit führenden Marken wie Maxwell House und Oreo aufgekauft, und hier wurden die immateriellen Übernahmekosten in den Bilanzen als Handelsmarken oder als Goodwill ausgewiesen. Es war ein historischer Zufall, dass Philip Morris und RJR für ihre Lebensmittelmarken Milliarden bezahlten, für ihre Zigarettenmarken hingegen nicht so viel. Die historischen Kosten haben mit dem Zeitwert oder Marktwert wenig zu tun. Ein Ansatz zur Bewertung solcher Marken ist die Verwendung von Marktpreisen anstatt der historischen buchhalterischen Kosten. Aber das Verhältnis des Gewinns zum Börsenwert eines Unternehmens ist seine Gewinnrendite beziehungsweise der Kehrwert seines Kurs-Gewinn-Verhältnisses. Das ist zwar als Anhaltspunkt für Investments nützlich, aber es sagt nichts über die Qualität der Entscheidungen der Unternehmensleitung aus.

Ich beschloss, mich voranzukämpfen und die buchhalterischen Zahlen trotz ihrer Mängel zu verwenden. Das Verhältnis des Gewinns eines Unternehmens zu seinem Aktienkapital bezeichnet man als Eigenkapitalrendite oder ROE (Return On Equity). Ein hohes ROE deutet darauf hin, dass ein Unternehmen den Profit je Dollar, den Aktionäre in das Unternehmen stecken, maximiert. Damals galt ein ROE von 12 als durchschnittlich. Fast der gesamten Tabakindustrie schien es von Kopf bis Fuß besser zu gehen. U.S. Tobacco, ein Hersteller von Schnupftabak, hatte ein ROE von annähernd 50

Prozent, Philip Morris fast 30 Prozent und so weiter. RJR Nabisco, British American Tobacco (BAT) und American Brands erwirtschafteten ROEs von mehr als 20 Prozent.

Rückblickend war die ROE-Rangfolge der Unternehmen Ende der 1980er-Jahre ein leistungsfähiger Indikator für ihre späteren Renditen. Ich wollte auch die *Gründe* für diese hohen ROEs erfahren. U.S. Tobacco und Philip Morris hatten die höchsten Renditen und die markantesten Marken. Copenhagen von U.S. Tobacco und Marlboro von Philip Morris waren (und sind) mit Abstand die Spitzenmarken von Schnupftabak und Zigaretten. Eine weiter nach vorn blickende Beurteilung der Kapitalverwendung ließ sich aus der Untersuchung der konkreten Verwendung von Barmitteln ableiten.

EXPANSION ODER WERTSCHÖPFUNG?

Bei potenziellen Wachstumsprojekten wird alles in Schritten betrachtet. Steigerungen von Umsatz und Gewinn werden mit dem dafür benötigten Kapital verglichen. Bei Tabakfirmen ist der Gewinn aus der Umsatzsteigerung einer bestehenden Fabrik surreal. Im Jahr 2016 betrugen die Umsatzaufwendungen von Altria (der Muttergesellschaft von Philip Morris USA und U.S. Tobacco) 30 Prozent des Umsatzes. Tabakblätter, Papier, Filter und Verpackung stellten weniger als die Hälfte der Umsatzaufwendungen, den größeren Teil stellten rechtliche Vergleiche. Werbung, Forschung, Verwaltung und Ähnliches zehrten weitere zehn Prozent des Umsatzes auf. Selbst nach Abzug der Verbrauchssteuer von 25 Prozent blieb eine Ertragsmarge von 34 Prozent übrig (die operative Ertragsmarge des S&P 500 betrug im Jahr 2016 rund zwölf Prozent). Wenn ein Unternehmen freie Kapazitäten hat und mehr Produkte herstellen und verkaufen kann, dann kann es seine Fixkosten verteilen. Dann steigt die Rentabilität noch schneller als der ohnehin schon spektakuläre Durchschnitt.

Die Renditen auf Sachanlagen sind in der Tabakindustrie zwar nicht von dieser Welt, aber für den Aufbau neuer Kapazitäten gilt diese Rechnung nicht. Zigaretten werden in sehr wenigen Fabriken produziert. In einem Werk mehr herzustellen bedeutet häufig, in einem anderen weniger herzustellen. Wenn neue Kapazitäten so stark ausgelastet werden könnten wie die bestehenden Fabriken, könnte man meinen, die Ertragsmarge ihrer Umsätze läge etwa beim allgemeinen Durchschnitt von 34 Prozent. Nur wenige Branchen haben derart hohe Gewinnspannen, und noch besser: Für die Zigarettenproduktion braucht man nur wenig Kapital. Altria verzeichnete im Jahr 2014 einen Umsatz von 25,7 Milliarden Dollar und hatte dafür Grundstücke, Gebäude und Anlagen genutzt, die mit nicht ganz zwei Milliarden Dollar abgeschrieben wurden. Der operative Jahresgewinn betrug mehr als 400 Prozent des Wertes seiner physischen Fabriken. Natürlich liegt diese Rendite über jeglicher üblichen Mindestrendite, die vielleicht um die zehn Prozent beträgt. Markante Unternehmen können nur in einem bestimmten Tempo wachsen und dabei ihren Charakter und ihre Profitabilität bewahren.

In den reicheren Ländern dieser Welt geht der Zigarettenkonsum zurück (Abbildung 10.1). Im Gegensatz dazu bringen in ärmeren Ländern die steigenden Einkommen mehr Raucher mit sich. In diesen

Abbildung 10.1

Zigarettenkonsum in den Vereinigten Staaten, 1900 bis 2014

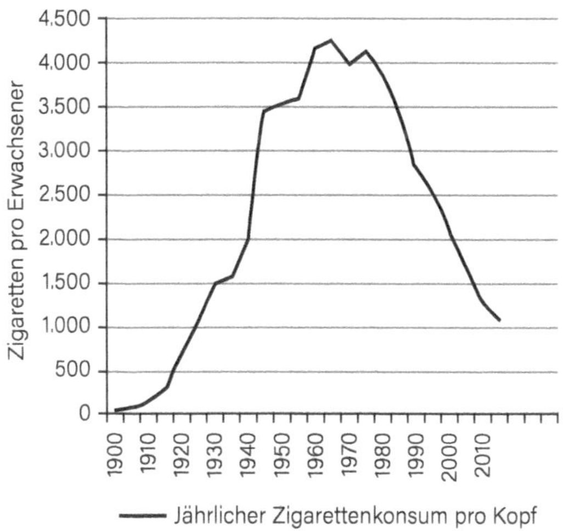

Ländern haben sich Investitionen in die Ausweitung der Produktion trotz der niedrigeren Verkaufspreise recht hübsch ausgezahlt. Aus historischen kartellrechtlichen Gründen haben die Konzerne, die in den Vereinigten Staaten Marken besaßen, diese im Ausland nicht unter Kontrolle – wobei Marlboro die große Ausnahme ist. Marlboro ist *die* wahrhaft globale Marke. In vielen Fällen ist Tabak ein nationales Geschäft. Aus steuerlichen und regulatorischen Gründen werden Zigaretten überwiegend in den Ländern hergestellt, in denen sie verkauft werden.

Als sich Ende der 1980er-Jahre die ausländischen Märkte öffneten, weitete RJR Nabisco seinen Exportumsatz von einer niedrigen Basis aus kräftig aus und eröffnete eine gigantische, höchst effiziente neue Fabrik. In vielen Branchen des verarbeitenden Gewerbes können überzogene Investitionen in eine Katastrophe münden, aber das Werk in Tobaccoville verbrauchte nur einen bescheidenen Brocken des Cashflows von RJR.

Die Marketingausgaben der Zigarettenhersteller waren höher als ihre Kapitalinvestitionen, und sie mussten unbedingt wissen, ob das für Werbung ausgegebene Geld tatsächlich Kunden hielt und neue einbrachte. Ausgaben für Werbung können ebenso eine Investition in den Aufbau einer Marke (und von Goodwill) sein wie hinausgeworfenes Geld. Oft können das die Unternehmensleitungen selbst nicht wissen. Außer wenn künftige Umsätze vertraglich gesichert sind, werden die gesamten Ausgaben als Aufwendungen gebucht. Apple, Nestlé, Louis Vuitton und Walt Disney geben jedes Jahr Milliarden für Marketing aus und schreiben sie ab. Im Allgemeinen werden ihre Marken im Laufe der Zeit wertvoller, sodass ihr Goodwill steigt. RJR hatte es schwer, weil es viele kleinere Marken zu tragen hatte, während Philip Morris mit Marlboro einen Blockbuster hatte.

Wenn Philip Morris für eine einzige leistungsstarke Marke Geld für Werbung ausgab, brachte das potenziell mehr Nutzen, als wenn RJR Geld für eine Vielzahl von Marken ausgab. RJR verpulverte Hunderte Millionen Dollar für Sportwerbung und hatte 30 Sportler auf Lager. Es mietete Plakatwände in Stadien, sodass sie bei Fernsehübertragungen von Spielen gesehen wurden. Die Verpackungen wurden umgestaltet. Joe Camel, das neue gezeichnete Maskottchen der Marke, zog die Aufmerksamkeit jüngerer Raucher und der Regulierungsbehörden auf sich. So bewahrte sich RJR in einem schrumpfenden Markt einen stabilen Marktanteil.

Die heutigen Gewinne und Verluste beruhen bei allen Unternehmen auf einer Ansammlung sowohl großer als auch trivialer Entscheidungen, die manchmal in einer fernen Vergangenheit und häufig von Menschen getroffen wurden, die gar nicht mehr da sind. Dabei kann Idiotenglück genauso viel bewirken wie gutes Urteilsvermögen. Ross Johnson, der CEO von RJR, scherzte einmal: „Irgendein Genie hat den Oreo-Keks erfunden, und wir leben schlicht von dieser Erbschaft."

Ähnlich war es bei Marlboro. Bevor es in seiner Werbung den rauen Cowboy präsentierte, war Marlboro als Damenzigarette eingeführt worden, die „so mild wie der Mai" sei. Der rote Filter, der Lippenstiftflecke kaschieren sollte, wurde später durch einen „männlichen" korkbraunen ersetzt. Noch Jahrzehnte nach diesem Rebranding erntete Philip Morris die Vorteile einer ikonischen Verpackung und einer kultigen Werbefigur. Im Laufe von 25 Jahren katapultierte sich das Unternehmen von „ferner liefen" zum Marktführer.

Preisnachlässe deuten darauf hin, dass entweder die Preise zu hoch sind oder die Produktmerkmale nicht so wichtig sind. Im Jahr 1984 repositionierte RJR die Marke Doral als Marken-Billigzigarette. Die Gewinnspannen billiger Zigaretten waren zwar geringer, aber immer noch attraktiv. Bis 1992 waren Doral und No-Name-Zigaretten die am schnellsten wachsenden Segmente geworden. Um Marktanteile zu gewinnen, senkte RJR die Großhandelspreise von Discount-Zigaretten um 20 Prozent. Es funktionierte: Im nächsten Jahr waren 42 Prozent der von RJR abgesetzten Produkte verbilligt. Der Marlboro-Umsatz ließ nach, und darum senkte auch Philip Morris die Preise. Ich habe die Vermutung, da RJR die schwächeren Marken hatte, ließ es sich bei seiner Marketingstrategie von seinen überlegenen Herstellungskapazitäten leiten.

In den 1990er-Jahren tätigte R.J. Reynolds eine umstrittene Investition in eine rauchlose Zigarette namens Premier. Die Forschungs- und Entwicklungskosten für Premier betrugen mindestens 300 Millionen

Dollar, und insgesamt dürften sich die Kosten auf mehr als 800 Millionen Dollar belaufen haben. Die Gewöhnung von Rauchern an Tabak wird zwar durch das Nikotin bewirkt, aber das eigentliche gesundheitliche Risiko entsteht durch das Einatmen von brennendem Teer. In der Premier-Zigarette wurde Tabak erhitzt, und sie gab Nikotindämpfe an die Raucher ab. Etwa zur Zeit der Produkteinführung schickte mir RJR eine Schachtel Premier-Zigaretten. Da ich selbst nicht rauche, wandte ich mich an Beth, eine Portfoliomanagerin, die sowohl rauchte als auch in Tabak-Aktien investierte. Sie nahm ihr Feuerzeug, und nach einem halben Dutzend Versuchen gelang es ihr, ein paar Züge zu nehmen.

„Himmel!“, bellte sie. „Man braucht eine verfluchte Lötlampe, um das Ding anzuzünden, und dann schmeckt es nach Scheiße.“

Offenbar waren viele andere der gleichen Meinung. RJR informierte seine Kunden, sie müssten mindestens ein paar Packungen Premier rauchen, bis sie den Bogen heraushätten, aber Beth blieb nicht so lange dabei. Etwa nach einem Jahr schaffte RJR Premier ab, allerdings wurde die Idee des Dampfens später als Eclipse wiederbelebt. Damals hielt ich das ganze Fiasko für eine kolossale Zeit- und Geldverschwendung, doch im Nachhinein hätte RJR Premier vielleicht mit mehr Druck vorantreiben sollen. Springen wir ins neue Jahrtausend, in dem bessere E-Zigaretten und Dampftechnologien den Markt betreten haben. RJR brachte E-Zigaretten namens Vuse heraus, die endlich eine gute Aufnahme fanden.

RJR generierte weit mehr Barmittel, als es investierte. Außer wenn ein Unternehmen exponentiell wächst, erwarte ich, dass es dank seiner intern generierten Mittel (einschließlich der einbehaltenen Gewinne) für sein gesamtes Wachstum aus eigener Kraft reichlich finanziell aufkommen kann. Um dies nachzuprüfen, sehe ich mir im Abschluss eines Unternehmens die Kapitalflussrechnung an. Der operative Cashflow ist die Summe aus Reinertrag, materiellen und immateriellen Abschreibungen, Änderungen des Umlaufvermögens und anderer Posten. Dann addiere ich alle Kategorien von Kapitalaufwendungen auf, die erforderlich sind, um das Unternehmen zu erhalten und zu expandieren. Dazu gehören Käufe von Grundstücken,

Gebäuden, Anlagen und Ausrüstung sowie Investitionen in Software, nicht jedoch Käufe von Finanzanlagen oder anderen Unternehmen.

Meine Definition von „Free Cash Flow“ oder dem freien Cashflow ist „Cashflows aus betrieblichen Aktivitäten“ abzüglich allen Geldes, das für die oben aufgezählten Investitionstätigkeiten ausgegeben wird. Damals wie heute reinvestierten die Tabakkonzerne nur winzige Bruchteile ihres Cashflows ins Unternehmen. Altria hatte im Jahr 2014 einen operativen Cashflow von 4,663 Milliarden Dollar. Die Investitionsaufwendungen lagen mit 163 Millionen Dollar leicht unter der Abschreibung auf Sachanlagen. Somit blieben 4,5 Milliarden Dollar an freiem Cashflow. Der freie Cashflow steht dafür zur Verfügung, Unternehmen und Anlagen zu kaufen, Schulden abzuzahlen oder in Form von Dividenden oder Aktienrückkäufen an die Aktionäre zurückgegeben zu werden. Auf diese Alternativen kommen wir bald noch zurück.

Die meisten Unternehmen, die einen negativen freien Cashflow verzeichnen, versuchen, schneller zu wachsen, als es ihr ROE (Eigenkapitalrendite) zulässt. Wenn ein Unternehmen keine Aktien ausgibt, keine zurückkauft und keine Dividenden ausschüttet, wächst sein Eigenkapital im Tempo seines ROE. Obwohl Altria in den letzten Jahren Eigenkapitalrenditen von mehr als 100 Prozent hatte, versuchte es nicht, um 100 Prozent jährlich zu wachsen. Es gibt geborene Optimisten, die in Branchen wie Öl und Gas, Wohnungsbau und Fluggesellschaften gewohnheitsmäßig mehr als ihren Cashflow ausgeben.

Um festzustellen, ob ein negativer Cashflow besorgniserregend ist, überprüfe ich das Verhältnis eines Unternehmens zu seinem investierten Kapital – das ROCE (Return On Capital Employed, Rendite aus eingesetztem Kapital oder schlicht Kapitalrendite). Es ist definiert als operativer Gewinn in Prozent des Gesamtkapitals und schließt Schulden und Eigenkapital ein. Mich beeindruckt ein ROE von 13 Prozent bei einem ROCE von 13 Prozent ohne Schulden mehr als das gleiche ROE bei einem ROCE von sieben Prozent und hohen Schulden. Bei einem Abschwung fallen die Gewinne des verschuldeten Unternehmens gewöhnlich härter. Ein niedriges oder sinkendes ROCE kann ein Anzeichen dafür sein, dass die Unternehmensleitung einige mittelmäßige Vorhaben in Angriff nimmt. Wenn die Rendite jahrelang niedrig bleibt oder sinkt, hüte ich mich ganz besonders vor einem negativen freien Cashflow und einer wachsenden Verschuldung.

ÜBERNAHMEN UND AUSGLIEDERUNGEN: GRÖSSER ODER BESSER?

Die meisten Studien besagen, dass circa zwei Drittel der Übernahmen die finanziellen Ziele verfehlen, die als Rechtfertigung für den Kaufpreis herangezogen werden. Übernahmen kommen selten zustande, ohne dass der Käufer eine „Kontrollprämie" bezahlt, also einen Aufschlag für die Kontrolle des Unternehmens. Um diesen Aufschlag wieder hereinzuholen, muss ein Käufer mit einem Unternehmen etwas machen, was noch nicht gemacht wurde. Irgendwie muss der Gewinn gesteigert werden. Geschehen kann dies durch Erhöhung des Umsatzes, durch Senkung der Kosten oder zumindest durch die Vermeidung von Steuern.

Bei manchen Deals geht es um Financial Engineering, und sie basieren entweder darauf, dass günstig Geld aufgenommen wird oder dass der Käufer sich mit einer geringeren Rendite zufriedengibt. Häufig rutschen die Aktien des Übernehmers nach Bekanntgabe der Übernahme ab. Im Allgemeinen haben diejenigen Fusionen und Übernahmen die besten Chancen, die mit niedrigen Bewertungskennzahlen und Aufschlägen verbunden sind und die ähnliche Unternehmen miteinander kombinieren.

Bis Mitte der 1990er-Jahre verhinderte das Schreckgespenst der Kartellverfahren Übernahmen in der Tabakindustrie, doch dann kam die Sintflut. Im Jahr 1994 verkaufte American Brands seine American Tobacco Company an die BAT-Sparte Brown & Williamson und änderte den Namen in Fortune Brands. Im Jahr 2003 wurde dann Brown & Williamson mit Reynolds American fusioniert, wodurch BAT einen 42-prozentigen Anteil an dem kombinierten Konzern bekam. RJR verkaufte seine internationalen Aktivitäten an Japan Tobacco und kaufte den Schnupftabakhersteller Conwood. U.S. Tobacco wurde 2009 von Altria gekauft. Im Jahr 2014 vereinbarte Reynolds die Übernahme von Lorillard. Soweit ich weiß, hat keiner dieser Deals enttäuscht. Sie erfolgten zu vernünftigen Preisen und zwischen Unternehmen, deren Manager sie gut genug kannten, um zu wissen, wo sie Kosten einsparen konnten.

RJR Nabisco kehrte 1991, zwei Jahre nach der größtenteils schuldenfinanzierten Übernahme durch Kohlberg Kravis Roberts (KKR), an die Börse zurück. RJR machte sich daran, Einzelteile von Geschäftsbereichen zu verkaufen, und gliederte Nabisco als eigenständigen Lebensmittelkonzern aus. Im Jahr 1995 wurden 19 Prozent von Nabisco durch eine Erstemission an die Börse gebracht. Schon vor der Übernahme hatten RJRs starke Marken ihm einen umfangreichen Goodwill verschafft, aber erst danach schlug sich dessen Wert vollständig (und vielleicht übertrieben) in der Bilanz als immaterielle Vermögensgegenstände in Höhe von 20 Milliarden Dollar nieder. Sowohl RJR Nabisco als auch Nabisco humpelten in den meisten Jahren mit einstelligen ROEs durch die 1990er.

Übernehmer müssen mit einem Unternehmen etwas anders machen, um die Zahlung einer Übernahmeprämie zu rechtfertigen, und daher überrascht es nicht, dass die Ergebnisse im Allgemeinen dann am besten waren, wenn die Unternehmen irgendwie miteinander verwandt waren. Verpackte Lebensmittel und Zigaretten sind verderbliche Konsumgüter, in die landwirtschaftliche Produkte einfließen. Die Führung von RJR Nabisco verstand die Marketing- und Vertriebsstrategien von Nabisco wahrscheinlich besser als Schifffahrt oder Öl. Ebenso war Philip Morris mit General Foods und Kraft glücklicher als mit der Wohnungsbaugesellschaft Mission Viejo.

Wenn eine Übernahme angekündigt wird, werden gewöhnlich auch die operativen Gewinne und der Preis offengelegt, sodass Analysten ein ROCE schätzen können. Natürlich fällt eine solche Schätzung niedrig aus, denn die bevorstehenden Gewinnsteigerungen schlagen sich darin noch nicht nieder. Die fremdfinanzierte Übernahme von RJR Nabisco hatte einen Unternehmenswert – barer Kaufpreis plus aufgenommene Schulden – von 31 Milliarden Dollar und einen operativen Gewinn von 2,8 Milliarden Dollar, also ein ROCE von neun Prozent. Selbst wenn sich nichts änderte, sah das nach einem Deal aus, der vielleicht nicht fantastisch, aber doch in Ordnung war.

Die Tabakkonzerne machten fast ihre gesamte Diversifizierung wieder rückgängig, was darauf hinweist, dass sich entweder die Zeiten geändert haben oder dass sie die ganze Zeit ein Fehler gewesen war. RJR verkaufte im Jahr 2000 Nabisco an Philip Morris, sodass nur noch das Tabakgeschäft übrig blieb (und später benannte es sich in Reynolds American um). Im Jahr 2007 gliederte Philip Morris Kraft einschließlich Nabisco aus. Im Jahr danach spaltete sich Philip Morris in Altria und in Philip Morris International auf. In der Zeit, als Reynolds ein Pure Play war und Philip Morris durch Kraft Foods diversifiziert war, stieg die Reynolds-Aktie auf mehr als das Vierfache, die von Philip Morris hingegen nur auf das Dreifache. Beide waren am Aktienmarkt mit Abstand führend, aber das reine Tabakunternehmen lief besser. RJR hatte wieder begonnen, Aktien zurückzukaufen, und übertraf Philip Morris, aber zum Teil war das ein Nebeneffekt der Nabisco-Transaktion, denn Philip Morris hatte weniger Bares übrig, um Aktien zurückzukaufen, nachdem es für die Übernahme von Nabisco 9,8 Milliarden Dollar bezahlte hatte.

Philip Morris gliederte 2007 Kraft aus (und Kraft gliederte später Mondelez aus). Die Aktien der ausgegliederten Lebensmittelkonzerne schlugen den Markt, aber die Zigaretten-Aktien ebenfalls. Falls die Kombinationen Vorteile gehabt hatten, so schien sie niemand zu vermissen. Dabei waren das die größten und besten Deals. Ich glaube, von den Gärtnereien, Kugelschreibern, Hypothekenbanken und der Schifffahrtslinie hatte niemand wirklich große Dinge erwartet. Für die meisten Manager ist es etwas Unnatürliches, ihr Prestige und die Reichweite ihrer Kontrolle dadurch zu vermindern, dass sie Unternehmen ausgliedern und verkaufen. Wenn ihnen klar wird, dass dies der beste Weg ist, haben die Aktionäre es häufig schon seit Jahren verlangt.

DIVIDENDEN

Unternehmen schaffen dadurch Vermögen, dass sie Gewinne erzielen. Zwar schlagen sich diese Gewinne gewöhnlich in Dividenden nieder, aber die Zahlung einer Dividende selbst schafft kein Vermögen, sondern verteilt nur das geschaffene Vermögen. Im 20. Jahrhundert schütteten die meisten Unternehmen die Hälfte ihres Gewinns oder mehr als Dividende aus. Derzeit zahlen die meisten Unternehmen weniger als die Hälfte ihres Gewinns an Dividenden. Das hat mehrere Gründe, unter anderem die Steuerpolitik, die Institutionalisierung der Geldanlage und die wachsende Beliebtheit von Aktienbezugsrechten. Dividenden werden bei Erhalt besteuert, während Kapitalerträge aus Aktienrückkäufen bis zum Verkauf durch den Anleger aufgeschoben werden. Die meisten Bezugsrechtspläne für Mitarbeiter sind nicht dividendenbereinigt, sodass die Manager mit ihrem Handeln nicht die größtmögliche Gesamtrendite, sondern den höchstmöglichen Aktienkurs anstreben.

Unternehmen, die einen großen Anteil ihres Gewinns als Dividende ausschütten, senden damit zwei manchmal widersprüchliche Signale aus. Erstens weist eine hohe Ausschüttungsquote darauf hin, dass ein Unternehmen an Expansionsvorhaben hohe Renditemaßstäbe anlegt. Da das Unternehmen keine hochrentablen Wachstumsprojekte finden kann, gibt es das Geld an die Aktionäre zurück, die es besser verwenden können. Ein Unternehmen, das keine nennenswerte Eigenkapitalrendite erzielt und das Geld nicht seinen Aktionären zurückgibt, steckt womöglich Geld in Projekte mit mittelmäßigen Renditen. Besonders besorgniserregend ist es, wenn das Vermögen solide steigt, nicht aber der Gewinn.

Zweitens sagt die Ausschüttungsquote etwas darüber aus, ob das Unternehmen viele profitable Expansionsmöglichkeiten sieht. Kleine Unternehmen, die versuchen, explosionsartig zu wachsen, zahlen gewöhnlich keine Dividenden. Manche Unternehmen sind hinsichtlich ihrer Aussichten optimistischer als andere. Berkshire Hathaway schüttet seit Warren Buffetts Ankunft keine Dividenden aus, und auch Aktienrückkäufe sind dort selten. Dieses Profil zeugt von dem überragenden Vertrauen Berkshires in seine Fähigkeit, das Kapital besser zu verwenden als seine Investoren. Bei den meisten CEOs außer Buffett würde ich daraus auf Überheblichkeit oder auf niedrige Renditemaßstäbe schließen. Tabakkonzerne gehen an die Sache umgekehrt heran. Sie zahlen rund drei Viertel ihres Gewinns als Dividenden aus und legen noch Aktienrückkäufe drauf.

Laut Statistikern performen Aktien mit gesunden Dividenden etwas besser als der jeweilige Börsenindex, vor allem risikobereinigt. Im Schnitt haben Aktien mit hoher Dividendenrendite niedrigere Kurs-Gewinn-Verhältnisse und sind in vergleichsweise stabilen Branchen stärker vertreten. Von diesen Faktoren abgesehen scheinen großzügige Dividenden für sich genommen die Performance nicht zu verbessern. Also wenn Sie regelmäßige Einnahmen brauchen oder wollen, dann würde ich sagen, machen Sie das. Investieren Sie in ein Unternehmen, das hohe Dividenden ausschüttet. Achten Sie dabei bloß darauf, dass Sie vorzugsweise Unternehmen mit niedrigen KGVs aus stabilen Branchen nehmen. Und wenn Sie schon dabei sind, peilen Sie Gewinne an, die über den Dividenden liegen, reichlich freien Cashflow und ein stabiles Verhältnis zwischen Schulden und Eigenkapital. Halten Sie außerdem nach Unternehmen Ausschau, bei denen die Anzahl der umlaufenden Aktien nicht rapide steigt.

Und um genauer festzustellen, welche Dividendenaktien Sie sein lassen sollten, kehren Sie diese Kriterien um. Ich würde eine Aktie nicht ihrer Dividende wegen kaufen, wenn diese nicht reichlich durch Gewinn und freien Cashflow gedeckt wäre. Immobilienfonds, Master Limited Partnerships (MLPs) und Royalty Trusts werden häufig eher wegen ihrer laufenden Rendite als wegen ihres Anlagewerts gehandelt. In manchen solchen Fällen sind sich die Analysten uneins über die ökonomische Bedeutung der diversen Abschreibungen – insbesondere in der Frage, ob diese Posten mit Gewinnen zu vergleichen sind oder nicht. Ohne mir die konkrete Situation anzuschauen, könnte ich nicht beurteilen, ob das Vermögen je Aktie im Laufe der Zeit abnimmt oder ob die Bilanzierung gemäß den allgemein akzeptierten Rechnungslegungsgrundsätzen zu konservativ war. Wenn ich eine renditestarke Anlage sehe, deren Anteile sich schnell vermehren und deren Verschuldung steigt, gehe ich vom Schlimmsten aus.

AKTIENRÜCKKÄUFE

Wer bei Aktienrückkäufen die Gewinner und die Verlierer sind, hängt von dem Preis ab, den das Unternehmen für die Aktien bezahlt. Ebenso wie Dividenden verteilen auch Aktienrückkäufe lediglich Vermögen und schaffen keines. Jedoch können Aktienrückkäufe im Gegensatz zu Dividenden das Vermögen unter den Aktionären *umverteilen*. Wenn Aktien zum inneren Wert zurückgekauft werden, ist die Transaktion allen gegenüber fair. Wenn jedoch die Aktien mit einem Aufschlag auf den inneren Wert gekauft werden, dann wird treuen Aktionären Wert weggenommen und denen geschenkt, die sich verabschieden. Wenn Aktien mit einem Abschlag auf den inneren Wert zurückgekauft werden, machen Aktienverkäufer Verlust und die verbleibenden Aktionäre Gewinn. Verschiedene Menschen schätzen den inneren Wert unterschiedlich ein, und daher ist nicht immer klar, ob ein Rückkauf zu einem günstigen Preis stattgefunden hat oder nicht. Aber ohne Schätzung kann man nicht beurteilen, ob die Unternehmensleitung durch den Rückkauf von Aktien den Wert je Aktie steigert.

Um die Übertragung des Vermögens zu verstehen, nehmen wir ein Unternehmen mit 100 Aktien an, dessen Vermögen lediglich aus 10.000 Dollar in bar besteht und das keine laufenden Geschäfte betreibt. Der innere Wert entspricht hier dem Anteil am Barbestand, beträgt also 100 Dollar je Aktie. Nehmen wir an, es werden 40 Aktien zum Preis von 160 Dollar je Aktie zurückgekauft, also für insgesamt 6.400 Dollar. Dann hat das Unternehmen 3.600 Dollar in bar und 60 umlaufende Aktien zu 60 Dollar das Stück. Wer seine Aktien vorher verkauft hätte, stände mit 60 Dollar je Aktie im Plus, während loyale Aktionäre auf jede Aktie 40 Dollar an innerem Wert verloren hätten. Wenn ein Unternehmen umgekehrt seine Aktien unter dem inneren Wert kauft, gewinnen die treuen Aktionäre einen entsprechenden Anteil am Preisabschlag.

Aktien werden am liebsten dann zurückgekauft, wenn sich die Unternehmen gut fühlen, und das sind häufig die Zeiten, in denen Rückkäufe am wenigsten bringen. Als der Markt im dritten Quartal 2007 ein Hoch erreichte, kauften Unternehmen aus dem S&P 500 Aktien im Wert von 171 Milliarden Dollar zurück. Anderthalb Jahre danach brach der Index auf die Hälfte seines vorherigen Wertes ein, und im ersten Quartal 2009 wurden nur noch Aktien im Wert von 31 Milliarden Dollar zurückgekauft. Das ist nicht nur deshalb enttäuschend, weil der Zeitpunkt der Rückkäufe ungünstig war, sondern auch weil Rückkäufe Vertrauen in den Wert des Unternehmens und in seine Aussichten signalisieren. Jubelrufe werden am meisten geschätzt, wenn rings umher Verzweiflung herrscht. Wenn ich manche Rückkäufe untersuche, die schlecht ausgegangen sind, stelle ich fest, dass nur wenige Unternehmen diesen Schritt wegen eines Abschlags auf den inneren Wert unternommen haben.

Vor allem Technologie-Unternehmen versuchen, die Verwässerung auszugleichen, die durch die saftigen Aktienbezugsrechte entsteht, die sie ihren Mitarbeitern gewähren. Wenn die Aktien steigen und diese Optionen mehr ins Geld laufen, betrachten die Buchhalter einen wachsenden Anteil der unter Option stehenden Aktien als „umlaufend". Um die Aktienanzahl gleichbleibend zu halten, werden Aktien auf dem Kurshoch am dringlichsten zurückgekauft. Viele Unternehmen haben Bezugsrechte zu niedrigeren Kursen ausgegeben und sie später zu höheren Kursen zurückgekauft. Kommen wir damit auf das obige Beispiel eines Unternehmens mit 100 Aktien und einem Barbestand von 10.000 Dollar zurück. Angenommen, es hätte an Mitarbeiter 50 Optionen mit einem Bezugspreis von 100 Dollar vergeben. Gemäß einer Optionspreisformel könnte man den Wert mit zehn Dollar pro Stück berechnen, also insgesamt 500 Dollar. Dieser Betrag würde in der Gewinn-und-Verlustrechnung erscheinen, aber die Aktionäre würden gedrängt, dies als unbare Aufwendung zu ignorieren. Nehmen wir an, dann würde die Aktie auf 160 Dollar in die Höhe schnellen, alle Bezugsrechte würden ausgeübt und die 50 neuen Aktien würden zurückgekauft. Dann würde das Unternehmen durch die Ausübung der Optionen 5.000 Dollar einnehmen und für den Rückkauf 8.000 Dollar hinlegen, sodass sein Kassenstand 7.000 Dollar betrüge. Damit ist zwar die Anzahl der Aktien gleich geblieben, aber die Aktionäre haben 3.000 Dollar verloren, pro Aktie 30 Dollar.

Ein weiterer Grund, weshalb die Rückkäufe gemeinsam mit dem Aktienmarkt den Höhepunkt erreichen, könnte darin liegen, dass dann auch die Gewinne eines Unternehmens ihren Höhepunkt überschreiten. Vielleicht *sollte* daher den Aktionären Geld zurückgegeben werden. Es gibt allerdings kein Gesetz, wonach dies unverzüglich geschehen muss. In prosperierenden Zeiten fallen die Schätzungen des inneren Wertes höher aus. Das beste Verhältnis zwischen Schulden und Eigenkapital wird dann weniger konservativ wahrgenommen. Dies kann Unternehmen dazu anspornen, zu einem schlechten Zeitpunkt zu entscheiden, zu einer „effizienteren" Bilanz überzugehen. Das bedeutet, dass sie Schulden aufnehmen, um Aktien zurückzukaufen. Findet dies in einer späten Phase des Konjunkturzyklus statt, während sich das Gewinnwachstum verlangsamt, kann das Wachstum des Gewinns je Aktie dadurch gestützt werden, dass man sich Geld leiht, um Aktien zurückzukaufen.

Alle Tabakkonzerne haben immer wieder Aktien zurückgekauft und dadurch gewöhnlich einen Mehrwert geschaffen. Die Ausnahme war RJR in den 1990er-Jahren. Da es durch seine hohe Schuldenlast gehemmt war, kaufte es nicht nur keine Aktien zurück, sondern musste auch noch Aktien ausgeben. Ich war froh, dass ich zu dieser Zeit als Analyst nicht mehr für Tabakfirmen zuständig war. Die Aktie von RJR war von ihrem Emissionskurs aus gefallen, sie lief jahrelang seitwärts, schnellte in die Höhe, geriet wieder in eine Flaute und beendete das Jahrzehnt im Minus. Von 1990 bis zu ihrem Hoch im Jahr 1998 vervierfachte die Aktie von Philip Morris ihren Kurs, womit sie dem Index und RJR meilenweit voraus war, und dazu hatten auch umfangreiche Aktienrückkäufe beigetragen. Als sich die Finanzen von RJR festigten und nachdem es Nabisco verkauft hatte, leitete es Aktienrückkäufe in die Wege und überflügelte, wie bereits erwähnt, im neuen Jahrtausend Philip Morris.

STABILE, HOHE RENDITEN

Beiden, Philip Morris und Reynolds, gelang es überdurchschnittlich gut, charakteristische Unternehmen aufzubauen und das Kapital zu verwenden, aber Philip Morris gelang es besser. Die Gesamtrendite von R.J. Reynolds war in den 1970er-Jahren zwar höher als die des Gesamtmarkts, aber Philip Morris hatte einen großen Vorsprung. Das Gleiche galt für die 1980er-Jahre, wenn man das Vorfeld der Übernahme von RJR im Jahr 1988 betrachtet. Die Investoren von KKR verdienten an dem RJR-Deal kein Geld, und somit lag Philip Morris erneut in Führung. Dieses Muster setzte sich durch die 1990er-Jahre hindurch fort, kehrte sich allerdings im neuen Jahrtausend um.

Ein Indikator für eine überlegene Kapitalverwendung ist ein hohes, stabiles ROCE. Die Renditen von Philip Morris waren über Jahrzehnte höher und stabiler. In manchen Branchen kann man als Außenstehender Faustregeln verwenden, um die zusätzlichen Erträge durch Wachstumsprojekte und Werbung abzuschätzen, nicht jedoch in der Tabakindustrie. Ich habe das Gefühl, dass Philip Morris einen effektiveren Job gemacht hat. Fusionen und Übernahmen können sehr gut oder sehr schlecht sein, aber im Schnitt enttäuschen sie. Am besten stehen die Chancen, wenn sich verwandte Unternehmen zu vernünftigen Preisen zusammentun. Philip Morris hatte mit seinen Übernahmen mehr Erfolg als Reynolds, und vielleicht diversifizierte es sich deshalb noch weiter, als Reynolds schon wieder zu seinen Grundlagen zurückkehrte. Ausgliederungen laufen der üblichen Tendenz zuwider, Imperien aufzubauen, und gerade deshalb bieten sie Anlegern häufig fantastische Chancen.

Wenn es einem Unternehmen an Gelegenheiten mangelt, sein Kapital zu höheren Renditen einzusetzen, als sie ein Anleger am Aktienmarkt finden kann, dann sollte es das Kapital seinen Aktionären mittels Rückkäufen oder Dividenden zurückgeben. Im Laufe der 1990er-Jahre war die knauserige Politik der Kapitalrückgabe von Reynolds ein bedeutender Faktor seiner Underperformance. Aufgrund der rückläufigen Umsätze, aufgrund von Gerichtsverfahren und aufgrund der Besteuerung haben Tabak-Aktien im Allgemeinen niedrigere KGVs als der S&P 500. Alle diese Faktoren müssen eigentlich in die Bewertung von Tabak-Aktien einfließen, aber ich möchte behaupten, dass die meisten ihrer Aktienrückkäufe für die verbleibenden Aktionäre zumindest neutral und häufig sogar positiv waren.

11 TRAGEN DIE BÖSEN SCHWARZE HÜTE?

MARK BAUM: Das ist doch keine Dummheit, das ist Betrug!
JARED VENNETT: Erklär mir den Unterschied zwischen Dummheit und Illegalität, dann lasse ich den Bruder meiner Frau verhaften.
- The Big Short (Kinofilm, 2015) -

In einem klassischen Western weiß man immer, wer die Bösen sind, denn sie tragen schwarze Hüte. Darth Vaders schwarzer Helm warnt davor, dass er böse ist. Aber bei „Harry Potter" tragen gute wie böse Zauberer schwarze Mützen. Sowohl Zauberer als auch Finanzganoven erschaffen Illusionen, die davon abhängen, wie lange der Glaube des Publikums an ihre übernatürlichen Fähigkeiten noch hält. Bei näherer Prüfung stellt sich heraus, dass Zaubertricks und Betrug nicht aus wundersamen Ereignissen bestehen, sondern darin, dass das Auge von einem Geschehen abgelenkt und auf ein anderes hingelenkt wird. In diesem Sinne ist Betrug eine Detektivgeschichte, in der auch bei sorgfältiger Prüfung der Indizien unschuldige Zuschauer verdächtig sind.

Die Bösen haben zwar einige Kennzeichen gemeinsam, aber unangenehmerweise weisen auch schuldlose Menschen sie auf. In der Statistik ist es so, dass dann, wenn die Fehlerquote eines Tests größer als die Häufigkeit innerhalb einer Population ist, das Signal von

Rauschen überdeckt wird. Tests auf Betrug beinhalten recht viel Rauschen. Wenn beispielsweise unter 500 Menschen ein Schurke ist und der Test eine Fehlerquote von zwei Prozent besitzt, dann tauchen (normalerweise) zusammen mit dem einen bösen Buben auch 9,98 (499 x 0,02) falsch positive Schurken auf. Da die Tests mehr oder weniger unzuverlässig sind, schließe ich nur diejenigen Kandidaten aus, die ich aus anderen Gründen für enttäuschende Investments halten würde. Beispielsweise dürften Unternehmen, die ständig Finanzierungen von außen benötigen, ein größeres Betrugsrisiko darstellen, aber ich meide sie wegen der Verwässerung durch die Finanzierung.

Außer wenn Sie noch niemals aus Freundlichkeit oder aus Schuldgefühlen heraus geflunkert haben, wissen Sie auch, dass es Abstufungen der Unehrlichkeit gibt. Ich habe in meiner Zeit in der Investmentbranche schon einige Donnerwetter erlebt, die mich veranlassten, mir mehr Gedanken über den Charakter von Menschen zu machen. Normalerweise entlarvt man Verbrecher anhand der Mittel, des Motivs und der Gelegenheit, aber bei der Finanzkriminalität gilt das Betrugsdreieck Druck, Gelegenheit und Rechtfertigung.

ALLZU SELBSTSICHER

Von den Hunderten Analysten und Portfoliomanagern, mit denen ich bei Fidelity zusammengearbeitet habe, wurde nur aus einem ein Finanzschurke, der in die Nachrichten kam (nachdem er die Firma verlassen hatte): Florian Homm. Homm hat Fidelity Boston vor mehr als 25 Jahren verlassen, und die ihm vorgeworfenen Missetaten geschahen fast zwei Jahrzehnte danach. Sein Büro lag neben meinem, und daher lernten wir uns gut kennen. Damals schätzte ich Homm als brillanten, launischen europäischen Playboy ein, nicht als Schwindler. Alles, was folgte, ist öffentlich bekannt, vor allem durch seine Autobiografie „Kopf Geld Jagd". Homm war überlebensgroß, fast übermenschlich, zwei Meter groß, gut gebaut, Absolvent der Harvard University und der Harvard Business School, superreiche Familie, ehemaliger Spieler der deutschen Basketball-Nationalmannschaft, frech und sympathisch. Ihm wurde am ersten Arbeitstag ein Fonds zugeteilt, den er managen sollte (ich wartete drei Jahre, bis ich Geld verwalten durfte). Ich glaube nicht, dass irgendeine dieser Eigenschaften zur Erkennung von Problemen herangezogen werden sollte.

Trotzdem war ich nicht völlig darüber schockiert, dass Homm später ins Unheil hineingeriet. Übermütige, talentierte Leute wie er bekommen mehr Spielraum für schlechtes Benehmen. Florian war hyperaktiv und auf Nervenkitzel aus, was es vielleicht wahrscheinlicher machte, dass er es derart darauf ankommen ließ. Außerdem werden auf charismatische Gauner nicht immer die üblichen Regeln angewandt. Und grundsätzlich bestehen der Reiz und die Gefahr charismatischer Führungspersönlichkeiten darin, dass sie Menschen zu Dingen bewegen, die sie andernfalls nicht tun würden.

Das offensichtliche Motiv für Homms angebliche Straftat war Gier, aber das ist nicht alles. Schlecht gestaltete Anreize – unter anderem zu viel des Guten – erzeugen einen Druck, der zu Fehlverhalten führt. Als Homm bei Fidelity arbeitete, managte er einen eher kleinen Fonds, dessen Gebühr vielleicht 0,55 Prozent des verwalteten Vermögens betrug. Seine Bezahlung war wahrscheinlich ein Bruchteil dieser Gebühr und basierte nicht direkt auf ihr. Die finanziellen Anreize zu Fehlverhalten kamen Jahre später, im Jahr 2004, als er Absolute Capital Management mitgründete, eine Hedgefonds-Management-Firma, die auf ihrem Höhepunkt ein Vermögen von mehr als drei Milliarden Dollar verwaltete. Hedgefonds verlangen üblicherweise eine Gebühr von zwei Prozent des verwalteten Vermögens, was in diesem Fall 60 Millionen Dollar im Jahr gewesen wären. Zusätzlich kassieren sie 20 Prozent des Gewinns, was in einem bullishen Jahr ein noch größerer Betrag gewesen wäre. Die Fondsperformance von Absolute Capital stand an der Spitze der Rangfolgen der europäischen Finanzpresse. Die Vermögensverwaltung wurde zuerst in London der Öffentlichkeit vorgestellt, und Homm blieb einer der größten Aktionäre. Im Jahr 2007 gehörte Homm zu den 300 reichsten Deutschen und hatte ein Vermögen von 400 Millionen Euro.

Wenn die Gründer und leitenden Angestellten eines Unternehmens wie in Homms Fall auch die größten Aktionäre sind, dann stehen gewöhnlich die Interessen in Einklang. Mehr Sorgen mache ich mir um Manager, die massive Bezugsrechte kassieren, aber weniger Aktien halten. Bei Enron besaßen der CEO Ken Lay und die anderen Vorstände viel mehr Aktienoptionen als unmittelbaren Aktienbesitz. Aktien können steigen oder fallen, aber mit Optionen kann es nur aufwärtsgehen. Wenn Manager nicht an den Verlusten beteiligt werden, gehen sie Wetten mit riesigen Gewinn- und Verlustchancen ein, und dann hoffen sie. Homms Interessen standen mit denen seiner Vermögensverwaltung in Einklang, nicht mit denen der Inhaber der Fondsanteile. Bei Treuhändern sollten sie zusammenhängen, und die Anteilseigner sollten an erster Stelle stehen.

Der Stolz auf eine außerordentliche Erfolgsbilanz klingt im Vergleich zu Gier nach einem schwachen Motiv, aber ich vermute, im Fall von Homm war der Druck, diese beizubehalten, hoch. Homm war nicht irgendein Hedgefonds-Manager mit Spitzenperformance, sondern ein *Phänomen*. Er wurde als „Antichrist der Finanzwelt" tituliert, weil sein Leerverkauf der Bremer Vulkan AG den Zusammenbruch der Werft auslöste. Er war Teilhaber von Artemis, Deutschlands größtem „Wellness-Bordell", und ein Volksheld, weil er das populäre (aber insolvente) Fußballteam Borussia Dortmund rettete.

Eine Abzocke kann jahre- oder gar jahrzehntelang laufen, bevor sie als solche erkannt wird, und dann löst sie sich häufig schnell und dramatisch auf – wie bei Homm im Jahr 2007. Die US-amerikanische Börsenaufsicht SEC behauptete, von Homm bei Absolute Capital betriebene Fonds hätten eine Marktmanipulation namens „Pump and Dump" betrieben. Seine Fonds hätten riesige Blöcke dünn gehandelter Pennystocks gekauft, manchmal als Privatplatzierungen, die häufig von Hunter World Markets ausgeführt wurden, einer Brokerfirma, die zur Hälfte Homm gehörte. Dann habe Homm den Aktienkurs durch semifiktionale Handelsgeschäfte in die Höhe getrieben oder einfach heraufgesetzt. In einer überschwänglichen Hausse wie in den Jahren 2006 und 2007 war das Aufpumpen der Kurse leicht. Solange ein Fonds Mittelzuflüsse verzeichnet, scheint der „Dump"-Teil nicht so dringlich zu sein, die Manager können das neue Geld verwenden, um den Aktienkurs in die Höhe zu treiben. Oder sie können durch die Zuflüsse den Anteil des Fonds, der in den aufgeblähten Aktien vorliegt, reduzieren.

Im September 2007 gerieten die Aktienmärkte ins Wackeln, und Homms Fonds machte einige brutale Wochen durch. Homm spendierte seinem Fonds persönliche Anteile an Absolute Capital Management im Wert von 33 Millionen Euro, um seinen Wert zu stützen. Dann nahm Homm plötzlich seinen Hut, und es kam heraus, dass sein Fonds Pennystocks im Wert von 530 Millionen Dollar hielt, wobei Absolute für fast die gesamte Handelsaktivität verantwortlich war. Sofort stellte Absolute Capital die Rücknahmen von Homms Fonds ein. Nachdem er nach Bogotá geflohen war, in Venezuela angeschossen worden war und jahrelang Katz und Maus gespielt hatte, wurde er in Florenz in den Uffizien verhaftet. Vielleicht war es Karma, aber ein Teil von Homms angeblicher Beute landete als Investitionen in den Fonds von Bernard Madoff.

MADOFFS MAD MONEY

Etwa im Jahr 2000 lernte ich Harry Markopolos kennen, einen in Boston ansässigen Vermögensverwalter, der versucht hatte, die Renditen einer viel gepriesenen Strategie nachzubauen, die von Bernard Madoff betrieben wurde. Sogar wenn die Märkte schleppend liefen, waren Madoffs Fonds Gerüchten zufolge stets profitabel, und ich war daran interessiert, seine Anlagestrategie (die ich für legitim hielt) nachzuahmen, um die Performance meines Fonds zu steigern. Markopolos wollte mir zeigen, dass Madoff ein Schwindler war. Ich gewann keine Erkenntnisse für die Geldanlage, weil nichts an Madoffs angeblicher Strategie einen Sinn ergab; Markopolos hatte recht. Er hatte vergebens versucht, Madoffs Renditen mit allen möglichen Strategien und konkreten Aktien nachzuvollziehen.

Bei Madoffs Fonds war alles in ein Geheimnis gehüllt, auch die genauen Zahlen. Als Anleger brauchte man eine Einladung, um zum Madoff-Klub zugelassen zu werden, und auch dann investierte man nur indirekt mittels eines „Zuführungsfonds", einer Art Dachfonds. Diese Distanz zu den Kunden bedeutete, dass sie nicht wussten, was sie besaßen. Außerdem konnte Madoff dadurch wohl eine emotionale Distanz von ihnen wahren. Die meisten Kunden hatten keinen Zugang zu Berichten über ihre Depots. Madoff rechnete seine Trades selbst ab und hatte im Endeffekt keinen externen Treuhänder.

Schließlich erwies sich Madoffs Geschäftsbetrieb als das größte Schneeballsystem der Welt, das die Anleger Milliarden gekostet hatte. Madoff war in der Branche sehr bekannt – er war Vorsitzender der National Association of Securities Dealers (NASD), einer selbstregulierenden Organisation von Wertpapierhändlern, an deren Stelle inzwischen die Financial Industry Regulatory Authority getreten ist. Er hatte dazu beigetragen, die für außerbörsliche Nebenwerte zuständigen Marketmaker in die elektronische Börse Nasdaq zu verwandeln. Zyniker könnten sich fragen, ob Madoff – der jetzt eine lebenslange Haftstrafe verbüßt – der Meinung gewesen war, er stehe über den Vorschriften. Im September 2007, ein Jahr, bevor der Skandal losbrach, hatte er gesagt: „Im heutigen Umfeld ist es so gut wie unmöglich, gegen die Vorschriften zu verstoßen."

Unklar ist, ob Madoffs Betrug um das Jahr 1990 herum oder schon früher begann. Laut Madoffs Aussage beruhte er auf dem Druck, unerreichbare Erwartungen zu erfüllen, und war ein Weg, sein Scheitern zu verdrängen. Eine Story besagt, er habe komplexe Long- und Short-Trades eingerichtet und sei dann mit einer großen Rücknahme von Fondsanteilen konfrontiert gewesen. Die long gehaltenen Aktien habe Madoff verkauft, aber die Investmentbank habe sich geweigert, ihn aus der Short-Seite seiner Trades zu entlassen. Diese Seite soll schwere Verluste eingebracht haben. Die Kunden hätten sich an stetige, hohe Gewinne gewöhnt gehabt, und er habe das Gefühl gehabt, die Verluste decken zu müssen. Laut dieser Version ist all das passiert, weil Madoff seine Kunden bei Laune halten wollte. Es ist unglaublich: Manche Anleger hatten Madoff in Verdacht, dachten aber, sie könnten noch rechtzeitig aussteigen.

ENRONS PIPELINE-TRÄUME

Eine Erinnerung, dass ich mir schon einmal die Finger verbrannt hatte, hielt mich davon ab, mich für die Enron-Aktie zu begeistern. Ich denke oft an das Jahr 1987 zurück, als ich im Erdgasbereich noch ein Frischling war und zu einem Treffen mit Enron geflogen war. Im Hotel in Houston bekam ich einen Anruf von Beth Terrana, der Managerin des Fidelity Growth & Income Fund. Sie war außer sich vor Wut, weil Enron einen Handelsverlust von 140 Millionen Dollar gemeldet hatte, aber ich hatte von der Situation keine Ahnung. Damals hatten Analysten kein Internet und nicht einmal Handys. Ich rief bei Enron an, erhielt aber keinen Rückruf.

Ich weiß noch, dass ich bei dem Treffen durch die lückenhaften Angaben zu dem Handelsverlust alarmiert war. Der Finanzvorstand von Enron gab zu, dass seine Händler eine katastrophale Wette auf den Ölpreis eingegangen waren und auch etwas Geld abgezweigt hatten. Er sagte, der Schaden sei bereits neun Monate vorher entstanden, habe sich bereits auf eine Milliarde Dollar belaufen, sei dann aber geschickt reduziert worden. Hätte Enron die Veruntreuung früher gemeldet, hätte die Auflösung dieser Handelsgeschäfte viel mehr gekostet und vielleicht Schuldverpflichtungen ausgelöst. Während Enron die verlustbringenden Handelsgeschäfte abarbeitete und die Ölhandelsabteilung schloss, war noch die Frage offen, ob die Verluste sofort angegeben (zum aktuellen Wert gebucht) oder so lange aufgeschoben werden sollten, bis der endgültige Betrag bekannt wäre (zu den Kosten gebucht). Möglicherweise wurde der Milliardenverlust nie wettgemacht und führte zu noch größeren Missbräuchen. Wahrscheinlicher ist jedoch, dass die Unternehmensleitung dadurch auf die buchhalterischen Möglichkeiten aufmerksam wurde.

Ich traf mich an jenem Tag mit mehreren Managern von Enron. Der CEO Kenneth Lay besaß einen Doktorgrad, was in der Energiebranche einzigartig war. Der operative Vorstand Rich Kinder hatte den Spitznamen „Doctor Discipline" und wirkte außerordentlich kompetent. In der Gashandelsabteilung fragte ich nach Kontrollen und Positionsgrenzen, und die Mitarbeiter behaupteten, die Risiken seien sehr ausgewogen. Die Deregulierung der Erdgaspreise hatte aufregende Handels- und Arbitrage-Gelegenheiten geschaffen. Ich fragte mich, ob darunter auch Gelegenheiten waren, Kosten zwischen den regulierten und den unregulierten Aktivitäten von Enron zu verschieben. Aber der Gashandel sah wirklich aus wie jede andere Handelsabteilung, mit Telefonen, Computerbildschirmen und selbstbewussten, aggressiven Männern. Trotzdem sah ich ein Unternehmen mit einer Unmenge von Schulden, häufigen Sonderposten, einer tristen Eigenkapitalrendite und nun auch noch einem großen Handelsverlust. Die Aktie von Enron sackte im Oktober 1987 um 30 Prozent ab, aber da in jenem Monat der Aktienmarkt einen Crash erlitt, geriet der Skandal bis 2001 in Vergessenheit.

Der Ursprung des Betrugs, der Enron schließlich in den Bankrott trieb, liegt nach wie vor im Dunklen, aber es könnte eine Änderung der Rechnungslegungsgrundsätze im Jahr 1992 gewesen sein, die es Energiehändlern erlaubte, Posten zum Marktwert statt zu den Kosten zu buchen. Enron und die Wirtschaftsprüfungsgesellschaft Arthur Andersen waren für diese Änderung eingetreten, sodass man mutmaßen könnte, der Schwindel sei bereits im Gange gewesen. Zumindest ermöglichte die neue Bilanzierung die späteren Machenschaften. Eine alternative Theorie besagt, dass sich die Finanz- und Handelsgeschäfte von Enron rasant aufblähten, als Rich Kinder im Jahr 1996 Enron verließ und die Zügel an Jeff Skilling übergab, einen Absolventen der Harvard Business School, zuvor Vorsitzender von Enron Finance und dann von Enron Gas Services. Der operative Cashflow von Enron drehte ins Minus. Auch machte das Unternehmen mehr Öffentlichkeitsarbeit. Analysten und Reporter begannen, Lobeshymnen zu produzieren. Die Zeitschrift *Fortune* bezeichnete Enron als Amerikas innovativstes Unternehmen und setzte es bezüglich der Qualität der Unternehmensleitung auf Platz 1.

Werblich orientierte Unternehmen sind eine schlechte Nachricht, und das nicht nur weil sie mit höherer Wahrscheinlichkeit betrügerisch sind. Aggressive Verkaufsstrategien deuten gewöhnlich darauf hin, dass irgendeine Form von Finanzierung bevorsteht. Was mich dabei als Value-Investor wirklich abschreckt, ist die Tatsache, dass eine Aktie überteuert wird, wenn die Anleger den Wirbel glauben. Die Aktien fast aller Unternehmen auf der Liste der größeren Bilanzskandale hatten anspruchsvolle Bewertungskennzahlen. Das KGV von Enron lag in den 1990er-Jahren meistens bei mindestens 20 und auf dem Höhepunkt bei 70. Ohne die Handelssparte wäre Enrons Ziel, seinen Gewinn um 15 Prozent zu steigern, lachhaft erschienen. Die Energiepreise stagnierten. Die Erdgasförderung in den Vereinigten Staaten stieg zwar in den 1990er-Jahren, aber sie kehrte nicht auf die Spitzenniveaus zurück, die sie 20 Jahre davor erreicht hatte. Die Handelssparte von Enron hatte derart schmale Margen, dass der gemeldete Gewinn pro Aktie nur um vier Prozent stieg, während sich der Umsatz von 1996 bis 2000 von 13 auf 101 Milliarden Dollar verachtfachte.

Rückblickend war die Unterdrückung widersprechender Meinungen bei Enron ein klares Anzeichen einer bevorstehenden Katastrophe. Anfang 1998 erhielt ich einen tränenreichen Anruf von „Scarlett“, einer Analystin einer Konkurrenzfirma. Enron hatte den Leiter ihrer Researchabteilung angerufen und ihn unter Druck gesetzt, sie von der Berichterstattung über Enron abzuziehen und zu entlassen. Sie hatte zwar einen anderen Job gefunden, beschwerte sich aber, ihre Telefone würden abgehört und sie würde verfolgt. Auch John Olson, ein sorgfältiger Erdgasanalyst von Merrill Lynch, war kein enthusiastischer Fan von Enron gewesen. Im Jahr 1998 schlug Enron zurück, indem es Merrill Lynch aus einem Investmentbanking-Deal ausschloss. Olson „erklärte sich bereit, in den Vorruhestand zu gehen“. Andere Analysten wurden von Telefonkonferenzen ausgeschlossen, oder es wurde ihnen verwehrt, Fragen zu stellen. Bekannt ist, dass Jeff Skilling den Analysten Richard Grubman bei einer solchen Konferenz als „Arschloch“ bezeichnet hat.

Diese Ereignisse warfen ein anderes Licht auf Enrons Politik, Mitarbeiter auf Linie zu halten und jedes Jahr die 15 Prozent mit der schlechtesten Leistung zu entlassen. Wenn so viele Menschen gefeuert werden mussten, dann musste Enron miserabel darin sein, die richtigen einzustellen. Teams müssen zusammenarbeiten, daher sind Personalentscheidungen unvermeidlich subjektiv und „politisch“, aber die Gleichschaltung hob dies auf eine erschreckende Ebene. Den Gewinnern in diesem Spiel bot Enron Belohnungen, die bei einem öffentlichen Versorger zuvor unvorstellbar gewesen waren, unter anderem Aktien von Zweckgesellschaften und Aktienbezugsrechte.

Als Enron kollabierte, wurde eine Menge geschmackloses Verhalten bekannt. Spitzenmanager von Enron, darunter auch der Vizevorsitzende Cliff Baxter, hatten große Aktienmengen abgestoßen, während die Altersvorsorgepläne von niedrigeren Angestellten zwangsweise daran gebunden waren und daher das auf dem Papier bestehende Vermögen von anderen verschwand. Kurz bevor Baxter vor dem Kongress hätte aussagen müssen, beging er Selbstmord.

Arthur Andersen & Co. spielte bei den Falschangaben von Enron eine unterstützende Rolle und hat seine eigene Geschichte der Anreize und der Gelegenheiten für Fehlverhalten. Als ich an der Business School studierte, galt Arthur Andersen & Co. als vorausschauender, prinzipientreuer Arbeitgeber, der vor allem im Beratungsbereich gut bezahlte. Anfang der 1950er-Jahre hatte die Firma ein Lohnabrechnungssystem für General Electric entwickelt und dafür einen Univac-Computer empfohlen. Damit war die Branche der Integration von Computersystemen geboren. In den Jahrzehnten danach war Arthur Andersens Sparte der Integration von Finanzsystemen sogar erfolgreicher als seine Buchprüfungssparte.

Der Erfolg der Beratungssparte bot Arthur Andersen sowohl Motive als auch Gelegenheiten. Da Andersen sowohl die Bücher von Enron prüfte als auch das Unternehmen beriet, befand es sich in der zweifelhaften Position, seine eigene Arbeit zu beurteilen, wobei die eine Hand den Wert der anderen bekräftigte. Zu allem Überfluss hatte Enron außerdem einen Teil seiner *internen* Buchprüfungen an Andersen ausgelagert. Normalerweise erstellen Unternehmen Abschlüsse, prüfen sie intern und lassen sie dann von externen Revisoren prüfen. Wenn man sich bei Prüfungen selbst benotet, kommen eine Menge perfekte Zensuren heraus.

Für die Beratung wurden höhere Stundensätze bezahlt als für die Prüfung, und dafür gab es einen viel größeren Markt. Beispielsweise bezahlte Waste Management in den Jahren 1991 bis 1997 Andersen für Beratung doppelt so viel wie für Prüfungen. Ein Verwaltungsratsmitglied bezeichnete ein drei Millionen Dollar teures Beratungsprojekt als „Zeit- und Geldverschwendung"; es wurde nie eingesetzt. Als Andersen die Fälschungen von Waste Management entdeckte, setzten die Rechnungsprüfer nicht den Verwaltungsrat von Waste Management davon in Kenntnis, sondern halfen dabei, die Unkorrektheiten zu *kaschieren*.

Im Jahr 2001 bezahlte Enron an Andersen 27 Millionen Dollar an Beratungsgebühren und 25 Millionen Dollar für Buchprüfungen, also war das Verhältnis nicht so einseitig wie bei Waste Management. Andersen dachte sich allerdings, Enron könnte ein 100-Millionen-Kunde werden. Außerdem waren die Buchprüfungsgebühren ungewöhnlich hoch, wahrscheinlich höher als die von ExxonMobil, einem nach allen Maßstäben vielfach größeren Unternehmen. Ich würde mal vermuten, die organisatorisch komplexe Struktur von Enron und sein Einsatz von Zweckgesellschaften machten die Rechnungsprüfung zu einer zeitraubenden Aufgabe. Oder handelte es sich etwa um Schweigegeld?

Buchprüfer und Systemintegratoren arbeiten anhand verschiedener ethischer Grundsätze. Ich vermute, als das Beratungsgeschäft von Andersen zum größeren Ertragsbereich wurde, gewannen die Maßstäbe der Beratung die Oberhand über diejenigen der Rechnungsprüfung. Buchprüfer und Vermögensverwalter erfüllen einen öffentlich-rechtlichen Auftrag, sie betreiben aber auch Geschäfte. Eigentlich sollte die Treuepflicht über dem Gewinn stehen, und Verpflichtungen gegenüber der Allgemeinheit können über denen gegenüber dem Kunden stehen. Wie bei jedem Unternehmen ist Marketing erforderlich, aber es wird verlangt, dass es maßvoll erfolgt, denn es gibt gewisse Dinge, von denen die Kunden wollen, dass ein professioneller Anbieter sie niemals verspricht. Der CEO von Andersen drängte die Teilhaber der Firma, sie massiv zu vermarkten und Cross-Selling zu betreiben, was für die Beratungsseite der richtige Ansatz war. Im Laufe der Zeit wurde das Beratungsgeschäft zunehmend von der Wirtschaftsprüfung abgetrennt, und schließlich bekam der Beratungsarm den Namen Accenture.

SECHS DINGE, DIE MICH BEUNRUHIGEN

1. Unternehmen, die lügen müssen, um im Geschäft zu bleiben

Notleidende und hoch verschuldete Unternehmen wollen oft nicht, dass die Wahrheit herauskommt. Würde das Ausmaß ihrer Probleme enthüllt, könnten die Banker die Kontrolle über sie übernehmen. Kapitalbeschaffungen würden dann weniger Geld einbringen. Das Unternehmen könnte für eine Übernahme anfällig werden. Es kann sein, dass die Mitarbeiter demoralisiert werden und anfangen, Bewerbungen zu verschicken. Möglicherweise stellen Zulieferer ihre Lieferungen ein, und das kann die Not noch vergrößern.

Täuschung seitens Unternehmen lässt sich auf zahlreiche Arten rechtfertigen: Wenn das Unternehmen verkauft werden müsste, würden die Banker und die Aktionäre bei einer Notauktion weniger hereinholen – und deshalb sagt man es ihnen lieber nicht. Es würde schwerer fallen, talentierte Führungskräfte anzulocken, die die Probleme des Unternehmens vielleicht lösen könnten. Manchmal ist eine Notlüge für alle besser.

2. Winzig kleine Rechnungsprüfungsfirmen

Bei der Finanzkriminalität ergeben sich die Gelegenheiten, wenn die üblichen Regulierungen, Gegenproben, Buchprüfungen und die Trennung der Funktionen wegfallen. Externe Buchprüfer sollen außenstehende Investoren und Kreditgeber schützen, aber auch sie haben keine narrensichere Betrugsprüfung zu bieten. Wirtschaftsprüfer werden von dem Unternehmen bezahlt, das sie beurteilen. Die Finanzunterlagen werden vom Unternehmen bereitgestellt, und die Prüfer sind auf die Kooperation sowie auf die internen Kontrollen des Unternehmens angewiesen. Auch der Einsatz eines Rechnungsprüfers mit einem großen Namen ist keine Garantie gegen die Machenschaften von Unternehmen. Ernst & Young prüfte Absolute Capital Management und änderte seine Meinung nie. Enron beauftragte Arthur Andersen & Co., das bis zu seinem Untergang zu den „Big Five“ gehörte, den mit Abstand bedeutendsten Rechnungsprüfern der Welt. Enron versetzte Arthur Andersen den Todesstoß, und auch seine Prüfungen von Waste Management und WorldCom wurden scharf kritisiert. Es war aber durchaus ein Warnsignal, dass Madoff Friehling & Horowitz bestellte, eine Rechnungsprüfungsfirma, die nur einen Prüfer besaß und die nach eigener Aussage seit 15 Jahren keine Revision mehr vorgenommen hatte.

3. Insider-Verwaltungsräte

Die Verantwortung für schlechte oder fehlende Kontrollen liegt beim Verwaltungsrat (Board of Directors) oder Aufsichtsrat eines Unternehmens. Im Prinzip sollte ein guter Verwaltungsrat sachkundig sein, unabhängig denken und im Interesse der Aktionäre handeln, weil seine Mitglieder viele Aktien besitzen. Die Aktienbeteiligungen der „Direktoren", wie die Verwaltungsratsmitglieder in Amerika genannt werden, sind in den Stimmrechtsvollmachten des Unternehmens angegeben, aber ihre Kompetenz und ihre Unabhängigkeit kann man nur aus ihren Lebensläufen ableiten. Wenn die meisten Direktoren Manager des Unternehmens und Busenfreunde der anderen Manager sind, hat man einen Insider-Verwaltungsrat vor sich. Und das bedeutet, dass die Aufsicht nicht von der Geschäftsführung getrennt ist.

Die für Aktionäre schlechteste Kombination ist ein Insider-Verwaltungsrat, der nur wenige Aktien besitzt. Man kann die Unabhängigkeit unter anderem einschätzen, indem man die Vergütung des CEOs mit der von CEOs ähnlich gelagerter Unternehmen vergleichbarer Größe vergleicht. Wenn der CEO sehr viel mehr nach Hause trägt als vergleichbare CEOs, ist der Verwaltungsrat wahrscheinlich ein Insider-Board. Ein Verwaltungsrat, der nicht über die Entlohnung der Manager wacht, hat vielleicht auch die Finanzkontrollen nicht im Griff.

4. Schick angesammelt

Glanzvolle, schnell wachsende Branchen saugen Kapital auf, und dies eröffnet Möglichkeiten für ungebührliches Verhalten. Wenn sich der Geschäftsgang schnell wandelt, lässt sich unmöglich beweisen, dass sich ein Expansionsprojekt niemals auszahlen wird. Fusionen und

Übernahmen erlauben es Unternehmen nicht nur, Gewicht zuzulegen, sondern sie können auch die Zahlen durcheinanderbringen. Man denke nur an die größten Betrügereien bei Unternehmen außerhalb des Finanzsektors – Enron, HealthSouth, Qwest, Waste Management, Tyco, Sunbeam und WorldCom. Jedes einzelne sammelte Dutzende weitere Unternehmen an. Wie wir im nächsten Kapitel noch sehen werden, waren manche ihrer falschen Angaben offen sichtbar. In diesen Fällen waren die Angaben in den offiziellen 10-K-Jahresabschlüssen treffendere Anhaltspunkte als die eher schmeichelhaften „bereinigten" Zahlen. Wenn dermaßen schnelle Abwicklungen stattfinden, fällt es schwer, über das Geschehen auf dem Laufenden zu bleiben.

5. Finanzunternehmen

Für Betrugskünstler, die das Geld anderer Leute in die Hände bekommen wollen, sind Finanzunternehmen das große Los. Die Kunden vertrauen ihr Vermögen routinemäßig Banken und Brokern an. Auf jede Milliarde Dollar Eigenkapital hält eine Bank mehr als zehn Milliarden Dollar an Einlagen und Darlehen. Dem elektronischen Nachweis eines Darlehens oder eines Wertpapiers steht ein anderes elektronisches oder papierenes Dokument gegenüber, kein physischer Besitz. Sogar wenn Buchhalter die physischen Sicherheiten betrachten, mit denen ein Darlehen unterlegt ist, müssen sie auch die sonstigen Belastungen und Vertragstexte kennen. Häufig sind diese Dokumente vertraulich. Die Kombination aus Undurchsichtigkeit und dem Geld anderer Leute mag vielleicht erklären, warum an vielen der größten Betrugsfälle Finanzfirmen beteiligt sind.

6. Sonnige Oasen

Warme, sonnige Orte wie Florida locken mehr als ihren gerechten Anteil an zweifelhaften werbewirksamen Machenschaften an. Wohlhabende Rentner bringen eine Menge Kapital mit, das sie anlegen wollen, und da sie ihr Arbeitsleben hinter sich haben, haben sie vielleicht weniger Lust auf eine gründliche Prüfung. Sie sind große Zielscheiben, vor allem für „Affinitätsbetrug", der auf Opfer abzielt, die bestimmten gesellschaftlichen oder demografischen Gruppen angehören. Dadurch, dass Madoff Affinitätsgruppen nutzte, fiel er nicht besonders auf, brauchte weniger offenzulegen und wirkte geheimnisumwittert.

Neben den schönen Stränden und den niedrigen Steuern gibt es in Florida noch ein Gesetz namens Homestead Act, das Villen im Wert von zig Millionen Dollar vor der Pfändung durch Gläubiger bewahrt. Schon lange schützt der Homestead Act das Vermögen von Menschen mit instabilen Finanzen. Wer in Florida ein Eigenheim besitzt, kann es sogar verkaufen und sein Geld bewahren, sofern er die Absicht hat, damit ein anderes Haus in Florida zu kaufen.

Länder wie die Kaimaninseln, die Bahamas, Bermuda und Zypern sind sonnige Orte für zwielichtige Leute. In diesen Rechtsgebieten gibt es ebenso wie in Florida herrliche Strände, aber sie sind noch reizvoller, was das Umgehen von Steuern und Gesetzen angeht. Sie locken Unternehmen an, die ich als heimatlos oder als Nomaden bezeichne. Ein solcher Nomade kann beispielsweise den größten Teil seines Vermögens in China haben, die meisten Führungskräfte in Hongkong und seinen eingetragenen Sitz auf den Britischen Jungferninseln, wobei er eine Stiftung auf den Niederländischen Antillen besitzt und seine Aktien ausschließlich in den Vereinigten Staaten gehandelt werden.

Viele Unternehmen lassen sich in Steueroasen eintragen, stehen aber ansonsten nicht außerhalb des Gesetzes. So hat der Systemintegrator Accenture beispielsweise seinen Sitz in Irland, obwohl sein Betrieb vor allem von der Schweiz aus koordiniert wird und er den größten Umsatz in den Vereinigten Staaten erzielt. Ein heimatloses Unternehmen sucht sich gewissermaßen seinen Gerichtsstand aus und strebt dabei die mildesten Vorschriften für Wertpapiere und Rechnungslegung an. Im Falle eines Betrugs gibt es daher keinen rechtlichen Entschädigungsanspruch, vor allem wenn die Manager so vorausschauend waren, ihren privaten Wohnsitz in ein Steuerparadies ohne Auslieferungsabkommen zu verlegen.

Und sogar wenn die Mittel, das Motiv und die Gelegenheit nachgewiesen werden können, müssen die Strafverfolgungsbehörden immer noch beweisen, dass der Wertpapierbetrug vorsätzlich begangen wurde. Für diejenigen unter uns, die keine Gedanken lesen können, lassen sich Geisteszustände nicht definitiv beweisen. Schon „ohne berechtigte Zweifel" ist schwierig zu erreichen. Oft sind geschäftliche Missgeschicke mit Betrug verflochten, und sie kommen häufig genug vor, damit Dummheit, Ignoranz oder Pech als Verteidigung taugen. Da die Manager von Enron als „die klügsten Kerle der Gegend" galten, kauften ihnen die Geschworenen die Dummheit jedoch nicht ab. CEO Lay plädierte auf Unwissenheit und ließ durchblicken, alle Missetaten seien von seinen Untergebenen begangen worden. Pech kann eine geeignete Verteidigung sein. In der damaligen Zeit flogen mehrere Energiehandelsunternehmen in die Luft, und nicht bei allen wurde Betrug als der Schuldige betrachtet. Dynegy, Mirant, Aquila und mehrere andere erzielten mit dem Energiehandel derart katastrophale Ergebnisse, dass sie aus diesem Geschäft ausstiegen. Enron konnte wahrheitsgemäß behaupten, dieses Business sei eine heikle Angelegenheit und das eine oder andere Geschäft müsse eben platzen.

Aggressive Deals abzuschließen ist nicht immer illegal. Trotzdem lasse ich Vorsicht walten, bevor ich in jemanden wie Ron Perelman investiere. Im Jahr 2011 bot Perelman 25 Dollar pro Aktie für den Kauf derjenigen Aktien von M&F Worldwide, die ihm nicht gehörten. Das ergab für den Scheckdrucker und Hersteller von Lakritzaromen ein KGV von 4. Das Unternehmen hatte Aktien für 45 Dollar zurückgekauft, und die Aktie hatte auf 67 Dollar gestanden. Fragen Sie mich nicht, weshalb die unabhängigen Verwaltungsratsmitglieder und die Mehrheit der Minderheitsaktionäre 25 Dollar als angemessenen Preis absegneten. Der Milliardär Carl Icahn hat über Perelman einmal gesagt: „Er ist wie ein Klempner, dem man Geld leiht, damit er sich selbstständig machen kann; dann kommt er her, macht einem das Haus kaputt und sagt einem, er wolle es umsonst haben" (*New York Times*, 1998).

KATASTROPHEN LASSEN SICH VERMEIDEN

Wenn man versucht, sich nicht hereinlegen zu lassen, verpasst man einige wirklich gute Gelegenheiten. Bevor die Enron-Aktie zusammenbrach, war sie in den Himmel geschossen. Letztlich beruht diese Entscheidung auf dem Temperament. Manche Menschen können es nicht ertragen, einen astronomischen Kursanstieg zu verpassen, wie wackelig er auch sein mag. Ich ziehe es vor, die geringe Wahrscheinlichkeit schneller und verheerender Verluste zu meiden. Wenn ein Manager vorbestraft ist, in der Vergangenheit Anleger betrogen hat oder gar meint, über dem Gesetz zu stehen, ist für mich Schluss. Ein Schurke verspürt nicht ganz plötzlich den Drang, seine treuhänderische Pflicht zu erfüllen. Wenn ein Indiz bedeuten kann, dass ein Mensch schlecht ist oder auch nicht, dann verwende ich es nur, wenn es auf weitere Mängel der Anlage verweist. Glamouröse, gehypte Aktien sind mit höherer Wahrscheinlichkeit betrügerisch, aber ich meide sie, weil sie normalerweise überbewertet sind und dazu neigen, ständig neues Kapital zu beschaffen. Verzwickte Unternehmensstrukturen erschweren auch dann die Analyse, wenn nichts Böses vor sich geht.

Um böse Buben zu erkennen, schaut man sich das Betrugsdreieck an: Druck, Gelegenheit und Rechtfertigung. Die Philosophin Hannah Arendt hatte recht, als sie sagte: „Das meiste Böse wird von Menschen begangen, die sich nie entscheiden, gut oder böse zu sein." Passen Sie auf, wenn massive Bezugsrechtsvergaben oder saftige Honorare die Menschen dazu verleiten, sich zu sehr anzustrengen. Stolz kann ein vorherrschendes Motiv sein, wenn das Publikum glaubt, jemand habe Zauberkräfte. Charismatische Promoter unterdrücken oft den Verwaltungsrat, die Buchprüfer und andere Miesmacher, die sie daran hindern könnten, zu tun, was sie wollen. Sie ballen sich in Branchen und Gebieten, in denen reichlich Kapital vorhanden ist und wenig geprüft und kontrolliert wird. Auch laxe Rechnungslegungsgrundsätze sind verlockend. Kaufen Sie nichts, was jemand nachdrücklich anpreist. Indem ich die Aktien von bösen Jungs meide – und diese Liste ist kurz –, senke ich radikal die Möglichkeit eines katastrophalen Ausgangs, aber kaum meine Chancen.

12 BACKSTEINLIEFERUNGEN UND ANDERE BUCHHALTERISCHE RÄTSEL

„Dahinter steht der Gedanke, alle Informationen mitzuteilen, die anderen helfen, den Wert des eigenen Beitrags zu beurteilen, nicht nur die Informationen, die zu einer Beurteilung in der einen oder anderen bestimmten Richtung führen."

- Richard Feynman -

Betrug ist nicht häufig, während es täglich Stümperei und geschäftliche Rückschläge gibt, aber sie haben Motive und buchhalterische Warnsignale gemeinsam. Die gängigsten Symptome für gefälschte Ergebnisse sind ein negativer freier Cashflow und aufgeblähte Kundenforderungen, Vorräte oder immaterielle Vermögensgegenstände. Wenn kein Betrug im Spiel ist, deuten hohe Kundenforderungen oder Bestände darauf hin, dass der Umsatz eines Unternehmens unter die geplante Höhe gefallen ist. Manche falschen Angaben lassen sich nur durch Lesen der Fußnoten aufdecken, aber quälen Sie sich nicht – Sie brauchen die buchhalterischen Rätsel ja nicht zu *lösen*, um Gefahren zu meiden, sondern nur die Warnsignale zu erkennen. Die erschreckendste rote Lampe überhaupt ist eine Angabe, die ausführlich, aber unverständlich ist.

Sobald eine Zahl zu *der* Zahl schlechthin wird, beginnt das Frisieren. Diese Zahl steht dann im Zentrum der Aufmerksamkeit und darf niemals enttäuschen. Bei den meisten börsennotierten Unternehmen ist *die* Zahl ein Gewinn pro Aktie, der nicht den allgemein akzeptierten Rechnungslegungsgrundsätzen (GAAP = Generally Accepted Accounting Rules) entspricht. Hoch verschuldete Unternehmen geben meistens einen bereinigten Gewinn vor Zinsen, Steuern und Abschreibungen auf Sachanlagen sowie immaterielle Abschreibungen (EBITDA = Earnings Before Interest, Taxes, Depreciation and Amortization) an. Es kann aber jede beliebige Zahl sein, bei Internetunternehmen sogar die Zahl der Seitenaufrufe.

Ein Datenpunkt ist nur eine Momentaufnahme. Als Anleger sollte man lieber auf das bewegte Bild achten. Manche Zahlen sind lediglich Summen, andere beinhalten auch Abzüge, vor allem diejenigen, von denen Trader besessen sind. Der Reinertrag ist das Produkt einer langen Reihe von Plus- und Minusposten, und gelegentlich spielt eine Multiplikation oder Division hinein. Dabei fließen in die Berechnungen viele Schätzungen und Näherungen ein, die teils zutreffend sind, teils nicht. Zauberkünstler merken, dass die Wiederholung einer Formel wie „bereinigtes EBITDA" dazu beiträgt, die Aufmerksamkeit auf den gewünschten Punkt zu lenken.

Gute Detektive richten ihre Aufmerksamkeit auf etwas anderes als *die* Zahl und sehen Hinweise, die anderen kaum auffallen. Bei der doppelten Buchführung muss jedem verdächtigen Posten eine ausgleichende Zahl gegenüberstehen. Imaginäre Gewinne sind mit einem Vermögensgegenstand gepaart, dessen Wert zu hoch angegeben ist. Außerdem hinterlässt eine Fälschung in einem der drei Bestandteile eines Abschlusses (Gewinn- und Verlustrechnung, Kapitalflussrechnung und Bilanz) Spuren in den beiden anderen. Alles muss rechnerisch aufgehen – sogar wenn das Unternehmen entscheidende Zahlen betrügerisch falsch klassifiziert. Wenn immer nur von „non-GAAP" und von „bereinigten Zahlen" die Rede ist, prüfen Sie den GAAP-Abschluss. Ist der Scheinwerfer auf den Reinertrag gerichtet, untersuchen Sie auch die Vorräte, die Forderungen und andere Bilanzposten. Es gibt auch Hinweise, die einem entgehen, weil sie in den Fußnoten vergraben sind.

Diejenigen, die Abschlüsse lesen, fallen in drei hauptsächliche Kategorien: Handelsgläubiger, Kreditgeber und Besitzer. Jede dieser Gruppen achtet auf andere Anzeichen für Unbedenklichkeit. Kunden und Lieferanten wollen wissen, ob es sicher ist, mit einem Unternehmen Geschäfte zu machen. Wird die Bestellung prompt geliefert beziehungsweise die Rechnung prompt bezahlt? Kreditgeber sorgen sich eher um Solvenz und Liquidität. Verfügt das Unternehmen über genügend Vermögensgegenstände und Cashflow, um alle seine künftigen Verbindlichkeiten zu decken? Aktionäre wollen wissen, welcher Wert für die Besitzer übrig bleibt und ob ihre Investition durch Vermögenswerte sicher gedeckt ist. Häufig kümmern sich Investoren nur dann um Liquidität und Solvenz, wenn diese Kennzahlen vermuten lassen, dass für die Aktionäre nicht viel übrig bleibt. Diese drei unterschiedlichen Personenkreise sehen die gleichen Tatsachen selten auf gleiche Weise (und natürlich lesen auch Konkurrenten Abschlüsse).

Täuschungen können sich an eine dieser Gruppen, an zwei oder an alle drei richten. Ein notleidender Einzelhändler gibt vielleicht seinen Barbestand zu hoch an, um sicherzustellen, dass die Lieferanten weiterhin die aktuellsten Waren liefern. Kreditgeber gewähren einem Unternehmen lieber Kredit, das ein gestiegenes EBITDA meldet. Oft ist es ein Verstoß gegen eine Kreditvereinbarungsklausel, wenn das Verhältnis Schulden/EBITDA über ein bestimmtes Niveau steigt oder wenn das Reinvermögen unter einen gewissen Betrag sinkt. Für die meisten Manager ist der stärkste Anreiz an den Aktienkurs gebunden. Enttäuschende Quartalsergebnisse können den Kurs torpedieren sowie die Kapitalbeschaffungspläne und das Vermögen der Manager zerschlagen. Es kommt vor, dass eine Lüge zur anderen führt und sich das Geflecht der Täuschungen auf alle drei Personenkreise ausweitet.

Das Financial Accounting Standards Board (FASB) erlaubt es Unternehmen, zwischen Rechnungslegungsgrundsätzen zu wählen, die verschiedene Ergebnisse hervorbringen. So gilt beispielsweise in der Ölbranche die Successful-Efforts-Methode als konservativer denn die Vollkostenrechnung. Wenn ein Ölförderer eine Fehlbohrung durchführt, bucht er die Kosten dafür (innerhalb gewisser Grenzen) in der Bilanz auf der Aktivseite als Investition und vermeidet dadurch eine den Gewinn belastende Aufwendung. Gemäß „Successful Efforts" schreibt die Ölgesellschaft die Kosten für eine Fehlbohrung als

Aufwendung ab und verbucht solche Kosten nur dann als Investition, wenn sie auf Öl stößt.

Ein weiteres Beispiel für die Wahl von Rechnungslegungsgrundsätzen ist die Frage, ob man einige oder alle Anlagewertpapiere in eine von zwei Kategorien steckt: „bis zur Fälligkeit gehalten“ (wird zu den Kosten gebucht) oder „zur Veräußerung verfügbar“ (wird zum Marktwert gebucht). Keine der beiden Methoden ist grundsätzlich konservativer als die andere. Steigt ein Markt, liegt der Marktwert über den Kosten, sodass die bis zur Fälligkeit gehaltenen Papiere zu niedrig angegeben sind, während bei sinkendem Markt die Marktbewertung konservativer ist. Niemals konservativ ist es hingegen, Anlagen in die schmeichelhaftere Kategorie umzubuchen.

Unmoralische Innovatoren denken sich ständig neue Formen des Bilanzbetrugs aus, aber ich beschränke mich auf vier Hauptkategorien: (1) Umsätze verfrüht buchen, (2) Einnahmen erfinden, (3) Kosten in die Zukunft (oder in die Vergangenheit) schieben und (4) Verbindlichkeiten nicht offenlegen. Das Warnzeichen für die beiden ersten Punkte ist eine lange oder wachsende Debitorenlaufzeit. Wenn ein Verkauf erfolgt, wird, außer wenn er bar bezahlt wird, gewöhnlich eine Forderung gebucht. Manchmal werden Umsätze schon gebucht, bevor die Kunden sie endgültig bestätigt haben oder obwohl bedeutende Unsicherheiten bezüglich der künftigen Dienstleistungsverpflichtungen bestehen. Wenn Umsätze nicht frei erfunden werden, dann stricken Unternehmen sich Einnahmen zusammen, indem sie Tauschgeschäfte, Rückzahlungen, Anlageverkäufe und andere Transaktionen falsch einstufen, die keine Umsätze im eigentlichen Sinne sind.

Es gibt mehrere Tricks, mit denen Unternehmen Kosten in zukünftige Perioden verschieben können. Sie können die Kosten in einer Periode auch einfach ignorieren, aber der Nutzen, den es bringt, die Rechnung in der Schublade liegen zu lassen, ist kurzlebig; wenn einen der externe Wirtschaftsprüfer nicht erwischt, dann kriegen einen die Gläubiger. WorldCom und American Pasta hatten laufende Betriebsaufwendungen als Kapitalanlagen gebucht, die über viele künftige Jahre abgeschrieben werden sollten. Waste Management senkte seine Abschreibungsaufwendungen, indem es von längeren

Lebensdauern seiner Müllcontainer und Mülllaster ausging. Wenn Tyco Übernahmen tätigte, legte es Rückstellungen an, dank deren es bestimmte künftige Kosten ignorieren konnte. Die übernommenen Unternehmen wiesen dann einen sofortigen Gewinnsprung auf, weil die Aufwendungen gegen die Rückstellung gebucht wurden, anstatt durch die Gewinn- und Verlustrechnung zu fließen.

Die tückischste Betrugskategorie ist die Nichtoffenlegung von Verbindlichkeiten. Wenn ein Finanzabschluss überhaupt einen Hinweis auf die versteckte Verbindlichkeit bietet, dann ist er in den Fußnoten vergraben. Enron versteckte Milliarden Dollar an Verbindlichkeiten in Zweckgesellschaften, und die Fußnoten machten es nicht leicht, die Zusammenhänge herzustellen. Die häufigsten Quellen von Unfug mit Fußnoten sind Leasingverbindlichkeiten, Terminkaufverpflichtungen und Rentenpläne. Wenn die Fußnoten zu viele Seiten umfassen und ich die Aktie noch nicht besitze, ziehe ich den Schluss, dass das Unternehmen etwas zu verbergen versucht, und wende mich etwas anderem zu.

KREDIT KEIN PROBLEM, NIEMALS BEZAHLEN

Die großen Vorräte und Forderungen wiesen deutlich darauf hin, dass Friedman's Jewelers auf Umsätze aus war, auch wenn keine kriminologischen Betrugsindizien vorlagen. Friedman's wandte sich an Kunden mit eher geringem Einkommen, und seine Geschäfte befanden sich in Einkaufszentren in der Nähe von Walmart, größtenteils in Kleinstädten im Südosten der Vereinigten Staaten. Der Umsatz war explodiert, da das Unternehmen Kunden Kredit gewährte, die sonst nirgends als kreditwürdig galten. Auf dem Höhepunkt hatte Friedman's 686 Geschäfte und war im Jahr 2004 der größte Schmuckverkäufer Amerikas. Die Geschäftsführer der Läden bekamen Bonuszahlungen, wenn sie ihren Umsatz steigerten, den Forderungsbestand erhöhten und die Forderungen kassierten. Der gesamte Gewinn von Friedman's (und noch mehr) wurde wieder in Bestände und Forderungen gesteckt, sodass kaum Bargeld blieb und die Verschuldung stieg.

Der Aktienkurs von Friedman's hatte zwischen fünf und zehn Dollar gependelt. Es hatte ein Nettoumlaufvermögen von zehn Dollar pro Aktie, einen Buchwert von 14 Dollar pro Aktie und ein einstelliges Kurs-Gewinn-Verhältnis (KGV), sodass die Aktie von den Zahlen her billig war. Die meisten Schmuckstücke aus Metall lassen sich zurückgeben oder mindestens gegen den Materialwert verkaufen. Daher dachte ich, die Vermögensgegenstände würden einen Boden unter den Wert des Unternehmens ziehen, und da Friedman's profitabel arbeitete, würde sein Wert im Laufe der Zeit steigen. Aber die Gewinne, das Umlaufvermögen und der Buchwert waren komplett gefälscht. Die besten Hinweise waren der fast in allen Jahren negative Cashflow, die kletternden Schulden und die wachsende Anzahl der umlaufenden Aktien.

Bei Zale's, Amerikas größter Schmuckhandelskette, werden die Entscheidungen über Verbraucherkredite zentral getroffen. Friedman's überließ die Kreditentscheidungen den Geschäftsführern der Läden und den Verkäufern, die alle nicht in der Bonitätsbeurteilung oder in der Beitreibung geschult waren; ihre Aufgabe war es, die Umsatzziele zu erfüllen. Kreditkunden wurden angespornt, ihr Soll in den Läden zu bezahlen, wo sie vielleicht noch etwas anderes kauften. Und seltsamerweise durften Kunden, die bereits im Rückstand waren, manchmal noch mehr auf Kredit kaufen. Als es mit der Eintreibung der Kundenschulden bergab ging, änderte Friedman's die Definition von „nicht säumig" von 30 Tagen auf 90 Tage. Und wenn Konten notleidend waren, vermied Friedman's es, sie abzuschreiben.

Schließlich verkaufte Friedman's im Jahr 2003 nicht beizutreibende Forderungen im Wert von 90 Millionen Dollar für 1,5 Millionen Dollar – weniger als zwei Cent je Dollar. Diese minimale Wiedergewinnung wurde dann auch noch missbräuchlich als Senkung der Aufwendungen für faule Schulden verbucht. Es kamen noch weitere Falschangaben heraus, unter anderem ein Softwarefehler (die „Akte-X-Konten"), der dazu führte, dass das Alter der Forderungen von Friedman's falsch angegeben wurde. Im Jahr 2004 meldete das Unternehmen Konkurs an. Die Aktionäre verloren alles, und manche Gläubiger bekamen je Dollar weniger als 50 Cent zurück. Ein Versuch, das Unternehmen wiederzubeleben, endete 2008 mit einer zweiten Pleite.

BEI ALLOU IST ETWAS FAUL

Anders als bei Friedman's, das eine schwierige Realität beschönigte, bin ich bei Allou Healthcare nicht sicher, ob es jemals echt war. Allou war ein Großhandelsvertrieb für medizinische und kosmetische Produkte mit dem Spezialgebiet Parfüm. Es war ein „Netto-netto-Unternehmen“: Sein Nettoumlaufvermögen (Barbestand, Vorräte und Forderungen) war mehr wert als die gesamten Schulden *und* der Börsenwert. Anscheinend bekamen also die Anleger alle sonstigen Vermögensgegenstände von Allou umsonst, darunter auch ein Internet-Start-up namens Fragrance Counter. Im Jahr 2002 stand die Allou-Aktie bei etwa sieben Dollar, was weniger als der Buchwert von neun Dollar pro Aktie war. Auch das KGV von 8 war verlockend.

Im Geschäftsjahr 2002 meldete Allou einen Umsatz von 564 Millionen Dollar, einen Bruttoertrag von 63 Millionen Dollar und einen Reinertrag von 6,6 Millionen Dollar. Daraus ergaben sich magere Brutto- und Netto-Ertragsmargen von elf Prozent respektive 1,2 Prozent. Vertriebsgesellschaften haben häufig niedrige Ertragsmargen, wenn nicht viele Vermögensgegenstände erforderlich sind, um den Umsatz zu tragen. Wenn die Vorräte flott umgeschlagen und nur für Tage gehalten werden, kann schon eine geringe Marge eine ordentliche Rendite auf das investierte Kapital ergeben. Beispielsweise hatte Cardinal Health, der führende Vertrieb von pharmazeutischen und medizinischen Produkten, im Jahr 2015 eine Bruttomarge von 5,6 Prozent und eine Nettomarge von 1,2 Prozent bei einem Bestandsumschlag von 33 Tagen und einem Forderungsumschlag von 21 Tagen. Bei Cardinal erbrachte der schnelle Bestandsumschlag trotz der schmalen Margen eine attraktive Eigenkapitalrendite von 19 Prozent.

Allous Vorräte im Wert von 185 Millionen Dollar bedeuteten, dass es für 135 Tage versorgt war. Allou gab an, seine Medizinproduktvorräte würden schneller umgeschlagen als seine Parfüms, hätten aber niedrigere Margen. Ich fragte den Finanzvorstand von Allou nach modischen Trends bei Düften und erfuhr, dass berühmte Marken und trendige Designer nicht sein Markt seien. Größere Sorge bereitete mir der langsame Umschlag, weil Parfüms durch Alterung schlechter werden. Die Düfte wurden so langsam umgeschlagen, weil sie in hohem Maße saisonabhängig waren und in den schwachen Monaten viel günstiger verkauft wurden. In dem Bemühen, die Gründe für die großen Bestände besser zu verstehen, fragte ich börsennotierte Parfümhersteller nach Allou, weil ich dachte, die Welt müsse klein sein. Sie hatten aber keine Ahnung.

Wenn Unternehmen Gewinne melden, aber Bargeld ausbluten, dann glaubt man dem Geld. Allou meldete im Jahr 2002 zwar einen Reinertrag, hatte aber einen Netto-Mittelabfluss von 17,4 Millionen Dollar. In den beiden Vorjahren hatte Allou Reinerträge von 2,5 Millionen und 7,0 Millionen Dollar gemeldet, aber 34 Millionen beziehungsweise 27 Millionen Dollar Cash verbraucht. In diesen drei Jahren wurde das Unternehmen von drei verschiedenen Firmen geprüft: Mayer Rispler, Arthur Andersen und schließlich KPMG. Zu einer größeren Wirtschaftsprüfungsgesellschaft zu wechseln ist zwar normalerweise eine gute Nachricht, aber zu oft den Prüfer zu wechseln nicht. Die Unternehmensleitung schien sich Sorgen um ihre Kreditvereinbarungsklauseln zu machen. Allou hatte bei zwei Kreditgebern einen Kreditrahmen von 200 Millionen Dollar, Congress Financial und Citibank. Doch selbst als die Investoren von dem Start-up Fragrance Counter begeistert waren, betrug die Marktkapitalisierung nur 100 Millionen Dollar. Beide, Congress und Citibank, hatten sich jeweils in Höhe der Marktkapitalisierung von Allou engagiert.

Etwa um Mitternacht des 25. September 2002 brach in Allous Lagerhaus im Viertel Williamsburg von Brooklyn ein Brand mittlerer bis hoher Schwere aus. Obwohl 245 New Yorker Feuerwehrleute im Einsatz waren, war das Feuer erst am Nachmittag vollständig gelöscht. Die Brandinspektoren kamen zu dem Schluss, dass an vier Stellen des Lagers Brandstiftung vorlag. Daraufhin lehnte die Versicherungsgesellschaft Allous Anspruch auf einen Schaden in Höhe von 100 Millionen Dollar ab. Leitende Manager von Allou versuchten, die Feuerwehrleute zu bestechen, damit sie ihren Bericht ändern sollten. Die Feuerwehr informierte sofort die Polizei. Allou stellte Insolvenzantrag. Die Aktionäre gingen leer aus, und die Kreditgeber verloren 177 Millionen Dollar.

BACKSTEINLIEFERUNG

Meistens können Unternehmen aus dubiosen Vorräten oder Forderungen kein Bares herausquetschen, aber MiniScribe braute zwei raffinierte Pläne zusammen, die – wenn auch nur kurze Zeit – Cash einbrachten. Nachdem der Festplattenhersteller mit IBM seinen größten Kunden verloren hatte, steckte er in Schwierigkeiten. Als MiniScribe im Jahr 1987 eine physische Inventur machte, stellte es fest, dass von den gebuchten Gesamtvorräten in Höhe von 85 Millionen Dollar 15 Millionen fehlten. Um diese Lücke zu füllen, begann MiniScribe, sowohl in seinem Lager in Chicago als auch in seinen Fabriken in Singapur und in Hongkong veraltete Bestände als aktuell umzupacken. In der Nähe von Vertriebsfirmen wurden drei Just-in-time-Lagerhallen gebaut. Die Produkte wurden per Strichcode mit einer Seriennummer versehen, die der Vertrieb bei Eingang scannen würde, und bald danach sollte die Zahlung erfolgen. MiniScribe missbrauchte diesen Automatismus, indem es seinen Vertriebskanal vollstopfte – es lieferte den Vertrieben Produkte, die gar nicht bestellt worden waren.

Gegen Ende des Jahres 1988 verpackte MiniScribe *Backsteine*, als wären es Festplatten, versah sie mit Strichcodes und lieferte sie an ein Lager, das wenige Wochen danach inspiziert werden sollte. Nachdem das Unternehmen die Bezahlung für die Lieferung erhalten hatte, rief es die Backsteine zurück und ersetzte sie durch Festplatten. Es kann sein, dass MiniScribe vorhatte, auch Ende 1989 wieder Backsteine zu liefern, aber im Rahmen einer Massenentlassung vor Weihnachten gingen auch viele Verpackungs- und Versandmitarbeiter des Unternehmens, die an dem Backsteinschwindel beteiligt gewesen waren. Verärgerte Arbeiter steckten den Lokalzeitungen die Story, und Kunden, denen Backsteine geliefert worden waren, informierten die Behörden. Am Morgen des ersten Geschäftstags 1990 meldete MiniScribe Konkurs an.

DIE ZEITPUNKTE VON AUFWENDUNGEN VERSCHIEBEN

Tyco International, ein höchst übernahmefreudiges Konglomerat, reizte unter seinem CEO Dennis Kozlowski die Grenzen von GAAP aus und verschob Aufwendungen aus der aktuellen Periode heraus. Tyco besaß Beteiligungen an Unternehmen für Feuerschutzausrüstung, Sicherheitsüberwachung, elektronische Komponenten, Durchflussregelung, Medizinprodukte und mehr. Wenn Tyco ein Unternehmen kaufte, konnte man sagen, dass es die materiellen Vermögensgegenstände, die es erwarb, zu konservativ abrechnete und sie auf das niedrigmöglichste Niveau abschrieb, indem es die Rückstellungen für veraltete Vorräte, Garantieaufwendungen und faule Schulden erhöhte. Ein größerer Teil des Kaufpreises entfiel auf Goodwill und andere immaterielle Vermögensgegenstände. Anstatt die Lasten und die Abschreibung von Goodwill zu ignorieren, hätten die Anleger sie als gelbe Warnlampen betrachten sollen.

Im Endeffekt bewirkte diese verschobene Buchhaltung, dass Tyco die gemeldeten Gewinne steigerte, indem es Aufwendungen aus der aktuellen Periode hinausschob. Die Aufwendungen für die Abschreibung von Sachanlagen wurde durch die niedriger gebuchten Werte von Grundstücken, Gebäuden und Anlagen gesenkt. Häufig ist es ein verräterisches Anzeichen für zu niedrig angegebene Abschreibungen, wenn ein Unternehmen mehr als die Abschreibungen aufbringen muss, um abgenutzte Anlagen zu ersetzen, aber Tyco versteckte seine Investitionen, indem es sie nicht kaufte, sondern leaste. Wenn eine Sparte ein schwaches Quartal hatte, verbuchte es stattdessen Gewinn aus dem Verkauf von Vorräten oder der Eintreibung von Forderungen sowie aus der Auflösung von daran gebundenen Rückstellungen. Glücklicherweise – und das war untypisch – versuchte Tyco, gute Unternehmen noch besser aussehen zu lassen, nicht, eine miserable Situation zu verschleiern. Mutigen Anlegern boten die Anklagen gegen die Führungsmannschaft eine Kaufgelegenheit. Kozlowski landete im Gefängnis. Das ist „Investieren mit Überzeugung“.

FALSCHES EBITDA

Manche sagen, man könne das EBITDA nicht fälschen oder manipulieren, aber die Telefongesellschaft WorldCom blies sowohl das EBITDA als auch den Gewinn auf. WorldCom stufte einen Teil seiner Leitungskosten fälschlicherweise als Investitionsgüter ein. Die Leitungskosten sind die Gebühren, die eine Telefongesellschaft an eine andere bezahlt, um einen Anruf zu beginnen oder zu beenden, wenn ihr das Netz am anderen Ende nicht gehört. Im Jahr 2000 meldete WorldCom Leitungskosten in Höhe von 42 Prozent des Erlöses, während die etablierte Gesellschaft AT&T die Hälfte des Erlöses verrechnete – trotz des viel größeren Netzes von AT&T. In Wirklichkeit waren die Leitungskosten von WorldCom ähnlich hoch, wenn man die falsch kapitalisierten Kosten herausnahm. Im Jahr 2001 wurde der Markt für Fernverbindungen sehr wettbewerbsintensiv, und WorldCom senkte seine Preise; der Umsatz ging in jenem Jahr um circa zehn Prozent zurück. Gleichzeitig stiegen die tatsächlichen Leitungskosten von WorldCom um mehr als eine Milliarde Dollar und drückten massiv auf die Margen.

Laut dem Ermittlungsbericht, der an die Börsenaufsicht SEC übermittelt wurde, waren die tatsächlichen Leitungskosten im Jahr 2001 um drei Milliarden Dollar zu niedrig angegeben worden. Von dieser Summe wurden 2,7 Milliarden Dollar als im Bau befindliche Anlagen kapitalisiert und nicht als laufender Aufwand für Leitungskosten verbucht. Später wurden diese Beträge ins Betriebsvermögen übertragen und abgeschrieben. Der Effekt war, dass die Kosten nicht im Jahr 2001 auftauchten, sondern als Abschreibung über viele Jahre. Leitungskosten sind nun aber eindeutig Dienstleistungskosten, sie entsprechen keinen Anlagen im eigenen Besitz und dürfen daher nicht kapitalisiert werden. Während die Einnahmen sanken, wuchs die Bruttomenge an Übertragungsanlagen im Jahr 2001 um 18 Prozent. Das EBITDA lässt sich zwar fälschen, aber die Trickserei von WorldCom wurde durch die steigenden Bestandskonten und Schulden Lügen gestraft. Die langfristigen Schulden von WorldCom stiegen von 17,7 Milliarden Dollar am Jahresende 2000 auf 41 Milliarden Dollar zum Zeitpunkt des Bankrotts im Juli 2002.

Manche Unternehmen gestehen öffentlich ein, dass sie gewisse Kosten nicht anerkennen, und stellen dies als begründete Meinungsverschiedenheit darüber dar, was eine Aufwendung darstellt. Auch wenn die meisten Buchhalter zu bestimmten Grundsätzen und Auslegungen neigen, so bedeutet das nicht, dass die Ansicht der Minderheit falsch wäre. Bei der Exploration nach Öl und Gas (und bei der wissenschaftlichen Exploration) trifft es häufig zu, dass die erfolgreichen Bemühungen, nach denen die Successful-Efforts-Methode benannt ist, ohne eine Reihe von gescheiterten Versuchen nicht möglich gewesen wären. Ich finde zwar nicht, dass dies die Etikettierung der Ausgaben für Fehlversuche als Aktivposten statt als unmittelbarer Aufwand rechtfertigt, aber manche tun das, und das FASB erlaubt es. Wenn Öl- und Gasunternehmen unterschiedliche Rechnungslegungsgrundsätze verwenden, kann man sie nicht alle miteinander vergleichen, sondern nur innerhalb von Untergruppen, die sich an die gleichen Standards halten.

Zwar lässt das FASB bei der Anwendung seiner Standards einen gewissen Spielraum, aber nicht allen ist das locker genug, und dies stachelt eine florierende Subkultur an Nicht-GAAP-Rechnungslegungen an. Namen besitzen Macht, und „zugrunde liegender Gewinn“ oder „Bargewinn“ klingt raffinierter als „GAAP-Gewinn“. Die Unternehmen schlagen ihre gewünschten Anpassungen vor, und die Analysten von der Wall Street machen mit. Technologie-Unternehmen diskutieren lautstark darüber, ob ein Aufwand entsteht, wenn Mitarbeiter in Form von Aktien oder Aktienbezugsrechten entlohnt werden (talentierte Mitarbeiter arbeiten ja bekanntlich umsonst). Da die Lebensdauer immaterieller Vermögensgegenstände unbestimmt und veränderlich sein kann, behaupten viele, ihre Abschreibungen seien keine echten Kosten beziehungsweise Aufwendungen.

Bei Fällen wie marchFIRST, einem Anbieter professioneller Internetdienstleistungen, werde ich skeptisch. Auf bereinigter Basis war marchFIRST in den ersten neun Monaten des Jahres 2000 profitabel, machte aber auf das Jahr gesehen einen Verlust von sechs Cent pro Aktie. Der GAAP-Verlust für das Jahr betrug 53,27 Dollar pro Aktie. Weniger als zwei Monate nach der Meldung dieses riesigen Verlusts gemäß GAAP meldete marchFIRST Konkurs an.

Manche Verluste sind wirklich einmalig und bringen einen ausgleichenden künftigen Nutzen hervor. Es kann sein, dass ein Kreditnehmer einen Aufschlag dafür bezahlen muss, hochverzinsliche Schulden vorzeitig zu tilgen, aber dadurch sinken seine Zinsen für die nächsten Jahre. Abfindungen und Werksschließungen kosten zunächst bares Geld, dürften aber in den Folgejahren Geld sparen. Was aber soll man von einem Unternehmen halten, das jedes Jahr hohe Sanierungsabschreibungen tätigt, jedoch offenbar nie im gelobten Land ankommt? Oder von einem Unternehmen, das ständig etwas kauft und umstrukturiert? Es kann zur Qual werden, herauszufinden, ob die Nicht-GAAP-Zahlen ein wahrhaftigeres Bild liefern als die vom FASB abgesegneten Zahlen.

VERBINDLICHKEITEN IM KLEINGEDRUCKTEN VERSTECKEN

Die teuflischste Sorte von buchhalterischem Unfug sind versteckte Verbindlichkeiten, die in Abschlüssen kaum Spuren hinterlassen. Wenn überhaupt, dann sind sie nur in einschüchternden Fußnoten zu finden. Die daraufhin zu prüfenden Fußnoten sind unter anderem diejenigen zu Pensions- und Rentenplänen, zu Miete, Pacht und Leasing von Anlagen und Betriebsmitteln, Terminkaufverpflichtungen, Derivaten und Joint Ventures. Es gibt drei Haupttypen von Aktiva und Passiva, die ein Unternehmen außerhalb der Bilanz haben kann: (1) nicht konsolidierte Körperschaften, (2) schwebende Geschäfte und (3) Eventualverpflichtungen. Verbriefungen, Joint Ventures und schuldfinanzierte Projekte können der Konsolidierung entgehen, wenn ihre Schulden auf die Muttergesellschaft bezogen regresslos sind. Miet-, Pacht-, Leasing- und Terminkaufvereinbarungen sind schwebende Geschäfte, bei denen beide Parteien ihre Verpflichtungen erst noch erfüllen müssen. Eventualverpflichtungen sind unter anderem gerichtliche Klagen, Altlastensanierungen, Garantien und andere Situationen, in denen eine Verbindlichkeit noch nicht wahrscheinlich ist oder ihre Höhe noch nicht ermittelt werden kann.

Wenn der Barbestand größer ist als die Schulden, gehen Unternehmen selten bankrott, aber Circuit City, Amerikas zweitgrößter Elektronik-Einzelhändler tat im Jahr 2008 genau das. Wenn man die Fußnoten ausließ, war die Bilanz von Circuit City sehr irreführend. Für das Geschäftsjahr, das im Februar 2008 endete, wies der geprüfte Abschluss von Circuit City einen Barbestand von 296 Millionen Dollar, langfristige Schulden von 57 Millionen Dollar und ein Stammkapital von 1,503 Milliarden Dollar aus.

In einer Fußnote gab Circuit City künftige vertragliche Verpflichtungen von 5,6 Milliarden Dollar an, darunter vier Milliarden für betriebliches Leasing. Von diesen massiven außerbilanziellen Verbindlichkeiten mussten 637 Millionen Dollar im Geschäftsjahr 2009 beglichen werden. Nimmt man noch den negativen operativen Cashflow hinzu, ist klar, weshalb Circuit City pleiteging. Wegen Fällen wie Circuit City hat das FASB die Rechnungslegungsstandards für Vermietung, Verpachtung und Leasing geändert.

Kurz vor seinem Zusammenbruch im Jahr 2008 hatte sich Lehman Brothers dafür entschieden, mithilfe eines buchhalterischen Tricks namens Repo 105 den Gläubigern und den Regulierern eine stärkere Bilanz vorzulegen. Ein Repogeschäft ist eine Vereinbarung, ein Wertpapier zu verkaufen und es später zu einem höheren Preis zurückzukaufen, wobei man die während des Zeitraums anfallenden Dividenden oder Zinszahlungen auf das Papier einbehält. Im Endeffekt ist das ein durch ein Wertpapier gedecktes kurzfristiges Darlehen. Der Kreditgeber hat einen rechtlichen Eigentumsanspruch auf das Wertpapier als Sicherheit und verleiht den Wert des Papiers abzüglich einer Reserve namens „Haircut", die bei Anleihen höchster Bonität gewöhnlich zwischen einem und zwei Prozent liegt. Diese Reserve schützt den Kreditgeber, falls der Kreditnehmer nicht zurückzahlen kann. Lehman musste also beispielsweise bei einem Haircut von zwei Prozent für den Kauf eines Wertpapiers für 100 Dollar zwei Dollar hinlegen. Die Bilanz wies dann einen Anleihewert von 100 Dollar und eine Rückkaufverbindlichkeit von 98 Dollar aus. Im Zuge der globalen Finanzkrise wollten Finanzinstitute mehr liquide Barmittel und kleinere Bilanzen melden.

Bei Anleihen geringerer Bonität mit größeren Haircuts (über fünf Prozent) wandte Lehman eine Methode an, die es als Repo 105 bezeichnete, und das tat es auch bei Aktien mit Haircuts über acht Prozent. Für den Kauf einer Anleihe im Wert von 100 Millionen Dollar und einem Haircut von fünf Prozent legte Lehman fünf Millionen Dollar hin. Diese buchte es als Terminkontrakt in Höhe von fünf Millionen Dollar, und die Rückkaufverbindlichkeit tauchte in der Bilanz von Lehman überhaupt nicht auf. Auf diese Weise konnte Lehman zig Milliarden Dollar an Verbindlichkeiten verbergen. Nicht einmal in den Fußnoten wurden diese Verpflichtungen vollständig dargelegt. Anders als die meisten anderen Falschangaben änderte Repo 105 nichts am gemeldeten Gewinn.

BITTE WAS HAT MISS KITTY GEMACHT?

Als ich den 10-K-Jahresabschluss von Enron für das Jahr 2000 las, fand ich darin mehr Fragen als Antworten. Der Gewinnbeitrag der Großhandelsdienstleistungen war aufgeteilt in Vermögensgegenstände und Vermögensanlagen einerseits und Rohstoffverkäufe und Dienstleistungen andererseits. „Vermögensgegenstände und Vermögensanlagen" klingt für mich nicht nach einer laufenden Geschäftstätigkeit. Im Jahr 2000 brachten die Vermögensgegenstände und Vermögensanlagen einen Gewinn vor Zinsen und Steuern von 889 Millionen Dollar ein, und das war mehr als ein Drittel des Gesamtgewinns von Enron. Andererseits beinhalteten die Rohstoffverkäufe und Dienstleistungen Gewinne aus dem Verkauf von Verbriefungen in Höhe von 381 Millionen Dollar, wobei ein Teil der Verkäufe an eine 50-prozentige Tochter namens Whitewing erfolgt war. Zwei andere Konzerngesellschaften, JEDI und JEDI II, trugen 255 Millionen Dollar zu den Kapitalerträgen bei. Es war unmöglich, herauszufinden, ob die Gewinne aus laufendem Geschäftsbetrieb, Rohstoffhandel, Verbriefungen oder dem Verkauf von Vermögensgegenständen stammten.

Die Bilanz von Enron schwoll wie ein Ballon an, wobei sich die Vermögensanlagen und sonstigen Vermögensgegenstände auf 23,4

Milliarden Dollar beliefen. Das war doppelt so viel wie die Sachanlagen. Die Investitionen in nicht konsolidierte verbundene Unternehmen und die Vorauszahlungen an sie betrugen 5,3 Milliarden Dollar. Innerhalb eines Jahres schnellte das Vermögen aus Preis-Risikomanagement-Aktivitäten von 2,9 Milliarden auf 9,0 Milliarden Dollar in die Höhe. In der Hoffnung, diese Investitionen zu verstehen, studierte ich Anlage 21 zum 10-K, die eine Liste von Hunderten Tochter- und Partnergesellschaften war. Dort wurde keine Beschreibung ihrer Aktivitäten gegeben, sodass ich nie herausgefunden habe, was Bodyflash .com und Merlin Acquisition machten oder wie groß ihr Vermögen war. Zu keiner Gesellschaft wurde eine prozentuale Beteiligung angegeben, aber eine namens Miss Kitty LLC wurde zum wiederholten Male aufgeführt.

Ich nahm an, viele Enron-Konzerngesellschaften hätten kleine Beteiligungen an Miss Kitty und deshalb käme es so oft vor. Enron wollte nicht genau offenlegen, was es besaß und worin es steckte. So besaß auch eine 50-prozentige Tochter namens Atlantic Water Trust 68 Prozent von Azurix, woraus zu schließen war, dass Enron zu 34 Prozent beteiligt war. Im Jahr 2000 nahm Azurix eine Wertberichtigung seiner wasserwirtschaftlichen Vermögensgegenstände in Argentinien um 470 Millionen Dollar vor, was bei Enron eine Aufwendung von 326 Millionen Dollar bewirkte – und das sah nach 69 Prozent der Wertminderung aus. Enron ermunterte seine Investoren freundlich, den Verlust zu ignorieren und den Gewinn pro Jahr und Aktie 40 Cent höher anzusetzen. Mir kam es vor, als wollte mich Enron mit Nachweisen zuschütten. Alle diese irrelevanten Offenlegungen waren für mich nutzlos, denn mir fiel es schwer, herauszufinden, womit Enron sein Geld verdiente und worin seine Vermögensgegenstände bestanden.

Das Leben ist zu kurz, um sich mit solch wirren Problemen herumzuschlagen! Es stehen Tausende von Aktien zur Auswahl. Manche Investoren machen es zu ihrem Beruf, sich durch die Einzelheiten der Fußnoten zu wühlen. Für Banken- und Versicherungsanalysten ist das Pflicht. Aber als Portfoliomanager, der keine Enron-Aktien besaß, brauchte ich das nicht. Die Publizitätspflicht ist eine wunderbare

Sache, aber mit komplexen Konzernstrukturen, die umfangreiche Informationsangaben erfordern, hatte ich noch nie Glück. Nicht selten versuchen Unternehmen, durch komplexe Strukturen oder undurchsichtige Offenlegungen etwas zu verbergen.

Abgesehen von der findigen Nutzung von Fußnoten gehören zu den üblichen verräterischen Anzeichen für ein Unternehmen in Schwierigkeiten auch ein schnelles Wachstum von Vermögensgegenständen wie Vorräten und Forderungen. Auch wenn hohe Vorräte und Forderungen nicht auf Irreführung hindeuten, legen sie nahe, dass sich ein Unternehmen zu angestrengt um Umsätze bemüht. Auch wachsende Vermögensanlagen, immaterielle Vermögenswerte und andere Vermögensgegenstände können Warnzeichen sein, vor allem wenn ein Unternehmen reihenweise andere Unternehmen übernommen hat. WorldCom hat zwar bewiesen, dass sich das EBITDA fälschen lässt, aber diese Täuschung war aus dem negativen freien Cashflow und aus der zunehmenden Verschuldung ersichtlich. Wer in Einzelhandelsgesellschaften investiert, sollte die Fußnote zu Miete, Pacht und Leasing überprüfen. In Branchen mit vielen Gewerkschaftsmitgliedern kommt es auf die Fußnote zu den Rentenbezügen an. Wenn die Fußnoten zu verwirrend sind, sollte man es als Anleger schlicht sein lassen.

4

LEBE LANG UND GEDEIHE

13
IST DAS ENDE NAHE?

„Ich will durch meine Arbeit nicht unsterblich werden.
Ich will dadurch unsterblich werden, dass ich nicht sterbe."
- Woody Allen -

Das Leben ist unbeständig und überraschend, und noch mehr gilt das für die Geschäftswelt. Viele vergessen das, wenn sie Aktien bewerten. Häufig vernachlässigen Anleger die Bedeutung der Langlebigkeit (oder der Zeit bis zum Bankrott) und der Gewissheit. Gewinn und Wachstum sind erbauliche Themen, die sich leicht quantifizieren lassen, während sich die Sterblichkeit und die Gewissheit von Unternehmen weniger quantifizieren lassen und ein bisschen deprimierend sind – aber sie sind von überaus großer Bedeutung für den Wert einer Aktie. Gemäß der Formel des abgezinsten Cashflows ist der Wert eines Wertpapiers die Summe seiner freien Cashflows ab jetzt bis ans Ende seiner Zeit, abgezinst mit einer angemessenen Rendite; manche verwenden statt des Cashflows die Dividende, also denjenigen freien Cashflow, der auch tatsächlich verteilt wird. Die vier Bestandteile des Wertes sind **(1) Profitabilität oder Einnahmen, (2) Lebenserwartung, (3) Wachstum und (4) Gewissheit**.

Dabei sind manche Branchen anderen überlegen. Sie haben höhere Gewinne, eine höhere Lebenserwartung, ein schnelleres Wachstum oder mehr Gewissheit. Die Bestandteile des Wertes sind zwar in allen Branchen gleich, aber sie sind in verschiedenem Maße sowie in verschiedenen Kombinationen vorhanden. In den nächsten vier Kapiteln werden wir einige dieser Kombinationen erkunden, wobei der Schwerpunkt auf den Faktoren liegt, die zu Gewissheit und Langlebigkeit führen. Vorab ist zu sagen, dass hochprofitable Unternehmen, die in gewisseren, weniger zyklischen Branchen tätig sind, meist länger überleben. Außer vielleicht bei geringfügigen Verbrauchsgütern gehen Gewissheit und schnelles Wachstum selten miteinander einher.

Die Methode des abgezinsten Cashflows wird häufig nachlässig angewendet, fast gewisse und fast unmögliche Ereignisse werden gleich behandelt. Manche Prognosen sind sehr zuverlässig, andere sind Blödsinn; Anleger müssen die vertrauenswürdigen Informationen erkennen und sie von den Mutmaßungen und dem Geschwafel trennen. Beschreibungen von Ereignissen, die bereits geschehen, sind im Allgemeinen glaubwürdiger als Fortschreibungen in die ferne Zukunft; je weiter man in die Zukunft blickt, umso wahrscheinlicher stellt sich die Prognose als falsch heraus. Der Konvention zufolge werden die Aussichten ab einem so fern in der Zukunft liegenden Zeitpunkt, dass niemand eine Ahnung hat, zu einer Zahl zusammengefasst, die man als Restwert bezeichnet.

Ich vermute, Warren Buffett geht mit Ungewissheit so um, dass er seine „**Unsicherheitsmarge**" minimiert, auch wenn er das selbst nie in diesen Worten geäußert hat. Das wäre der Betrag, um den der Kurs einer Aktie einen extrem konservativen Gegenwartswert überschreitet – ein wahrhaftes Worst-Case-Szenario. Anstatt alle vorhergesagten Cashflows abzuzinsen – also sehr wahrscheinliche und eher fantastische zusammen –, würde man dann *nur die wahrscheinlichsten* Cashflows mitzählen und keinen Restwert annehmen. In den meisten Fällen ist dieses Szenario allerdings viel zu düster, weil einige der wahrscheinlichen, der möglichen und der fantastischen prognostizierten Cashflows eintreten. In Anerkennung dieser Tatsache werden

Aktien fast nie mit einem Abschlag auf ihren höchst gewissen Wert gehandelt. Wenn man aber „Mache keinen Verlust“ als oberste Regel der Geldanlage nimmt, dann ist die Minimierung der *Un*sicherheitsmarge ein Weg dorthin.

Wenn sich die Lebenserwartung und die Gewissheit problemlos messen ließen, dann würde ich wissen wollen, welche Bedeutung sie jeweils für die Aktienrenditen verschiedener Branchen haben. Aber das geht nicht, und darum bleiben uns nur eher subjektive Indikatoren. Branchen verändern sich mit der Zeit, und die Zukunftsindustrie von gestern ist heute veraltet, darum interessieren wir uns mehr für die Eigenschaften und Umstände von Branchen als für die Branchen an sich. Diese Eigenschaften und Umstände bringen für die Erkennung von Branchen, die die Sieger der Zukunft sein werden, mehr als ihre Performance in der Vergangenheit, außer wenn sich die Eigenschaften und Umstände sehr langsam entwickeln.

LEBENSDAUER UND BRANCHENSTRUKTUR: SIND EISENBAHNEN VERALTET?

Elroy Dimson, Paul Marsh und Mike Staunton (alle von der London Business School) haben umfassende statistische Historien des amerikanischen und des britischen Aktienmarktes erstellt, indem sie die Aktienperformance von 15 Branchengruppen in den Jahren 1900 bis 2016 untersucht haben. In dieser Zeit hat sich die Wirtschaft dramatisch verändert. Im Jahr 1900 steckten ungefähr vier Fünftel des Börsenwerts in Branchen, die heute nicht mehr herausragen. Im Jahr 1900 waren Streichhölzer und Kerzen Schlüsselindustrien; um über die 116 Jahre Kontinuität zu wahren, fassten die Dimson-Studien sie unter „sonstiges verarbeitendes Gewerbe“ zusammen.

Die Branchen, die laut Dimson-Studie in den Vereinigten Staaten die beste Performance brachten, waren (in dieser Reihenfolge) Tabak, elektrische Ausrüstung, Chemikalien, Nahrungsmittel und Eisenbahnen. Die schlechtesten (von unten nach oben) waren Schifffahrt, Textilien, Stahl, Papier, Versorger und Kohle. Im Vereinigten Königreich brachte die Alkoholindustrie die beste Performance. Vielleicht wäre das auch in den Vereinigten Staaten so gewesen, wenn es nicht von 1920 bis 1933 die Prohibition gegeben hätte.

Im Jahr 1900 *waren* Eisenbahngesellschaften der Aktienmarkt. Auf sie entfielen 63 Prozent des Marktwerts der börsennotierten amerikanischen Aktien und fast die Hälfte des Marktes in Großbritannien. Heutzutage stellen Eisenbahnen in beiden Ländern einen zu vernachlässigenden Anteil am gesamten Marktwert von unter einem Prozent. Heute fliegen die Fahrgäste wohl eher oder fahren mit dem Auto. Fracht, die früher wohl per Schiff oder Güterzug transportiert worden wäre, reist heute per Lastwagen oder Flugzeug. Doch obwohl die Eisenbahn von Lastwagen und Flugzeugen verdrängt wurde, übertraf die Performance der Bahn-Aktien diejenige von Lkw- und Luftfahrt-Aktien.

Die Datenreihen für amerikanische Speditions- und Fluglinien-Aktien beginnen im Jahr 1926 beziehungsweise im Jahr 1934. Seither entwickeln sich beide schlechter als der Gesamtmarkt. Obwohl die Bahnen an der Börse von der Vorherrschaft in die Bedeutungslosigkeit abgesunken sind, brachten Bahn-Aktien unter den Transport- und Verkehrs-Aktien die beste Performance. Insgesamt entsprachen sie mehr oder weniger dem Gesamtmarkt, dies allerdings nicht geradlinig. Anfang der 1970er-Jahre gab es eine ganze Reihe von Bahnpleiten, unter anderem ging die gigantische Gesellschaft Penn Central bankrott. Zu der Gesamtrendite der Eisenbahn-Aktien leisteten die Dividenden einen wesentlichen Beitrag.

Intuitiv könnte man ja meinen, die Gewinne der Eisenbahnen wären von den neuen Transportmitteln k. o. geschlagen worden. Wenn Branchen Kunden an Branchen verlieren, die sie ersetzen, wird ihre relative Bedeutung normalerweise ausgehöhlt, und ihre Ertragsmargen schrumpfen; so geschah es mit der Schifffahrt, mit Stahl, Papier und Kohle. In den 1970er-Jahren waren Personenzüge zu einer derartigen Katastrophe geworden, dass die Regierung am Maifeiertag 1971 fast den gesamten Personenfernverkehr verstaatlichte. Dann sah es so aus, als würde auch die Güterzugbranche zusammenbrechen. Die verheerendsten Ersatzverkehre kosten weniger *und* haben mindestens ein überlegenes Merkmal. Wenn zwei oder mehr Menschen reisen, wird es mit jeder Person billiger, das Benzin für ein Auto zu bezahlen, als Zugfahrkarten zu kaufen. Zudem können sie dann abfahren, wann und wo sie wollen.

Lastwagen und Flugzeuge transportieren Fracht zwar schneller, aber die Bahn hat einen Preisvorteil. Diesen Vorteil haben die Bahngesellschaften durch massive Kostensenkungen und Produktivitätssteigerungen noch verstärkt. Die Beschäftigtenzahl von Eisenbahngesellschaften der Klasse I (bedeutend) stürzte von 1,35 Millionen im Jahr 1947 auf 152.000 im Jahr 2016 ab. Dank Diesellokomotiven und gestapelten Containern transportieren die Bahnen heute dreimal so viele Tonnenkilometer an Fracht bei höheren Geschwindigkeiten mit weniger Angestellten und weniger Gleisen. Die Leitung, Planung, Sicherheit und Streckenwartung wurden automatisiert und computerisiert.

Bahngesellschaften sind lokale Monopole. Dies hat ihre Gewinnmargen bewahrt, während ihr Anteil an Fahrgästen und Frachtgut geschwunden ist. Wenn schon einmal Gleise verlegt wurden, um einen Punkt mit einem anderen zu verbinden, dann ist es selten profitabel, eine Konkurrenzstrecke zu bauen. Die Kunden können sich für eine bestimmte Route zwar für andere Transportmittel entscheiden, aber gewöhnlich nicht für eine andere Bahngesellschaft. Luft, Straße und Wasser konkurrieren auf identischen Routen. Trotz des gewaltig gewachsenen Verkehrs, der mit Lastwagen und Flugzeugen bewältigt wird, waren die Anlagerenditen mit Lastwagen- und Fluglinien-Aktien niedriger, weil dort die Wettbewerbsdynamik schlechter ist als bei Eisenbahnen. Jedes Jahr fliegen mehr Fluggäste, aber der unerbittliche Wettbewerb macht die Profite von Fluglinien sprunghaft und flüchtig. Die Speditionen wurden vom Wettbewerb nicht so verheert wie die Fluglinien, aber ihre Profitabilität ist schlechter als die von Bahngesellschaften. Die internationale Schifffahrt vereint das Schlechteste aus beiden Welten miteinander. Die Branche verliert immer mehr an Bedeutung, und es gibt viele harte Konkurrenten.

Am besten fahren Anleger mit Branchen, die alltägliche Bedürfnisse befriedigen, bei denen die Kunden nicht wechseln können oder wollen. Die Tabakindustrie war ein Monopol und ist immer noch ein

Oligopol. Bei Tabak und Alkohol, die in den Vereinigten Staaten respektive im Vereinigten Königreich die Branchen mit der besten Performance waren, kommt es auf die Marken an. Die meisten, die Whiskey von Jack Daniel's trinken, werden als Ersatz kein Bier von Blue Ribbon trinken, und die meisten Marlboro-Raucher werden nicht stattdessen Bonus Value rauchen.

Hingegen sind Elektrogeräte eine extrem vielfältige Kategorie, in der die Konkurrenz zwischen einzelnen Produkten stattfindet. Das war *die* Wachstumsbranche des vergangenen Jahrhunderts, als Motoren und Glühbirnen an die Stelle von Handarbeit und Kerzen traten. Das kräftige Wachstum der Chemie-Aktien beruht wahrscheinlich darauf, dass im Jahr 1900 auch Arzneimittel zur Chemieindustrie gehörten.

SINKENDE SCHIFFE UND KOHLEBROCKEN

Diejenigen Branchen, die sowohl durch Substitution als auch durch Konkurrenz herabgezogen wurden, waren von 1900 bis 2016 fürchterliche Investments. Es herrschte harte Konkurrenz zwischen vielen Schifffahrtsgesellschaften, Textil-, Stahl- und Papierherstellern. Wer Kraftwerkskohle kauft, beschränkt seine Vergleiche auf den Heizwert, die saubere Verbrennung und den Preis. Wenn Sie in einer solchen Branche tätig sind, werden Sie sagen, dass es da noch um mehr geht, und manchmal ist das auch so. Doch in groben Zügen ist hier von Massenware die Rede. Wenn ich nicht beweisen kann, dass die *Kunden* ein Produkt nicht als Massenware betrachten, dann gehe ich davon aus, dass es ein Massenprodukt *ist*. Im Schnitt erzielen Massenindustrien nur mittelmäßige Profite. Normalerweise sind sie kapitalintensiv und hangeln sich zwischen Zeiten von Massenpleiten und kräftigen Aufschwüngen durch. Im Jahr 2000 war die Hälfte der nordamerikanischen Stahlindustrie pleite, aber sechs Jahre später druckte sie Geld.

Branchen, für die es keinen Ersatz gibt, und Unternehmen ohne Mitbewerber verzeichnen meistens die höchsten Renditen, überleben am längsten und liefern den größten Wert ab. Dem Anschein nach sind Stromversorger perfekt dafür aufgestellt, aber sie passen nicht in diese Theorie. Elektrizität ist ein Verbrauchsgut mit einer wachsenden Zahl von Anwendungen und ohne attraktive Ersatzgüter. Viele Versorger haben lokale Monopole. Das Problem daran ist, dass viele Versorger zu regulierten Preisen verkaufen, die dadurch ermittelt werden, dass man die geschätzten Kosten zusammenrechnet und eine angemessene Rendite aufschlägt. Die staatlichen Regulierungsbehörden gehen davon aus, dass ein Großteil der Finanzierung von Versorgungsunternehmen aus preisgünstigen Schulden stammt und dass auch eine niedrige Eigenkapitalrendite angemessen ist.

In der Anfangszeit dieser Branche setzten sich die Stromversorger in heftig umkämpften Märkten für eine Konsolidierung und Regulierung durch die Bundesstaaten ein. Bis Anfang der 1900er-Jahre hatten manche Kommunalverwaltungen an mehrere Versorgungsunternehmen Lizenzen vergeben, sodass ein anarchischer Wettbewerb entstand. Die Versorger beklagten sich über die zerstörerische Konkurrenz und traten dafür ein, dass die Elektrizität ein natürliches Monopol sein sollte. In anderen Städten fusionierten die Elektrizitätsgesellschaften zu örtlichen Monopolen und hoben die Preise an. Als die ersten Bundesstaaten Regulierungen einführten, taten sie das laut Gregg A. Jarrell von der University of Rochester in einem heftigen Wettbewerb mit Strompreisen 45 Prozent unter dem Durchschnitt, einem um 25 Prozent höheren Pro-Kopf-Stromverbrauch und geringeren Gewinnen der Versorger. Nachdem diese Versorger reguliert waren, stiegen die Strompreise. Das Überleben der Konzerne und die Gewissheit waren diesen Versorgern wichtiger als die entfernte Möglichkeit hoher Gewinne.

PROFITABILITÄT: MEHR ALS 50 JAHRE LANG GOLDESEL

Der erste Schritt, um wirklich wertvolle Unternehmen zu finden, besteht darin, Unternehmen mit überlegenen Gewinnen zu finden. Wenn man eine Auswahl besonders lukrativer Unternehmen herausgefiltert hat, wie lange sind die Goldstücke aus dem Esel gefallen, und fällt die Antwort je nach Branche unterschiedlich aus? Die Dimson-Studien haben sich mit diesen Fragen noch nicht befasst. Die meisten allgemein verfügbaren Datenbanken werden nach einer Geschichte von mehr als 25 Jahren recht durchwachsen. Ich habe einmal ein „Moody's Handbook" von 1965 hergenommen, das vollständige Berichte über 1.000 Unternehmen enthält, und zunächst Banken und Versicherungen ausgeschlossen. Dann habe ich die 90 Unternehmen herausgesucht, deren operative Ertragsmargen im Jahr 1964 mindestens 20 Prozent betrugen. Diese waren nicht demokratisch über die Branchen verteilt. Es waren 14 Eisenbahngesellschaften, ein Dutzend Pharmawerte sowie viele Konsumgüterhersteller und Bergbaugesellschaften. Ich wählte aus den 32 Branchen mithilfe einer unwissenschaftlichen Kombination aus größtem Umsatz, höchstem Marktwert und höchster Gewinnmarge jeweils ein repräsentatives Unternehmen aus. In den Branchen Einzelhandel, Speditionen, Stahl, Automobilbau, Halbleiter und markenlose Lebensmittel gab es kein einziges Unternehmen mit einer Gewinnmarge von 20 Prozent. Ein halbes Jahrhundert später – im Jahr 2014 – war der Vorsprung dieser Unternehmen schmaler geworden, aber ihre Gewinne lagen immer noch über dem gemeldeten Durchschnitt des S&P 500 von 10,5 Prozent. In Tabelle 13.1 liste ich die Ertragsmargen der Unternehmen beziehungsweise ihrer Nachfolgeunternehmen im Jahr 2014 von der höchsten bis zur niedrigsten auf. Sieben Unternehmen waren bankrottgegangen, viele waren übernommen worden und die meisten hatten sich im Laufe der Zeit entwickelt. Die gekürzte Liste von 32 Unternehmen soll diverse Branchen herausstellen. Bei der Betrachtung der vollständigen Liste der 90 Unternehmen kehrten die Margen nicht so sehr zum Mittelwert zurück wie bei der kurzen Liste. Bei Branchen, in denen es viele margenstarke Unternehmen gab – Arzneimittel, Bahnen und kurzlebige Konsumgüter –, erwiesen sich die Gewinne als belastbarer, was vielleicht an einer Art branchenweitem Burggraben gegenüber der Konkurrenz lag. Die Ausnahme waren Rohstoff-Bergbaukonzerne, die tief reichenden Rohstoffzyklen unterliegen.

Tabelle 13.1

Gewinnmargen repräsentativer Unternehmen aus 32 Branchen

Unternehmen	Nachfolger	Ticker-symbol	Branche	Marge 1964	Marge 2014
Brown-Forman		BF.B	Alkohol	27	33
Penn Central RR	BR 1970/Norfolk So	NSC	Eisenbahn	27	31
R.J. Reynolds	Reynold American	RAI	Zigaretten	27	30
Coastal States Gas	Kinder Morgan	KMI	Erdgasförderung	29	27
SmithKline	GlaxoSmith	GSK	Arzneimittel	34	26
Cap Cities	Disney	DIS	TV/Radio	34	23
MMM		MMM	Verarbeitendes Gewerbe	22	22
Intl Flavors & Fragrances		IFF	Aromen	24	19
IBM		IBM	Computer	27	19
Hershey		HSY	Süßigkeiten	23	19
Gillette	Procter & Gamble	PG	Rasierer	24	18
Tampax	Procter & Gamble	PG	Tampons	43	18
Rayonier		RYN	Forstwirtschaft	22	16
AMP	TE Connect	TEL	Elektrische Ausrüstung	21	15
Harbison Walker	BR 2002/Halliburton	HAL	Feuerfeste Materialien	21	15
Dome Mine	Goldcorp	G.TO	Gold	30	13
Abbott Lab		ABT	Medizinprodukte	21	13
Dupont EI		DD	Chemie	25	12
Caterpillar		CAT	Baumaschinen	21	10
Stone & Webster	BR 2000/Chic. B&I	CBI	Maschinenbau	35	8
Xerox		XRX	Fotokopierer	30	7
Lone Star Cement	Buzzi Unicem	BZU IM	Zement	20	7
American Commercial Line	Delisting 2009	ACLI	Schifffahrt	24	6
Dow Jones	Newscorp	NWS	Zeitungen	22	6
Maytag	Whirlpool	WHR	Elektrogeräte	25	6
Northwest Air	BR 2005/Delta	DAL	Fluggesellschaften	25	6
British Petroleum		BP	Öl	22	5
Avon		AVP	Kosmetik	27	5
US Gypsum	BR 2001/USG	USG	Wandbauplatten	25	4
Noranda	Glencore	GLEN LN	Bergbau	22	2
Champion Spark	Fed Mogul/BR 2001	FDML	Autoteile	27	0
Eastman Kodak	BR 2012	EK	Fotografie	27	-1

Anmerkung: BR = Bankrott

Im Durchschnitt bewahrten Unternehmen mit langlebigen Marken-Konsumgütern mehr als 50 Jahre lang höhere Margen als alle anderen Sektoren. Sieht man von der Fotografie ab, ging keines von ihnen bankrott. Meistens waren ihre Gewinne weniger zyklisch und schwankungsanfällig als im Durchschnitt. Von den vier Indikatoren für wahrhaft wertvolle Unternehmen haben Verbrauchsgüter die Profitabilität, die Lebenserwartung und die Gewissheit vorzuweisen; der einzige Indikator, der fehlt, ist das schnelle organische Umsatzwachstum. Im Vereinigten Königreich waren Alkohol-Aktien 115 Jahre lang die Spitzenperformer, obwohl der Alkoholkonsum pro Kopf zurückging. Der Zigarettenkonsum sinkt fast Jahr für Jahr. Trotz Übergewicht und Vergeudung ist es unwahrscheinlich, dass der Nahrungsmittelkonsum viel schneller wachsen wird als die Bevölkerung. Vielleicht waren die Margen bei Verbrauchsgütern wie Lebensmitteln und Alkohol gerade deshalb so belastbar, weil die stetige Nachfrage und die allmählichen Verbesserungen der Produkte Wettbewerber vom Eintritt in diese Branchen abhalten.

Meine Nachforschungen ergaben, dass zwei Verbraucherkonzerne ihre ohnehin stattlichen Margen über ein halbes Jahrhundert noch steigerten: der Zigarettenhersteller Reynolds und Brown-Forman, der Hersteller der Whiskeymarke Jack Daniel's. Auch andere Hersteller kleinerer Konsumartikel bewahrten sich eine herausragende Profitabilität und erfreuten sich eines stärkeren Wachstums der abgesetzten Stückzahlen. Hershey blieb Amerikas Lieblingsschokoriegel. Procter & Gamble (P&G) kaufte Gillette und Tampax auf, und seine Gewinnmarge betrug 18 Prozent. Die Marken von Gillette und Tampax waren so gut wie gleichbedeutend mit ihren Kategorien. P&G meldete im Jahr 2014 für sein Rasierklingengeschäft Margen von 24,4 Prozent, was etwa denen von Gillette 50 Jahre zuvor entsprach. Zwar veröffentlicht P&G keine Margen zu Damenhygiene-Artikeln, es deutet aber an, dass sie deutlich über dem Konzerndurchschnitt liegen.

Mit einigen Aktien im Bereich der Verbrauchsgüter hat es nicht geklappt – zum Beispiel Avon und Eastman Kodak. Die Verlierer unter den Konsumgüter-Aktien haben oft schwache oder gar keine Marken. Interessanterweise war das weder bei Avon, das eine der bekanntesten Kosmetikmarken war, noch bei Eastman Kodak mit einer der bekanntesten Handelsbezeichnungen der Welt das Problem. Avon strauchelte, weil sein Vertriebssystem den Zeiten weit hinterherhinkte. Das Aufkommen der Shoppingmalls und dann des Internets führte dazu, dass man Kosmetika auch woanders kaufen konnte. Auch bedeutete es für Avon eine Herausforderung, dass immer mehr Frauen berufstätig wurden. Mag sein, dass berufstätige Frauen mehr Kosmetika verwenden, aber sie kaufen sie nicht zu Hause bei einer Vertreterin. Als Frauen mehr Berufe offenstanden, entschieden sich außerdem weniger von ihnen für den geringfügig bezahlten Job als Avon-Beraterin.

WACHSTUM: FOTO IST FERTIG

Eastman war sowohl ein Hersteller von kleineren Konsumartikeln als auch ein Technologie-Unternehmen, aber der technologische Wandel war sein Tod. In den 1960er- und 1970er-Jahren gehörte Kodak zu den glänzendsten Aktien der Börse und erzielte mit Farbfilmen der Marke Kodachrome spektakuläre Ertragsmargen. Es wuchs trotz der Einführung der Sofortbildfotografie durch Polaroid robust. Polaroid hatte ein astronomisches Kurs-Gewinn-Verhältnis (KGV), das dem Gründer Edwin Land – einem Erfindergenie, das mit 533 Patenten gleich hinter Thomas Edison den zweiten Platz belegte – alle Ehre machte. Kodaks Margen schrumpften, als japanische Mitbewerber Marktanteile gewannen. Und am Ende wurde der Branche der chemischen Fotografie von der digitalen Bildgebung der Garaus gemacht. Und Polaroid, das die erste Runde der Innovation entfacht hatte, stürzte im Jahr 2008, vier Jahre vor Eastman Kodak, in die Pleite.

Explosives Wachstum und fabelhafte Profitabilität sind die Gründe, aus denen Trader Hightech-Rockstars nachjagen. Doch leider sind Rockstars weder für ihre hohe Lebenserwartung noch für Berechenbarkeit bekannt. Von den 32 Unternehmen in Tabelle 13.1 hatte Xerox mit 54 das höchste KGV, gefolgt von IBM. Auch Eastman Kodak war üppig bewertet. In den 1970er-Jahren hatten sie alle zu den sogenannten Nifty Fifty gehört, dem Wachstumsaktien-Korb, der nur „eine Entscheidung" erforderte. Unternehmen in Branchen, die sich rasant gewandelt haben, überleben nur, wenn auch sie sich stetig wandeln. IBM fuhr über die 50 Jahre am besten, weil es sein Geschäft vollständig umstellte, von Computer-Hardware auf Software und Dienstleistungen. Xerox hat sich auf ausgelagerte Dienstleistungen diversifiziert; es verkauft, vermietet und wartet aber auch weiterhin Kopierer, obwohl hier die Margen eingebrochen sind. Kodak machte 2012 Bankrott, weil es sich nach wie vor auf Filme und Kameras konzentrierte.

Ein anderes Opfer einer abgelehnten Technologie war Stone & Webster, das Kernkraftwerke plante und baute. Stone betreute früher alle Atomkraftwerke der Vereinigten Staaten. Man hatte angenommen, die Kernkraft werde Strom vernachlässigbar preisgünstig machen, aber öffentliche Proteste führten dazu, dass die Baukosten enorm stiegen. Nach der Kernschmelze in Harrisburg (Three Mile Island) im Jahr 1979 gaben die Versorgungskonzerne keine KKW mehr in Auftrag und brachen Bauvorhaben ab. Die Hälfte der bereits geplanten Kernkraftwerke wurde nie fertiggestellt. Stone & Webster bewältigte dies, indem es auf weniger profitable Gebiete auswich, sodass es zu einem von vielen technischen Baukonzernen wurde und sich bemühte, seinen Mitarbeitern Beschäftigung zu bieten.

Ingenieure kümmert es normalerweise vor allem, ob eine Technologie ihren beabsichtigten Zweck erfüllt, die Nebenwirkungen interessieren eher nicht. Unerwartete Folgen können ein Unternehmen jedoch vernichten. Asbestprozesse trieben Harbison Walker, Federal-Mogul und USG in den Bankrott. Die Öffentlichkeit lehnte Technologien nicht etwa ab, weil sie nicht funktionierten, sondern wegen ihrer indirekten Auswirkungen. Asbest hat nach wie vor die flammhemmenden und hitzebeständigen Eigenschaften, die ihm das Etikett „Wundermineral" einbrachten. Natürlich wurde es bei den meisten Anwendungen durch andere Materialien ersetzt, unter anderem in Kent-Zigaretten, wo es einst als „bester gesundheitlicher Schutz in der Geschichte der Zigarette" angepriesen worden war, durch den Micronite-Filter. Dort, wo keine unbedenklicheren feuerhemmenden

Materialien zur Verfügung stehen, ist Asbest in den Vereinigten Staaten nach wie vor erlaubt und wird beispielsweise in Dichtungen, für Dächer und für Bodenfliesen immer noch verwendet.

Schon damals gab es Berichte, die vor den Gefahren von Asbest und Kernenergie warnten, aber das gab es auch bei Tabak und Schnaps. Weist dies auf Produkte hin, von denen sich spätere Generationen möglicherweise abwenden werden? Die Prohibition und ihre Aufhebung zeigen, dass die Menschen zu verschiedenen Zeiten der Auffassung sein können, dass die Vorteile eines Produkts den gesellschaftlichen Schaden überwiegen, dann zu dem Schluss kommen, der Schaden sei doch größer, und noch später wieder zur ursprünglichen Meinung umschwenken. Manche warnen, das Internet mache es möglich, die Menschen sieben Tage rund um die Uhr zu überwachen (und elektronisches Geld ermögliche weitere Nachverfolgungen). Auch gehören den Menschen die Daten über ihre Person nicht. Die Gentechnik hat der landwirtschaftlichen Produktivität fantastische Fortschritte beschert, aber die Zweifler warnen vor fürchterlichen Mutanten. Die Wahrheit ist indes, dass wir nicht in die Zukunft blicken können.

GEWISSHEIT UND EINE ZUKUNFT, DIE MAN NICHT KENNEN KANN

Ich gelange zu einem gewissen Maß an Gewissheit hinsichtlich der Zukunft, indem ich auf nichtzyklische Nachfrage, staatliche Regulierungen, Monopolmacht, Markentreue und ein Produkt achte, das sich verhältnismäßig wenig verändert. Bei extrem zyklischen Branchen lässt sich vielleicht ein durchschnittliches Niveau der Nachfrage berechnen, aber in einem einzelnen Jahr können Umsatz und Gewinn derart weit von diesem Trend entfernt liegen, dass eine Prognose sinnlos ist. Wenn Regulierungen oder ein Monopol ein Unternehmen vor der Konkurrenz abschirmen, sinkt dadurch das Risiko für Kämpfe um Marktanteile und für Preiskriege. Starke Marken bringen treue Kunden und ein gewisses Maß an Preissetzungsmacht mit sich.

Produkte, die sich langsam weiterentwickeln (und keine Massenware sind), sind weniger anfällig für Substitution und die Verschiebung von Marktanteilen.

Verträge – über Käufe und Verkäufe, aber auch über Schulden, Vermietungen, Verpachtungen und so weiter – können die Gewissheit entweder erhöhen oder senken. Manche Käufe und Verkäufe erfolgen anhand langfristiger Verträge und bieten einen gewissen Einblick in die Einnahmen, Ausgaben und Preise eines Unternehmens in späteren Jahren. Die automatische Verlängerung von Zeitungs- und Zeitschriften-Abonnements, Telefonverträgen oder Softwarebetreuung erfolgt häufig eher aus Trägheit als durch neue Verträge. Vereinbarungen unter Berücksichtigung der Kosten sichern Auftragnehmern ein im Voraus bekanntes Gewinnniveau. Hingegen können schlecht abgefasste Verträge die Ungewissheit steigern. Während eines Abschwungs wünschen sich alle Unternehmen, alle ihre Kosten wären variabel statt fix. Die meisten Unternehmen haben Schuld- und Mietverbindlichkeiten, in deren Rahmen sie versprochen haben, von ihren ungewissen künftigen Einnahmen festgelegte Beträge zu bezahlen.

Penn Central und Northwest Orient Airlines meldeten nicht nur wegen ihrer Überschuldung Konkurs an, sondern auch um kostspielige Tarifverträge umzustrukturieren. Die Fusion von Pennsylvania Railroad und New York Central verschaffte Penn Central auf vielen Strecken ein Monopol, aber unerschrockene Gewerkschaften blockierten Kosteneffizienzen. Die Fahrgastsparte von Penn Central musste während der 1960er-Jahre reichlich bluten, weil sie wegen der rückläufigen Passagierzahlen von den Mitarbeiterzahlen her überbesetzt war. Im Jahr 1966 hatte Pennsy die Long Island Rail Road (eine Pendlerstrecke) an den Staat New York verkauft, jedoch andere verlustbringende Nah- und Fernverkehrsstrecken behalten. Das Frachtgeschäft war schon immer zyklisch gewesen, und die Kostenstruktur von Penn Central sowie seine Schulden in Höhe von 3,3 Milliarden Dollar schienen die Erwartung widerzuspiegeln, dass sich die blühende Wirtschaft ewig fortsetzen würde. Schon 1970, zwei Jahre nach der Fusion, beantragte Penn Central Insolvenz, ohne dass es je die Dividende hatte ausfallen lassen.

Northwest Orient hatte im Jahr 1964 einen klaren Pfad zu unbefristetem Wachstum vor sich. Immer mehr Menschen nahmen das Flugzeug, und die Fluggesellschaften waren reguliert, sodass die inländischen Linien stets profitabel waren. Northwest hatte eine solide Bilanz – halb so viel Schulden wie Eigenkapital – und eine moderne Flotte. Noch besser war, dass es ausgiebig Asien anflog. Historisch waren die Landerechte in Asien stark eingeschränkt. Noch heute ist Asien für Flugreisen ein Wachstumsmarkt. Die Flugpreise sind in Asien tendenziell hoch, und daher konkurrieren die Fluggesellschaften dort, indem sie die Kunden verwöhnen. Listen der besten Fluggesellschaften der Welt enthalten häufig viele asiatische (und keine amerikanischen) Airlines.

Im Jahr 1978 wurden die Fluggesellschaften dereguliert, und die Konkurrenz um die Inlandsrouten wurde schärfer. Northwest fusionierte mit Republic, um seine Dominanz an den Drehkreuzen St. Paul und Detroit zu stärken. Daraus ergaben sich Störungen im Service. Nach einer fremdfinanzierten Übernahme im Jahr 1989 verkaufte Northwest viele seiner Flugzeuge und leaste sie zurück, und das Gleiche machte es mit vielen seiner internationalen Immobilien. Northwest bildete eine gespaltene Persönlichkeit aus, auf der Strecke nach Tokio bot es einen exquisiten Service an, es presste aber auch wiederholt seinen Angestellten Zugeständnisse ab. Eine Zeit lang strich Northwest, um die Kosten zu senken, Annehmlichkeiten wie Erdnüsse und Kissen, aber vernünftigerweise nicht bei den Asienflügen. Im Jahr 2005 saß Northwest aufgrund der fremdfinanzierten Übernahme und jahrelanger Verluste auf Schulden und Leasingverbindlichkeiten in Milliardenhöhe, es hatte ein negatives Umlaufvermögen, eine alternde Flotte und wenige überschüssige Aktiva, die es hätte abstoßen können. Alle Dinge, die Northwest einen Blick auf sein Schicksal gewährt hatten – staatliche Regulierung, monopolisierte Märkte, geringe Schulden und Leasingverbindlichkeiten –, waren weg. Manche Fluggäste sprachen von „Northworst".

Die Tatsache, dass der Mitfahrdienst Uber Wege gefunden hat, Regulierungen zu umgehen, beendete in der Taxibranche eine lange Periode der Vorhersehbarkeit. Mehr als 75 Jahre lang hatte New York

City den Wettbewerb dadurch eingeschränkt, dass es von jedem Taxi eine Lizenz verlangte und die Anzahl der Lizenzen festlegte. Während der Großen Depression sackten die Taxifahrten ab, und auch die Preise gingen zurück. Der Vorschlag, in New York ein Taximonopol zu schaffen, wurde ins Spiel gebracht, aber wieder aufgegeben, nachdem berichtet worden war, dass sich Bürgermeister Jimmy Walker von Parmelee Taxi, dem damals größten Taxiunternehmen, hatte bestechen lassen. Im Jahr 1937 vergab New York rund 13.000 Lizenzen zum Preis von jeweils zehn Dollar. Im Jahr 2013 wurden diese Lizenzen für 1,1 Millionen Dollar gehandelt, was eine kumulierte jährliche Steigerung um 15 Prozent bedeutete. Wenn man bedenkt, dass ein voll ausgestattetes neues Taxi weniger als ein Zehntel dieses Betrags kostet, ist das Wahnsinn.

Taxifahrer ohne Lizenz halten das System meist für eine Art legalisierte Erpressung, aber Anlegern bot es eine sehr sichere Wette, die nur eine Richtung kannte. Die meisten Inhaber von Lizenzen vermieteten sie an Fahrer, die ihnen zusätzlich zum Kapitalertrag stetige und wachsende Jahreseinkünfte von 70.000 Dollar beziehungsweise eine laufende Rendite von sechs Prozent einbrachten. Die Mieteinnahmen gingen nur selten zurück, weil das Risiko schlechter Tage und hoher Kraftstoffpreise von den Fahrern getragen wurde. In den 1980er-Jahren war Checker Motors ein börsennotiertes Unternehmen. Ich persönlich war ein Fan der geräumigen spritdurstigen Taxifahrzeuge, die Checker früher baute, aber die Firma besaß auch Tausende Taxilizenzen, zum Teil aufgrund ihrer Beteiligung an Parmelee. Ich kaufte ein paar Aktien, aber bald danach wurde Checker in ein Privatunternehmen umgewandelt. Damals hielt ich den Preis für zu niedrig, und im Nachhinein bekam der Aufkäufer das Unternehmen absolut geschenkt. Heute operieren Uber und Lyft ohne Lizenzen und bieten ihre Fahrten zu günstigeren Preisen an, aber das Nettogehalt der Fahrer ist mit dem von lizenzierten Taxifahrern vergleichbar. Gleichzeitig purzeln die Preise für Lizenzen.

Dank des Abonnementmodells und der Macht der Gewohnheit waren die Trends von Zeitungsverlagen wie Dow Jones jahrzehntelang langweilig und vorhersehbar. Beim Rundfunk ist der Wettbewerb staatlich reguliert, aber auch ohne Regulierung gibt es in den meisten Städten nur eine Zeitung. Die Leserzahlen dümpelten auch noch vor sich hin, als die elektronischen Medien an Bedeutung gewannen. Im Gegensatz zum Wohnungsbau und zur Beschäftigung waren die meisten Werbekategorien nicht allzu zyklisch. Als die Anzeigewerbung in Zeitungen kollabierte, war das Internet bereits ein alter Hut. Egal, ob die Vorhersehbarkeit auf Gesetzen, Monopolen, Verträgen, Gepflogenheiten oder Gewohnheiten beruht, letztlich hängt sie vom Verhalten der Menschen mit all ihren Schwächen ab.

Tatsächlich spiegeln alle vier Bestandteile des Wertes – Profitabilität, Lebenserwartung, Wachstum und Gewissheit – regelmäßige Muster von Sozialverhalten wider. Das heißt, selbst wenn man versucht, den vier Elementen des Wertes Zahlen beizulegen, sind sie etwas völlig anderes als die Gesetze der Physik. Höhere Profitabilität zeigt ein Produkt an, das die Käufer haben wollen und das sie, aus welchen Gründen auch immer, woanders nicht bekommen. Die Lebenserwartung wird durch Zeiten verkürzt, in denen die unmittelbare Nachfrage nach dem Produkt eines Unternehmens sinkt. Egal, ob der Verkauf an einen konkurrierenden Anbieter oder an ein Ersatzprodukt verloren geht oder ob er sich zyklisch verschiebt, das Ergebnis ist das gleiche. Wachstum zeigt entweder die Substitution eines Konkurrenzprodukts oder ein Produkt an, mit dem die Nutzer etwas machen können, das sie vorher nicht machen konnten. Gewissheit zeigt Verträge und die grundsätzliche Trägheit von Institutionen und des menschlichen Verhaltens an. Die Herausforderung bei der Geldanlage besteht darin, sich nicht von unrealistischen Erwartungen mitreißen zu lassen. Die Geschichte lässt vermuten, dass sich der Restwert vieler Unternehmen als null erweisen wird.

14
SPRUDELNDE ÖLQUELLEN UND ÖLTEPPICHE

„Im Grandhotel des Kapitalismus sind die teuersten Zimmer immer belegt, aber nicht immer von den gleichen Gästen."
- Joseph Schumpeter -

Rohstoffproduzenten sind eine Spielwiese für Spekulanten und für Anleger ein Minenfeld. Die Produkte sind alle ähnlich und werden zum Marktpreis verkauft, in dem sich Angebot und Nachfrage niederschlagen. Bei einer lebhaften Marktlage drehen sich alle Storys um die Nachfrage, aber die Anleger beobachten die Angebotsseite. Der Erzeuger mit den niedrigsten Kosten hat die höchsten Ertragsmargen, sodass er am schnellsten wachsen könnte. Wenn die Preise stabil wären, würde ich (und das tue ich sowieso) nach unterbewerteten Anlagen und niedrigen Produktionskosten suchen.

Der Haken an der Sache ist, dass die Preise aufgrund der Tatsache, dass der Preis die einzige Grundlage für den Wettbewerb ist, schwanken, und das oft heftig. Die Nachfrage zieht bei hohen Preisen nur zögerlich an. Je nachdem, wie die Konkurrenten auf solche Veränderungen reagieren oder auch nicht, verändert sich die relative Kostenposition eines Rohstoffproduzenten. Bei lebhafter Marktlage entgehen Produzenten mit geringeren Kosten Gelegenheiten, wenn sie keine zusätzlichen Kapazitäten aufbauen, die zwar mit höheren Kosten verbunden, aber trotzdem profitabel sind. In einem Abschwung geht der günstigste Förderer als Letzter zugrunde, aber die Kosten der Wettbewerber verändern sich in unterschiedlichem Tempo. Geringe Kosten nachhaltig beizubehalten ist schwierig. Die Werte von Anlagen können schockierend vergänglich sein.

So kann man beispielsweise im Voraus nicht exakt wissen, was es kosten wird, ein Barrel Öl zu finden und zu fördern. Buchhalter ordnen die Kosten von Energiekonzernen in drei Gruppen ein: (1) Lagerstätten finden, (2) die Lagerstätten erschließen und (3) das Öl oder das Gas fördern. Öl zu finden ist ein Spiel, in dem sich Glück und Geschick mischen. Im Einzelfall sind die Bohrergebnisse unvorhersehbar, und sogar die besten Explorationsunternehmen machen Fehlbohrungen. Die Kennzahlen für das Auffinden springen auf und ab, und daher muss man den historischen Durchschnitt der Kosten aller Explorationsaktivitäten in einem bestimmten Gebiet betrachten. Um zu erklären, *warum* die Kosten eines Unternehmens niedrig sind, schaue ich mir die Geologie, die Technologie und gesellschaftliche Institutionen an.

Die Erschließungskosten sind an ein bestimmtes Feld oder Projekt gebunden, daher kalkulieren Explorer ihre Kosten im Verhältnis zum geschätzten Wert der Ressource. Manche Lagerstätten sind billig aufzufinden, aber teuer zu erschließen oder zu fördern, und umgekehrt. Eine Faustregel für die Erhaltung der Profitabilität besagt, dass die Erschließungskosten nicht mehr als ein Drittel des Verkaufspreises betragen sollten – zum Beispiel 15 Dollar Kosten pro Barrel, wenn das Barrel für 45 Dollar verkauft wird.

Die Förderkosten sind berechenbarer als die Erschließungskosten, unter anderem weil darin Steuern und die als Royalties bezeichneten Lizenzgebühren enthalten sind, die häufig gesetzlich oder vertraglich als Anteil der Einnahmen festgelegt sind. Die Kosten für die physische Förderung von Kohlenwasserstoffen aus Tiefbohrungen auf dem Meeresgrund sind höher als bei ergiebigen flachen Bohrungen an Land. Sogar auf einem konkreten Ölfeld ist das erste geförderte Öl am leichtesten und günstigsten zu fördern, und die Kosten steigen im Laufe der Zeit. Die steuerlichen Bedingungen und geologischen Verhältnisse sind überall auf der Welt unterschiedlich. Darum sind nicht alle Barrels gleich.

Die Preise springen in Vorwegnahme des künftigen Angebots und der künftigen Nachfrage ständig auf und ab. Steigende Preise deuten darauf hin, dass ein Rohstoff begehrt ist, aber die Erschließung neuer Quellen mineralischer Bodenschätze dauert Jahre. Manchmal sind die Verzögerungen derart lang, dass man sich fragt, ob überhaupt ein Zusammenhang zwischen Preis und Angebotsreaktion besteht. Im Juli 2008 erreichte der Ölpreis in der Spitze 145 Dollar pro Fass, aber noch im Jahr 2015 stieg die amerikanische Ölproduktion. Anders als viele Mineralien lässt sich Öl nicht wiedergewinnen und wiederverwenden. Anders als bei landwirtschaftlichen Erzeugnissen lässt sich kein zusätzliches Öl anbauen. Das Preisgleichgewicht ist eine nützliche Vorstellung, aber wer sie zu ernst nimmt, wird merken, dass die Ölmärkte im richtigen Leben tückisch sind.

Ölhändler wissen, dass sie, um Gewinn zu erzielen, nicht die Entwicklungsrichtung des Spot-Preises zur sofortigen Lieferung erraten müssen, sondern von welchen künftigen Preisen der Markt ausgeht. An den Terminmärkten bezieht sich fast der gesamte Handel auf Liefertermine in spätestens einem Jahr, und daher sind die impliziten Prognosen für spätere Jahre, die für Anleger am wichtigsten sind, schwer zu erkennen. Auch bildet sich der Preis bestimmter Öl- und Gas-Aktien anhand unterschiedlicher „price decks" – Prognosereihen über mehrere Quartale oder Jahre.

Normalerweise meide ich Rohstoffunternehmen, aber wenn Sie in eins investieren müssen, nehmen Sie Öl, weil dort das Angebot begrenzt und die Nachfrage verhältnismäßig unelastisch ist. Wenn eine Ressource *doch* erneuerbar ist, entstehen die Kosten durch Suche, Produktion und Ersetzung. Einzelne Ölgesellschaften mögen in der Lage sein, Lagerstätten zu ersetzen, aber weltweit betrachtet ist die Ausstattung mit Ressourcen unersetzbar, und sie schrumpft. Das Fördermaximum wird erreicht, wenn die Hälfte der weltweiten Ölvorräte gefördert ist; möglicherweise ist das bereits geschehen. Durch verbesserte Technologien kann zwar mehr Öl gefunden und gefördert werden, aber letztlich sind die Ressourcen der Erde endlich.

Derzeit ist die Nachfrage stabil bis steigend. In den zehn Jahren bis 2015 ging die weltweite Ölproduktion im schwächsten Jahr um 1,6 Prozent zurück und nahm im stärksten Jahr um 2,7 Prozent zu. Bevor sich die Automobiltechnologie und die Technologie der alternativen Energien nicht noch mehr verbessert – wobei hier große Fortschritte gemacht werden –, gibt es für Öl als Treibstoff für den Transport keinen guten Ersatz. Selbst wenn der Klimawandel eine Tatsache ist, kann die Welt unmöglich von heute auf morgen wie bei einem kalten Entzug den Ölverbrauch einstellen. Aber dass die Ölindustrie derzeit noch unverwüstlich ist, bedeutet nicht, dass das für einzelne Unternehmen gilt oder dass das auch in Zukunft so sein wird.

Wer ist der rechtmäßige Eigentümer einer natürlichen Ressource, die sich nicht wieder auffüllen lässt? Je nach Antwort fallen die Schätzungen für die Kosten der Ölförderung unterschiedlich aus. Da Kohlenwasserstoffe natürlich vorkommen und aufgebraucht werden, erheben die meisten Staaten einen gesamtgesellschaftlichen Anspruch darauf. In vielen Ländern besitzen staatliche Ölgesellschaften ein Eigentumsmonopol. Außerhalb der Vereinigten Staaten ist der Verkauf von Öl und Gas mit massiven Steuern und Lizenzgebühren belastet.

Gleichzeitig wird auch ein Teil der Kosten im Zusammenhang mit Energieerzeugung und -verbrauch von der Gesellschaft getragen, etwa die Kriege im Nahen Osten, Umweltschäden und Straßenbau. Denken Sie an die Hunderttausenden Menschen, die in der nicht enden wollenden Reihe von Kriegen im Nahen und Mittleren Osten gestorben sind. Wenn im Nahen Osten ein Krieg aufflammt, schnellt meist der Ölpreis in die Höhe. Dank höherer Ölpreise können die Regierungen der Förderländer ihre Kriege besser finanzieren, aber unmittelbarer betrachtet unterbrechen Kriege die Versorgungsleitungen. Nach Jahren, in denen ich mich immer wieder einmal mit Sunniten und Schiiten sowie mit der Lage von Ölfeldern, Pipelines und Häfen beschäftigt habe, bin ich noch zu keinem sinnvollen Schluss in Bezug auf entsprechende Investitionen gekommen. Man könnte sein ganzes Leben mit dem Studium der arabischen Kultur und Geschichte verbringen, ohne dadurch jemals auf eine gewinnbringende Aktie zu kommen. Ich ziehe daraus den Schluss, dass man in Kriegsgebieten nicht investieren sollte.

Steuern, Gebühren und Gewinne – das, was Volkswirte als *Renten* bezeichnen – zehren den größten Teil der Öleinnahmen auf und werden von gesellschaftlichen Institutionen bestimmt, nicht von physischen Eingangsgrößen. Das hat zur Folge, dass es möglicherweise viele Ölpreise oder gar kein Gleichgewicht gibt. Regierungen, Landbesitzer und Unternehmen – alle möchten ein möglichst großes Stück vom Kuchen, merken aber, dass, wenn sie zu viel verlangen, kein Öl gefördert wird und sie vielleicht gar nichts bekommen. Aber sie erkennen diese Realität unterschiedlich schnell an.

Von 1980 bis 2003 stagnierten die Energiepreise beziehungsweise sanken leicht, während sich das allgemeine Preisniveau verdoppelte, und daher mussten die Öl- und Gasförderer ihre Kosten senken. Dabei muss man alle Gruppen von Aufwendungen zusammen betrachten. Ein Projekt mit geringen Suchkosten kann mit hohen Erschließungs- oder Förderkosten verbunden sein. Felderweiterungsbohrungen in unmittelbarer Nachbarschaft existierender Felder haben hohe Trefferquoten, während hochriskante Aufschlussbohrungen oft Fehlbohrungen sind. Viele Unternehmen haben die traditionelle Exploration zugunsten von Programmen mit besseren Chancen aufgegeben.

Neue Techniken haben die Ausbeute verbessert und den Suchaufwand gesenkt. Anfang der 1980er-Jahre erwarteten die Bohrgesellschaften im Allgemeinen, dass sie 20 Prozent des im Boden lagernden Öls fördern können, und eine Ausbeutung von 50 Prozent war selten. Heute lassen sich dank sekundärer Fördermethoden oftmals 60 Prozent des vorhandenen Öls fördern. Weiteres Öl lässt sich (mit weniger Wasser und weniger gasförmigen Nebenprodukten) herausholen, indem man horizontal bohrt und währenddessen Messungen vornimmt. Das sogenannte Fracking bricht Schiefergestein hydraulisch auf, um die darunter lagernden Kohlenwasserstoffe freizulegen.

Normalerweise sind Schieferölprojekte und Projekte mit größerer Ausbeute mit höheren Erschließungs- oder Produktionskosten verbunden. Verfüllungsbohrungen stoßen im Allgemeinen auf kleinere Ziele, sodass die Kosten pro Barrel höher ausfallen. Wenn die Felder älter werden, kann es kostspielig sein, Wasser, Gas oder Kohlendioxid einzupumpen und danach das Abwasser zu entsorgen. Viele

Schieferöl-Quellen sind verhältnismäßig kurzlebig und produzieren den größten Teil ihres Öls beziehungsweise Gases in den ersten drei Jahren. Schieferöl-Förderer sehen dann zwar Geld aus ihren Produktverkäufen hereinfließen, aber die kurze Lebensdauer der Quellen führt dazu, dass sie ständig gewartet werden müssen und dass neue Lagerstätten gefunden werden müssen. Ein Schieferöl- oder Schiefergas-Förderer, der versucht, aus dieser Tretmühle herauszukommen, wird erleben, dass sein Ausstoß schwindet.

Erdöl-Explorationsunternehmen fühlen sich zu Regionen mit vielversprechender Geologie und attraktiven Bedingungen hinsichtlich Steuern und Royalties hingezogen. Gebiete, die korrupt und von Kriegen geplagt sind, meiden sie lieber. Nach einer gewissen Zeit sind die Lagerstätten mit der meisten Aktivität auch unter Einsatz neuer Bohrmethoden leergepumpt. Die größten und profitabelsten Felder werden meistens zuerst gefunden. Geologen bezeichnen dieses Muster der sinkenden Ergiebigkeit als „creaming curve", sozusagen als „Entrahmungskurve". Die einzigen Orte, an denen Explorer elefantöse Entdeckungen machen können, befinden sich entweder auf dem Meeresgrund in großer Tiefe oder in politisch gefährlichen Gebieten.

LIEBESGRÜSSE AUS MOSKAU

Zu Beginn des neuen Jahrtausends begannen russische Ölgesellschaften die Aufmerksamkeit von Auslandsinvestoren auf sich zu ziehen, darunter auch meine. Russland ist der größte Erdöl- und Erdgasproduzent der Welt. Bezüglich der Reserven belegt Russland bei Erdgas Platz 1 und bei Erdöl Platz 8. Aufgrund der geologischen Verhältnisse ist Russland auf der weltweiten Kostenkurve trotz des Einsatzes veralteter Technologien im unteren Bereich angesiedelt. Wenn man sich im Jahr 2000 auf dem Globus umsah (und das gilt heute noch), befanden sich die billigsten Energie-Aktien alle in Russland, egal ob man auf das KGV achtet, auf den Barrelpreis der Reserven oder auf den geschätzten Gegenwartswert der Anlagen.

In Russland ist nie klar, wem etwas rechtmäßig gehört, am allerwenigsten in der Ölindustrie. Als Russland die Unternehmen wieder in private Hände legte, waren am Ende oft hohe Regierungsvertreter die Besitzer. Im Endeffekt wurde Yukos Oil (trotz eines höheren Gebots) unter Einsatz von Darlehen für Aktien für 309 Millionen US-Dollar an Bank Menatep und an Michail Chodorkowski verkauft. Die tatsächliche Profitabilität und der tatsächliche Wert von Yukos ließen sich unmöglich ermitteln, hier jedoch ein Hinweis: Die Einnahmen beliefen sich auf acht Milliarden Dollar. Ende der 1990er-Jahre wurde die Yukos-Aktie immer noch zu einem lächerlichen KGV von 0,5 gehandelt, was dem Gewinn von sechs Monaten entsprach.

Ein ADR (in den Vereinigten Staaten gehandeltes Aktienzertifikat) auf vier Yukos-Aktien wurde an der Nasdaq im Jahr 2001 für rund zehn Dollar und somit zu einem KGV von 1,5 gehandelt. Auch wenn man die Marktkapitalisierung von Yukos mit seinen Ölreserven verglich, war die Aktie ein Schnäppchen. Ende 2002 besaß Yukos circa vier Milliarden Dollar in Bargeld und marktgängigen Wertpapieren, was bei einer langfristigen Nettoverschuldung von 378 Millionen Dollar sieben Dollar Cash pro ADR bedeutete.

Yukos hatte sichere Reserven von 5,9 Milliarden Barrel Öl, die es vor Ablauf seiner Lizenzen fördern konnte, und das waren mehr als zehn Barrel pro ADR. Rund zwei Drittel der sicheren Reserven waren erschlossen, und wenn es seine Lizenzen danach verlängern konnte, konnte es weitere 4,6 Milliarden sichere Barrel fördern. Dazu kamen 4,6 Billionen Kubikfuß an sicheren Erdgasvorräten. Sogar noch nachdem sich das ADR auf Yukos bis zum Oktober 2003 auf 68 Dollar versiebenfacht hatte, betrug der Börsenwert seiner gesicherten Reserven sechs Dollar pro Barrel. Zum Vergleich: Die Aktie von Exxon Mobil kostete rund 40 Dollar und wurde von Ölvorräten in Höhe von 1,7 Barrel pro Aktie sowie 8.500 Kubikfuß Erdgas getragen. Rechnet man das Gas 1:6 in Öl-Äquivalente um, ergeben sich circa drei Barrel Öl-Äquivalent pro Aktie, was auf einen Preis von 13 Dollar pro Barrel hinausläuft.

Und was waren die Anlagen von Yukos wert? In ihren jährlich verpflichtend bei der SEC einzureichenden Jahresberichten (10K oder 20F) geben Öl- und Gasförderunternehmen eine Schätzung des

Wertes ihrer Reserven ab, die darin als „standardized measure of discounted net cash flows" bezeichnet wird, zu Deutsch als „normiertes Maß für den abgezinsten Cashflow". Das ist im Jahresbericht einer Ölgesellschaft die wichtigste Zahl. In ihr ist die bestmögliche Analyse des Wertes der belegten Reserven einschließlich künftiger Erschließungen zusammengefasst. Sie wird konservativ nach Vorgaben der SEC berechnet, und spekulative Projekte, denen es an geologischer Definition, an Märkten oder an Genehmigungen fehlt, sind davon ausgenommen. Außer wenn der Ölpreis gesunken ist, weist eine Korrektur der Reservenschätzungen gegenüber dem Vorjahr nach unten auf mangelhafte Redlichkeit der Berichterstattung hin.

Unter Einhaltung der SEC-Vorgaben ging Yukos davon aus, dass die Produktpreise, die Kosten und die Besteuerung von Ende des Jahres 2002 ewig bestehen bleiben würden. Im Dezember 2002 kostete das Barrel Rohöl 28 Dollar. Außerdem ging Yukos von bestimmten Trends des Ausbeutungsgrads von Kohlenwasserstoffen aus. Auf dieser Grundlage berechnete Yukos den Cashflow nach Steuern, den es bei voller Förderung seiner Reserven erhalten würde. Diese Beträge wurden mit einem Satz von zehn Prozent abgezinst. Daraus ergaben sich vor Ablauf der Lizenzen 54 Dollar pro Yukos-ADR und 62 Dollar bei Verlängerung der Lizenzen. Das war eine wirklich konservative Schätzung, sie beinhaltete keinen Wert des Barbestands von Yukos, seiner Raffinerien, seiner Tankstellen sowie seiner wahrscheinlichen und seiner möglichen Vorräte.

In Russland passieren denjenigen, die nicht die *Silowiki* unterstützen, also Politiker, die früher dem KGB oder dem Militär angehörten, schlimme Dinge. Im Februar 2003 konfrontierte Chodorkowski, der damals reichste Mann Russlands, bei einem Treffen im Kreml, das im Fernsehen übertragen wurde, den russischen Präsidenten Wladimir Putin mit Vorwürfen, Staatsfunktionäre hätten Bestechungsgelder in Millionenhöhe angenommen. Kurz danach legte die Regierung Yukos eine Reihe von Steuerschätzungen vor, wonach es 27 Milliarden Dollar an Steuern nachzahlen musste. Die Steuern für die Jahre 2001 und 2002 überschritten den Ertrag, und 2003 beliefen sie sich auf 83 Prozent des Ertrags. Die Regierung fror das Vermögen von Yukos ein und versteigerte seine größte Tochtergesellschaft für 9,4 Milliarden Dollar, obwohl Dresdner Kleinwort sie auf 15 bis 17 Milliarden Dollar geschätzt hatte. Später kam heraus, dass das Putin viel freundlicher gesinnte Unternehmen Rosneft die meisten Vermögenswerte von Yukos besaß.

In Ländern wie Russland, deren wichtigstes Exportgut Öl ist, herrscht ein echter „Fluch des Öls". Regierungen, die sich vollständig durch Öl finanzieren können, brauchen keine Unterstützung aus dem Volk, und häufig sind sie repressiv und undemokratisch. Auch wirtschaftliche Freiheit und Rechtsstaatlichkeit brauchen sie nicht. Tatsächlich funktionieren Kleptokratien sogar besser, sofern es niemand wagt, ihren Anspruch auf die reichen Bodenschätze herauszufordern. Mir kommt es vor, als würden Erdöl exportierende Länder häufiger in Kriege und Auseinandersetzungen verwickelt. Saudi-Arabien, Russland, Iran, Irak, Nigeria, Angola und Venezuela passen in dieses Muster. Allerdings sind Norwegen, Kanada und die Vereinigten Arabischen Emirate Ölexporteure mit überdurchschnittlichen Bürgerrechten und wirtschaftlichen Freiheiten. Bis 2013 war auch das Vereinigte Königreich Netto-Ölexporteur.

KARNEVAL IN RIO

Im Jahr 2003 war Brasilien eine der wenigen Regionen mit höchst aussichtsreicher Geologie, in der die Menschen- und Eigentumsrechte nicht in erschreckendem Maße verletzt wurden. Die Militärdiktatur hatte im Jahr 1985 geendet und war durch eine Republik ersetzt worden. Das Heritage Institute stufte Brasilien im Jahr 2003 leicht über dem weltweiten Durchschnitt der wirtschaftlichen Freiheit ein, allerdings ist es seither abgerutscht. Im Jahr 2015 ordnete das World Justice Project Brasilien in seinem Index der Rechtsstaatlichkeit hinter Chile, Costa Rica und Uruguay ein, allerdings vor einem Dutzend anderer lateinamerikanischer Länder. Brasiliens Präsident Lula da Silva wurde 2003 zum Teil wegen seines Versprechens gewählt, die Korruption auszurotten, die zum Rücktritt des vorherigen Präsidenten Fernando Collor de Mello und danach zu dessen Anklage geführt hatte.

Ich fragte einen Offshore-Öldienstleister, welcher seiner Kunden die aufregendsten Explorationen durchführe. Die Antwort lautete „Petrobras". Petróleo Brasileiro (Petrobras) wurde 1953 als staatliche Ölgesellschaft gegründet und besaß bis zu den Reformen Ende der 1990er-Jahre in Brasilien ein Monopol auf dieses Geschäft. Bis dahin hatte Petrobras sämtliche Explorationen in Brasilien durchgeführt, und bis heute führt es die meisten durch. Andere große Ölgesellschaften waren in Brasilien kaum vertreten. Aus Sicht des befragten Öldienstleisters war Petrobras vorwiegend ein Offshore-Förderer mit riesigen, technisch komplexen Ölfeldern, welcher die Art von Unterstützung benötigte, die der Dienstleister bieten konnte.

Die Kosten zum Auffinden von Öl waren bei Petrobras unterdurchschnittlich, und es steigerte seine Reserven rasant, was den Gedanken nahelegte, Brasilien sei bislang zu wenig exploriert worden. Im Laufe der 1990er-Jahre verdoppelte Petrobras seine Förderung an flüssigem Rohöl ungefähr, und im neuen Jahrtausend stieg sie weiter. Von Anfang 2000 bis Ende 2004 beliefen sich die Entdeckungen und Erweiterungen von Petrobras auf das Doppelte seiner Fördermenge. Die meisten großen Ölkonzerne ersetzen bloß die Produktion und legen vielleicht ein bisschen was drauf. In dieser Zeit wuchsen die gesicherten Ölvorräte von Petrobras von 8,3 Milliarden Barrel auf 9,9 Milliarden Barrel. Das kam einer Wachstumsaktie so nahe, wie es bei großen Ölkonzernen nur geht.

Auf dem Papier konnte Brasiliens Steuer- und Lizenzsystem mit dem nordamerikanischen konkurrieren. Ich bezifferte die Auffindungs- und Erschließungskosten von Petrobras bei neuen Öllagerstätten auf circa vier Dollar pro Barrel (bedenken Sie jedoch, dass die Kosten stark schwanken). Im Jahr 2003 betrugen die Förderkosten von Petrobras ohne den staatlichen Anteil 3,48 Dollar pro Barrel Öl-Äquivalent. Für die kommenden Jahre hatte sich Petrobras das Ziel gesetzt, die Förderkosten auf 3,00 Euro pro Barrel zurechtzustutzen. Die staatliche Beteiligung belief sich auf 5,14 Dollar pro Barrel, etwa ein Fünftel des Verkaufspreises. Bei einem Weltmarktpreis von 25 Dollar erzielte Petrobras in den Sparten Exploration und Förderung eine operative Gewinnmarge von gut 50 Prozent. Vielleicht weil dem Staat die Mehrheit der stimmberechtigten Aktien gehört, tat Petrobras wenig, um Steuern hinauszuschieben, und bezahlte im Jahr 2003 eine effektive Körperschaftsteuer von 31 Prozent. Ein Ölproduzent mit großartiger Geologie, moderner Technologie und unterstützenden gesellschaftlichen Institutionen wie Petrobras müsste eigentlich ein Champion sein.

Das Bearishe an der Story war, dass Präsident Lula im Herzen Sozialist war. Lulas Bildungsweg hatte in der vierten Klasse geendet, und er hatte bei Gewerkschaften gearbeitet, bevor er zu einem Politiker der Arbeiterpartei wurde. Das machte ein bisschen Angst, aber seine Energieministerin Dilma Rousseff war überwiegend marktorientiert. Sie wurde später Lulas Stabschefin. Petrobras war eindeutig ein wirtschaftspolitisches Instrument, und Rousseff war Verwaltungsratsvorsitzende. Einen Teil seiner Produkte verkaufte Petrobras zu staatlich kontrollierten Preisen, obwohl die Preiskontrollen im Jahr 2002 per Gesetz weitgehend aufgehoben worden waren. Allerdings: Wenn das Land Steuern und Gebühren kassierte, nahm eine Hand des Staates einer anderen etwas weg.

Im Rahmen der Privatisierungspolitik, die unter dem brasilianischen Präsidenten Fernando H. Cardoso eingeführt worden war, waren im August 2000 ADRs von Petrobras an die New York Stock Exchange gebracht worden. Die Investoren befürchteten nun, Lula würde die Privatisierung und andere marktwirtschaftliche Reformen rückgängig machen. Ein Analyst scherzte: „Brasilien ist das Land der Zukunft und wird es auch bleiben."

Daher war die Aktie von Petrobras trotz all der positiven Aspekte anscheinend unterbewertet, ihr KGV schwankte in den Jahren 2003 und 2004 zwischen 5 und 6. Zum Vergleich: ExxonMobil hatte auf dem Tiefpunkt 2004 ein KGV von 13. Von 2002 bis 2004 verdoppelte Petrobras seinen Aktienkurs, aber meine Schätzung des Wertes lag viel höher, und das Glück hob sie noch weiter an.

Die Richtpreise für ein Barrel Rohöl schnellten innerhalb von fünf Jahren von 25 auf 145 Dollar in die Höhe. Im Jahr 2007 entdeckte Petrobras das Tupi-Ölfeld (später in Lula-Feld umbenannt) mit Reserven von sechs Milliarden Barrel. Es folgten weitere Treffer mit

Milliarden Barrel. Diese Entdeckungen kehrten den seit drei Jahrzehnten laufenden weltweiten Rückgang der Entdeckung von neuem Öl um. Brasilien schien das einzige Land der Erde zu sein, in dem die Ölbohrer noch neue supergigantische (über eine Milliarde Barrel) Felder finden konnten. Lula wurde einer der beliebtesten brasilianischen Präsidenten aller Zeiten.

Die Aktie von Petrobras war nicht aufzuhalten. Im Jahr 2005 verdoppelte sich ihr Kurs erneut, dann wieder innerhalb von zwei Jahren bis 2007, bis Ende jenes Jahres noch einmal, und im zweiten Halbjahr 2008 stieg sie noch weiter. Von 2004 bis Juni 2008 verzehnfachte die Petrobras-Aktie ihren Kurs und ließ damit die meisten großen Ölkonzerne weit hinter sich. Petrobras wurde die größte Position in meinem Fonds, obwohl sie es anfangs nicht gewesen war.

Es mag wie ein Fehler wirken, an diesem Punkt Aktien von Petrobras zu verkaufen, aber da war die Aktie nicht mehr wirklich sichtbar unterbewertet. Im Juni 2008 standen die ADRs bei 71 Dollar, und Petrobras hatte eine Marktkapitalisierung von mehr als einer Viertelbillion Dollar sowie ein KGV von über 30 – mit beidem übertraf es Microsoft. Wenn ich die Marktkapitalisierung in einen Preis pro Barrel Reserven umrechnete, wirkte die Aktie teuer. Ein großer Teil der Reserven von Petrobras war noch nicht erschlossen, was bedeutete, dass ihm massive Ausgaben bevorstanden. Pro Barrel gerechnet sind nicht erschlossene Reserven nicht so viel wert wie erschlossene.

Um zu rechtfertigen, die Petrobras-Aktie weiter zu halten, hätte ich ehrgeizige Prognosen bezüglich der wahrscheinlichen und der möglichen Reserven sowie bezüglich des Glücks treffen müssen, das das Unternehmen auch künftig haben würde. Die späteren Ereignisse zeigten, dass der Überschwang durchaus gerechtfertigt war. Im Jahr 2010 wurde das Libra-Feld entdeckt. Mit Vorräten von acht Milliarden Barrel war es noch größer als Tupi. Gleichzeitig wurde in der Nähe das Franco-Feld mit 4,5 Milliarden Barrel entdeckt. Und es wurden noch weitere sogenannte Pre-Salt-Felder (in einer Meerestiefe von einer Meile unter Salz- und Gesteinsschichten) gefunden. Brasilien konnte vielleicht zum Ölexporteur werden, vielleicht sogar im großen Maßstab. Die Finanzmedien schwärmten von Brasilien.

Wenn Rohstoffpreise steigen, entgehen günstigen Produzenten Gewinnchancen, wenn sie ihre Kapazitäten *nicht* zu steigenden Kosten ausbauen. Eine Ölquelle, deren All-in-Kosten 20 Dollar pro Barrel betrugen, als Rohöl 25 Dollar kostete, müsste eigentlich vor Bargeld sprudeln, wenn der Ölpreis auf 145 Dollar steigt, selbst wenn man berücksichtigt, dass die Royalties und die Steuern im gleichen Tempo steigen. Bei 145 Dollar ist jede Quelle mit All-in-Kosten unter 145 Dollar profitabel. Eine zusätzliche Quelle mit Kosten von 100 Dollar würde zwar die Ertragsmarge des Unternehmens senken, aber den absoluten Gewinn erhöhen. Petrobras und OGX – eine hoch verschuldete brasilianische Bohrgesellschaft, die 2007 gegründet wurde – ergriffen eifrig Chancen zu höheren Kosten. Das Tupi-Ölfeld war mit sechs Milliarden Barrel die größte dieser Gelegenheiten, aber vor der Küste Brasiliens gab es Dutzende vielversprechender (wenn auch kostspieliger) Kandidaten.

Im Jahr 2009 legten zwei Volkswirte von Petrobras (Rafael R. Pertusier und Mileno T. Cavalcante) einen verblüffenden Bericht mit dem Titel „Hängen Ölpreis und Ölkosten zusammen?" vor. Ihre Antwort war ein schallendes Ja. Als im Jahr 2002 das Barrel Brent-Rohöl um die 25 Dollar kostete, betrugen die All-in-Break-even-Kosten für Brent rund 20 Dollar. Bei den großen Ölmultis betrugen die Auffindungs- und Erschließungskosten im Schnitt 5,40 Dollar pro Fass. Im Jahr 2008 schnellte Brent deutlich über 100 Dollar hinaus, doch im Schnitt lag der Preis bei 97 Dollar. Der Break-even-Preis der Branche betrug 86 Dollar je Fass, denn die Auffindungs- und Erschließungskosten hatten sich auf 35,52 Dollar verfünffacht. Die Öldienstleister erhöhten ihre Tagessätze für die Nutzung von Bohrtürmen, aber dank des gestiegenen Ölpreises war es immer noch profitabel, für das Auffinden eines Barrels Öl mehr Geld auszugeben.

Petrobras hatte im Campos-Becken und im Santos-Becken Milliarden Barrel Öl entdeckt, bei dem der Kostendruck noch höher war. Bei manchen Quellen stieß es erst in 7.000 Metern Tiefe auf Öl. Da sich die Quellen 300 Kilometer vor der Küste befanden, würde es Jahre dauern und eine beträchtliche Koordination erfordern, die

Bohranlagen vor Ort zu installieren. Für das Ausmaß und die Menge des Tupi-Felds (Lula-Felds) gab es keine Präzedenzfälle, und weitere gigantische Projekte waren abzusehen.

Die brasilianische Regierung wollte, dass der Geldsegen durch das Öl im Land blieb, und verabschiedete in dieser Absicht eine Reihe von Gesetzen. Brasiliens Auflagen für den nationalen Anteil an der Wertschöpfung wurden auf Anlagen ausgeweitet, die auf hoher See eingesetzt werden. Weniger als ein Fünftel der in der brasilianischen Hochsee eingesetzten Bohrinseln war brasilianisch gewesen, und dieser Anteil wurde auf drei Fünftel erhöht. Internationale Hightech-Öldienstleistungsunternehmen mussten Partner vor Ort finden oder sich um die Vorschriften herummogeln. Bei allen neuen Ölfeldern in Brasilien musste Petrobras der Betreiber sein, und es musste einen Eigentumsanteil von mindestens 30 Prozent haben. Dadurch konnte Brasilien sicher sein, dass „unser Öl uns gehört", aber das hatte auch zur Folge, dass sich Petrobras auf Jahre hinaus jedes Jahr Milliarden Dollar würde leihen müssen. Im Jahr 2015 überschritt die Nettoverschuldung 100 Milliarden Dollar.

Der Slogan von Petrobras lautet *O petróleo é nosso*, also „Das Öl gehört uns", aber ich fragte mich immer noch, wen dieses „uns" einschloss. Gehörte das Öl den Bürgern von Brasilien, den Aktionären von Petrobras oder den obersten Politbürokraten? Waren die häufige Wiederholung dieses Slogans und die neuen Gesetze Vorzeichen einer Verstaatlichung? Und das war keine leere Befürchtung, denn Bolivien hatte seine Ölindustrie 2006 verstaatlicht. Im Jahr danach wurden in Venezuela im Orinoco-Becken Quellen in ausländischem Besitz enteignet, darunter auch welche, die Petrobras gehört hatten. 2009 wusste ich natürlich noch nicht, dass Argentinien die YPF im Jahr 2012 wieder verstaatlichen würde.

Abgesehen vom Gespenst der Enteignung produzierte Petrobras inzwischen nicht mehr zu geringen Kosten. Es gab mehr als seinen Cashflow aus, seine Schulden wuchsen unheilverkündend und seine Aktie war nicht mehr eindeutig unterbewertet. Zu allem Überfluss torkelte der Ölpreis im Jahr 2008 innerhalb von sechs Monaten von 145 auf 36 Dollar pro Fass, bevor er einen v-förmigen Boden bildete und bis zum Jahr 2011 langsam wieder auf 125 Dollar stieg. Bei Rohstoffen wie Öl gibt es große zyklische Ausschläge. Diejenigen Unternehmen, die im Zuge eines Abschwungs Bankrott machen, haben hohe Kosten, zu hohe Schulden oder beides. Ich rettete mich, indem ich Petrobras komplett aus meinem Fonds verkaufte.

Als ich später zu viel niedrigeren Preisen nach und nach aus den Aktien ausstieg, dachte ich wehmütig an den Preis des ADRs von 72 Dollar im Jahr 2008 zurück. Im Rückblick bereue ich nichts. Die Erschließung der Ölfelder blieb hinter dem Zeitplan zurück, und die überschießenden Kosten summierten sich auf zig Milliarden Dollar. Brasilien ist nach wie vor ein Netto-Ölimporteur. Nach Lulas Amtszeit wurde Dilma Rousseff zur Präsidentin Brasiliens gewählt. Es wurden Pläne angekündigt, vier neue Raffinerien zu bauen, darunter drei im armen und dünn besiedelten Nordosten Brasiliens. Zwei davon wurden nur in Teilen errichtet und später verschrottet. Die Raffineriesparte von Petrobras machte Milliardenverluste, weil das Öl auf dem Weltmarkt gekauft werden musste, die Kraftstoffprodukte jedoch zu kontrollierten Preisen verkauft wurden. Heute hat Petrobras immer noch mehr Mitarbeiter als ExxonMobil und nur halb so viele Einnahmen, was eine Überbelegung vermuten lässt.

Nachdem im Jahr 2014 der Ölpreis eingebrochen und Dilma Rousseff wiedergewählt worden war, meldete Petrobras mehrere Milliarden Dollar Verlust durch Korruption. Offenbar war bei den Investitionsvorhaben von Petrobras eine Ergänzungsabgabe fällig gewesen, von der rund drei Milliarden Dollar an Politiker der Arbeiterpartei geschleust wurden. Der Deckname der Aktion lautete „Operation Autowäsche“, denn das Geld wurde mithilfe der Tankstellen von Petrobras gewaschen. Offensichtlich konnte man im brasilianischen Ölsektor keinerlei Vertrag ohne Schmiergeld abschließen. Dutzende Senatoren des Landes, Auftragnehmer und prominente Staatsvertreter wurden angeklagt, unter anderem der frühere Präsident Fernando Collor de Mello, der bereits wegen Korruption angeklagt gewesen und freigesprochen worden war. Präsidentin Rousseff wurde im Jahr 2016 des Amtes enthoben und angeklagt.

Vom Standpunkt eines Finanzanalysten her sind Korruption, Misswirtschaft, hohe Steuern und Royalties, eine schlechte Geologie und Pech allesamt Wege, die zu hohen Kosten führen. Korruption ist nicht nur moralisch gesehen ein Problem, sondern auch weil die Analysten vermutlich nichts davon wissen und nicht einschätzen können, wie sie sich möglicherweise verändert. Missmanagement kann ich mithilfe einfachster Kennzahlen wie den Einnahmen je Mitarbeiter erkennen. Die stabilen Aufwandsposten Steuern und Royalties können sich sogar in Rechtsstaaten ändern, denn steigende Preise können sowohl Grundbesitzer als auch Regierungen habgieriger machen.

Statistiken über die Auffindungskosten der Ölbranche sagen etwas über die Vergangenheit aus, aber man sollte sie mit einem nach vorn gerichteten Blick auf die geologischen Chancen, die Stabilität der steuerlichen Bedingungen und die technologische Kompetenz eines Unternehmens kombinieren. Grundsätzlich dürften die Kosten für das Auffinden und die Erschließung in wenig explorierten Regionen mit reichlichen Ressourcen niedriger sein. Die Steuer- und Royalties-Regeln sind in Demokratien am stabilsten, sofern dort nicht die Korruption grassiert. Manche Unternehmen haben überlegene Technologien und geologische Kompetenz, und daraus ergeben sich geringere Kosten.

Für Spekulanten sind die Schwankungen von Rohstoffpreisen reizvoll, aber Anleger können sie davon abbringen, sich an solchen Branchen zu beteiligen. So ist es beispielsweise vergebene Liebesmüh, den Ölpreis vorherzusagen, aber ohne irgendwelche Preisreihen kann man den Gewinn und den Wert von Vermögenswerten nicht einschätzen. Eine zugegebenermaßen unvollkommene Möglichkeit, die Berechnung von Vermögenswerten und Gewinnen konservativ zu gestalten, ist es, die *niedrigere* dieser beiden Zahlen zu nehmen: heutiger Spot-Preis und sein Durchschnitt über zehn Jahre. Ich suche nach Anzeichen für Sicherheit, unter anderem (1) niedrige Produktionskosten, (2) politische Stabilität, (3) Abschlag auf den Substanzwert, (4) niedriges KGV und (5) wenig oder gar keine Schulden. Spekulanten, die Hinweise auf Sicherheit ignorieren, müssen oft wie Daniel Plainview in „There Will Be Blood“ (2007) sagen: „Ich bin fertig.“

15
TECHNOLOGIE-AKTIEN UND SCIENCE-FICTION

„Da sich die Technologie massiv verändert,
konzentriere ich mich auf das, was sich nicht verändern wird."
- Jeff Bezos -

EINEN WARREN BUFFETT DER TECHNOLOGIE GIBT ES NICHT

Damit meine ich, dass niemand in der *Forbes*-Liste der 400 reichsten Menschen sein Vermögen damit verdient hat, dass er in börsennotierte Technologie-Aktien investiert hat. Es stimmt schon, dass Dutzende von Wagniskapitalgebern, Technologie-Unternehmern und Schlüsselmitarbeitern Milliardäre sind, aber sie hatten Vorteile, die Sie als Anleger an der Börse nicht haben. Sie blickten aus der Vogelschau auf den Verlauf der Innovation und konnten einen gewissen Einfluss darauf nehmen. Häufig haben sie ihr gesamtes Kapital und dazu noch ihr Herz und ihre Seele in ein einziges Unternehmen gesteckt. Außerdem haben sie den größten Teil ihrer Aktien behalten und sie über Jahre und Jahrzehnte anwachsen lassen.

Den Technologie-Insidern, die Milliardäre wurden, kamen nicht nur überlegene Erkenntnisse zugute, sondern vor allen Dingen auch spektakuläres Glück als Besitzer eines nicht diversifizierten Portfolios im richtigen Augenblick. Die Rolle, die das Glück dabei gespielt hat, ist verborgen, weil die Scheinwerfer auf herausragende Erfolge gerichtet sind; überall um uns herum gibt es Fehlschläge, aber sie werden nicht öffentlich gemacht und nicht gesehen. Auf jeden Mark Zuckerberg kommen Hunderte von Unternehmern und Mitarbeitern in der Technologiebranche, die von jahrelangen Anstrengungen wenig oder gar nichts haben. Auf einem anderen Gebiet ist es so, dass Jennifer Aniston und Sandra Bullock als Kellnerinnen gearbeitet haben, bevor sie Filmstars wurden; die meisten der 70.000 Kellner und Kellnerinnen im Gebiet von Los Angeles werden nie zu einem Casting eingeladen. Es ist sehr unwahrscheinlich, dass man sich eine einzige Aktie aussucht und dass sie zur nächsten Facebook wird. Und selbst dann kann der Starruhm vergänglich sein.

Um ihr Glück aufrechtzuerhalten, brauchen Start-ups eine wechselnde Mischung aus eigenen Technologien und niedrigen Kosten, aber die Handlungen, die eines dieser Ziele fördern, untergraben häufig das andere. Unternehmen mit technologischem Schwerpunkt geben viel Geld für Forschung und Entwicklung (F&E) aus, um auf Kosten der aktuellen Profitabilität an der vordersten Front zu bleiben, während finanzorientierte Unternehmen ihre Kosten einschließlich F&E minimieren und bezüglich der Innovation hinterherhinken. Das Gemeine daran ist, dass selbst die raffiniertesten Produkte irgendwann das Reifestadium erreichen. Da sie alltäglich werden und dann veralten, sind im Laufe der Zeit sowohl eine Vision als auch finanzielle Kontrolle Pflicht. Bei Anlegern schlägt sich diese Spaltung darin nieder, dass sie an Tech-Aktien je nach Bedarf wie Futuristen oder wie Finanzanalysten herangehen, denn beides wird gebraucht. Finanzanalysten können sich den Verlauf von Innovationen nicht zutreffend vorstellen, während bei einer Massenindustrie Science-Fiction ebenso wenig bringt. Ich fange damit an, dass ich die klaffenden Lücken meines Wissens fülle oder zumindest anerkenne.

DORTHIN GEHEN, WO NOCH NIE ZUVOR JEMAND WAR?

Wie bei *Star Trek* wollen die meisten Technologie-Unternehmer und -Anleger wagemutig Gebiete betreten, die nie ein Mensch zuvor gesehen hat. Sie fühlen sich von Situationen angezogen, in denen die Chancen – streng genommen – unberechenbar und die Ergebnisse undefinierbar sind. Erfindungen, die die Welt verändern, können nicht veraltet sein und sind mit wenig Konkurrenz konfrontiert, und darum langweilt das Gerede von Kosten und Konkurrenz solche Visionäre zu Tode. Unternehmen mit bahnbrechenden Produkten wachsen von einer kleinen Basis aus exponentiell und erwirtschaften sagenhafte Gewinne. Aber wenn man neue Welten erforscht, werden manche der neuen Welten, die man entdeckt, Enttäuschungen und Fehlschläge sein.

Der Fantasie sind keine Grenzen gesetzt, und alles ist möglich, aber Anleger leben in der wirklichen Welt. In der Wissenschaft und der Technologie besteht die Einschränkung darin, dass die Vision, die man hat, den bekannten Tatsachen nicht widersprechen darf. Wie es der Physiker Richard Feynman einmal ausgedrückt hat: „Stellen Sie sich etwas vor, das Sie noch nie gesehen haben, das in jeder Einzelheit zu dem passt, was bereits gesehen wurde, und das anders ist, als man dachte; darüber hinaus muss es eindeutig sein, keine vage Aussage." Erfolgreiche Zukunftsforscher beginnen mit einer umfassenden Kenntnis der Details relevanter Beobachtungen und konzentrieren sich insbesondere auf Experimente und Lösungsvorschläge, die bereits durchgeführt wurden und fehlgeschlagen sind.

Man darf nicht davon ausgehen, dass der verrückte Wissenschaftler mit seiner genialen Idee der Erste sein wird, der seine Entdeckung in ein funktionsfähiges Produkt verwandelt – oder dass ein funktionsfähiges Produkt sofort vom Markt angenommen und die Branche dominieren wird; oder dass die Platzhirsche nicht vom übernächsten großen Ding in den Schatten gestellt werden. Die Geschichte der Technologie ist eine endlose Reihe von Geschichten über geniale Menschen, die Erfindungen hervorbringen, aber am Ende pleite sind, während sich andere mit ihren Erfindungen davonmachen und Millionen verdienen. So ließ beispielsweise Julius Lilienfeld den ersten Transistor patentieren, das erste funktionierende Bauteil wird jedoch den Bell Labs von AT&T zugeschrieben, und Intel verdient mit Halbleitern, die auf dem Transistor basieren, Milliarden (immerhin wurden zwei bedeutende Physikpreise nach Lilienfeld benannt).

Die hellsten Köpfe scheinen davon motiviert zu sein, etwas Fabelhaftes und Erstrebenswertes zu tun, nicht davon, Milliardär zu werden. Thomas Edison, der geniale Erfinder, der General Electric gründete, nahm die Geisteshaltung des Silicon Valley vorweg. Er hat einmal gesagt: „Mein wichtigster Lebenszweck ist es, genug Geld zu verdienen, um noch mehr Erfindungen hervorzubringen." In ähnlicher Weise besteht die Mission von Alphabet darin, „die Informationen der Welt zu ordnen und sie allgemein zugänglich und nutzbar zu machen". Um Störungen dieser grandiosen Mission zu verhindern und kurzfristig orientierten, gierigen Investoren einen Riegel vorzuschieben, besitzt die Hälfte der Alphabet-Aktien keine Stimmrechte, während die Aktien der beiden Gründer (Larry Page und Sergey Brin) zehn Stimmrechte je Aktie besitzen.

Die größte wissenschaftliche Ehre fällt den Erfindern einer Bausteintechnologie zu – einer Technologie, die auf zahllose Arten immer wieder angewandt wird und so eine Vielzahl von Anwendungsabkömmlingen hervorbringt. Oft fällt das große Geld nicht denen zu, die den Durchbruch erzielt haben, sondern denen, die solche Anwendungen schaffen. Charles Babbage mag den ersten Computer erfunden haben, aber IBM perfektionierte ihn und entwickelte dafür Software-Anwendungen, woraus es ein enormes, nachhaltiges Geschäft schuf. Die Suchmaschine ist eine Anwendung des Internets und das Internet eine Anwendung des Computers, aber die Suchmaschine selbst ist eine Baustein-Erfindung. Alan Emtage, Bill Heelan und J. Peter Deutsch haben die Suchmaschine für Web-Inhalte erfunden, aber keiner von ihnen ist so unverschämt reich wie die Google-Gründer.

Forschungsprojekte, die möglichst dicht dran sind, ein marktfähiges Produkt hervorzubringen, gelten im Allgemeinen als die sichersten Wetten. Selbst bei den brillantesten Basteleien braucht man Versuch und Irrtum, und das wirkt auf Finanzanalysten wie eine enorme

Verschwendung. Manche Unternehmen setzen die Theorie in die Praxis um, wonach der größte Teil der F&E-Ausgaben Verschwendung ist. In China werden Technologien häufig schlicht gekapert. Valeant Pharmaceuticals kauft Pharmafirmen auf und streicht ihre Forschungsanstrengungen zusammen, aber dann treibt es die letzten Entwicklungsphasen und das Marketing voran. Auch für Apple haben sich Design und Entwicklung sehr gelohnt, aber es gibt mehr Geld für Patentstreitigkeiten aus als für reine Forschung.

ERWARTETE UND UNERWARTETE ERFINDUNGEN

In „Profiles of the Future" behauptete Arthur C. Clarke, Fortschritt hänge in entscheidendem Maße von Glück ab, und er ordnete bedeutende Erfindungen in die Kategorien „erwartet" und „unerwartet" ein (siehe Tabelle 15.1). Unerwartete Erfindungen definierte Clarke

Tabelle 15.1
Unerwartete und erwartete Erfindungen und Entdeckungen

Unerwartet	Erwartet
Künstliche Organe	Flugzeuge
Schwarze Löcher	Künstliches Leben
DNA-Fingerabdruck	Automobile
Evolution	Mobiltelefone
Laser	Todesstrahlen
Mikrowellenherd	Holodeck
MRT	Unsterblichkeit
Kernenergie	LSD
Quantencomputer	Organtransplantation
Radar	Roboter
Supraleiter	Solarmodule
Fernsehen/Radio	Raumschiffe
Virtuelle Realität	Dampfmaschinen
Röntgenstrahlen	U-Boote

Quelle: kk.org

so, dass die Entdecker nicht danach suchten und Wissenschaftler der Antike weder ihren Zweck noch ihre Funktionsweise verstanden hätten. Schwarze Löcher sind eine unerwartete Entdeckung, denn sie hätten die Alten verblüfft und verblüffen die Wissenschaftler noch heute. Im Gegensatz dazu nahmen die alten Griechen und Leonardo da Vinci Flugmaschinen vorweg, indem sie versuchten, sie zu bauen.

Diese Unterscheidung ist für Anleger in zweifacher Hinsicht relevant. Erstens gehören unerwartete Erfindungen mit höherer Wahrscheinlichkeit zu den seltenen Baustein-Erfindungen. Die Wissenschaftler hatten sie nicht erwartet, weil sie an den weniger erforschten Grenzen des Wissens lagen. Und oft zeigt sich, dass eine unerwartete Entdeckung vielversprechende weitere Forschungsgebiete eröffnet. Der fehlende Wettbewerb bei unerwarteten Entdeckungen erstreckt sich dann wahrscheinlich auch auf diese angrenzenden Gebiete und auf die Anwendungen der neuen Erfindung. Zweitens könnte man, da unerwartete Erfindungen Nebenprodukte von Forschungen zu anderen Themen sind, sagen, dass sie nichts kosten. Im Gegensatz dazu werden Milliarden Dollar ausgegeben, um die aufkommenden Erfindungen von fahrerlosen Autos, preisgünstigen erneuerbaren Energien (und ihrer Speicherung), intelligenten Lieferdrohnen, Augmented Reality und des Quantencomputers zu gewährleisten.

Der Fehlschlag ist ein wiederkehrendes Merkmal jeglichen Forschungsunterfangens. Buchhalter definieren allerdings ein fehlgeschlagenes Experiment anders als Wissenschaftler. Buchhalter betrachten ein Experiment, das sein Ziel nicht erreicht hat, als Fehlschlag und schreiben die Kosten dafür ab. Wissenschaftler betrachten ein Experiment als fehlgeschlagen, wenn es nicht zu einer Schlussfolgerung bezüglich ihrer Hypothese geführt hat – das heißt, wenn sie dadurch nichts gelernt haben. Noch hat niemand eine Methode entwickelt, um die künftigen Früchte der Forschung von heute zu beurteilen.

Glückliche Zufälle sind Nebenprodukte der Forschung, aber nur bei denjenigen, die flexibel genug sind, um für ihre Beobachtung einen neuen Kontext zu finden. Viagra sollte ursprünglich ein Herzmittel werden, aber es gewann definitiv die Herzen der Männer, die an den klinischen Prüfungen teilnahmen. Spencer Silver, ein Forscher des Unternehmens 3M (ehemals Minnesota Mining and Manufacturing), versuchte einen superstarken Klebstoff zu entwickeln, der sich als sehr schwacher Klebstoff erwies; und mehr als zehn Jahre danach machte ein anderer 3M-Forscher namens Arthur Fry daraus die Rückseite der Haftnotizenmarke Post-it.

Technologen sprechen äußerst ungern darüber, aber glückliche Zufälle können auch eine sehr dunkle Seite haben, etwa wenn unbeabsichtigte Folgen erst im Laufe der Zeit sichtbar werden. Der Arzneistoff Thalidomid ist ein Beispiel für eine Entdeckung auf der Suche nach einer Anwendung. Ciba entwickelte Thalidomid als krampflösendes Mittel zur Behandlung von Epilepsie, aber in dieser Anwendung versagte es. Indes verminderte die Arznei Übelkeit und war ein starkes Sedativum, und darum wurde sie gegen Schwangerschaftsübelkeit eingesetzt. Diese Indikation erwies sich als fürchterlich. Ende der 1950er- und Anfang der 1960er-Jahre brachten Frauen, die Thalidomid genommen hatten (in Deutschland unter der Handelsbezeichnung Contergan), 10.000 bis 20.000 Kinder lebend oder tot mit fehlenden oder deformierten Gliedmaßen zur Welt. Noch heute wird Thalidomid zur Behandlung der Nebenwirkungen von Krebs, Aids und Lepra eingesetzt.

Viele Erfindungen ergeben sich aus neuartigen Kombinationen bereits bekannter Technologien. So ist beispielsweise das Internet ein Mischmasch aus Computer- und Telefontechnologie, und Facebook verbindet den Telefon-Gemeinschaftsanschluss mit dem Internet und der Fotografie. Selbstfahrende Autos werden Autos, Sensoren und das Internet miteinander vermählen. Der Fotokopierer von Xerox kombinierte die Fotografie mit dem elektrostatischen Druck, aber es dauerte 20 Jahre, aus dem entscheidenden Patent ein markttaugliches Produkt zu machen. Anstatt eine Platte zu bedrucken, brauchte Xerox eine Platte, die mit einem Element beschichtet war, das eine elektrostatische Ladung im Dunkeln behalten, sie jedoch im Licht ableiten würde. Durch Versuch und Irrtum stellte Xerox fest, dass dieses Element Selen war, und 1955 bekam es ein Patent, das ihm das Exklusivrecht verlieh, in Kopierern Selen zu verwenden.

Im manchen Fällen dauert es Jahrzehnte, die fehlenden Glieder zu finden, die man braucht, um aus einer glänzenden Idee ein erfolgreiches Produkt zu machen. Vor einem Jahrhundert nahm Nikola Tesla (der verarmt starb) die drahtlose Elektrizitätsübertragung vorweg, die es immer noch nicht wirklich gibt. Das Elektroauto wurde Ende des 19. Jahrhunderts erfunden und stellte um das Jahr 1910 etwa drei Achtel des Automobilmarkts, allerdings wurde seine Einführung durch die geringe Reichweite und das Fehlen von Ladestationen begrenzt. Kommt Ihnen das bekannt vor? Dr. Ferdinand Porsche baute im Jahr 1900 das erste mit Benzin und Strom betriebene Hybridfahrzeug, jedoch wurden kaum Hybridautos verkauft, bis Toyota 1996 den Prius auf den Markt brachte.

In der Geschäftswelt kommt es mehr darauf an, dass etwas großartig und problemlos zu verwenden ist, als darauf, dass man der Erste ist.

GLÜCK UND DAS PRINZIP „ALLES ODER NICHTS"

In den meisten wissensbasierten Industrien gibt es immense Größenvorteile. Das hat die unangenehme Konsequenz, dass ein kleines Start-up, das ein neues Produkt lanciert, eben *nicht* die geringsten Kosten hat. Deshalb ist das Silicon Valley davon besessen, schnell groß zu werden. Gordon Moore, einer der Gründer von Intel, schlug das Moore'sche Gesetz vor, wonach sich die Anzahl der Transistoren auf einem integrierten Schaltkreis alle zwei Jahre verdoppelt. Ein Nebeneffekt davon ist, dass, je mehr Einheiten eines Halbleiterbauteils bislang insgesamt produziert wurden, die Kosten für ein weiteres Bauteil umso geringer sind. Daraus zog Intel den strategischen Schluss, dass es sich auf sehr wenige Blockbuster-Produkte konzentrieren sollte, von denen es jeweils Millionen Stück verkaufte. Mit Abwandlungen gilt das Moore'sche Gesetz für so gut wie alles, was elektronisch ist, zum Beispiel für die Flächendichte von Festplatten.

Internet- und Software-Unternehmen profitieren oft von Netzwerkeffekten – ein Dienst wird umso attraktiver, je mehr Kunden hinzukommen, wobei Informationen fast ohne Kosten viele Male wiederverwendet werden können. Wenn zu Marktplätzen wie Ebay oder Amazon Anbieter hinzukommen, werden sie für Käufer attraktiver, und mehr Käufer ziehen mehr Verkäufer an. Visa und MasterCard werden unter anderem deshalb überall angenommen, weil sie überall angenommen werden. Doch man hüte sich vor imaginären Netzwerkeffekten: America Online (AOL) erzielte zwar mehr Gewinn, als Abonnenten hinzukamen, aber dies verbesserte das Nutzererlebnis nicht. Myspace hatte anfänglich Netzwerkeffekte, aber den Nutzern gefiel es nicht so gut wie Facebook.

Sinkende Kosten und Netzwerkeffekte führen in vielen Technologiebranchen dazu, dass der Gewinner alles bekommt. Im Jahr 2015 lagen zwei Drittel der im Aktienindex Russell 2000 enthaltenen Aktien hinter der gewichteten Durchschnittsperformance zurück, ein Drittel lag darüber. Bei großen Technologiewerten war das Verhältnis noch verschobener. Von den Technologie-Aktien, die zehn Jahre davor im Russell 2000 enthalten gewesen waren, wurde weniger als die Hälfte noch an der Börse gehandelt. Manche verschwanden durch Übernahmen, aber viele scheiterten auch. Das Muster weist viele, viele Verlierer und eine kurze Liste extremer Gewinner (mit unbekannter Lebenserwartung) auf.

Da ihnen klar ist, wie schwierig es ist, den letztendlichen Gewinner herauszufinden, kaufen manche Anleger mithilfe von börsennotierten Fonds (ETFs) Aktienkörbe aus hyperschnell wachsenden Branchen wie SaaS (Software as a Service), Cloud-Computing, 3D-Druck, Web-Hosting oder Smartphones. Dieser Ansatz gelingt, wenn der gemeinsame Wert der Aktiengruppe im Verhältnis zu den Chancen der Branche zu gering ist. Ich spreche in diesem glücklichen Fall, in dem spektakuläre Gewinner die verbreiteten Verluste mehr als wettmachen, davon, dass man „sich dem Glück aussetzt“. Aber häufiger sind die Ergebnisse so ähnlich, wie wenn man bei einer Lotterie, an der der Veranstalter einen festen Anteil verdient, alle Lose aufkauft. Unter dem Strich gelingt es den wenigen gigantischen Gewinnen nicht, die Vielzahl von Enttäuschungen wettzumachen. Irritierend für Value-Anleger ist die Tatsache, dass die letztlichen Gewinner häufig *tatsächlich* himmelhohe Erwartungen haben. Was nicht heißt, dass alle Glamour-Aktien am Ende gewinnen. Tatsächlich sind die meisten von ihnen Flops.

Tabelle 15.2
Alles-oder-nichts-Lotterie-Aktien

	Anzahl	Rendite	Endwert
Riesige Gewinner	1	9.900 %	100
Große Gewinner	1	4.900 %	50
Stagnierend	50	0 %	50
Zusammenbruch	48	-100 %	0
Gesamtportfolio	100	100 %	200

Gehen wir einmal von folgendem Szenario aus: In einer Branche gibt es 100 Unternehmen, in die gleichmäßig investiert wird (Tabelle 15.2). Im Laufe von einem oder zwei Jahrzehnten wird eins von ihnen zum klaren Marktführer, und der Kurs seiner Aktie steigt auf das Hundertfache. Zudem gibt es einen starken Mitbewerber, der sich verfünfzigfacht. 50 Aktien treten auf der Stelle, bewahren allerdings ihren Wert. 48 Unternehmen gehen pleite. Insgesamt verdoppelt sich der Wert des Aktienkorbs. Eine Verdopplung innerhalb eines Jahres ist fantastisch, aber über 10 oder 20 Jahre ist sie mittelmäßig.

Ein solches Szenario beschreibt in groben Zügen die Branche der Hersteller von Computerfestplatten (HDD). Heute sind Festplatten eine reife Kategorie, aber im Jahr 1990 waren sie eine spannende Wette auf die noch junge PC-Industrie. Seither ist die Anzahl der jährlich ausgelieferten PCs und Festplatten auf mehr als das 20-Fache gestiegen. In der gesamten Zeit haben mehr als 200 Firmen Festplatten hergestellt. Dutzende von Rivalen haben fusioniert, aber viele sind auch abgestürzt und verbrannt. Die beiden dominierenden noch verbliebenen Akteure sind Seagate und Western Digital. Im Laufe von zwei Jahrzehnten hat sich die Aktie von Western Digital mehr als verfünfzigfacht. Die Marktkapitalisierung von Seagate, die sich beim Börsengang 1982 auf 180 Millionen Dollar belief, ist auf das Hundertfache angewachsen. Hätte man einen Korb mit zehn Festplattenherstellern gekauft, wären mindestens acht von ihnen Nieten gewesen, vielleicht sogar alle.

Seagate hatte die richtige Strategie: als Erster große Stückzahlen erreichen, vertikal integrieren, sich auf Geschäftskunden konzentrieren und zusätzlich Software liefern. Der wahre Grund, weshalb die Aktie von Seagate herausragte, war allerdings ein Nebenprojekt im Softwarebereich. Als Seagate im Jahr 2000 die Börse verließ, bekamen die Aktionäre 19 Milliarden Dollar, also gut das Hundertfache des Marktwerts zum Zeitpunkt des Börsengangs. Seagate hatte seine Softwaresparte gegen Aktien an VERITAS verkauft, die damals 17 Milliarden Dollar wert gewesen waren. Im Endeffekt bezahlte der Übernehmer für die Festplattensparte von Seagate weniger als zwei Milliarden Dollar – ein fantastisches Geschäft. Inzwischen sind Festplatten ein Oligopol, und die Sorgen wenden sich nun der Obsoleszenz zu, denn die HDDs werden durch SDDs (Solid State Drives) ersetzt.

DAS SPIEL VERÄNDERT SICH

Wenn ein Unternehmen erwachsen geworden ist und einen Verkaufsschlager hat, verändert sich das Spiel. Jemand muss das Produkt zusammenbauen, es vermarkten, das Geld eintreiben und zählen – und, was das Mühseligste von allem ist, die ganzen Menschen in diesen unerlässlichen Abteilungen managen. Anders als die kreativen Ingenieure und Designer, die das Unternehmen bis zu diesem Punkt geführt haben, leben diese Funktionen vom Durchschnittlichen, Wiederkehrenden und Konventionellen. Der größte Teil der Herstellung von Computer-Hardware wird ausgelagert, um Kosten einzusparen. Vielleicht liegt ein weiterer Grund dafür darin, dass man den kulturellen Zusammenprall umgehen will, den es bedeutet, Legionen von Mitarbeitern sehr verschiedener Art zu managen. Im Jahr 2015 hatte Apple 110.000 Beschäftigte, und sein Auftragshersteller Hon Hai 1,29 *Millionen*! (Die Auslagerung verlegt die Prozessinnovation nach Asien, und das ist maßgeblich: Henry Fords Fertigungslinie war eine Prozessinnovation.)

Ingenieure sind dafür geschult, technische Systeme zu konstruieren, weniger darauf, aus Menschen bestehende Systeme zu entwickeln, aber erfolgreiche Technikfreaks sind gezwungen, beides zu tun. Man kann eine Ansammlung von struwweligen Programmierern nicht auf die gleiche Art managen wie die seriöse Buchhaltungsabteilung, aber irgendwie müssen die Kreativen und die Buchhalter zusammenarbeiten oder sich in der Führung abwechseln. Auf den Visionär und Xerox-Gründer Joseph Wilson, der das Unternehmen zu einem der 20 wertvollsten Unternehmen Amerikas machte, folgte Peter McColough. Er war Jurist, hatte in Harvard seinen MBA gemacht und bei Lehigh Coal and Navigation Erfahrungen gesammelt, und sein geschäftlicher Scharfsinn erwies sich als vorteilhaft.

Technologie-Unternehmen müssen sowohl gegen das Veralten als auch gegen die Konkurrenz ankämpfen – oder zugrunde gehen. Produktleute sind eher darauf aus, Neuerungen zu bringen, um die Kunden zu erfreuen, während Finanzvorstände mehr Wert auf niedrige Kosten und die Monetarisierung der Kunden legen. Ein Unternehmen, das sich mehr um den laufenden Gewinn sorgt, wird versuchen, zu niedrigen Kosten zu produzieren, indem es Großserien des gleichen Produkts produziert und die F&E-Kosten möglichst gering hält. Manchmal möchten Manager lieber nichts Originelles aufbauen, weil die Stückkosten sinken, wenn mehr Exemplare des gleichen Artikels hergestellt werden. Aber Internetunternehmen, die nicht dauernd neue Funktionen hinzufügen, verlieren ihr Publikum.

Xerox hatte ein attraktives Finanzmodell, dessen Schwerpunkt eher auf der Vermietung von Kopierern, dem Kundendienst dafür und dem Verkauf von Toner lag als auf dem Verkauf großer Geräte. Für Xerox und seine Vertriebsmitarbeiter bedeutete das gleichmäßigere und regelmäßigere Einnahmen. Angesichts der soliden Grundlage wiederkehrender Erlöse wurden mit größerer Wahrscheinlichkeit die Budgets erfüllt, sodass die Unternehmensleitung den Analysten zutreffende Prognosen geben konnte. Die Kunden rechneten die Kosten für das Mieten eines Kopierers als Betriebsausgaben ab, die gewöhnlich nicht einer Genehmigung durch das gehobene Management bedürfen, wie es bei einer Kapitalinvestition der Fall sein könnte. Da Xerox ein annäherndes Monopol auf die Herstellung von Fotokopierern besaß, konnte es seine Kosten dadurch senken, dass es wenige Standardmodelle in großen Stückzahlen baute. Als Eigentümer einer

Flotte möglicherweise veralteter Geräte war es Xerox vielleicht lieber, seine Modelle *nicht* allzu schnell zu verbessern. Steve Jobs sah es so, dass mit der Vertreibung der Produktleute bei Xerox auch der Sinn für Wertarbeit vertrieben wurde.

Trotz alledem startete Xerox im Jahr 1969 eine der bemerkenswertesten Forschungsanstrengungen aller Zeiten, nämlich das Palo Alto Research Center (PARC), ohne das es Apple, den PC und das Internet nicht gäbe. Der moderne PC wurde ebenso im PARC erfunden wie das Ethernet-Netzwerksystem, die grafische Benutzeroberfläche und die Maus, mit der Letztere gesteuert wird, die E-Mail, die nutzerfreundliche Textverarbeitung, das Desktop-Publishing, die Videokonferenz und vieles mehr. Diejenige Erfindung, die am eindeutigsten in die Vision von Xerox vom „Büro der Zukunft" passte, war der Laserdrucker, den allerdings Hewlett-Packard besser ausbeutete als Xerox (ich beobachte und warte ab, was aus der heutigen Parallele, den überaus kühnen Projekten von Alphabet, letztlich wird).

Bekanntlich gelang es Xerox nicht, diese Erfindungen, die die Welt veränderten, in Marktbeherrschung oder überhaupt in Marktanteile zu verwandeln – sondern es ließ es zu, dass Apple, Microsoft, Hewlett-Packard und andere darauf gigantische Unternehmen aufbauten. Bei einem Treffen, bei dem Steve Jobs Bill Gates vorwarf, er klaue Apples Ideen, erwiderte Gates: „Nun ja, Steve, ich finde, man kann das auf verschiedene Arten betrachten. Ich glaube, wir hatten beide diesen reichen Nachbarn namens Xerox, und als ich einbrach, um ihm den Fernseher zu klauen, merkte ich, dass du ihn schon geklaut hattest."

Als die zwanglosen, unbekümmerten und anpassungsfähigen PARC-Forscher verkaufsfähige Produkte hatten, konnten sie die Anzugträger von Xerox nicht dazu bewegen, sie mit Herstellung und Vertrieb zu unterstützen. So hätte beispielsweise der Alto der erste fertig montierte PC auf dem Markt sein können, aber dafür gab es noch keinen bestehenden Markt. Ein Vorschlag war, den Alto im Schreibmaschinenwerk von Xerox in Dallas zu bauen, aber die Umrüstung der Maschinen und der Fertigungslinie wäre kostspielig gewesen und hätte Verkäufe mit höheren Margen beeinträchtigt. Im Jahr 1979 trat Xerox seine PC-Technologie im Austausch gegen Aktien an Apple ab.

Die erste PARC-Erfindung, die Xerox tatsächlich verkaufte, war das Ethernet, aber die Kopierer-Vertriebsmannschaft interessierte das nicht. Sie war nicht für die neuen Produkte geschult. Sie würden an andere Kunden verkauft als die Kopierer, sodass sie sich nicht in Verkaufsgesprächen hinzunehmen ließen. Die neuen Produkte würden einmalige Verkäufe mit geringeren Bruttomargen sein, während Kopierer und Toner wiederkehrende Verkäufe mit spektakulären Margen waren. Auch war noch nicht so ganz klar, wie die neue Technologie genutzt werden konnte; herauszufinden, wie man sie anwenden konnte, bedeutete Arbeit. Eine ungeschliffene, grobschlächtige Technologie der ersten Generation ist nicht gerade das, was man schwerfälligen Fortune-500-Kunden andrehen möchte.

KONKURRENTEN UND EINTRITTSBARRIEREN

Lukrative Branchen ziehen Konkurrenten an – außer wenn es Eintrittsbarrieren gibt. Xerox nutzte Patente wie das auf die Verwendung von Selen, um solche Barrieren zu errichten. Eine Weile hielten sie auch. Im Jahr 1975 schloss Xerox in einem Kartellverfahren einen Vergleich, im Rahmen dessen es sich bereit erklärte, seine Technologie auszulizenzieren, aber so richtig fingen die Probleme erst Anfang der 1980er-Jahre an. Bis dahin waren kritische Patente ausgelaufen, und Konkurrenten hatten Mittel und Wege gefunden, andere Patente zu umgehen. Japanische Unternehmen wie Canon und Ricoh luchsten Xerox große Marktanteile ab, vor allem international und mit kleineren Geräten.

Anders als bei Verbrauchsgütern sind Marken bei elektronischer Hardware frappierend machtlos, wenn eine bessere oder billigere Alternative auftaucht. Compaq und IBM waren einst führende PC-Marken, sind es aber jetzt nicht mehr. Kurz bevor IBM aus dem PC-Geschäft ausstieg, stellte es fest, dass sich seine PCs in einer weißen No-Name-Kiste besser verkauften als mit dem IBM-Logo darauf. Branding funktioniert bei Dienstleistungen nur dann, wenn der Service auch wirklich besser ist. Sobald andernorts schnellere Internetzugänge erhältlich waren, hinderte der Markenname AOL die bisherigen Abonnenten nicht daran, wegzugehen.

Anfang der 1980er-Jahre verkauften die japanischen Konkurrenten Kopierer zu den Herstellungskosten von Xerox. Xerox brauchte einen Preisaufschlag, um die Vertriebskosten zu decken und einen Gewinn zu erzielen. Als Xerox noch gleichbedeutend mit dem Fotokopierer gewesen war und operative Ertragsmargen von 30 Prozent erwirtschaftete, hatte es keinen Bedarf gehabt, die Herstellungskosten zu senken. Das hätte sogar kontraproduktiv sein können, da es versuchte, das Image einer hochwertigen, gehobenen Produktpalette zu vermitteln. Allerdings merkte Xerox, dass es weitaus mehr Produktionsmängel hatte als seine Konkurrenten, und es wurstelte sich mit Versuchen durch die 1980er-Jahre, Prozesse zu bewerten und die Kosten zu zügeln. Zwar konnte Xerox seine wiederkehrenden Erlöse weitgehend halten, allerdings zu niedrigeren Preisen und zu niedrigeren Margen.

IM TECHNOLOGIEBEREICH HAT NICHTS BESTAND

Wenn Analysten auf das ultimative Potenzial eines Produkts spekulieren, fantasieren sie sich häufig den krönenden, gloriosen Moment zusammen und nehmen an, danach könnten sie für immer glücklich und zufrieden leben. Aber das ist selbstverständlich ein Märchen. Im Jahr 1994 hatte AOL eine Million Abonnenten, und ihre Zahl überschritt im Jahr 2002 bei 27 Millionen den Höhepunkt – eine kumulierte jährliche Zuwachsrate von rund 50 Prozent. Die AOL-Aktie überschritt den Gipfel zwei Jahre vor der größten Abonnentenzahl, und in der Zwischenzeit brach sie um 80 Prozent ein. Zehn Jahre später hatte AOL in den Vereinigten Staaten nur noch drei Millionen zahlende Abonnenten. Ähnlich war es bei Blackberry; Umsatz und Gewinn verzehnfachten sich innerhalb von fünf Jahren annähernd, bevor das Unternehmen in die Verlustzone sackte, wobei der Aktienkurs drei Jahre vor dem Unternehmensgewinn den Höhepunkt überschritt. Der Umsatz mit Internetzugängen und Smartphones wuchs zwar weiterhin, aber AOL und Blackberry wurden von besseren Produkten überholt und erlitten einen schweren Schlag.

Xerox und Eastman Kodak teilten ein gemeinsames Erbe, insofern ihre Wurzeln in der Foto-Industrie von Rochester im Bundesstaat New York lagen. Die beiden Marken gehörten zu den renommiertesten der Welt, bis die Japaner daherkamen, aber nur Xerox überlebte die Digitalisierung. Vor den Ereignissen hätte ich darauf gewettet, dass die chemische Fotografie und die Papierabzüge die Xerografie überleben würden, da sie seit deutlich mehr als einem Jahrhundert stabil geblieben waren, während es die Xerografie erst seit ein paar Jahrzehnten gab. Normalerweise überdauern physische Formen und Institutionen, die schon lange Bestand haben. Wenn es etwas schon seit einer Weile gibt, wird es auch noch eine Weile bleiben. Wahrscheinlich.

Die Obsoleszenz hat zwar eine ingenieurtechnische Dimension – Eastman Kodak besaß eine hohe Kompetenz in chemischen Prozessen, hingegen in der Elektronik weniger –, aber man darf auch die gesellschaftliche Dimension nicht vernachlässigen. Dank Handys mit Digitalkameras, die man immer dabeihaben kann, entdeckten die Menschen endlose Möglichkeiten des Fotografierens, die ihnen nicht aufgefallen waren, als Kameras nur bei besonderen Anlässen eingesetzt wurden. Bei den ersten Smartphones war die Bildqualität mittelmäßig, aber die Kunden waren preissensitiv. Ich bezweifle, ob es für Kodak – das für Qualität bekannt war und von Elektronik wenig Ahnung hatte – klug gewesen wäre, im Smartphone-Bereich zu konkurrieren. Vielleicht wäre es für Kodak die beste Möglichkeit gewesen, die Qualität von Produkten wie seinen robusten Kompaktkameras zu betonen, allerdings ist das, wie GoPro feststellen musste, ein kleiner Markt. Im Jahr 2012 beantragte Eastman Kodak Insolvenz.

UNBEABSICHTIGTE KONSEQUENZEN

Oft geraten Anleger über Erfindungen in Begeisterung, ohne über ihre weiteren Auswirkungen oder über die Reaktion der Gesellschaft auf sie nachzudenken. Das Automobil hat die Bevölkerungszentren verändert, ebenso die Art, wie die Menschen einkaufen, und es hat das Drive-in-Restaurant hervorgebracht. Die Printmedien und die CD sind dem Internet zum Opfer gefallen. Die Kernkraft schwand nach der Katastrophe von Three Mile Island dahin. Science-Fiction-Autoren schreiben schon lange ausführlich über die Bedrohung durch die allgemeine allgegenwärtige Überwachung und die Polarisierung der Einkommensverteilung. Das Internet hat beides in einem Maße ermöglicht, das man sich zuvor nicht hatte vorstellen können, aber es scheint nicht unter Beschuss zu stehen. Vielleicht liegt das daran, dass sich das Science-Fiction-Publikum auf der Gewinnerseite wiedergefunden hat, die sich die Beute teilt.

Vielleicht werden Datenschutzbedenken der Möglichkeit in die Quere kommen, Werbung und Daten in noch größerem Umfang zu verkaufen. Regierungen und Unternehmen hatten schon immer Datenbestände mit persönlichen Angaben, aber nie zuvor waren sie so umfassend, so wertvoll, so zentralisiert und so gut durchsuchbar wie heute. Viele dieser Informationen werden ohne das Wissen oder die ausdrückliche Einwilligung der Betroffenen gesammelt. Dies eröffnet ebenso wie das Hacking beispiellose Möglichkeiten, sie gegen die Interessen der Betroffenen zu verwenden.

Immense Vermögen, die im Internet erworben wurden, bauen auf der erstaunlichen Auffassung auf, dass Menschen nicht die Eigentümer von Informationen über sich selbst sind, weil die Gesetze immer noch auf einer einfacheren Zeit beruhen. Bekanntlich erfuhren die Nachfahren von Henrietta Lacks, dass ihr Krebszellen ohne ihr Wissen und ohne ihre Zustimmung entnommen und als HeLa-Zellen kultiviert worden waren, die für medizinische Forschungen eingesetzt werden. Ebenso kamen Target-Supermärkte vor dem Vater einer Schülerin darauf, dass sie schwanger war. Die gleichen Methoden, die für Direktwerbung hilfreich sind, können in undemokratischen Ländern genutzt werden, um politische, religiöse und sexuelle Minderheiten zu unterdrücken. In Europa sind Maßnahmen im Gange, die Privatsphäre dadurch zu schützen, dass der rechtliche Status von personenbezogenen Daten in einer Art und Weise geändert wird, der die Werbeumsätze beeinträchtigen könnte.

Auch wenn man sieben Tage die Woche rund um die Uhr mit dem Internet verbunden ist, kann das menschliche Bewusstsein nur eine bestimmte Menge an Werbung aufnehmen. Angeblich sieht der Durchschnittsamerikaner täglich mehr als vier Stunden fern, und das beinhaltet fast eine Stunde Werbung. Egal, ob die mobile Internetwerbung die Fernsehwerbung ersetzt oder ergänzt, muss man wohl annehmen, dass ein immer mehr abgelenkter Verbraucher auf die Werbung weniger ansprechen wird. Und wenn das Internet tatsächlich für mehr Preistransparenz sorgt, dann werden Waren mit knapperen Gewinnspannen verkauft, sodass weniger Geld für Werbeetats übrig bleibt.

WAS IST SIE WERT?

Die Theorie vom Gegenwartswert beruht auf der Annahme, dass man die künftigen Cashflows eines Unternehmens über seine gesamte Lebensdauer abschätzen kann. Zugegebenermaßen klingt das angesichts der unterschiedlichen Verläufe, die Erfindungen, Konkurrenz und Obsoleszenz nehmen können, weit hergeholt. Die meisten Methoden der Wahrscheinlichkeitsrechnung, der Statistik, der Buchhaltung und der Finanzanalyse sind für eine Welt gedacht, die aus Durchschnittswerten besteht, in der sich wiederholende Muster und Normen einen allgemeinen Anhaltspunkt für künftige Ereignisse darstellen. Im Durchschnitt war ein Vorratsbestand, dessen Produktion ein Unternehmen eine Million Dollar gekostet hat, am Quartalsende diesen Betrag wert und ist ihn heute immer noch wert, aber das stimmt nicht immer. Da es nichts kostet, ein zusätzliches Exemplar einer Internetsoftware zu erstellen, brauchen wir neue Instrumente und Annahmen.

Eine Möglichkeit, auf diese Abhängigkeit von unvorhersehbaren Verläufen zu reagieren, besteht darin, je nach Nachrichtenlage in Technologie-Aktien ein- und auszusteigen. Wenn es zu viele Möglichkeiten gibt, betrachten manche Anleger nur diejenigen, die sie direkt vor sich haben, und stellen Fragen wie „Wird der Quartalsgewinn steigen?“ oder „Wird der gemeldete Gewinn die Schätzungen der Wall Street übertreffen?“. Doch leider funktioniert hyperaktives Trading nicht. Im Jahr 1972 erreichte die Xerox-Aktie ein Kurshoch, das sie 25 Jahre lang nicht mehr erreichen sollte – und das doppelt so hoch war wie ihr Stand im Jahr 2016. Die Gewinne von Xerox stiegen weiterhin und verdoppelten sich von 1972 bis 1980 locker, aber die Aktie verlor fünf Achtel ihres Wertes. Zu dem Schluss, dass man Xerox 1972 hätte verkaufen sollen, wäre man nicht gekommen, wenn man sich an das Gewinnwachstum gehalten hätte; dafür brauchte man eine Auffassung vom Wert. Wie etwa die Auffassung, dass ein auf der Gewinnschätzung für das kommende Jahr basierendes KGV von 41 sehr üppig ist.

Für sich genommen bedeutet ein hohes KGV noch nicht, dass eine Aktie hoch bewertet ist, aber um ihren Gegenwartswert einzuschätzen, muss man auf die unnatürliche Praxis zurückkommen, sich die gesamte Lebensspanne eines Unternehmens vor Augen zu halten. Die Merkmale, auf die man sich dafür konzentrieren muss, sind genau diejenigen, die andere aus dem Blickfeld verloren haben. Wenn ein Unternehmen – wie es Xerox getan hat – mit einem inspirierten Produkt anfängt, wird es dann auch in der Lage sein, es herzustellen, es zu verkaufen und die damit verbundenen Menschen und Finanzangelegenheiten zu managen, ohne derart bürokratisch zu werden, dass es die Chance auf eine Zugabe torpediert? Wie schnell wird eine Innovation in den Schatten gestellt, und wird das Unternehmen, wenn das passiert, durch seinen Erfolg dermaßen aufgebläht sein, dass es von den Kosten her nicht mehr konkurrenzfähig ist?

Anstatt die Methode des Gegenwartswerts auf den Müll zu werfen, suche ich nach Situationen, in denen es weniger lächerlich ist, sich die gesamte Lebensdauer eines Unternehmens vorzustellen. Grundsätzlich meide ich Produkte, die in Mode sind, und andere, von denen vorhersehbar ist, dass sie veralten werden; auch meide ich Branchen mit Massenware, die viele Konkurrenten haben. Außer wenn künftige hohe Gewinne absehbar sind, investiere ich nicht in Unternehmen, die Verluste schreiben.

Ansys ist ein Beispiel für ein Software-Unternehmen, das auf einem Spezialgebiet eindeutig führend ist, auf dem sich die Problemlösungen nicht ändern, und das dadurch sowohl den Wettbewerb als auch die Obsoleszenz umgeht. Ingenieure verwenden seine Multiphysik-Modellierungssoftware, um Produkte bei der Konstruktion auf Mängel zu prüfen. Beispielsweise können Flugzeugingenieure damit die Auswirkungen von Wind und anderen Belastungen auf verschiedene Tragflächenentwürfe simulieren und testen. Dabei lassen sich die Wechselwirkungen zwischen Belastungen durch Vibrationen, Temperatur, Geschwindigkeit und Luftdruck modellieren. Es kann nämlich sein, dass ein Tragflügel entweder extreme Temperaturen oder hohe Geschwindigkeiten aushält, nicht aber beides. Da die Gesetze der Physik nicht veralten, dürfte das auch dieser Software nicht passieren. Tatsächlich gibt es sogar großartige neue Anwendungsmöglichkeiten dafür bei der Konstruktion von Medizinprodukten.

Dienstleistungen sind weniger anfällig für Obsoleszenz und können von technischen Fortschritten profitieren, aber dabei sollte man sorgfältig auf Eintrittsbarrieren achten. Die Abwicklung von Kreditkartenzahlungen ist ein Beispiel für eine Dienstleistung mit Eintrittsbarrieren und oligopolistischer Preisbildung. Da die Banken reguliert sind und Milliarden Dollar das Zahlungssystem durchlaufen, besteht ein Dickicht von Vorschriften, die dafür gedacht sind, die Sicherheit von Händlern, Kunden und Banken zu schützen. Ohne diese Eintrittsbarrieren könnte ich mir nicht erklären, warum kleine Händler für die Abwicklung drei Prozent ihres Kreditkartenumsatzes bezahlen müssen.

ÜBERRASCHUNG! IM TECHNOLOGIEBEREICH FUNKTIONIEREN NIEDRIGE KGVS

Entgegen der herrschenden Meinung funktioniert bei Technologie-Aktien die Auswahl von Aktien anhand eines niedrigen KGVs und eines hohen freien Cashflows häufig besonders gut. Ich glaube, das liegt daran, dass die Verfolgung der Konkurrenz und der Obsoleszenz in schnelllebigen Bereichen dermaßen aufwendig ist, dass viele Analysten nichts anderes tun. Auch verlangt eine finanzielle Analyse eine andere Geisteshaltung: sorgfältig, analytisch und präzise. Wenn man ein guter Finanzanalyst ist, gehen einem vielleicht die Kreativität, Flexibilität und Anpassungsfähigkeit ab, die von einem Technologie-Zukunftsforscher verlangt werden, und umgekehrt.

Ich bin ein besserer Finanzanalyst als Zukunftsforscher, und daher ziehe ich im Allgemeinen die Wahrscheinlichkeit eines guten Ausgangs der geringen Chance eines fabelhaften Ausgangs vor. Ich setze darauf, wie groß der Markt sein kann, aber nicht darauf, ob die Wissenschaft funktioniert. Am liebsten sind mir Unternehmen, die in sich langsam wandelnden Oligopolen kostengünstig produzieren. Dort kann ich grobe Schätzungen der künftigen Gewinnströme abgeben, ohne gefährlich weit danebenzuliegen. Außerdem gibt es Momente, in denen es sich lohnen kann, wenn ich mich dem Glück aussetze.

Anstatt ein Lotterielos zu kaufen, um sich dem Glück auszusetzen, ist es hilfreich, an die Bewertung von Technologie-Aktien sowohl wie ein technologischer Zukunftsforscher als auch wie ein konventioneller Finanzanalyst heranzugehen. Wenn Dutzende von Social-Media-Unternehmen zu außerordentlichen Bewertungen gehandelt werden, kauft man ein Lotterielos, und die ausnahmsweise vorkommenden Gewinner machen die Flut an Verlusten nicht wett. Im Gegenzug wird man dank der Stimmungsschwankungen von Technologie-Anlegern manchmal für Wagemut belohnt, wobei der Wert der Treffer den der Fehlschüsse übertrifft. Machen Sie sich jedoch klar, dass die Momente, in denen man sich dem Glück aussetzen kann, selten in Blogs gepostet oder im Fernsehen gemeldet werden.

Dieser Ansatz wirkt eintönig und mühsam, aber nur wenige Investoren kommen hinsichtlich ihres Geschicks und ihres Wissens an Wagniskapitalgeber und Technologie-Insider heran. Auch wenn es berühmte Harvard-Abbrecher gibt, braucht man doch häufig eine jahrelange spezialisierte Ausbildung, um die Achsen des Wandels zu verstehen. Nach sorgfältigen Recherchen investieren diese Unternehmer zu niedrigen Preisen (oder mit Beträgen, die so klein sind, dass ein Scheitern eher folgenlos wäre), sie bringen Managementkompetenz und wichtige Kundenbeziehungen ein, sie können die Unternehmensstrategie beeinflussen und bleiben manchmal jahrelang im Unternehmen.

Menschen, die über die Börse in Technologie-Unternehmen investieren, ignorieren oft den Wert, denken nicht sorgfältig genug über Konkurrenz und Obsoleszenz nach und traden hektisch – und all das führt oft zu einer Enttäuschung. Ihre Ergebnisse würden besser ausfallen, wenn sie sich auf Unternehmen mit laufenden Gewinnen und laufendem Cashflow konzentrieren würden und wenn sie den Preis einer Aktie mit ihrem Wert vergleichen würden, so flüchtig er auch sein mag. Anleger sollten sich etwas von den Wagniskapitalgebern abschauen und den Schwerpunkt auf Software-Unternehmen sowie auf Unternehmen mit wiederkehrenden Dienstleistungen legen, die etwas Unverwechselbares anbieten.

16
WIE VIELE SCHULDEN SIND ZU VIEL?

„Es kommt nicht darauf an, wie gut man spielt, wenn man gut spielt. Es kommt darauf an, wie gut man spielt, wenn man schlecht spielt."
- Martina Navratilova -

Eine Unternehmenspleite beginnt mit zyklischen Schwankungen, technischem Wandel oder dem Verlust von Kunden-Goodwill. Allerdings wird das Finale meist von überzogenen Schulden ausgelöst. Die Kreditnehmer sind dann am meisten darauf aus, Kredite aufzunehmen, und die Kreditgeber darauf, welche zu vergeben, wenn blauer Himmel in Sicht ist. In guten Zeiten bringen Anleger und Kreditgeber ihr Kapital ins Spiel, ohne die Gewinne und die Deckung der Anlagen am Boden des Zyklus zu bedenken. Wenn ein Abschwung im Gange ist, sind dicke Geldpolster, lockere Kreditvereinbarungsklauseln und leichte Rückzahlungspläne der beste Schutz. Verbindlichkeiten mit gestaffelten und noch fernen Fälligkeiten schieben das Leiden zumindest hinaus. Sobald die einzige unmittelbare Möglichkeit, betriebliche Anlagen und Kunden-Goodwill in Bares zu verwandeln, darin besteht, notleidende Vermögenswerte zu Notverkaufspreisen loszuwerden, kommt eine Todesspirale in Gang.

Die meisten Bankrotte beruhen auf unsolider Kreditaufnahme oder auf der Missachtung zweier Prinzipien der Entsprechung – Duration und Risiko. Banker betrachten ein Darlehen als solide, wenn es problemlos aus dem verfügbaren Einkommen bedient werden kann und wenn notfalls die Sicherheiten die Rückzahlung reichlich decken würden. Manche Kreditgeber akzeptieren schwächere Sicherheiten, wenn die Einnahmen solide sind (und verlangen größere Sicherheiten, wenn die Einnahmen schwach sind). Beim Prinzip der passenden Duration geht es darum, dass langfristige Vermögensgegenstände mit Eigenkapital oder mit langfristigen Schulden finanziert werden sollten. Beim Prinzip des passenden Risikos geht es darum, dass riskante Vermögensgegenstände risikotragfähig finanziert werden sollten (Eigenkapital), während sichereren Vermögensgegenständen risikoaverse Finanzierungen (Schulden) entsprechen sollten.

KEIN VERMÖGEN, ABER EIN TOLLES BONITÄTSRATING

Dun & Bradstreet, Moody's und McGraw-Hill (Eigentümer von Standard & Poor's) haben Verbindlichkeiten, die über ihre materiellen Vermögensgegenstände hinausgehen – was eine Definition von „pleite" ist –, aber sie sind alle als mündelsicher eingestuft. Was diese Unternehmen haben, sind ein starker Cashflow und bemerkenswerte immaterielle Vermögensgegenstände, die größtenteils nicht in der Bilanz geführt werden. Da sie vertrauenswürdige Anbieter kritischer Finanzinformationen sind, ist es unwahrscheinlich, dass sie von Konkurrenten verdrängt oder durch Obsoleszenz überflüssig werden. Auch sind sie nicht besonders zyklisch. Der Staat bezeichnet Moody's und S&P als landesweit anerkannte statistische Ratingagenturen und verleiht ihren Ratings einen rechtlichen Sonderstatus – eine dauerhafte Eintrittsbarriere.

Jahrzehntelang waren führende Zeitungen in Großstädten expandierende Cashcows. Als tägliche Verbrauchsgüter, die per Abonnement verkauft wurden, hatten sie stabile, vorhersehbare Einnahmen.

Zeitungen konnten ihre Auflage ohne große Investitionen erhöhen, sodass der größte Teil ihres Cashflows für die Rückzahlung von Schulden, für Dividenden oder für Übernahmen zur Verfügung stand. Sie waren perfekt für schuldenfinanzierte Übernahmen geeignet. Wenn Medien verkauft werden, wird der größte Teil des Kaufpreises üblicherweise dem Goodwill zugeschrieben, zum Beispiel Titeln oder Sendegenehmigungen, den physischen Anlagen hingegen wenig. Wenn der Cashflow steigt, dann wächst auch der Goodwill.

Sam Zell kaufte im Jahr 2007 die Tribune Company und legte dafür mehrere Hundert Millionen Dollar zusätzlich zu Geldern aus einem Plan der Aktien-Mitarbeiterbeteiligung hin. Der Rest des Kaufpreises wurde aufgenommen. Die daraus entstehenden Verbindlichkeiten von mehr als elf Milliarden Dollar betrugen das Neunfache des Gewinns der Tribune Company vor Zinsen, Steuern und Abschreibungen auf materielle und immaterielle Vermögenswerte (EBITDA) in Höhe von 1,2 Milliarden Dollar. Normalerweise gilt ein Verhältnis Schulden/EBITDA von mehr als 4 als erschreckend, außer wenn die Schulden durch materielle Vermögensgegenstände gedeckt sind, wobei die *Chicago Tribune* und andere Medien gute Sicherheiten waren. Der Gerechtigkeit halber muss man sagen, dass geplant war, die Schulden durch den Verkauf von nicht besonders profitablen Prestigeobjekten wie den Chicago Cubs zu verringern.

Schon ein Jahr nach der Übernahme meldete die Tribune Konkurs an. Im Jahr 2008 brachen die Werbeeinnahmen ein, vielleicht wegen der Rezession, vielleicht auch wegen der Kannibalisierung durch das Internet. Die Marktpreise der anderen Medien im Eigentum der Tribune Company gaben nach, sogar die der Kabelsender und der Websites. Als die Tribune Company im Jahr 2012 das Insolvenzverfahren hinter sich hatte, war die Investition von Zell zunichte, und die Mitarbeiter bekamen bloß ein Butterbrot. Die Gläubiger bekamen zwar eine Mehrheitsbeteiligung an dem sanierten Unternehmen, wurden aber nicht entschädigt.

VERLÄNGERUNG

Burggräben gegen Wettbewerber und starke Marken sind echte langfristige immaterielle Vermögenswerte, aber ohne sie ist Goodwill eine höchst verderbliche Angelegenheit. Die meisten besorgniserregenden Fälle sind „Roll-ups", also Unternehmen, die ständig schuldenfinanziertes Geld hinauswerfen. Im Rausch der Übernahmen haben die Käufer weniger Zeit, das Unternehmen und seine Leitung kennenzulernen. Es ist schwierig, zahlreiche Deals abzuschließen und hinsichtlich des Burggrabens oder des Preises allzu penibel zu sein. Ein in einer Bilanz ausgewiesener Goodwill kann dauerhafte langfristige immaterielle Vermögenswerte wiedergeben – oder bedeuten, dass man zu viel bezahlt hat. Das müssen die Anleger herausfinden, denn die Buchhalter werden es nicht tun.

Ende der 1990er-Jahre kaufte und verlegte Global Crossing in hektischem Tempo Untersee-Glasfaserkabel, die sieben Kontinente miteinander verbanden. Von 1997 bis 2000 schwollen die Aktiva von Global Crossing auf das 50-Fache an, und die Verbindlichkeiten wuchsen auf 15 Milliarden Dollar an. Mehr als die Hälfte der Bilanz von Global Crossing steckte in (riskanten) weichen Vermögensgegenständen, was auf ein negatives materielles Reinvermögen schließen ließ. Als die Überkapazität an Glasfaserleitungen in Betrieb genommen wurde, schwand der Wert der immateriellen Vermögenswerte von Global dahin. Global hatte nie einen Nettogewinn oder freien Cashflow auf jährlicher Basis. Der Ballon platzte schneller, als er aufgepustet worden war, und im Januar 2002 meldete Global Crossing Konkurs an.

Im Jahr 2008 war NCI Building ein eher langsam agierendes Roll-up, das nicht nur gegen beide oben genannten Prinzipien verstieß, sondern auch zweifach exponiert war, weil es außerdem empfindlich auf die Bedingungen am Kreditmarkt reagierte. Als größte Metallbaufirma hatte NCI eine breitere Produktpalette, einen besseren Vertrieb und eine größere geografische Streuung als seine Rivalen. Aber der Eintritt in die Metallbaubranche ist nicht schwierig. Die Kunden sind preissensibel und der Absatz ist zyklisch, sodass der Wert des Goodwills variabel und Gegenstand von Mutmaßungen ist.

Im Nachhinein hatte NCI den Fehler gemacht, die langfristigen Vermögensgegenstände nicht mit langfristiger Finanzierung sowie riskante Anlagen nicht mit risikotragfähigem Eigenkapital zu kombinieren. Die immateriellen Vermögensgegenstände machten die Hälfte des Gesamtvermögens von NCI aus. Da der Umsatz in der Metallbaubranche zyklisch ist, war der Goodwill von NCI ein riskanter langfristiger Vermögensgegenstand. Gemäß den üblichen Faustregeln waren die Schulden geringer als das Eigenkapital, und das Verhältnis von weniger als 3 zum Eigenkapital war nicht besorgniserregend. Diese Sichtweise ignorierte allerdings die Zusammensetzung der Aktiva von NCI und die Fälligkeitszeitpunkte der Schulden.

Ende 2008 betrug das Umlaufvermögen von NCI mit 466 Millionen Dollar etwa das Doppelte der laufenden Verbindlichkeiten von 235 Millionen Dollar. Der größte Teil des Umlaufvermögens von NCI bestand aus Vorräten und Forderungen, nicht in Bargeld. Als der Umsatz im Jahr 2008 einbrach, stiegen die nicht verkauften Vorräte um zwei Fünftel und zehrten Cash auf. In den laufenden Verbindlichkeiten waren enorme Schulden, die nach etwas mehr als einem Jahr fällig wurden, nicht enthalten. Als sich deren Fälligkeiten näherten, wurden die Schulden in die kurzfristigen Kredite umgebucht, die sich dadurch im Laufe von zwei Quartalen von einer Million Dollar auf 476 Millionen Dollar aufblähten. Wenn Schulden auf einen Schlag fällig werden, kann das wie im Fall von NCI tatsächlich einen schweren Schlag bedeuten.

Im Jahr 2009 verschwand der operative Gewinn von NCI, weil sich der Umsatz fast halbiert hatte, was Zweifel am Wert seiner immateriellen Vermögenswerte aufkommen ließ, die es mit 623 Millionen Dollar abschrieb. Durch die Umstrukturierung von Lasten, die Refinanzierung von Kosten und durch operative Verluste machte NCI einen Verlust von 33,58 Dollar pro Aktie, wodurch es sein Reinvermögen und noch ein bisschen mehr in die Luft blies. Auf „bereinigter operativer Basis" machte NCI lediglich 0,39 Dollar je Aktie Verlust.

Da die meisten Schulden von NCI sofort fällig waren und sowohl das Umlaufvermögen als auch das Gesamtvermögen negativ waren, hatten die Kreditgeber alle Karten auf der Hand. Aktien wurden gegen

Schulden eingetauscht, und die Anzahl der Aktien explodierte von 20 Millionen auf 270,7 Millionen. Vom Hoch zum Tief verlor die Aktie 98 Prozent ihres Wertes.

KEINE ANGST VORM FLIEGEN

Vermögenslastige Branchen – Immobilien, Energieversorger, Fluggesellschaften und Finanzunternehmen – locken mit ihren scheinbar reichlichen Sicherheiten Kreditgeber an. Ohne finanzielle Schuldenhebel wäre die Eigenkapitalrendite dieser Branchen wohl eher trübe. Gemäß dem Prinzip der Anpassung an das Risiko kann man sich gewöhnlich gegen sicherere Vermögensgegenstände (etwa Staatsanleihen) größere Wertanteile leihen als gegen riskantere Anlagen. Nicht selten sind dann, wenn es am rosigsten aussieht, die Risiken in Wirklichkeit am größten. Dann fühlen sich die Kreditgeber sicherer damit, für kürzere Zeiträume Kredite zu vergeben, und so kann es sein, dass sie die Kreditnehmer dazu drängen, die Finanzierung langfristiger Vermögensgegenstände falsch anzugehen.

Ganz oben auf der Liste der meisten Unternehmenspleiten stehen vermögenslastige Branchen, allen voran Banken und andere Finanzfirmen. Diese kapitalintensiven Branchen, die von hoch verschuldeten Milliardären favorisiert werden, erweisen sich als unverhältnismäßig anfällig für Katastrophen. Andere vermögenslastige Branchen wie der Automobilbau, Fluggesellschaften, Schifffahrt, Stahl und Kohle haben in letzter Zeit zahlreiche Pleiten, aber nur wenige Milliardäre hervorgebracht. In diesen Branchen ist es praktisch unmöglich, etwas zu produzieren, was die Konkurrenten nicht sehr bald abkupfern. Die einzige Möglichkeit, zu gewinnen, ist hier, wirklich, wirklich hervorragend mit der Kapitalallokation umgehen zu können, wozu auch gehört, dass man dann investiert, wenn es die Konkurrenz nicht tut – und umgekehrt.

In Massenbranchen ballen sich Pleiten häufig zu Wellen zusammen. Alle Unternehmen leiden zur gleichen Zeit unter dem gleichen Preis- oder Kostendruck und machen Verlust. Alle werden von Gläubigern gedrängt, Kapitalgüter zu verkaufen, was deren Wert drückt. Immobilien lassen sich umwidmen und sind daher gewöhnlich widerstandsfähiger, während hochspezialisierte Ausrüstung dadurch verheert wird. Die Preise gebrauchter Massengutfrachter und Öltanker dümpeln zwischen dem Deckel der Kosten eines neu gebauten Schiffes und dem Boden des Schrottwerts herum. Ein Supertanker, der im Jahr 2008 für 137 Millionen Dollar gekauft worden war, wurde vier Jahre später für 28 Millionen Dollar verkauft. Zu jedem gegebenen Zeitpunkt sind entweder alle Schifffahrtsgesellschaften in Nöten oder keine.

Seit der Deregulierung der Fluggesellschaften im Jahr 1978 wird die Branche immer wieder von Pleitewellen heimgesucht, und insgesamt hat es seither mehr als 200 Bankrotte gegeben. Die größte Luftfahrtinsolvenz der jüngeren Vergangenheit war AMR im Jahr 2011. AMR machte Verlust, verlor Bares und hatte ein negatives Umlaufvermögen und ein negatives Reinvermögen von 7,1 Milliarden Dollar. Nur in zwei der vorangegangenen zehn Jahre war AMR profitabel gewesen, nämlich 2006 und 2007. Im Jahr 2007 hatte die AMR-Aktie bei mehr als 40 Dollar ihren Höhepunkt überschritten, was dem Unternehmen eine Börsenkapitalisierung von mehr als zehn Milliarden Dollar bescherte. AMR nutzte die hohen Aktienkurse, um Aktien auszugeben, und stellte so vorübergehend wieder ein leicht positives Reinvermögen her. Aber als die Verluste wieder begannen, verschwand das buchhalterische Vermögen wieder, und AMR wurde zum Pennystock. Mietverbindlichkeiten und eine unglückliche gewerkschaftlich organisierte Belegschaft besiegelten das Schicksal von AMR. Im Jahr 2013 wurde AMR zu American Airlines umstrukturiert. Schuldenhebel, zyklischer Charakter und ein Hauch von oligopolistischer Preissetzungsmacht spielten American Airlines 2014 in die Hände, und sein Aktienkurs stieg auf mehr als das Doppelte.

In wettbewerbsintensiven Massenbranchen sind der Buchwert, der innere Wert und der Marktwert, die in der Buchführung erscheinen, häufig vollkommen voneinander losgelöst. Es gibt einen Markt für gebrauchte Verkehrsflugzeuge, und die auf dem *Blue Book* basierenden Preise lassen sich als Buchwert einsetzen. Die Landerechte mögen ein verborgener Aktivposten gewesen sein, aber zum Zeitpunkt des

Bankrotts wurden sie von tarifvertraglichen Verpflichtungen mehr als wettgemacht, die in den Zahlen nicht vollständig erschienen. Selbst in seinen profitablen Jahren hatte AMR magere Margen gehabt. All das lässt vermuten, dass der (negative) Buchwert von AMR eine angemessene und sogar großzügige Schätzung seines Anlagewerts im Jahr 2011 gewesen war.

AUTOWRACKS

Im Jahr 2005 war die ausufernde Bilanz von General Motors (GM) vollgestopft mit undurchsichtigen Aktiva und nicht entzifferbaren Passiva. Die Bilanzsumme betrug 474 Milliarden Dollar, und wenn man künftige vertragliche Verpflichtungen hinzunahm, war insgesamt eine halbe Billion Dollar zu begleichen. Das Aktionärskapital belief sich nur auf 14,7 Milliarden Dollar, die langfristigen Schulden auf 32,5 Milliarden Dollar, was insgesamt zehn Prozent der Verbindlichkeiten ergab. Die Rückstellungen für Pensionen und Ruhestandsleistungen waren größer als die langfristige Verschuldung von GM.

Beherrscht wurde die Bilanz von GM von der General Motors Acceptance Corporation (GMAC), der Versicherungs- und Finanzierungssparte des Konzerns, mit Passiva in Höhe von 295 Milliarden Dollar. Die GMAC hatte ihr Vermögen von 1999 bis 2005 mehr als verdoppelt, also in der Zeit, als GM weniger Autos und Lastwagen verkaufte. Das gesamte Wachstum der GMAC stammte aus Hypothekendarlehen, vor allem aus Subprime-Darlehen und gewerblichen Darlehen, wobei diese Sparte höhere Gewinne erzielte als die Autofinanzierung. Im Jahr 2006 verkaufte die GMAC ihre gewerbliche Hypothekenabteilung an Capmark Financial, das 2009 pleiteging.

Im Jahr 2006 vereinfachte und verschlankte GM seine Bilanz, indem es 51 Prozent der GMAC an Cerberus verkaufte, wodurch Aktiva in Höhe von 314 Milliarden Dollar aus der Bilanz genommen wurden. Der verbleibende Kapitalanteil an der GMAC wurde mit 7,5 Milliarden Dollar angegeben. Im Jahr darauf kaufte Cerberus eine Kontrollbeteiligung an Chrysler, und ab dann begann die GMAC, Autos von Chrysler zu finanzieren.

Doch auch ohne die GMAC waren die Aktiva und Passiva von GM noch undurchsichtig. Im Jahr 2006 verbuchte GM 37,5 Milliarden Dollar an vorausgezahlten Rentenbezügen als Aktivposten. Die Passiva für Renten und andere Ruhestandsleistungen betrugen über 62 Milliarden Dollar. Die latente Ertragsteuer war im Jahr 2006 ein Aktivposten von fast 45 Milliarden Dollar. Dem gegenüber standen „sonstige Verbindlichkeiten und latente Ertragsteuern“ in Höhe von 16,9 Milliarden Dollar. Das Aktionärskapital war verschwunden.

Im normalen Geschäftsverlauf ist es vorteilhaft, Verbindlichkeiten ohne Sicherheiten, Kreditvereinbarungsklauseln, Zinssätzen oder sofortige Rückzahlung zu haben, die man üblicherweise als „Float“ bezeichnet. Latente Steuern gehören fast zum Float, aber nicht ganz. Die Steuergesetzgebung lässt immer irgendwelche Abzüge zu, zum Beispiel eine beschleunigte Abschreibung, die vorzeitig vorgenommen wird und den zu besteuernden Ertrag sofort senkt, wodurch er aber später wieder steigt. Buchhalter bilden für Steuern, die später bezahlt werden müssen, zwar Rückstellungen, aber es gibt hier keine Kreditvereinbarungsklauseln, keine Sicherheiten und keine Zinssätze. Die zeitlichen Differenzen kehren sich auf eine vorhersehbare Weise um, sodass ein „Schatten-Fälligkeitsdatum“ vorliegt.

Zu Rentenzahlungen und Gesundheitsleistungen im Ruhestand gibt es weder Kreditvereinbarungsklauseln noch Sicherheiten, aber sie müssen den Vorschriften für die Finanzierung und anderen Dinge genügen. Der Gegenwartswert solcher eingegangenen Verpflichtungen hängt in entscheidender Weise von dem angenommenen Abzinsungssatz oder der angenommenen Rendite ab. Unternehmen mit riesigen derartigen Plänen wie GM könnten versucht sein, einen unrealistisch hohen Abzinsungssatz anzusetzen, der den Gegenwartswert der Verbindlichkeiten senken würde. Beispielsweise summieren sich jährliche Zahlungen von einer Million Dollar über 30 Jahre auf 30 Millionen Dollar und haben bei einer Abzinsung mit zwei Prozent einen Gegenwartswert von 23 Millionen Dollar. Bei acht Prozent sind es nur zwölf Millionen Dollar.

Aber die Finanzlage von GM war eine ständige Katastrophe. Im Jahr 2007 machte der Konzern je Aktie 68,45 Dollar Verlust, und im Jahr 2008 waren es 53,32 Dollar. Im Dezember 2008 bekamen GM und Chrysler Notfallfinanzierungen von der Bundesregierung. Im zweiten Quartal 2009 beantragten beide Unternehmen Insolvenz. Nachdem der Staat die Notfalldarlehen gewährt hatte, kontrollierte er den Sanierungsprozess, der bei GM nach 38 Tagen und bei Chrysler nach 41 Tagen endete.

Rechtlich gesehen war die Sanierung von GM ein „vorgepackter" Deal, in dessen Rahmen die attraktivsten Vermögensgegenstände und bestimmte Verbindlichkeiten des „alten GM" an das „neue GM" verkauft wurden. Laut Gesetz werden bei einer Insolvenz die Gläubiger nach einer „strengen Rangfolge" bezahlt, also nach den spezifischen gesetzlichen Rängen der Ansprüche. In der Praxis ergibt sich die tatsächliche Befriedigung von Gläubigern allerdings aus Verhandlungen, die jedoch selten so wenig mit der strengen Rangfolge zu tun haben wie bei GM. Besicherte Gläubiger werden gewöhnlich vor unbesicherten bezahlt – Angestellte, Zulieferer und Inhaber nachrangiger Anleihen. Die meisten Verbindlichkeiten in der enormen Bilanz von GM waren unbesichert.

Man kann sagen, dass der Sanierungsplan Gerechtigkeit gegenüber Gläubigern anstrebte, die GM nicht ausdrücklich Geld geliehen hatten. Die Gewerkschaft United Auto Workers bekam den größten Teil ihrer unbesicherten Ansprüche zurück, zum Teil durch eine 17,5-prozentige Beteiligung an der neuen Gesellschaft und durch Vorzugsaktien im Wert von 6,5 Milliarden Euro. Im Gegensatz dazu fanden die Anleiheinhaber, sie seien mit einem Bruchteil des Erlöses abgespeist worden, der vorrangigen Gläubigern normalerweise zusteht. Die Aktionäre von GM verloren alles.

BAUEN SIE NICHT DARAUF

Als die GMAC noch vollständig GM gehört hatte, hatte GM eine Bilanz wie ein Finanzunternehmen – eine dünne Scheibe Eigenkapital trug eine massive Kreditaufnahme. Finanzunternehmen können enorme Verschuldungen tragen, solange sie sich an die beiden Regeln der Entsprechung halten – risikoaverse Einlagenfinanzierung passt zu konservativer Kreditvergabe, und die Laufzeiten der Aktiva und Passiva müssen zueinander passen. Das Problem war, dass die GMAC weder die erste noch in Ansätzen die zweite Regel beachtete. Die GMAC hatte sich im Vorfeld der globalen Finanzkrise in Subprime-Hypotheken gestürzt. Die Hausfinanzierung nahm nun im Geschäft der GMAC einen größeren Platz ein als die Autos, auch wenn sie Autokredite an eher fragwürdige Autokunden vergab.

Explosionsartiges Wachstum einer Kreditvergabekategorie oder eines Finanzunternehmens ist ein sicheres Omen für finanzielle Explosionen. Geld ist die ultimative Massenware. Finanzunternehmen können allein dadurch schnell wachsen, dass sie niedrigere Zinsen bieten, weniger strenge Vergabekriterien anlegen oder beides. Hohe Renditen geben wieder, dass der Markt hohe Risiken wahrnimmt, und ohne genauere Untersuchung darf man nicht unbekümmert annehmen, der Markt irre sich. Als sich die GMAC auf riskantere Darlehen verlegte, lieh sieh sich auch mehr Geld. Im Jahr 2000 hielt die GMAC auf jeden Dollar Eigenkapital zwölf Dollar an Vermögensgegenständen, und im Jahr 2006 waren es 20 Dollar. Damit war sie nicht allein: Washington Mutual, Countrywide Credit und andere machten es ähnlich – mit tragischen Ergebnissen.

Vorsichtige Unternehmen passen die vertragliche Dauer von Verbindlichkeiten an die Duration von Vermögensgegenständen an, aber das moderne Bankwesen könnte nicht existieren, wenn es das tun würde. Banken nehmen Einlagen an, die auf Anfrage auszahlbar sind, und verwenden diese Mittel, um zu höheren Zinsen langfristige Darlehen zu vergeben. In der Praxis tätigen die Einleger nur selten gleichzeitig größere Abhebungen, und die Banken schätzen ihr Liquiditätspolster anhand von Wahrscheinlichkeiten ab. Aber ein unerwarteter Ansturm auf eine Bank kann sie zwingen, Darlehen und Wertpapiere mit Verlust abzustoßen. Wenn die Zahlen groß genug sind, kann ein solcher Run sowohl die Solvenz als auch die Liquidität gefährden. Bei einem Bank Run werden die Zentralbanken angewiesen, den Banken für den Notfall Liquidität bereitzustellen, nicht aber Finanzfirmen, die keine Banken sind.

Während der Finanzkrise 2008 war die GMAC in der verzweifelten Position, dass es ihr an Mitteln mangelte, dass sie zweifelhafte Sicherheiten hielt, dass man sie als insolvent bezeichnen konnte und dass sie keine Bank war. Um ihre Zahlungsfähigkeit wiederherzustellen, kaufte das US-Finanzministerium im Rahmen von drei Rettungsaktionen Vorzugsaktien und Stammaktien im Wert von insgesamt 17,2 Milliarden Dollar. Die GMAC beantragte eine Banklizenz, bekam sie und durfte sich nun bei der Federal Reserve Geld leihen. Sie wurde in Ally Bank umbenannt (später ging ihr Tochterunternehmen ResCap, das Subprime-Hypotheken vergab, bankrott, aber Ally selbst kam um den Bankrott herum). Das US-Finanzministerium wird aufgrund seiner Rettungsaktionen für GMAC/Ally wahrscheinlich einen Verlust von einigen Milliarden Dollar schreiben.

WEDER KREDITNEHMER NOCH -GEBER?

Schulden verstärken das Gute und das Schlechte, und gewöhnlich ist es optimal, sich eine gewisse Menge zu leihen. Das exakte Niveau hängt vom Zusammenhang ab. Dabei muss man sich an das Prinzip halten, dass die Risiken und die Durationen zusammenpassen müssen. Sehr stabile Branchen wie verpackte Lebensmittel oder regulierte Versorger können sich Geld leihen, um die Profitabilität und das Wachstum zu steigern, ohne ihre Lebensdauer oder ihre Gewissheit zu gefährden. Vorhersehbaren künftigen Cashflows kann man künftige Verbindlichkeiten exakt gegenüberstellen. Doch sogar solche Unternehmen brauchen ein Cash-Polster, um sich gegen misslungene Prognosen zu schützen.

Bei den meisten zyklischen Unternehmen mündet der Kompromiss zwischen laufenden Gewinnen und Langlebigkeit in eine Sackgasse. Manche Anleger würden lieber Heu machen, während die Sonne noch scheint, und sich um den morgigen Tag erst morgen sorgen. Wenn ein Unternehmen pleite ist, genießen die Aktionäre nicht mehr die Vorteile von Profitabilität und Wachstum. Die Prognosen zyklischer, volatiler Unternehmen müssen zu einem gewissen Zeitpunkt falsch werden, und wenn sie Vermögenswerte beinhalten, die sich nicht in Bares verwandeln oder von einer anderen Branche nutzen lassen, macht eine hohe Verschuldung die Unternehmen verwundbar. Ich ziehe Unternehmen vor, die ohne Verschuldung ein attraktives Maß an Wachstum und Profitabilität erzielen können.

DIE „OKINAWA-DIÄT" FÜR UNTERNEHMEN

Anleger, die sich für die Langlebigkeit von Unternehmen interessieren, sollten sich mit Japan befassen. Laut Arie De Geus gibt es auf der Welt 967 Unternehmen, die vor dem Jahr 1700 gegründet wurden, und mehr als die Hälfte davon hat ihren Sitz in Japan. Die High-tech-Wunder von heute sind in dieser Liste nicht vertreten. Dominiert wird sie von traditionellen, sich nur langsam wandelnden Branchen, die aber keine reine Massenware herstellen, zum Beispiel Sake, Süßwaren, Tee, Lebensmittel, Restaurants, Gasthäuser und religiöse Gegenstände. Veränderung macht das Leben interessant, aber Unternehmen, die sich ständig verändern müssen, machen irgendwann zwangsläufig Fehler und gehen zugrunde.

Wenn man, wie es die Japaner anscheinend tun, Unternehmen als sehr langfristige und als riskante Vermögensgegenstände betrachtet, ist es angemessen, sie fast ausschließlich aus Eigenkapital zu finanzieren. Die Hälfte der börsennotierten Aktien Japans hat mehr Bargeld als Schulden, und das findet man in keinem anderen Industrieland. Auch findet man in ihren Bilanzen im Verhältnis weniger Goodwill als anderswo, obwohl die Japaner ihre eigenen berühmten Marken und unzerstörbaren Namen haben.

Die Lebenserwartung eines Unternehmens hängt davon ab, ob die beiden Prinzipien der Entsprechung eingehalten werden, aber es gibt auch eine gesellschaftliche Erklärung: Unternehmen sind aus Menschen bestehende Gemeinschaften. Diejenigen Unternehmen, die überleben, sind Gemeinschaften, denen die Kunden, die Mitarbeiter und die Zulieferer angehören wollen. Sie haben sich angepasst, aber dabei ihren besonderen Charakter und ihre Mission bewahrt. Auch haben sie sich nicht zu sehr diversifiziert. Die meisten Unternehmen, die es im Jahr 1700 gab, befanden sich in Familienbesitz, und darum werden auch die meisten überlebenden Unternehmen von Familien kontrolliert, was sie zu ganz besonderen Gemeinschaften macht. Auch hierzulande haben amerikanische Wissenschaftler herausgefunden, dass die Aktien von Unternehmen mit Kontrollmehrheiten – einschließlich Familien – besser performen als Aktien in Streubesitz.

Das Nirwana der Investoren ist ein profitables, wachsendes Unternehmen, das mit Sicherheit Bestand haben wird. Schulden vernichten Unternehmen zwar nicht, aber sie erzeugen Verwundbarkeit. Suchen Sie nach Unternehmen, die die Prinzipien der Entsprechung beachten: Kreditaufnahme mit sicheren (nicht riskanten) Vermögensgegenständen kombinieren, langfristige Vermögensgegenstände mit langfristigen (nicht kurzfristigen) Schulden kombinieren. Unternehmen, die für Rohstoffzyklen, Obsoleszenz oder Veränderungen der Verbrauchervorlieben anfällig sind, sollten Vorsicht walten lassen. Wenn sich vorhersehbare Probleme abzeichnen, sollte man auf nicht besicherte Schulden mit aufgeschobenen, gestaffelten Rückzahlungsdaten, wenigen Kreditvereinbarungsklauseln und freundlichen Kreditgebern achten. Ein Cash-Polster und Zugang zu nicht genutzten Kreditlinien helfen einem Unternehmen ebenfalls, durchzukommen.

WAS IST SIE WERT?

17
WERDEN DIE LETZTEN DIE ERSTEN SEIN?

„Vorhersagen können viel über denjenigen aussagen, der sie trifft; über die Zukunft sagen sie nichts aus."

- Warren Buffett -

Die Frage, welche Rendite Aktien bringen werden und welchen Abzinsungssatz sie implizieren – ob als Anlageklasse oder als einzelnes Wertpapier –, ist vernünftig und lächerlich zugleich. Eine Schätzung des Wertes ist nur so gut wie der verwendete Abzinsungssatz. Eine ewige Rente ist ein Drittel mehr wert, wenn sie mit sechs statt mit acht Prozent abgezinst wird, und dieser Unterschied kann eine Sicherheitsmarge entweder erzeugen oder zunichtemachen. Als Anleger kann man sich vor dieser Frage nicht drücken. Man braucht eine Entscheidungsgrundlage, um sein Geld in Aktien statt in Anleihen, Immobilien oder etwas anderes zu stecken. Auch braucht man eine Möglichkeit, die Vielzahl an möglichen Gelegenheiten zu sortieren und daraus welche auszuwählen.

Die Renditen von Aktien hängen entscheidend von dem Preis ab, den man dafür bezahlt hat, aber im Laufe der Zeit nähern sie sich den Renditen des zugrunde liegenden Unternehmens an. Aktive Anleger streben stets eine Rendite an, die die Wahrscheinlichkeiten übertrifft, aber sie können die Wahrscheinlichkeiten nicht ableiten, ohne den für den Markt angemessenen Abzinsungssatz zu erraten. Auch müssen sie sich davor hüten, einen niedrigen Abzinsungssatz als Rechtfertigung für einen hohen Wert zu nutzen, wenn sie ihn als prozentuale Rendite nicht akzeptieren würden. Die Renditeschätzungen, die wir in diesem Kapitel behandeln, sind weder sicher noch präzise, es sind lediglich sehr langfristige Schätzungen. Außer wenn Sie wirklich auf alles gefasst sind, sollten sie kein Geld anlegen.

GEWINNRENDITE = EIGENE RENDITE?

Ich verwende die Gewinnrendite (den Kehrwert des Kurs-Gewinn-Verhältnisses [KGV]) als ersten Schritt der Einschätzung der künftigen Erträge einer Aktie, aber Puristen rümpfen über diesen Ansatz die Nase. Später werden wir noch Möglichkeiten ansprechen, diese Schätzung zu präzisieren. Wenn Ihnen dieses Kapitel an irgendeiner Stelle zu speziell wird, bedenken Sie einfach: eher Aktien mit niedrigem KGV nehmen und sich von hohen KGVs fernhalten. Sowohl die Gewinnrendite als auch die Erwartungsrendite und der Abzinsungssatz weisen auf attraktivere Wertpapiere, günstigere Zeiten für die Geldanlage, günstigere Branchen und Länder hin. Die einzige dieser Zahlen, die man problemlos feststellen kann, ist die Gewinnrendite. Die Erwartungsrendite und der Abzinsungssatz beinhalten Schätzungen und Berechnungen, und diese zusätzliche Bemühung wird nicht immer durch bessere Ergebnisse belohnt.

Doch hier der Haken: Der buchhalterische Gewinn ist nicht ganz das Gleiche wie der ökonomische Cashflow, der nicht ganz das Gleiche wie der Zuwachs des Gegenwartswerts zu sein braucht, welcher wiederum nicht immer der realisierten Aktionärsrendite entspricht. Im Prinzip muss man davon ausgehen, dass sich ein Dollar gemeldeter Gewinn in einem Dollar Gesamtrendite für den Anleger niederschlägt. Doch damit dies zutrifft, müsste der von einem Unternehmen gemeldete Gewinn die zugrunde liegenden Kapitalflüsse wiedergeben, und ein Dollar, der in das Unternehmen reinvestiert wird, müsste auch für den Besitzer des Unternehmens einen Dollar wert sein. Darin lauert die Annahme, die laufenden Einkünfte ließen sich ewig aufrechterhalten. Bei Unternehmen mit zyklischen Hochs und Tiefs oder solchen, die sich in einem endgültigen Niedergang befinden, kann die aktuelle Gewinnrendite irreführend sein.

Ein Dollar Gewinn, der in Wachstum reinvestiert wird, ist normalerweise *mehr* wert als ein Dollar, aber er kann auch weniger wert sein. Das hängt davon ab, wie viel er zum künftigen Gewinnwachstum und zum künftigen Cashflow beiträgt. Bei Unternehmen mit einem fähigen, ehrlichen Management, das etwas Einzigartiges zu bieten hat und in einer robusten Branche tätig ist, erhöhen reinvestierte Gewinne fast immer die Rendite der Aktionäre über die anfängliche Gewinnrendite hinaus, und das manchmal gewaltig. Daher stammt die Maxime, dass die Zeit der Freund eines guten und der Feind eines schlechten Unternehmens ist. Achten Sie auf einen Burggraben oder auf eine Wettbewerbsbarriere, die dafür sorgt, dass ein gutes Unternehmen auch dann noch gut sein wird, wenn die wirtschaftlichen Daten des Unternehmens zum entscheidenden Faktor für die Renditen der Anleger werden. Normalerweise weisen diejenigen Aktien, die die verlockendste Gewinnrendite aufweisen, mindestens einen Mangel auf – eine zyklische Branche oder Massenbranche, zweifelhafte Rechnungslegung oder gar ein betrügerisches oder unfähiges Management. Solche Fehler zehren an den Renditen der Eigentümer, und daher ist die Gewinnrendite zwar mit der Erwartungsrendite oder dem Abzinsungssatz verwandt, aber nicht das Gleiche.

In der amerikanischen Finanzgeschichte überstiegen die Aktienrenditen über lange Strecken ihre ursprüngliche Gewinnrendite. Insofern Unternehmen es im Voraus angleichen können, was aus Wachstumschancen wird, *sollte* es auch so sein. Niemand ist bewusst darauf aus, Werte zu vernichten. Gehen Sie jedoch nicht davon aus, dass es sich dabei um eine Art allgemeines Gesetz handelt. Über viele Zeiträume von fünf, zehn und manchmal sogar 20 Jahren waren die Renditen bedeutender Aktienindizes geringer als ihre anfängliche Gewinnrendite. Aber in den meisten längeren Zeiträumen produzierte ein Dollar, der in Wachstum reinvestiert wurde, mehr als einen Dollar an Wert.

Aufgrund der übertrieben vereinfachten Annahmen und der problemlosen Verfügbarkeit von KGVs dürfte der Effekt des niedrigen KGVs (der hohen Gewinnrendite) eigentlich nicht existieren, aber er ist für Gruppen einzelner Aktien gut dokumentiert. Tabelle 17.1 basiert auf Zahlen von Kenneth R. French, Professor in Dartmouth. Im Grunde ist es so, dass dann, wenn man Aktien nach der Gewinnrendite sortiert und einordnet, diejenigen Gruppen mit den höchsten Gewinnrenditen am besten und diejenigen mit den niedrigsten am schlechtesten laufen. Für die meisten derartigen Studien wurden die Gewinne gemäß den allgemein akzeptierten Rechnungslegungsgrundsätzen (GAAP) verwendet, vor allem wenn lange Zeiträume abgedeckt wurden, aber für manche wurden auch neuere Reihen bereinigter und geschätzter Zahlen verwendet, die zu ähnlichen Schlussfolgerungen führten.

Der Effekt des niedrigen KGVs hängt mit dem Effekt der Small-Cap-Aktien zusammen. In Tabelle 17.1 bedeutet die Wertgewichtung, dass bei einem Gesamtmarktwert der US-amerikanischen Aktien von 20 Billionen Dollar das Dezil der zehn obersten Aktien denjenigen Aktien im Wert von zwei Billionen Dollar entspricht, die die höchsten Gewinnrenditen hatten. Die gleichmäßige Gewichtung bedeutet, dass bei der Beobachtung von 3.000 Unternehmen das Dezil der zehn obersten Aktien aus den 300 Aktien mit den höchsten Gewinnrenditen besteht. Die meisten Aktien mit hohen Gewinnrenditen sind

Tabelle 17.1

Kumulierte prozentuale Jahresrenditen nach Gewinnrendite-Dezilen nach French (1951–2015)

	Unterste 10	D2	D3	D4	D5	D6	D7	D8	D9	Oberste 10
Nach Wert gewichtet	9,1	8,9	10,4	10,5	11	12,5	13,3	13,9	14,8	15,6
Gleichmäßig gewichtet	9,1	11,4	12	13	13,7	14,4	15,2	16,2	17,4	18,6

Quelle: Kenneth R. French (Tuck), Salim Hart (Fidelity)

Small Caps. Das gleichmäßig gewichtete und an der Gewinnrendite ausgerichtete Portfolio übertrifft das nach Wert gewichtete Portfolio sichtlich, da es obskure Aktien enthält, von denen wenige Anleger je gehört haben. Nur wenige Institutionen sind bereit, beispielsweise gleiche Mengen an General Motors und Strattec Security zu halten. Doch selbst das nach Wert gewichtete Gewinnrenditen-Portfolio übertrifft die Indizes noch enorm. Bei beiden Methoden bringen billigere Dezile fast immer mehr ein als teurere Dezile.

Im Durchschnitt übertreffen also Aktien mit hoher Gewinnrendite den Markt, aber das heißt nicht, dass dem immer so wäre oder dass dies für alle Aktien gelten würde. In etwa einem Drittel der Jahre von 1951 bis 2015 lag das oberste Dezil des gleichmäßig gewichteten Portfolios hinter den Indizes zurück. Die Enttäuschungen scheinen sich in den Spätphasen von Haussen zu ballen, in denen die spekulativen Favoriten vorherrschen, und in der Anfangsphase von Rückgängen. Aktien aus zyklischen Branchen haben in Vorwegnahme eines unvermeidlichen konjunkturellen Abschwungs niedrige KGVs, aber wenn er eintritt, sinken ihre Aktienkurse trotzdem. Erstaunliche Werte können nur dann auftauchen, wenn unterbewertete Vermögenswerte manchmal noch stärker unterbewertet werden. Letztlich haben Portfolios aus Aktien mit hohen Gewinnrenditen also überlegene Ergebnisse gebracht, aber in der Wartezeit mag das ein schwacher Trost sein.

Die meisten menschlichen Portfoliomanager einschließlich meiner Person investieren nicht ausschließlich in Aktien mit Gewinnrenditen im obersten Dezil. Ich tue das nicht, weil Aktien mit niedrigem KGV oft klein sind und ich den Umschlag begrenze. Bei einer seiner Erhebungen führte Kenneth French ein monatliches Rebalancing der Gruppen durch – was mir unrealistisch schien, denn das würde zu unaufhörlichem Trading führen, das kostspielig und bei kleineren Aktien schwierig umzusetzen wäre. Hingegen wurden die in Tabelle 17.1 gezeigten Portfolios nur einmal im Jahr neu gewichtet. Allerdings bedeutet das jährliche Rebalancing keinen vollständigen Umschlag, denn viele Aktien bleiben beim Rebalancing im gleichen Quintil oder Dezil.

WALMART KEIN SCHNÄPPCHEN

Normalerweise konzentrieren sich Anleger auf Attribute, die mehr ins Auge fallen als das KGV. Nehmen wir Walmart im Dezember 1999. Walmart war genau das Unternehmen, nach dem ich suchte: verständlich, dauerhaft, einzigartig positioniert und mit einem ehrlichen, herausragenden Management. Damals war Walmart ein Moloch, der über viele Jahrzehnte kontinuierlich seinen Gewinn gesteigert und eine Eigenkapitalrendite von 20 Prozent oder mehr erzielt hatte. Ebenso wie heute Amazon war es der Händler, den alle anderen Einzelhändler fürchteten und achteten (mit ähnlichen Storys über Netzwerkeffekte in Beschaffung und Vertrieb). Was könnte unzerstörbarer sein, als die täglichen Notwendigkeiten eines jeden zu sehr günstigen Preisen zu verkaufen?

Die Walmart-Aktie beschloss das Jahr 1999 bei 69,13 Dollar und meldete später für das Geschäftsjahr, das im Januar 2000 endete, einen Gewinn pro Aktie (EPS = Earnings Per Share) von 1,25 Dollar, nachdem es im Vorjahr 0,99 Dollar gewesen waren. Das ergab eine Gewinnrendite von 1,8 Prozent beziehungsweise ein KGV von 55. Offensichtlich rechneten die Anleger mit Renditen, die der Eigenkapitalrendite von 20 Prozent oder dem Gewinnwachstum entsprachen, nicht der winzigen Gewinnrendite. Bei schnell wachsenden Unternehmen versuche ich, die Wachstumsrate und die Gewinnrendite miteinander zu verknüpfen. Um eine Gewinnrendite von acht Prozent hervorzubringen, hätte Walmart ein EPS von 5,53 Dollar schaffen müssen (8 Prozent x 69,13 Dollar). Dann rechne ich aus, wie viele Jahre es bei einer angenommenen Wachstumsrate brauchen würde, um dieses Ziel zu erreichen. Im besten Fall ist der Schnittpunkt nicht zu viele Jahre entfernt, ich vertraue auf meine Prognose und bin überzeugt, dass das Unternehmen, wenn es ihn erreicht hat, *immer noch* dynamisch wachsen wird.

Ich dachte, die Wachstumsrate von Walmart würde sich fortsetzen, vielleicht in einem weniger heißen Tempo und dichter an den zwölf Prozent Zugewinn, die im nächsten Geschäftsjahr gemeldet wurden. Da Walmart in vielen Kategorien bereits der dominierende amerikanische Einzelhändler war, konnte es nicht unendlich lange Marktanteile hinzugewinnen. Zwar wurde Mexiko für Walmart ein atemberaubender Erfolg, aber die sonstige internationale Expansion war durchwachsen. Bei einer angenommenen kumulierten jährlichen Wachstumsrate von 12,1 Prozent würde es 13 Jahre lang dauern, bis der Gewinn von Walmart die 8-Prozent-Hürde der Gewinnrendite auf den ursprünglichen Kaufpreis genommen hätte. Manche Analysten waren hinsichtlich des Wachstums von Walmart enthusiastischer und dachten, es würde das Ziel früher erreichen. Allerdings ignorierte meine Berechnung die Kumulierung des Zeitwerts des Geldes in den 13 Jahren, sodass das Ziel noch höher hätte liegen sollen. Historisch gesehen haben es nur wenige Unternehmen geschafft, 13 Jahre lang ihren Gewinn *jedes Jahr* um zwölf Prozent zu steigern.

Überraschenderweise stiegen Walmarts Gewinne in den nächsten 13 Jahren *tatsächlich* ununterbrochen mit einer kumulierten jährlichen Wachstumsrate von 11,3 Prozent, *und doch* stagnierte sein Aktienkurs. Das Kurstief von Walmart im Jahr 2012 hatte bei 57 Dollar gelegen, was zusammen mit den kumulierten Dividenden von gut zehn Dollar pro Aktie eine negative Gesamtrendite ergeben hätte. Der Durchschnittskurs von Walmart hatte im Jahr 2012 dicht am Schlusskurs 1999 gelegen, was ein Kapitalzuwachs von null war, sodass seine Dividenden die Gesamtrendite der Aktie *waren.* Insgesamt lagen die Gesamtrendite und die Dividendenrendite viel näher an der anfänglichen Gewinnrendite von 1,8 Prozent als am Gewinnwachstum oder an der Eigenkapitalrendite. Unüblicherweise hatten die Käufer von Walmart-Aktien kein Schnäppchen gefordert, vielleicht weil die Story in anderer Hinsicht unwiderstehlich war.

Die realisierte Rendite von Walmart lag unter anderem deswegen unter dem Abzinsungssatz von acht Prozent, den ich in meinem Beispiel verwendet habe, weil die Gewinne enttäuschten, aber auch weil KGVs gern zum Mittelwert zurückkehren. Der tatsächliche Gewinn von 5,02 Dollar pro Aktie lag gar nicht so weiter unter dem ursprünglichen Ziel von 5,53 Dollar. Aber über 13 Jahre hinweg war der kumulierte Effekt jenes technischen Details bezüglich des Unterschieds zwischen dem erforderlichen Gewinn und dem tatsächlichen Gewinn beträchtlich, was bedeutete, dass ein viel höheres Gewinnziel hätte erreicht werden müssen, um eine Rendite von acht Prozent hervorzubringen. Auch musste ich mich fragen, ob ich wirklich an Prognosen glauben sollte, die sich über derart viele Jahre erstrecken.

Das leuchtet nicht alles unmittelbar ein, aber der Mittelwert, zu dem das KGV von Walmart zurückkehrt, ist Walmart nicht eigentümlich, sondern gilt für den gesamten Markt. Statistiker wollen für Vergleiche die breitesten verfügbaren Datensätze haben. Während eines großen Teils seiner Lebensdauer wuchs Walmart geometrisch und verdiente ein höheres KGV. Aber niemand vollbringt eine solche Leistung ewig lange. Damit das konkrete historische KGV eines Unternehmens für die Zukunft von Bedeutung sein soll, müsste seine Zukunft so glänzend sein wie seine Vergangenheit. Der S&P 500 Index beinhaltet Unternehmen in allen Lebensstadien, die Historie von Walmart jedoch nicht. Und wie es der Zufall wollte, wurde Walmart im Jahr 1999 auch noch über seinem historischen KGV gehandelt. Bis zum Jahr 2012 war das KGV des S&P 500 geschrumpft, und das von Walmart war unter 14 eingebrochen, womit es ungefähr dem des Index entsprach. Walmart näherte sich einer Gewinnrendite von acht Prozent – allerdings von der falschen Seite her. In einem bestimmten Augenblick sind die Faktoren, die eine Rückkehr zum Mittelwert bewirken, häufig zu dezent, als dass sie auffallen würden, aber im Laufe der Zeit sind sie entscheidend.

GROSSARTIGE RENDITEN BEI NIEDRIGEM INDEX-KGV

Das Jahr 1999 war nicht nur auf Walmart bezogen, sondern auch grundsätzlich ein ungünstiges Jahr für den Aktienkauf, weil der S&P 500 ein KGV von über 30 hatte. Wenn die Gewinnrendite niedrig ist, dann ist häufig auch die spätere Marktrendite mittelmäßig. Ned Davis Research hat die KGVs des US-amerikanischen Marktes in fünf Bewertungsquintile aufgeteilt. Im billigsten Bewertungsquintil als Ausgangspunkt brachte der S&P 500 über die nächsten zehn Jahre eine reale (inflationsbereinigte) kumulierte Jahresrendite von 11,6 Prozent. In den zunehmend teureren Quintilen beliefen sich die kumulierten realen Renditen auf 10,0 Prozent, 9,6 Prozent, 5,3 Prozent und 4,4 Prozent. Auch dieses Muster ist wieder sehr konsistent. Faszinierend daran ist, dass bei der Umrechnung von KGVs in Gewinnrenditen ein Prozent mehr beim Ausgangswert, unterstützt durch die Rückkehr zum Mittelwert, häufig die Rendite für die Anleger um *mehr* als einen Prozentpunkt steigert.

Aktien (und Märkte), die zu Schnäppchenpreisen zu haben sind, können trotzdem enttäuschen. In denjenigen Zeiträumen, in denen sich der S&P 500 im billigsten Quintil der KGVs befand, beliefen sich die kumulierten Jahresrenditen über zehn Jahre auf bis zu 19,4 Prozent, aber auch auf nur 0,3 Prozent, was schlechter war als der Durchschnitt des teuren Quintils. Im teuersten Quintil des Marktes brachte die beste Periode über zehn Jahre eine Jahresrendite von 15,7 Prozent und ließ damit den Durchschnitt des billigen Quintils weit hinter sich. Auf einen Horizont von einem Jahr gesehen besitzt das Index-KGV einen leichten Vorhersagewert, aber es treten dermaßen viele falsche Hinweise auf, dass ich mich nicht trauen würde, es zu verwenden, um den Markt zu timen. Die Rückkehr zum Mittelwert braucht Zeit. Besser lässt es sich für Entscheidungen der langfristigen Asset Allocation einsetzen, die meiner Meinung nach eine langsame Form des Markt-Timings ist.

Zu manchen Zeiten – wie zum Beispiel im Jahr 1999 – sind sehr hoch kapitalisierte Aktien extrem teuer. Nach dem Marktwert gewichtete Kennzahlen erfassen die luftigen Bewertungen einer solchen Marktlage am besten. In anderen Phasen sind sogar Aktien von der Stange ziemlich kostspielig. In solchen Marktlagen geben gleichmäßig gewichtete Indizes die Bewertungen am zutreffendsten wieder. In einem gleichmäßig gewichteten Universum ist der Median ein besseres Maß als der gewichtete Durchschnitt. Als ich die medianen KGVs der 3.000 größten Aktien von 1962 bis Juni 2016 untersuchte, stellte ich fest, dass Märkte mit einem medianen KGV von unter 15 über zehn Jahre gesehen 317 Prozent abwarfen, während Märkte mit einem medianen KGV von über 25 über zehn Jahre nur 65 Prozent abwarfen (Tabelle 17.2). Durch die kumulierte statt jährliche Angabe der Renditen möchte ich (1) die Macht des Zinseszinseffekts vorführen und (2) zeigen, dass niedrige KGVs auch nach zehn Jahren noch Wirkung zeigten.

Tabelle 17.2
Marktrenditen nach verschiedenen KGVs als Ausgangspunkt (medianes nachlaufendes KGV 1962–2016 der 3.000 größten US-Aktien)

	Durchschnitt	Durchschnitt	Durchschnitt
Anfängliches KGV	1-Jahres-Rendite beim medianen KGV	5-Jahres-Rendite beim medianen KGV	10-Jahres-Rendite beim medianen KGV
0–15	18 %	102 %	317 %
15–20	13 %	71 %	188 %
20–25	10 %	59 %	130 %
Über 25	3 %	38 %	65 %

Quellen: Factset, Salim Hart (Fidelity)

Fondsmanager sind in der Art und Weise, wie sie die Prognose wenig verlockender langfristiger Renditen verwenden, häufig eingeschränkt. Wenn sie Asset Allocation betreiben, können sie von Aktien in Anleihen, Bargeld oder irgendetwas umschichten, von dem sie glauben, es biete eine bessere voraussichtliche Rendite. Ich als Aktienmanager soll das allerdings nicht tun, sondern vielmehr aus einem schlechten Haufen die besten heraussuchen. Anstatt den höchsten potenziellen Renditen nachzujagen, lege ich Wert auf die Nachhaltigkeit von Gewinnströmen und auf die Glaubwürdigkeit von Prognosen.

Historisch gesehen waren die KGVs bei fast jedem bedeutenden Börsenhoch höher als üblich, aber gewöhnlich waren sie bis dahin schon eine Weile kostspielig gewesen. Im Jahr 1929 überschritt der Dow Jones Industrial Average sein Hoch bei einem KGV von 27 und der S&P 500 bei 20. Das KGV des S&P 500 überschritt 1962 seinen Höhepunkt bei 22, blieb dann aber während eines großen Teils der 1960er-Jahre unter 20 und wurde erst 1974 zerquetscht. Und bevor der S&P 500 im Jahr 2000 bei einem KGV von 32 sein Hoch überschritt, hatte sich sein KGV in den 1990er-Jahren sieben Jahre lang über 20 bewegt. Zwar hatte es in den 1990er-Jahren Korrekturen gegeben, aber erst im neuen Jahrtausend fielen die Dinge so richtig auseinander. Ein nach wie vor verehrter Hedgefonds-Manager verhielt sich damals vorsichtig. Die kumulierte Underperformance seines Fonds in den 1990er-Jahren hätte man auch erzielen können, wenn man die Hälfte in einen Indexfonds auf den S&P 500 und den Rest unter eine Matratze gesteckt hätte.

DER ZYKLISCHE KGV-DURCHSCHNITT: CAPE = CYCLICALLY AVERAGED PRICE/EARNINGS

Alle wirklich katastrophalen Zusammenbrüche geschahen, wenn die Gewinne und die KGVs auf außerordentlichen Niveaus einen Gipfel überschritten. Anhand der Zahlen aus den letzten Jahrzehnten mag es unglaubhaft erscheinen, dass das KGV des S&P 500 im Jahr 1929 bei „nur" 20 sein Hoch überschritt und dass dies ausreichte, um den Großen Krach und die Große Depression zu starten. Aber der S&P 500 war seit 1921, als eine deflationäre Rezession die Unternehmensgewinne zermalmt hatte, nicht mehr zu einem derart teuren KGV gehandelt worden. Bis 1929 hatten sich die Unternehmensgewinne des S&P 500 gegenüber 1921 verfünffacht, *und* sein KGV war hoch. Es zeigte sich, dass man sich über das steigende KGV im Jahr 1921 keine Sorgen hätte zu machen brauchen, weil die Gewinne damals sehr gedrückt waren. Das leicht niedrigere, aber immer noch anspruchsvolle KGV des Jahres 1929 hätte hingegen Sorgen bereiten sollen, denn es errechnete sich aus Spitzengewinnen.

Um die Auswirkungen von Rezessionen und Aufschwüngen zu glätten, schlug der Ökonom Robert Shiller von der Yale University die Berechnung von KGVs aus einem zehnjährigen Durchschnitt der Unternehmensgewinne vor („Shiller-Earnings"). Laut dieser Methode war der S&P 500 im Jahr 1921 nicht üppig bewertet, sondern mit einem CAPE von 5 sogar unglaublich unterbewertet, und dieser

Bewertung kam er seither nur in den Jahren 1933 und 1974 wieder nahe (siehe Abbildung 17.1). Im Jahr 1929 überschritt das CAPE des S&P 500 bei 33 einen Höhepunkt, der erst im Zuge der Technologieblase überboten wurde. Auf dem Gipfel der Technologieblase im Jahr 2000 belief sich das CAPE des S&P 500 auf 44. An Extrempunkten ist das CAPE ein hervorragender Indikator für die langfristigen Aussichten.

Abbildung 17.1

Historisches CAPE und Zinsen auf Schatzanweisungen im Vergleich

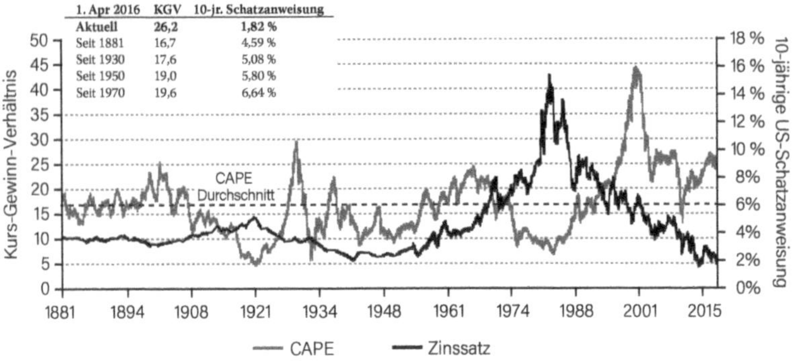

Im Durchschnitt sagt das CAPE die künftigen Renditen von Börsenindizes etwas besser voraus als die aktuelle Gewinnrendite. In dem von 1881 bis 2015 am höchsten bewerteten Dezil des S&P 500 (Abbildung 17.2) belief sich das CAPE im Schnitt auf 30,3, was einer Gewinnrendite von 3,3 Prozent entspricht. Von diesen Ausgangspunkten aus brachte der S&P 500 in den darauffolgenden zehn Jahren eine durchschnittliche reale Rendite von 0,5 Prozent. Das am niedrigsten bewertete Dezil hatte ein CAPE von 9,6 oder weniger und brachte in den zehn Jahren danach kumuliert und inflationsbereinigt eine Rendite von 10,3 Prozent. Auch hier gilt wieder die Warnung, dass dies nur im Durchschnitt und nicht für alle Fälle gilt.

Abbildung 17.2A

Reale Renditen US-amerikanischer Aktienindizes und 10-Jahres-CAPE im Vergleich

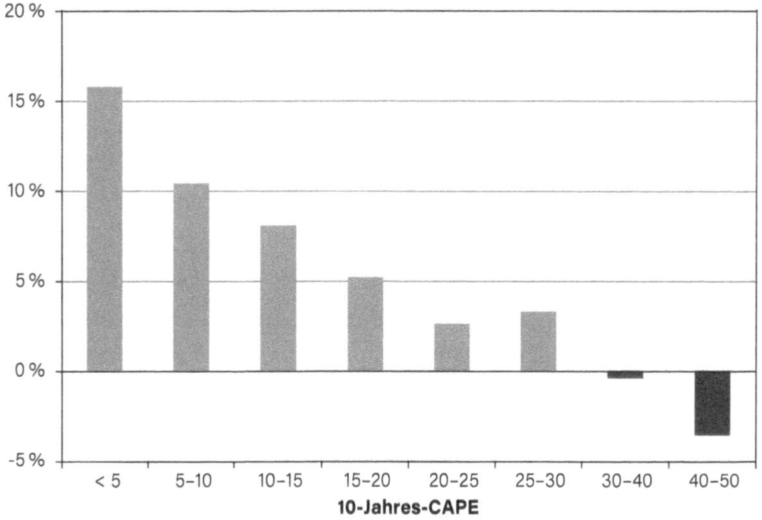

Abbildung 17.2B

Die Macht der Unternehmensgewinne. Die Anlagerenditen sind höher, wenn der Markt ein niedrigeres Shiller-KGV (CAPE) hat.

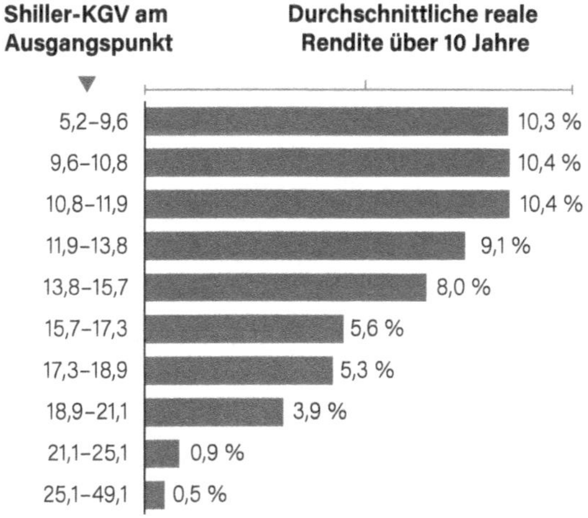

In den letzten Jahrzehnten war das CAPE im Vergleich zu seinem längerfristigen historischen Durchschnitt häufig teuer. Manche sagen, die Welt und die Rechnungslegung hätten sich verändert und das CAPE gebe heute unzutreffende Signale. Zwar sind solche Einwände häufig durch die Weigerung motiviert, die Tatsache zu akzeptieren, dass die Renditen über Jahre hinaus unbefriedigend ausfallen können, aber sie könnten trotzdem zutreffen. Eine Behauptung besagt, dass sich die Rechnungslegungsgrundsätze im Laufe der Zeit geändert haben und dass sie unter anderem den Wert nicht erfassen, der durch die Schöpfung neuer Technologien hinzugekommen ist, sodass die Gewinne heutzutage zu niedrig angegeben werden. Ein anderes Argument bezieht sich auf die niedrigen Zinsen – noch nie in der Geschichte hat es so weitverbreitete niedrige Zinsen gegeben –, und demnach sollte das KGV höher sein. Hingegen halte ich nicht viel von der dritten ins Feld geführten Behauptung, hyperschnell wachsende Internetunternehmen seien inzwischen von derart zentraler Bedeutung für unsere Wirtschaft, dass höhere KGVs angebracht wären. Das Bruttoinlandsprodukt hat nicht angezogen, also müssen andere Sektoren schrumpfen oder langsamer wachsen. Das könnte ein *niedrigeres* KGV nahelegen.

Es ist zwar nicht zu leugnen, dass die Rechnungslegung ihren Job, die Wertschöpfung durch technologische Fortschritte zu verfolgen, abgrundtief schlecht erledigt, aber für mich ist nicht eindeutig klar, ob die Rechnungslegung gemäß GAAP konservativer oder weniger konservativ als in der Vergangenheit ist. Die bereinigten Gewinne sind fantasievoller als in der Vergangenheit, aber GAAP vielleicht nicht. In der Vergangenheit wurden die Aufwendungen für Aktienbezugsrechte ignoriert, heute hingegen werden sie verbucht, allerdings immer noch zum bereinigten Gewinn zurückaddiert. Heute sind viel größere Summen im Spiel – die Managervergütungen wuchern, vor allem in Form von Aktienoptionen. Vor 2001 galten alle immateriellen Vermögensgegenstände als zeitlich begrenzt und wurden über maximal 40 Jahre abgeschrieben, und das war konservativer als die heutige Methode. Heute werden die Wertminderungen in großem Stil sofort vorgenommen, was die gemeldeten Ergebnisse sprunghafter macht.

Banken, Versicherungen und viele andere Unternehmen verbuchten während der globalen Finanzkrise der Jahre 2008 und 2009 kolossale Wertminderungen, die möglicherweise das Shiller-KGV (Durchschnitt über zehn Jahre) ungebührlich bestrafen. Insofern die Rechnungslegungsvorschriften Abschreibungen, jedoch keine Zuschreibungen zum Marktwert erlauben, ist diese Behauptung zutreffend. Hingegen ist es unvernünftig, zu sagen, alle Gewinne aus der Subprime-Finanzierung seien real, die Verluste jedoch nicht. Die Rechnungslegungsvorschriften für die Verbriefung von Darlehen und die Behandlung von Verkaufserlösen wurden gelockert. In früheren Jahrzehnten bildeten Banken massive „unspezifizierte" Rückstellungen gegen Darlehensverluste, welche die Gewinne glätteten, sie aber auch konservativ darstellten. Ich sehe das so, dass die gemeldeten Gewinne heutzutage möglicherweise aggressiver oder auch weniger aggressiv angegeben werden, dass sie aber auf jeden Fall stärker schwanken. In meinen Augen spricht dies verstärkt für die Shiller-Formel.

AKTIEN, ANLEIHEN UND WECHSEL

Theoretisch sollten die Gewinnrenditen von Aktien im Gleichschritt mit den Renditen an- und abschwellen, die durch andere Anlagen wie etwa Anleihen und Schatzwechsel verfügbar sind, aber die historischen Aufzeichnungen weisen eine Reihe langer ausgeglichener Phasen und Tendenzen der Rückkehr zum Mittelwert aus. Vor 1959 boten Aktien fast immer (außer im Jahr 1929) höhere Dividendenrenditen als die Anleiheverzinsung. Zudem wurden Gewinne zur Finanzierung von Wachstum einbehalten, sodass die Gewinnrenditen noch höher waren. Die Große Depression, zwei Weltkriege und das Aufkommen von Sozialismus und Kommunismus in vielen Ländern veranlassten viele zu der Auffassung, Aktien seien gefährlich und US-Staatsanleihen seien sicher. In den 1940er-Jahren waren die Anleiherenditen (ebenso wie heute) niedrig. Dies hätte hohe Aktienkurse rechtfertigen müssen, aber in Wirklichkeit waren die KGVs recht mäßig. Das war eine fabelhafte Zeit für den Aktienkauf. Lag das an den hohen Gewinnrenditen oder am Renditevorteil gegenüber Anleihen?

Die Europäer betrachten die Gewohnheit schon lange mit Skepsis, längerfristige und kurzfristige Staatsanleihen als risikolos zu bezeichnen. Wer in kurzfristige deutsche Staatsanleihen investiert hatte, verlor im Jahr 1923 durch die Inflation alles. Bei den längerfristigen Bundesanleihen war das Ergebnis zweifellos das Gleiche, allerdings waren die Preise so chaotisch, dass die Daten gestrichen wurden. Im Jahr 1948 wurden deutsche Bundesanleihen im Zuge der Währungsreform weitgehend storniert. Inflation ist die gängigste Art, wie sich Regierungen von belastenden Schulden befreien, aber auch Bankrott, Umstrukturierung und Moratorien sind Möglichkeiten. Laut „Dieses Mal ist alles anders" von Rogoff und Reinhart hat fast jede größere Nation an irgendeinem Punkt auf eines dieser Mittel zurückgegriffen.

Im Jahr 1981 waren die Gefahren von Anleihen weithin anerkannt und eingepreist, sodass die Anleiherenditen die Gewinnrenditen von Aktien übertrafen. In Vertauschung der Erwartungen wies dies zutreffend auf höhere risikobereinigte Renditen durch Anleihen hin. Anleihen beinhalten auf ihre nominale Rendite bezogen ein viel geringeres Risiko als Aktien, und doch brachten sie in den 1980er-Jahren Renditen ein, die Kopf an Kopf mit denen von Aktien lagen. Absolut betrachtet war die Renditespanne, die eher für Anleihen sprach, für die Aktien ein falsches Omen. Die beispiellosen Anleiherenditen und die großzügigen Gewinnrenditen deuteten zutreffend auf spektakuläre Gewinne sowohl mit Aktien als auch mit Anleihen hin. Wenn die inflationsbereinigten Renditen von Schatzwechseln gering waren, folgten die Aktien nach und umgekehrt.

Obwohl die Inflation weiterhin abflaute und sich die Steuersätze mäßigten, behielten die Anleiherenditen ihren Aufschlag auf die Shiller-Earnings während der 1980er-Jahre, der 1990er-Jahre und bis zur globalen Finanzkrise bei. Im Jahr 1990 deutete die Shiller-Gewinnrendite nicht darauf hin, dass die Aktien in den zehn Jahren danach Rekordgewinne verzeichnen würden; auch deutete die Gewinnrendite-Spanne nicht darauf voraus, dass die Aktien den Anleihen davonlaufen würden, aber so kam es dann. Manchmal dauert die Rückkehr zum Mittelwert einfach zu lange! Noch nie waren die Shiller-Earnings so niedrig wie im Jahr 2000, und noch nie war der Rückstand gegenüber den Anleiherenditen größer, und beides waren Warnungen vor Aktien.

Im neuen Jahrtausend bewahrheiteten sich die bearishen Vorhersagen mit aller Macht, aber der Renditevorsprung der Anleihen blieb bis 2009 bestehen. Zunächst wurden Technologie- und Wachstumsaktien im Jahr 2001 zertrümmert. Die Anleihen stiegen, während die Zinsen fielen. Die sinkenden Zinsen speisten einen Boom des Markts für Eigenheime, wobei viele Häuser mit Subprime-Hypothekendarlehen finanziert wurden. Im Jahr 2007 merkte ein prominenter Stratege eines Brokerhauses, dass etwas falsch lief, und drängte seine Kunden, den Schwerpunkt auf Aktien hoher Qualität zu legen. Das war im Vorfeld der Finanzkrise ein hervorragender Aufruf. Damit man ihm nachkommen konnte, lieferte er eine Liste von Firmen mit Spitzenbeurteilungen, darunter Blue Chips wie Johnson & Johnson und Microsoft, aber auch eine ganze Reihe von Finanzfirmen mit AAA-Ratings wie AIG und AMBAC. Diese Finanzunternehmen und andere wurden schwer getroffen, als sich der Immobilienboom in einen Absturz verwandelte und darauf eine Baisse folgte. Da waren die Anleger erneut überzeugt, Aktien seien Glücksspiele und Staatsanleihen seien sicher.

Höchstwahrscheinlich rechtfertigen Minimalzinsen niedrige Gewinnrenditen von Aktien, aber der Risikoaufschlag für Aktien springt im Laufe der Zeit hin und her, und üppige KGVs produzieren nach wie vor miserable Renditen. Kriege, Depressionen, Inflation, Sozialismus und konfiskatorische Besteuerungen kommen und gehen, sodass es keinen Grund zu der Annahme gibt, Aktien würden gegenüber Anleihen einen konstanten Renditevorteil bieten. Lässt man diese Faktoren beiseite, sollten Anleger dann, wenn die Anleiherenditen vernachlässigbar und die KGVs hoch sind, mit Renditen rechnen, die im historischen Vergleich lausig wirken.

LÄNDER

Vorausgesetzt, dass Anleger nicht durch Makrofaktoren wie Krieg, Inflation oder Sozialismus aus der Bahn geworfen werden, tun sie normalerweise gut daran, Aktienmärkte in Ländern mit niedrigen KGVs zu bevorzugen. In Abbildung 17.3 stellt die Vermögensverwaltung Grantham Mayo Van Otterloo die KGVs der Leitindizes von 16 Industrieländern im Jahr 1980 auf Grundlage der durchschnittlichen Unternehmensgewinne über fünf Jahre im Vergleich zu der realen Rendite in den 35 Jahren danach dar. Alle 35 Jahre eine Neugewichtung vorzunehmen ist sicherlich ein geringer Wartungsaufwand! Japan, Norwegen und Österreich – die drei teuersten Börsen – hatten letztlich die schwächste Performance. Die vier statistisch am stärksten unterbewerteten Märkte brachten alle Renditen ein, die über dem Median lagen.

Abbildung 17.3

5-Jahres-Durchschnitt der realen Unternehmensgewinne in ausgewählten Industrieländern im Vergleich zur realen Rendite in den 35 Jahren danach.

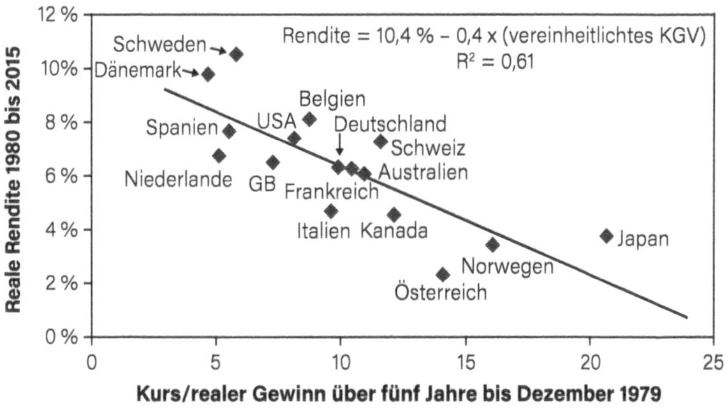

Diese Stichprobe enthält ausschließlich Industrieländer, die in einer prosperierenden Periode rückläufiger Inflation konstitutionelle Demokratien waren und keinen Krieg auf ihrem Staatsgebiet führten. Die breiter angelegte und längere Reihe der globalen Investments ist weniger gesegnet. So hat beispielsweise Österreich die traurige Ehre, die längste durchgehende Periode negativer inflationsbereinigter Aktienrenditen zu verzeichnen. Über neun Jahrzehnte gingen dort viel Dinge schief, angefangen bei dem Zerfall des Kaiserreichs Österreich-Ungarn im Ersten Weltkrieg. Dann kam die Hyperinflation. Vor dem Zweiten Weltkrieg wurde Österreich von Nazideutschland annektiert und dann zehn Jahre lang von den Alliierten besetzt, wobei es an den Eisernen Vorhang grenzte. Hinzu kamen hohe Steuern und die unerwünschte Einmischung des Staates in die Industrie. Da ist es kein Wunder, dass die Ökonomen der Österreichischen Schule so skeptisch gegenüber großen Theorien sind. Allerdings hatten auch Deutschland, Frankreich und Italien Zeiten, in denen es über 50 Jahre lang keine realen Renditen gab.

Was die Vorhersage künftiger Renditen angeht, so ist es eine offene Frage, ob Länder, die Glück hatten – etwa die Vereinigten Staaten –, ihre Gewinnsträhne fortsetzen werden, und ob diejenigen, die kein Glück hatten – wie Österreich –, ihre Verluststrähne fortsetzen werden. Als Bürger der Vereinigten Staaten hoffe ich natürlich absolut, dass sich die Ausnahme Amerika fortsetzen wird, aber ich weiß, dass ich das statistisch gesehen nur vorhersagen sollte, wenn ich auf die Zukunft bezogene Gründe angeben kann, weshalb Amerika einer einzigartigen Kategorie angehört. Andernfalls muss die Prognose der künftigen Renditen auf der Gesamtheit aller hoch entwickelten kapitalistischen Demokratien beruhen, nicht allein auf den Vereinigten Staaten. Deutschlands Erfahrung der Hyperinflation stellt für Anleger in allen Ländern ein potenzielles Risiko dar. Ich glaube allerdings, dass in Deutschland die Gefahr einer Hyperinflation viel geringer ist als in anderen Ländern, weil diese Erfahrung so erschreckend war.

Fast mit Sicherheit sehen die Chancen von Aktienmärkten in kriegsgeplagten, undemokratischen, sozialistischen und noch in Entwicklung befindlichen Ländern anders aus. Auch können wir die tatsächlichen Wahrscheinlichkeiten nicht kennen. Forscher fühlen sich zu Themen hingezogen, zu denen problemlos Daten verfügbar sind. Im Grunde beinhaltet keine der allgemein verwendeten Historien der amerikanischen Aktienkurse die Störungen durch den Bürgerkrieg.

Wie berechnet man schubweise Ereignisse wie auf null fallende Börsen oder Handelsunterbrechungen? Im Jahr 1900 stellten russische Aktien elf Prozent des weltweiten Börsenwerts, und im Jahr 1917 wurden sie durch die bolschewistische Revolution ausradiert. Auch China und Ägypten gehörten im Jahr 1900 zu den 15 größten Aktienmärkten der Welt, und beide fielen auf null. Von 24 nationalen Aktienmärkten im Jahr 1931 wurden zehn später für mehr als ein Jahr geschlossen, meistens wegen Kriegen. Sieben schlossen kürzer als ein Jahr, und nur an sieben wurde ohne Unterbrechung gehandelt (Goetzmann und Jorion: „A Century of Global Stock Markets").

GEWINNRENDITEN, ABZINSUNGSSÄTZE UND RENDITEN

Unglücksfälle und Glücksfälle treiben einen Keil zwischen die anfängliche Gewinnrendite und die realisierte Rendite, aber der richtige Moment, dies zu berücksichtigen, war der Zeitpunkt der Investition. Ihre Ergebnisse werden davon abhängen, wie gut Sie und der Markt die Chancen eingeschätzt haben. Ende der 1990er-Jahre wurden die Aktien der russischen Ölgesellschaft Yukos Oil mit einer Gewinnrendite von 200 Prozent gehandelt, was auf die prekären Eigentumsverhältnisse in Russland vorausdeutete. Allerdings hätte man, wenn man frühzeitig in Yukos investiert hätte, seine Investition durch Dividenden mehr als hereingeholt, während man als Nachzügler beinahe einen Totalverlust erlitten hätte. Der Ausgang hängt auch davon ab, wie man reagiert. Manchmal hat man, wenn man nicht in Panik verfällt, den Ernst der Lage nicht begriffen.

In einer perfekten Welt würde man die Häufigkeit und Schwere möglicher Ereignisse berechnen, dann die Minuspunkte abziehen und die Rückenwinde hinzuaddieren, um eine Brücke von der Gewinnrendite zur Erwartungsrendite zu bauen. Es gibt dafür allerdings keine saubere Formel, und man kann die wahrscheinliche Richtung von Anpassungen nur aus gewissen Faktoren ableiten. Glamour-Aktien funktionieren so lange, wie die Wachstumsdynamik stärker ist als die Rückkehr zum Mittelwert. Ich kaufe Aktien mit hoher Gewinnrendite in der Hoffnung, dass die Rückkehr zum Mittelwert sie heben wird, und in dem Wissen, dass langsames Wachstum wahrscheinlich die Renditen senkt. Solange das Unternehmen nicht zusammenbricht und einen Cashflow generiert, den es nicht verplempert, bin ich damit glücklich. Als längerfristig orientierter Anleger sollte man viele Risiken und Unsicherheiten, vor allem hinsichtlich der Volkswirtschaft und der Branche, am besten als Eventualitäten mit unbekanntem Timing betrachten.

Um auf die Auffassung zurückzukommen, dass die meisten Anleger eine Basis brauchen, um Investments nach ihrem Reiz zu sortieren: Ich vergleiche die Risiken und Unsicherheiten zahlreicher Wertpapiere mit grob ähnlichen Gewinnrenditen miteinander und sortiere diejenigen aus, die für mich nicht tragbar sind. Im Prinzip geht es darum, Situationen zu vermeiden, die mich aus dem Spiel werfen würden. Traurigerweise hatte ich schon kleine Positionen in Unternehmen, die mit Enzyklopädien, Klavieren, Zeitungen und Fotografie zu tun hatten – die ich als seit Langem bestehende Annehmlichkeiten einer zivilisierten Gesellschaft betrachtete. Bei technologischer Hardware ändert sich ständig alles. Zyklische Rohstoffproduzenten fahren ebenso zwangsläufig irgendwann vor die Wand wie hoch verschuldete Unternehmen. In manchen Ländern sind Kleptokratie, Enteignung und Vetternwirtschaft schlicht die übliche Vorgehensweise. Damit will ich nichts zu tun haben.

NIEDRIGE KGVS BEI GUTEM WACHSTUM

Um es noch einmal zusammenzufassen: Wenn man Value-Investments auswählt, sollte man zunächst Aktien ausschließen, die gemeldete Renditen nicht in realisierte Renditen verwandeln. Wenn aus den Gewinnen nicht früher oder später Gewinne für die Eigentümer werden, muss die Rechnungslegung eines Unternehmens übertriebene Angaben enthalten, was die Bühne für negative Überraschungen bereitet. Wenn die Cashflows nicht der Steigerung des Gegenwartswerts entsprechen, hat man eine Anlage, die Geld verschwendet. Ein Beispiel dafür sind Lokalzeitungen. Wir werden das zunehmend erleben, wenn Marken und geistiges Eigentum immer wichtiger werden. Wert kann auch verloren gehen, wenn Unternehmen Kapital für idiotische Dinge vergeuden. Der Gegenwartswert schlägt sich vielleicht deshalb nicht in realisierten Renditen nieder, weil das Management die Gewinne an sich selbst schleust.

Als Nächstes sollte man den Unternehmensgewinn als Durchschnittswert betrachten und dafür einen Zeitraum mit Bedingungen wählen, von denen man sich vorstellt, dass sie in Zukunft vorherrschen werden. Die Shiller-Formel bildet den Durchschnitt aus den gemeldeten Gewinnen von zehn Jahren, was gewöhnlich einige Konjunkturzyklen abdeckt. Bei einzelnen Aktien lässt der Durchschnitt der gemeldeten Gewinne schnell wachsende Unternehmen überteuert wirken. Ich ziehe es stattdessen vor, den normalen Gewinn dadurch abzuschätzen, dass ich einen 10-Jahres-Durchschnitt aus den Ertragsmargen oder aus den Eigenkapitalrenditen bilde und ihn mit dem aktuellen Umsatz oder dem Aktionärskapital multipliziere. Allerdings hüte man sich vor dieser Methode bei stark zyklischen Branchen – etwa Autos und Stahl –, denn dort kann der Umsatz aktuell hoch oder niedrig sein. Außerdem sollte man auf einen Burggraben gegenüber Konkurrenten achten, der das Unternehmen vor dem Zahn der Zeit schützt.

Drittens sollte man überprüfen, ob absehbar ist, dass ein Unternehmen in ein paar Jahren schnell genug wachsen wird, um eine anscheinend anspruchsvolle Bewertung zu rechtfertigen. Walmart bestand diesen Test nicht, aber andere bestehen ihn. In solchen Fällen ist der Abzinsungssatz im Allgemeinen ein besserer Indikator für künftige Renditen als die anfängliche Gewinnrendite. Wenn nach dem Schnittpunkt noch ein weiter Weg zu laufen ist, können die Erwartungsrenditen tatsächlich viel hübscher sein. Man kann diese Methode auch umdrehen, um einzuschätzen, ob die Cashflows eines schmelzenden Eiswürfels so schnell schrumpfen werden, dass sie den Kaufpreis in ein paar Jahren nicht mehr rechtfertigen. Diejenigen, die sich der Fantasie hingeben, sie könnten die Cashflows von heute bis in die Ewigkeit vorhersehen, können mit einem ausgewachsenen Modell des abgezinsten Cashflows eine präzise Rendite berechnen. Tun Sie sich keinen Zwang an!

Und schließlich fasse ich Aktien mit ähnlichen Gewinnrenditen, denen ich trauen kann, zu Gruppen zusammen und verwerfe diejenigen mit untragbaren Risiken. Ich habe nicht die gleiche Risikotoleranz wie Sie. In Ihrer Risikotoleranz schlägt sich vielleicht Spezialwissen nieder, beispielsweise wenn Sie Russe oder Wagniskapitalgeber sind. Die Risikotoleranz hängt auch mit Konzentration und Diversifizierung zusammen. Konzentrierte Portfolios werden immer die beste – und die schlechteste – Performance bringen. Aber Risiken, die sich in kleinen Dosen lohnen können, sind in einem konzentrierten Portfolio vielleicht erschreckend. Außerdem versuche ich, Risiken zu erspähen, die einen Silberstreif mit sich bringen – so locken beispielsweise langsam wachsende Märkte keine Konkurrenten an.

Die meisten Anleger interessieren sich für die künftigen Renditen als Messlatte für den Vergleich von Gelegenheiten, und die Gewinnrendite ist für diesen Zweck ein ganz guter Näherungswert. Man kann seine Schätzung noch verfeinern, indem man Aktien ausschließt, deren Gewinn sich vielleicht nicht in Rendite für die Aktionäre niederschlägt, indem man Gewinndurchschnitte bildet, sich Burggräben anschaut, die die Gewinne schützen werden, indem man den Wert des Wachstums einberechnet und indem man Situationen meidet, von denen man weiß, dass irgendwann Blitze aus heiterem Himmel herabschießen und Schaden anrichten werden. Kurz gesagt möchte man Aktien mit niedrigem KGV, mit hoher Qualität und Wachstum sowie mit einem hohen Maß an Gewissheit bezüglich der langfristigen Aussichten.

18
WELCHE GEWINNZAHL?

KUNDE (ZEIGT AUF EINEN STAPEL PAPIERE): Wie viel ergibt das?
BUCHHALTER: Wie viel soll es denn ergeben?
– Alter Buchhalter-Scherz –

Im Laufe der Zeit entscheiden die Gewinne über den Wert einer Aktie, aber viele alternative Definitionen von „Gewinn" ergeben radikal verschiedene Schätzungen des Wertes. Es gibt die gemeldeten Zahlen, und es gibt auf die Zukunft bezogene Schätzungen mit ungewisser Verlässlichkeit. Während viele Anleger auf die Momentaufnahmen des Gewinns in einem Quartal fixiert sind, betrachte ich die Unternehmensgewinne lieber als bewegtes Bild der früheren und der künftigen Cashflows. Vom Standpunkt eines Besitzers her entsprechen hochwertige Gewinne den freien Cashflows, die gefahrlos als Dividenden ausgeschüttet werden könnten. Analysten passen die gemeldeten Gewinne auf unzählige Arten an. Häufig schlagen sie die Kosten für Vergütungen in Aktienform, für Restrukturierungen und Abschreibungen wieder auf den Reingewinn, um höhere Ergebnisse als mit den allgemein anerkannten Rechnungslegungsgrundsätzen (GAAP) zu erzielen. Der Gewinn vor Zinsen, Steuern, materiellen und immateriellen Abschreibungen (EBITDA) ist ein sehr breiter

Indikator. Zwar sind alle diese Kennzahlen in bestimmten Zusammenhängen nützlich, aber ich halte den Gewinn laut GAAP, die „Owner-Earnings" und den freien Cashflow für die klarsten Hinweise auf Werte.

Manche Anpassungen können ein bestimmtes Thema erhellen oder die Ergebnisse eines Unternehmens im zeitlichen Verlauf vergleichbar machen. Um zu analysieren, ob sich der laufende Gewinn im Vergleich zu einem früheren Zeitraum verbessert hat, nehmen Analysten gern einmalige Posten heraus. Um annualisierte Gewinne einzuschätzen, ist es sinnvoll, Verluste aus einer Aktivität zu ignorieren, die eingestellt wurde – vorausgesetzt, sie wurde nicht durch eine andere Grube ersetzt, in die Geld hineingeworfen wird. Um zu beurteilen, ob das Management seinen Job gut erledigt, addieren manche Analysten Aktienvergütungen wieder zum Gewinn hinzu. Aber manchmal werden die Messlatten auch bewusst so gewählt, dass sie die Schlussfolgerungen in eine positive Richtung drehen. Außerdem können solche Anpassungen irreführend sein, wenn sie aus dem Zusammenhang gerissen werden.

Häufig werden durch solche Anpassungen die Vergleiche zwischen Unternehmen unterschiedlicher Art *weniger* gerecht. Ohne einen Satz von Regeln, auf die man sich geeinigt hat – wie etwa GAAP –, liegt derjenige mit den laxesten Standards vorn. In einer Welt, in der manche Unternehmen gewisse Anpassungen vornehmen, andere zwecks Anpassung etwas anderes weglassen und einige wenige sich an GAAP halten, sinkt die Vergleichbarkeit. Die GAAP-Regeln sind nicht immer richtig, aber größtenteils liegen sie näher an den tatsächlichen wirtschaftlichen Verhältnissen eines Unternehmens als bereinigte Gewinne. Wenn dem nicht so ist, bin nicht ich derjenige, der bessere Rechnungslegungsgrundsätze findet.

Zwischen den Konzepten des Reinertrags und des Cashflows gibt es zwar Überschneidungen, aber auch Unterschiede. Der Reingewinn gibt die Steigerung des Eigenkapitals der Eigentümer durch die Geschäftstätigkeit an. Gewinne bedeuten aber nicht immer einen Bargeldzufluss. Es kann auch sein, dass andere Vermögensgegenstände zunehmen oder Verbindlichkeiten abnehmen. Wenn der Cashflow geringer als der Reingewinn ist, dann liegt das gewöhnlich daran, dass sich Vorräte ansammeln oder dass sich die nicht beigetriebenen Kundenforderungen häufen. Man sollte die Kapitalflussrechnung mit der Gewinn-und-Verlust-Rechnung vergleichen, um sicherzustellen, dass sie die gleiche Geschichte erzählen.

Die Kapitalflussrechnung (das „Cash Flow Statement") fängt mit dem operativen Cashflow an, der ein Maß für die Netto-Kapitalzuflüsse ist, die zur Verfügung stehen, um die Geschäftstätigkeit zu tragen, sie auszuweiten – oder um an die Eigentümer zurückgegeben zu werden. Die beiden nächsten Abschnitte der Kapitalflussrechnung – Investitionen und Finanzierungen – verfolgen die tatsächliche Verwendung des operativen Cashflows. Diejenigen Kapitalaufwendungen oder Investitionen, die lediglich die Geschäftstätigkeit aufrechterhalten, werden mit denjenigen zusammengefasst, die sie ausweiten. Als Analyst muss man die beiden voneinander trennen. Unternehmen in sterbenden Branchen streichen die erhaltenden Investitionen und saugen Cash heraus, das über den Reinertrag hinausgeht. An irgendeinem Punkt werden solche Unternehmen verkümmern, und die wenigsten Unternehmensleitungen ziehen diese Option vor.

Ich definiere die *Owner-Earnings* als den operativen Cashflow abzüglich der erhaltenden Investitionen. Bei den meisten Unternehmen des verarbeitenden Gewerbes ist die Abschreibung ein geeigneter Näherungswert für die erhaltenden Investitionen. In der Welt der Marken, des geistigen Eigentums und der Monopole ist weniger klar, was es kostet, den Status quo aufrechtzuerhalten. Sogar wenn Zeitungen ihren gesamten operativen Cashflow für Teilanschaffungswerte aufwenden würden, könnten viele ihren operativen Cashflow nicht stabil halten. Die meisten Zeitungen sind zu dem Schluss gekommen, dass die einzige Möglichkeit, den Cashflow aufrechtzuerhalten, darin besteht, einen Sender oder Interneteinrichtungen zu kaufen. In diesem Fall trägt das für Übernahmen ausgegebene Geld das Attribut „erhaltend" zu Recht.

Die Owner-Earnings fungieren als Gegenprobe zu den GAAP-Zahlen und dem bereinigten Gewinn, denn in einer perfekten Welt wären alle drei gleich. Sie würden nicht nur den Vermögenszuwachs der Eigentümer anzeigen, sondern auch das Bargeld, das für Wachstum und für die Rückgabe an die Aktionäre zur Verfügung steht (Dividenden und Aktienrückkäufe). Normalerweise sind die Zahlen zum bereinigten Gewinn am leichtesten erhältlich, weil sie die gängige Währung der Wall Street und der Telefonkonferenzen sind – während die GAAP-Zahlen in den offiziell veröffentlichten Finanzunterlagen verborgen sind. Am obskursten sind die Owner-Earnings, denn sie werden nicht veröffentlicht. Man muss sie berechnen, und dabei fließen Urteile über das tatsächliche Niveau der erhaltenden Investitionsausgaben ein. Aber die Owner-Earnings sind für den Wert von entscheidender Bedeutung.

Die Schätzung des Wertes eines nichtzyklischen Unternehmens berechnet man einfach dadurch, dass man die Owner-Earnings durch den Abzinsungssatz teilt, wobei man die Formel für ewige Renten verwendet. Dies beruht auf der Annahme, dass sich der derzeitige Gewinn ewig aufrechterhalten lässt, was in zyklischen Branchen absurd ist. In solchen Fällen braucht man ein Maß für die durchschnittlichen Owner-Earnings. Solche Schätzungen werden häufig zu hoch angegeben, weil die Anleger in Zeiten des Aufschwungs vergessen, wie schrecklich ein Abschwung sein kann. Auch hüte ich mich, die Rentenformel bei Unternehmen zu verwenden, die eindeutig nicht ewig so weitermachen können, zum Beispiel Hightech, Moden und Trends. Bei solchen Branchen muss man als Anleger die Cashflows viel detaillierter Jahr für Jahr schätzen.

Außer wenn die buchhalterischen Zahlen mehr oder weniger die wirtschaftliche Realität wiedergeben, ist keine unserer Schätzungen des inneren Wertes zuverlässig.

INFLATION, IMMATERIELLE VERMÖGENSWERTE UND ROLL-UPS

In gewissen Situationen kann die Rechnungslegung nach GAAP nicht mit der finanziellen Wirklichkeit Schritt halten. Besonders gut aufpassen sollte man (1) in Zeiten hoher Inflation, (2) wenn geistiges

Eigentum im Spiel ist und (3) bei Serien-Übernehmern. In inflationären Zeiten passen die niedrigen historischen Kosten nicht zu den aktuellen Verkaufspreisen, sodass die ökonomischen Profite zu hoch ausfallen. Häufig werden Aufwendungen für Forschung und Entwicklung (F&E) zum Zeitpunkt ihrer Entstehung abgeschrieben, ohne große Spuren in der Bilanz zu hinterlassen, selbst wenn sie wertvolle Entdeckungen hervorbringen. Reihenweise Fusionen und Übernahmen (M&A = Mergers and Acquisitions) hinterlassen eine Staubwolke, die die Analyse operativer Trends von zuvor getrennten Einheiten vernebelt.

In inflationären Zeiten besteht das Dilemma der Buchhaltung darin, ob man gestiegene Preise von Vermögensgegenständen als Gewinn buchen soll, auch wenn kein Geld hereinfließt. Stellen Sie sich einen Laden vor, in dem zwei identische Artikel stehen: Den einen hat er kürzlich für 75 Dollar gekauft, den anderen schon früher für 65 Dollar. Der Laden verkauft einen der beiden für 100 Dollar, verbucht Selbstkosten und Gemeinkosten in Höhe von 25 Dollar und ersetzt den verkauften Artikel zu Kosten von 80 Dollar. Damit hat der Laden im Endeffekt fünf Dollar verloren und hält den gleichen physischen Vorrat vor. Gemäß der nicht mehr zulässigen LIFO-Methode („Last In, First Out") würde der Laden einfach den Artikel, der 75 Dollar gekostet hat, als verkauft verbuchen, und käme auf null raus. Gemäß der üblichen FIFO-Methode („First In, First Out") sähe es der Laden so, dass er das Stück verkauft hat, das 65 Dollar gekostet hat, und einen Gewinn von zehn Dollar verbuchen. Womöglich würden auf diesen Phantomgewinn Steuern anfallen, die den Netto-Kapitalabfluss erhöhen würden.

Die kumulative Wirkung von jahrzehntelanger Inflation verzerrt die Bilanzierung langlebiger Vermögensgegenstände – Immobilien, Sendeanlagen und Pipelines. Rückstellungen für diverse Abschreibungen basieren auf historischen Kosten – egal, ob das Eigentum vor Kurzem oder vor Jahrzehnten gekauft wurde. Gebäude, die vor Jahrzehnten erworben wurden, werden mit geringeren Beträgen abgeschrieben, als wenn sie zum heutigen Preis an einen neuen Besitzer verkauft würden. Grundsätzlich zehren Instandhaltungsaufwendungen nur einen kleinen Teil des EBITDA aus langlebigen Vermögensgegenständen auf, aber der konkrete Bruchteil hängt von der Art des Eigentums ab. Hotels und Studentenwohnheime erfordern sehr viel mehr Instandhaltung als Lagerhäuser und Ähnliches. Somit ist das EBITDA nur sinnvoll, wenn man es als Übergangszahl verwendet, von der die gesamten Instandhaltungsaufwendungen sowie die Zinsen und Steuern abgezogen werden.

Auch die historischen Aufwendungen für Goodwill und geistiges Eigentum haben häufig wenig mit ihrem aktuellen Wert zu tun. Immaterielle Vermögensgegenstände können kurzlebig sein, wie etwa bald auslaufende Patente, oder sehr langlebig, wie beispielsweise die Markennamen von Coca-Cola, Disney oder Louis Vuitton. Dazu ist allerdings zu sagen, das einstmals ikonische Marken wie Kodak, Polaroid und Sears dahingeschwunden sind. Abgesehen von Patenten und Lizenzen mit feststehendem Ablaufdatum lässt sich die Lebensdauer der meisten immateriellen Vermögenswerte nicht ermitteln, sodass ihr Wert nicht recht greifbar ist. Es lässt sich unmöglich sagen, wie viel von einem immateriellen Vermögenswert in einem bestimmten Jahr aufgebraucht wurde. Besäßen Buchhalter das perfekte Wissen, von dem Volkswirte ausgehen, würden sie den Wert der immateriellen Vermögensgegenstände, der in einer Periode aufgebraucht wurde, abschreiben. Stattdessen werden die meisten internen Aufwendungen für F&E sowie für Marketing als angefallener Aufwand verbucht und erscheinen in der Bilanz nicht als Aktiva. Wenn die entsprechenden Bemühungen fruchten, besitzen die Unternehmen einen nicht verbuchten und manchmal riesengroßen Aktivposten.

Den Kosten für den Aufbau einer Marke oder für Forschung und Entwicklung kann man keine konkreten Umsätze gegenüberstellen, die daraus resultieren, und das wird bei übernommenen immateriellen Vermögenswerten zum Problem. Bei Fusionen und Übernahmen wachsen die Zahlen um eine Größenordnung. Bei manchen Unternehmen machen immaterielle Vermögenswerte mehr als die Hälfte des gemeldeten Vermögens aus. Der Goodwill wird zu Berichtszwecken nicht mehr abgeschrieben, aber er bewirkt einen Steuerabzug. Für manche immateriellen Vermögensgegenstände wird eine endliche

Lebensdauer angenommen, über die sie abgeschrieben werden. Manche Unternehmen führen ihre immateriellen Vermögenswerte lieber als Goodwill denn als Vermögensgegenstände mit begrenzter Lebensdauer, um die Abschreibungsaufwendungen zu vermeiden und somit höhere Gewinne melden zu können. In der Praxis spülen Bilanzbuchhalter in Rezessionen den gesamten Goodwill, dessen Wert eigentlich über einen Zeitraum von vielen Jahren abgenommen hat, auf einmal ins Klo. Da die Verluste in früheren Jahren angefallen sind, ist die Katze bereits aus dem Sack, und die Anleger ignorieren die Abschreibung. Tatsächlich lassen manche sogar die Abschreibung kurzlebiger Anlagen mit endlicher Lebensdauer außer Acht.

Wenn hektische Betriebsamkeit herrscht – wie es häufig bei Fusionen und Übernahmen der Fall ist –, weiß niemand, was wirklich vor sich geht. Wenn sich Unternehmen zusammentun, kombinieren sie häufig betriebliche Abläufe, um daraus Synergien zu beziehen, aber dabei verlieren sie die Entwicklung von vormals getrennten Sparten aus den Augen. Die Abschlüsse von übernommenen Unternehmen werden dann neu gefasst, wobei die Zahlen manchmal aus steuerlichen Gründen gewählt werden und dann den Analysten zusammen mit Zahlen vorgelegt werden, die angeblich realistischer sind. Manchmal gehen die Kosten für die Umstrukturierung von Aktivitäten in den Kaufpreis ein, und manchmal verschwinden sie in einer Rückstellung, aus der man sich in Zukunft wie aus einer Keksdose bedienen kann.

Das sind allerdings keineswegs die einzigen Umstände, unter denen die buchhalterischen Zahlen die wirtschaftliche Realität nicht wiedergeben, nur einige der häufigsten.

PARALLELUNIVERSEN BEI VALEANT

Als ein Analyst begeistert die neue Strategie von Valeant Pharmaceuticals anpries, stellte ich meine Vorurteile zurück und wollte mehr darüber hören. Gegen das Vorgänger-Unternehmen ICN Pharmaceuticals hatte die Börsenaufsicht SEC (U.S. Securities and Exchange Commission) wegen Insiderhandel ermittelt. Auch gegen Biovail (das

Valeant 2010 übernahm) wurde ermittelt, und zwar wegen der Manipulation und der falschen Angabe von Geschäftsergebnissen, unter anderem wegen des Frisierens von „unbaren Investitions- und Finanzierungsaktivitäten".

Michael Pearson, der CEO von Valeant, entwarf eine anscheinend gut durchdachte Konzernstrategie, die sich auf langlebige Spezialprodukte, auf die Beseitigung von Vergeudung und auf Wachstum durch Übernahmen konzentrierte, um Einsparungen durch den Größenvorteil zu erzielen. Als besonders attraktive Nischen galten Hautmedizin und Augenheilkunde. Valeant verlegte seinen Sitz in die kanadische Zentrale von Biovail und senkte dadurch die Steuern auf seine Erträge außerhalb der Vereinigten Staaten. Pearson war 23 Jahre lang bei der Strategieberatung McKinsey & Co Berater für die Gesundheitsbranche gewesen, und daher stellte sich seine Strategie gut dar. Mit Pearson am Ruder führte Valeant in den nächsten paar Jahren mehr als 100 Fusionen und Übernahmen durch.

Gemäß dem „Bargewinn je Aktie" (einem bereinigten Gewinn), den Valeant veröffentlichte, erzielte Pearson damit glänzende Erfolge. Von 2008 bis 2014 war das Gewinnwachstum spektakulär: 1,01 Dollar, 2,19 Dollar, 2,05 Dollar, 2,93 Dollar, 4,51 Dollar, 6,24 Dollar und 8,34 Dollar. Der bereinigte Gewinn 2015 in der „Darstellung nach unterbrochenen Steuern" belief sich auf 10,16 Dollar pro Aktie. Das Wachstum stammte überwiegend aus der anscheinend unaufhaltsamen Deal-Maschine von Valeant, die dann schließlich doch zum Stillstand kam, als im Jahr 2014 ein Gebot in Höhe von 58 Milliarden Dollar für Allergan scheiterte. Aber Valeant hatte auch schnell wachsende Produkte wie etwa Jublia und Luzu gegen Nagelpilz und Fußpilz. Sogar bereits reife Produktlinien schienen neue Kraft zu gewinnen, und Valeant schrieb das dem verbesserten Marketing insbesondere über spezialisierte Apotheken zu.

Die GAAP-Zahlen, die Valeant meldete, hinterließen allerdings einen verstörend anderen Eindruck. Für die Jahre 2010, 2012, 2013 und 2015 wurden Verluste je Aktie von 1,06 Dollar, 0,38 Dollar, 2,70 Dollar und 0,85 Dollar gemeldet. Die Summe der GAAP-Gewinne der Jahre 2008, 2009, 2011 und 2014 glich die Defizite der anderen

Jahre kaum aus. Um die Kluft zwischen den Bar-Gewinnen und den GAAP-Gewinnen zu überbrücken, lieferte Valeant einen Waschzettel mit einer Liste von Abschreibungen, Goodwill, geistigem Eigentum, Umstrukturierungskosten und Aktienvergütungen. Diese Anpassungen warfen ein Licht auf analytische Fragen; sie waren nicht dafür gedacht, den Wert der Aktie einzuschätzen.

Zu meiner Irritation waren die selbst definierten Bar-Gewinne von Valeant allerdings über viele Jahre ein hervorragender Indikator für seine Aktienperformance. Die Aktie stieg von sieben Dollar im Jahr 2008 auf mehr als 263 Dollar im Jahr 2015. Jede Aktie, die ihren Gewinn in sechs Jahren dreimal verdoppelt, wird wohl fantastisch sein, solange das anfängliche KGV nicht jenseits von Gut und Böse ist. Als die Aktie stieg, schlug die bullishe Trommel immer lauter. Auf Hedgefonds-Ideenforen war Valeant *der* heiße Tipp der meisten Präsentatoren.

Ich fand Valeants Definition des Bar-Gewinns viel zu großzügig. Der operative Cashflow laut GAAP war konsequent geringer als der Bar-Gewinn. In den Jahren 2012 und 2013 betrug der operative Cashflow von Valeant ungefähr die Hälfte des angegebenen Bar-Gewinns. Der operative Cashflow ist fast immer höher als der Bar-Gewinn, weil zwar bei beiden teilweise die gleichen Lasten zurückaddiert werden, aber der Reinertrag gibt eine gewisse Rückstellung für Wertminderung oder die Auffüllung von Kapital wieder. Tatsächlich ignorierte der Bar-Gewinn von Valeant einige operative Aufwendungen, die Bargeld verbrauchten.

Zu den baren Posten, bei denen Valeant die Anleger bat, sie nicht als Aufwendungen zu zählen, gehörten die Restrukturierungskosten. So kann das Management beispielsweise die Zeitpunkte für die Konsolidierung von Werken und für Entlassungen wählen, und konkrete Werke werden gewöhnlich nur einmal geschlossen, sodass man behaupten kann, die damit verbundenen Kosten gehörten nicht einer konkreten Periode an. Sonst sehen die Ergebnisse im laufenden Quartal auch dann übel aus, wenn das Geschäft gut läuft. Diese Kosten dürften in späteren Quartalen eigentlich nicht erneut anfallen, daher tragen sie zu einer Prognose des künftigen Gewinns nichts bei. Allerdings hören die

Rationalisierungsmaßnahmen bei übernahmefreudigen und kostenbewussten Unternehmen wie Valeant nie auf. Man darf die Restrukturierungskosten bei der Bewertung dieser Aktie nicht weglassen.

Anleger verwenden operative Trends als Grundlage ihrer Prognosen, während Verwaltungsräte sie bei der Festlegung der Managergehälter betrachten. Manager bevorzugen natürlich eine Messlatte, die besagt, dass sie wunderbare Arbeit leisten und eine hübsche Bezahlung verdient haben. Der Verwaltungsrat und die Anleger bevorzugen hingegen ein Maß, das sich nicht frisieren lässt und das die Wertschöpfung wiedergibt. Selbst gemäß GAAP können sich Manager buchhalterische Vorgehensweisen wie Rosinen herauspicken, sodass sie höhere Gewinne melden können, beispielsweise indem sie immaterielle Vermögenswerte als Goodwill einstufen, der nicht abgeschrieben zu werden braucht. Restrukturierungskosten können in einem ohnehin beschissenen Jahr nach vorn oder nach hinten verschoben und zu einem großen Topf zusammengefasst werden. Aktionäre wünschen sich einen höheren Aktienkurs und geben sich trotz ihrer Zweifel mit der schmeichelhaften Zahl zufrieden.

Zwar sollen bereinigte Zahlen eigentlich Spielchen vermeiden, aber in Wirklichkeit eröffnen sie dafür neue Möglichkeiten. Anstatt die GAAP-Bücher zu fälschen, verschieben Unternehmensleitungen Aufwendungen in Kategorien, die ignoriert werden. Jeder akzeptiert es, dass Zinsaufwendungen zu den Kosten des Geschäftsbetriebs gehören, aber häufig ballen sich die Gebühren für Finanzierungen am Anfang und am Ende. In einem gewissen Maße können Kreditnehmer höhere Gebühren gegen niedrigere Zinsen eintauschen oder umgekehrt. Valeant ließ im Jahr 2014 Finanzierungskosten von 199,6 Millionen Dollar und im Jahr 2015 von 179,2 Millionen Dollar als Kosten bei der Berechnung seines Bar-Gewinns weg. Aktienvergütungen werden bei Nicht-GAAP-Berechnungen häufig nicht berücksichtigt. Doch selbst wenn sie nicht ermittelt oder nicht gezählt werden und sich auf den gemeldeten Cashflow nicht auswirken, so senken Aktienvergütungen doch den Cashflow pro Aktie, der den Eigentümern zur Verfügung steht.

Wichtig ist auch, dass patentierte Arzneimittel als unternehmenseigene Produkte eine begrenzte Lebensdauer haben und daher durch neue Produkte ersetzt werden müssen. Valeant verlangte von den Anlegern, einen Teil der Kosten nicht zu beachten, die für die Erneuerung seiner Produktpalette in Form von Lizenzen und Übernahmen anfielen. Traditionell schreiben Arzneimittelhersteller die Kosten für die Entwicklung neuer Medikamente in ihren Forschungs- und Entwicklungslabors ab. Alternativ kann Valeant ein Produkt in Lizenz nehmen, das eine Biotech-Firma entwickelt hat, aber dann seine Investoren auffordern, die GAAP-Kosten der Lizenz zu ignorieren. Oder Valeant übernimmt Unternehmen, die Produkte auf dem Markt haben, und streicht die F&E-Aufwendungen zusammen. Im Endeffekt kaufte Valeant die Cashflows der Produkte aus der F&E anderer Unternehmen und strich dann die Mittel für ihre Ersetzung. Die GAAP-Rechnungslegung kann nicht recht mithalten, wenn Unternehmen wegen ihres geistigen Eigentums übernommen werden. In dem Maße, wie sie mithalten konnte, wollte Valeant, dass die Anleger die Kosten ignorierten.

Im Jahr 2015 überging Valeants Berechnung des Bar-Gewinns 2,44 Milliarden Dollar an Abschreibungen und Wertminderungen von immateriellen Vermögensgegenständen mit begrenzter Lebensdauer. Außerdem minderte es den Wert laufender F&E-Anstrengungen, die es gekauft hatte, um 248 Millionen Dollar.

Der bullishe Aspekt daran war, dass Valeants Marken-Verbraucherartikel nicht auf Patentschutz angewiesen waren und dass seine patentierten Produkte dauerhaft waren, sodass die tatsächlichen Kosten für die Produktentwicklung geringer als ihre buchhalterische Abschreibung waren. Und so schickte ich mich an, herauszufinden, wie eine angemessenere Zahl aussehen könnte. Es gab lange Zeitpläne für Abschreibungen nach gewichteten Durchschnitten – von vier Jahren bei Beziehungen zu Geschäftspartnern bis hin zu 15 Jahren bei Konzernmarken. Ohne produktspezifische Einzelheiten hatte ich keine Möglichkeit, festzustellen, ob diese Zeiträume angemessen waren. Auch bereitete es mir Sorgen, dass ein Teil von Valeants Goodwill in Höhe von 18,5 Milliarden Dollar zum Jahresende 2015 eigentlich als immaterielle Vermögenswerte mit begrenzter Lebensdauer hätte eingestuft werden müssen.

Ich wollte etwas über die Dauerhaftigkeit und das Wachstum des Produktportfolios herausfinden, indem ich die Umsatzentwicklungen der einzelnen Produktlinien untersuchte, aber Valeant machte das so gut wie unmöglich. Bis zum Jahr 2015 weigerte sich Valeant, die Erlöse nach Produkten bekannt zu geben, und noch heute liefert es keine Stückpreise und Volumina. Im Jahr 2011 gehörten zu seinen operativen Segmenten noch „Branded Generics–Europe" und „Branded Generics–Latin America", aber diese wurden 2012 zu „Emerging Markets" zusammengefasst. Die Segmente „U.S. Dermatology", „U.S. Neurology", „Canada" und „Australia" wurden 2012 für den Abschluss 2013 zu „Developed Markets" gebündelt. Diese Verschiebung der Klassifizierungen machte jegliche Bemühungen zunichte, das durch Deals bedingte Wachstum abzutrennen und das Umsatzwachstum nach Stückzahlen oder die Preisgestaltung einzelner Arzneimittel zu verfolgen.

Verstreute Hinweise in den Unterlagen, die anlässlich von Übernahmen veröffentlicht wurden, deuteten darauf hin, dass manche Produkte von Valeant weniger nachhaltig waren als behauptet und dass manche womöglich ins Trudeln geraten waren. So wurde mit dem Aknemittel Solodyn beispielsweise im Jahr 2010 ein Umsatz von 386 Millionen Dollar erzielt, und irgendwann gab Valeant bekannt, dass sich der Solodyn-Umsatz im Jahr 2015 auf 213 Millionen Dollar belaufen hatte. Valeant veröffentlicht keine Absatzzahlen zu seinen Arzneimitteln, aber es gibt Dienstleister, die die ärztlichen Verschreibungen der meisten Medikamente über die meisten Kanäle verfolgen. Der Einzelhandelspreis von Solodyn stieg von 700 Dollar monatlich im Jahr 2011 auf 1.060 Dollar im Jahr 2015, sodass der sinkende Erlös darauf hindeutet, dass der Absatz wohl noch stärker abgerutscht war. Da Valeant die tatsächlichen Preise nicht aufschlüsselt, weiß man nicht, wie viel von den höheren Listenpreisen durch Nachlässe, Rabatte, Coupons, Rückbuchungen, Vertriebsgebühren, Abschläge, Rückgaben und Hilfsprogramme für Patienten aufgewogen wurde.

Auch meldete Valeant, es verkaufe mehr über „alternative Abwicklung", was immer das auch sein mag. Ich hatte das Gefühl, die alternative Abwicklung sei eine neue Art der Preisdifferenzierung und des Nachlasses. Da die Datendienste keine alternativen Rezepte verfolgen, sind auch diese Preise unbekannt. Was ich nicht vermutet hatte, war, dass Valeant „gebundene“ Apotheken haben wollte, die auf Rezept hin seine teuren Medikamente ausgeben würden, anstatt sie – was viele Versicherungen verlangen – durch Generika zu ersetzen.

Anfangs leugnete Valeant es, aber im Endeffekt war es Eigentümer seines größten Apothekenkunden Philidor. Im Dezember 2014 hatte Valeant 100 Millionen Dollar für eine Option bezahlt, Philidor zu null Kosten zu übernehmen, und sich zu Earn-out-Zahlungen von bis zu 133 Millionen Dollar bereiterklärt. Im dritten Quartal 2015 stellte Philidor 190 Millionen Dollar beziehungsweise sieben Prozent des Umsatzes von Valeant. Philidor gab nur Valeant-Produkte aus, und es erzielte fast seinen gesamten Umsatz mit dermatologischen Produkten und per Versand. Anscheinend reichte Philidor zuvor abgelehnte Versicherungsansprüche auf teure Valeant-Medikamente unter einer anderen Apotheken-ID erneut ein, nachdem es einige Rezepte auf „nec aut idem“ geändert und so die Substitution durch billigere Generika ausgeschlossen hatte. Dadurch mag Philidor Versicherungsgesellschaften betrogen haben, aber *unversicherte* bar zahlende Kunden bekamen große Preisnachlässe, die in den Preis- und Volumenerhebungen der Branche nicht gemeldet wurden.

Als bekannt wurde, dass Valeant möglicherweise der Eigentümer von Philidor war, schrillten bei den Krankenversicherungen und bei den Arzneimittelbehörden der Bundesstaaten die Alarmglocken. Auf einmal wurde den Lesern von 10-K-Abschlüssen klar, was die Fußnote zu einer sechsseitigen Liste von Tochterunternehmen bedeutete, in der Philidor nicht enthalten war: „In Übereinstimmung mit den Anweisungen in Ziffer 601 der Vorschrift S-K wurden gewisse Tochtergesellschaften aus obiger Tabelle ausgelassen.“ Um die wütenden Versicherungen und Investoren zu besänftigen, beendete Valeant seine Beziehung zu Philidor und musste deshalb einen neuen Abschluss erstellen. Philidor wurde geschlossen. Die Verkäufe von Solodyn und Jublia brachen ein. Im Jahr 2015 stürzte die Aktie von Valeant innerhalb von vier Monaten um 65 Prozent ab.

Nach diesen Details hatte ich keine Ahnung, wie viel Valeant würde ausgeben müssen, um den Wert seiner dermatologischen Produktpalette aufrechtzuerhalten. Kosten von null sind angesichts der sehr schwammigen Umsätze eine lächerliche Schätzung. Als Außenstehender kann ich den Umsatz und die Kosten bei Solodyn und Jublia über ihre verbleibende Lebensdauer nicht einmal ansatzweise vorhersagen, weil ich nicht einmal zutreffende historische Daten habe. Auch weiß ich nicht, was Valeant bezahlt hat, um diese Produkte zu bekommen. Was die Zukunft betrifft, so sind sogar Insider von Valeant auf Mutmaßungen angewiesen, wenn es um die Kosten dafür geht, den Ablauf bestehender Medikamente zu ersetzen.

Wenn eine Aktie den Gegenwartswert der künftigen Cashflows wert ist und der wahre operative Cashflow von Valeant, seine Owner-Earnings, seine Wachstumsraten und die Lebensdauer seiner Produkte unbekannt sind, dann ist auch sein Wert unbekannt.

Die Schulden von Valeant waren allerdings real, und sie blähten sich auf. Von 2009 bis 2015 verhundertfachte sich die langfristige Verschuldung von Valeant von 0,3 Milliarden Dollar auf mehr als 30,3 Milliarden Dollar – ganz zu schweigen von den 6,0 Milliarden Dollar an etwaigen langfristigen Steuerverbindlichkeiten zuzüglich 1,3 Milliarden Dollar an sonstigen langfristigen Verbindlichkeiten. Ende 2015 standen diese Verbindlichkeiten in einem prekären Verhältnis zu materiellen Vermögensgegenständen, die ein Netto-Umlaufvermögen von lediglich 0,2 Milliarden Dollar und Sachanlagen im Wert von 1,4 Milliarden Dollar umfassten. Valeants Fähigkeit, seine Schulden zurückzuzahlen, beruhte somit ausschließlich auf seinen künftigen Cashflows aus seinen Marken und seinem geistigen Eigentum. Aber diese erdrückende Schuldenlast könnte den Pfad ändern, den Valeant gewählt hat, um diese Cashflows zu ernten, und auch seine Fähigkeit, dies zu tun.

Da der freie Cashflow von Valeant im Verhältnis zu seinem Gewinn chronisch vernachlässigbar war, rechnete ich damit, dass sich dieses Muster fortsetzen würde, sofern sich nicht etwas radikal verändern würde. Die Vergangenheit ist unser bester Anhaltspunkt für die Zukunft. Die Zukunft wird zwar anders sein, aber im Durchschnitt nicht *allzu* anders. In Prognosen künftiger Gewinne und Cashflows sollten sich die Beständigkeit und die Qualität der historischen Zahlen niederschlagen. Häufig tritt dieses Muster bei bereinigten Gewinnen noch deutlicher hervor, weil sie gewöhnlich höher sind. Wenn die Gewinne unberechenbar und zyklisch waren, sollte man damit auch weiterhin rechnen. Insbesondere berücksichtigen Prognosen nur selten den Ausschlag und die Dauer von Abwärtszyklen.

Auch geben Prognosen die Tendenz extremer Zahlen nicht wieder, von Werten gefolgt zu werden, die näher am Durchschnitt liegen. Penible Statistiker sagen mir, die Rückkehr zum Mittelwert habe mit Varianzen und Fehlern bei der statistischen Stichprobennahme zu tun, und zum Teil spielt dieser Effekt eine Rolle. Geschäftsleute stellen sich das als Wettbewerbsdruck vor, der etwas anders funktioniert. Wirklich profitable Branchen locken Konkurrenten an, sodass die Renditen sinken. Von zyklischen Schwankungen abgesehen kehren sehr unprofitable Firmen nicht zum Mittelwert zurück, sondern machen Bankrott. Allerdings gründen innovative neue Unternehmen auf der Hoffnung, dass sich eine glänzende Idee in toller Profitabilität niederschlagen wird. Anlegern geht es um bestimmte Unternehmen, nicht um den Durchschnitt. Da Anleger konkret nach ungewöhnlich guten Unternehmen suchen, müssen sie sich vor den verheerenden Auswirkungen der Konkurrenz hüten und in ihre Vorhersagen wettbewerbliche Beschränkungen einbauen.

Ich würde Ihnen gern einen Algorithmus an die Hand geben, der die richtigen Beträge ausspuckt und den man einfach in eine Tabellenkalkulation für den Gegenwartswert eingeben kann, aber das kann ich nicht. Anstatt endlos mit Zahlen herumzufummeln, verbringen Sie lieber mehr Zeit damit, zu untersuchen, *wie* ein Unternehmen zu wachsen plant und *warum* seine Profitabilität nicht von Konkurrenten zerschlagen wird. Valeant erklärte, es werde seine Einkaufstour fortsetzen, Verschwendungen streichen, Produkterweiterungen entwickeln, die Preise erhöhen und neue Vermarktungskanäle entwickeln. Arzneimittel sind ein bizarrer Markt, auf dem Produkte von Ärzten ausgewählt werden, zum Teil von Drittparteien bezahlt werden, die sie nicht konsumieren, und auf dem den Patienten nicht immer Daten zur Wirksamkeit zur Verfügung stehen (und auch den Ärzten nicht!). Bei Erkrankungen, für die es nur wenige Behandlungen gibt, haben

Arzneimittel häufig eine gewaltige Preissetzungsmacht – zumindest bis zum Ablauf der Patente.

Ich befürchtete, dass sowohl das Übernahmefieber von Valeant als auch seine schnellen Preiserhöhungen auf nicht nachhaltige Weise zum Wachstum beigetragen hatten. Im Februar 2015 hob Valeant die Preise der beiden Herzmedikamente Isuprel und Nitropress steil an – um 525 respektive 212 Prozent. Im Laufe jenes Jahres forderte die Präsidentschaftskandidatin Hillary Clinton Ermittlungen gegen Preiswucher mit Arzneimitteln und erwähnte dabei Valeant. Ein Researchbericht der Deutschen Bank vom Oktober 2015 deutete darauf hin, dass der gewichtete Durchschnitt der Listenpreise der Arzneimittel von Valeant im Jahr 2012 um 19,7 Prozent angehoben worden war, im Jahr 2013 um 31,6 Prozent, im Jahr 2014 um 52,9 Prozent sowie im Jahr 2015 bis zum Bericht um 85 Prozent. Und schließlich sagte Michael Pearson, der inzwischen nicht mehr CEO war, vor dem Kongress aus, manche Preiserhöhungen von Valeant seien Fehler gewesen.

Bis dahin hatte die Valeant-Aktie von ihren Hochs aus 90 Prozent abgegeben.

Die GAAP-Verluste von Valeant und sein negativer freier Cashflow waren zwar starke Vorwarnungen vor dem Debakel, aber Skeptiker werden darauf hinweisen, nichts beweise, dass die GAAP-Ergebnisse ein zuverlässigerer Wertindikator als die bereinigten Nicht-GAAP-Zahlen sind. Schließlich waren Valeants selbst definierte Bar-Gewinne viele Jahre lang der beste Anhaltspunkt für seine Aktienperformance gewesen. Es gibt viele Situationen, in denen die GAAP-Gewinne mit den Owner-Earnings oder der wirtschaftlichen Realität außer Tritt geraten, unter anderem wenn immaterielle Vermögenswerte und geistiges Eigentum im Spiel sind, in Zeiten hoher Inflation sowie bei Fusionen und Übernahmen. Und auch ich passe die Gewinne eines Unternehmens an, um Perioden besser vergleichen zu können. Trotzdem finde ich Vergleiche zwischen Unternehmen ohne die Standardisierung nach GAAP nicht vertrauenswürdig.

Hüten Sie sich vor bereinigten Gewinnen. Prüfen Sie die Kapitalflussrechnung, um zu sehen, ob sie die gleiche Geschichte erzählt wie der Gewinn. Achten sie auf große immaterielle Vermögensgegenstände, vor allem bei Übernahmen. In den althergebrachten Sektoren des verarbeitenden Gewerbes lassen sich die Kosten für die Aufrechterhaltung des laufenden Geschäftsbetriebs relativ leicht ermitteln. Wenn Marken, geistiges Eigentum oder Monopole erneuert werden müssen, sind die Kosten unbestimmter und daher auch die Owner-Earnings. Manchmal gemahnen Diskrepanzen zwischen dem gemeldeten Gewinn und den Owner-Earnings auch nur daran, dass die Vorräte und Forderungen zu stark angewachsen sind.

Der freie Cashflow gibt das Bargeld an, das tatsächlich für Übernahmen (wenn die Kosten für die Übernahme nicht in Form von Investitionsaufwendungen abgezogen wurden) oder als Aktionärsrendite zur Verfügung steht. Wenn ein Unternehmen keine verlockenden Chancen mit überlegenen Renditen hat, erwarte ich einen gewissen freien Cashflow. (In den seltenen Fällen, in denen ein wachsendes Unternehmen einen freien Cashflow hat, der seinen GAAP-Gewinn übersteigt, gestehe ich zu, dass die Nicht-GAAP-Zahl der Wahrheit näher kommt.) Der Wert hängt von dem freien Cashflow ab, der für Wachstumschancen und Dividenden zur Verfügung steht.

19
DIE KUNST DER WERTBEURTEILUNG

„Insofern sich die Sätze der Mathematik auf die Wirklichkeit beziehen, sind sie nicht sicher, und insofern sie sicher sind, beziehen sie sich nicht auf die Wirklichkeit."
- Albert Einstein -

Alles, was Value-Anleger tun, läuft auf einen Vergleich des Preises eines Wertpapiers mit seinem inneren Wert hinaus, der üblicherweise als abgezinster – diskontierter – Wert seiner künftigen Cashflows abgeschätzt wird. Die Theorie des diskontierten Cashflows (DCF) kombiniert den laufenden Ertrag, das Wachstum, die Lebensdauer und die Gewissheit in einer Art und Weise, die per Definition präzise und zutreffend ist. Wenn beispielsweise ein Investment in einem Jahr 105 Dollar abwirft, im Jahr darauf 110,25 Dollar und der angemessene Abzinsungssatz fünf Prozent beträgt, dann hat jede Zahlung einen Gegenwartswert von 100 Dollar, und zusammen sind es 200 Dollar. Wenn ich diesen Einnahmenstrom für 150 Dollar kaufen kann, verdiene ich daran nicht nur eine angemessene Rendite von fünf Prozent, sondern aufgrund des günstigen Kaufpreises auch noch 50 Dollar an Gegenwartswert. Aber Urteile, welche Zahlen man gültig für dieses Modell verwenden kann, sind per Definition weder präzise noch zutreffend. In diesem Kapitel schätzen wir den Wert einer Aktie, und in den folgenden Kapiteln die korrekten abzuzinsenden Cashflows, den richtigen zu verwendenden Abzinsungssatz und die Zeiten, in denen die Preise weit vom Wert entfernt sind.

DEN MÜLL AUSSORTIEREN

Alle Zahlen für die Berechnung des Gegenwartswerts müssen aus der chaotischen Welt der empirischen Beobachtungen stammen, und das gilt auch für die Urteile darüber, ob den Zahlen zu trauen ist. Die Sache hat allerdings einen Haken, denn wir haben ja keine Daten aus der Zukunft, nur aus der Vergangenheit. Bei allen menschlichen Unternehmungen ist die Zukunft, die wir vorherzusagen versuchen, wie die Vergangenheit, bloß anders, wobei die Mischung zwischen Gleichem und Anderem unterschiedlich ausfällt. Man kann für jede Aktie eine DCF-Schätzung abgeben, aber in vielen Fällen ist die Vorhersage bedeutungslos. Wenn man schrottige Eingaben macht, kommen auch schrottige Werte heraus. Außer wenn man die Gewinne, die Cashflows, die Dividenden und die Renditen bis in die ferne Zukunft zutreffend vorhersagen kann, erscheint es sinnlos und sogar irreführend, diese verwickelte Übung durchzuexerzieren. Der Gegenwartswert von Anleihen höchster Bonität lässt sich exakt berechnen, weil die Zins- und Nennwertzahlungen vertraglich festgelegt sind. Zwar können die Zinsschätzungen für eine Anleihe leicht danebenliegen, aber gewöhnlich kommen sie dem Ziel näher als jeder Versuch eines Diskontierungssatzes für eine Aktie.

Klassifizieren Sie die Annahmen, die in die Beurteilung des Gegenwartswerts einfließen, nach ihrer Glaubwürdigkeit und Zuverlässigkeit, und legen sie solchen, die nicht glaubhaft sind, nicht zu viel Gewicht bei. Auf die Vorhersagen von Gewinnen oder Cashflows für die nächsten paar Jahre kann man sich normalerweise verlassen, zumindest im Verhältnis gesehen. Jede Vorhersage der Cashflows eines Unternehmens in 20 Jahren kann nur ein Ratespiel sein, umso mehr bei Technologie- oder Lebensmittel-Aktien. Die Berechnung des Gegenwartswerts summiert alle Zahlen trotz ihrer unterschiedlichen

Vertrauenswürdigkeit auf und behandelt sie alle als gleich legitim. Wenn man ein paar Informationen hat, die annähernd zutreffend sind, und andere, die reine Fantasie sind, ist es gefährlich, sie zu vermischen. Heutzutage hat jeder einen Computer, sodass die Berechnung an sich die leichteste Übung ist. Schwierig hingegen ist es, zu wissen, ob man von vernünftigen Annahmen ausgeht. Value-Anleger hüten sich vor dem Risiko, zu viel zu bezahlen, aber in der akademischen Finanztheorie existiert dieses Risiko nicht, denn dort hat jeder perfekte Informationen und alles ist angemessen gepreist.

In den bisherigen Kapiteln sind wir viele Gründe durchgegangen, weshalb Wertschätzungen schiefgehen können. Viele Anleger machen sich nicht die Mühe, künftige Cashflows zu schätzen; stattdessen laufen sie dem Unbequemen davon und jagen dem emotionalen Kick nach, dort zu sein, wo die Action ist. Diejenigen von uns, die versuchen, Wertpapiere zu bewerten, laufen Gefahr, dem jetzigen Geschehen zu viel Gewicht beizulegen, und langweiligen Merkmalen wie dem historischen Charakter einer Branche zu wenig. Betrug und kolossale Inkompetenz sind eher selten, daher berücksichtigen wir sie in dem Modell nicht.

Bei Massenbranchen und hoch verschuldeten Unternehmen ist es besonders gut möglich, dass sie mit einem Restwert von null enden, und das passiert oft früher, als es irgendjemand gedacht hätte. Manche Analysten modellieren verschiedenartige Szenarien, darunter auch einen „Worst Case“. Im tatsächlichen Geschehen erweist sich die Situation häufig als noch viel katastrophaler als im Worst-Case-Szenario, außer natürlich wenn das Ende bereits in Sicht war. Optimisten werden zu Recht darauf hinweisen, dass sich Konjunkturzyklen manchmal als unvorstellbar viel besser entpuppen als das bullishe Szenario. Auf jeden Fall sollte man auf die schlimmsten möglichen Konsequenzen gefasst sein.

Sogar in eher klaren Situationen kann es leicht passieren, dass man sich in der Berechnung des Wertes verheddert, irrtümliche Zahlen berechnet und zu viel bezahlt. Aggressive Growth-Anleger betrachten eine Wachstumsrate von acht Prozent als eher langweilig. Wenn ein Unternehmen ewig lange mit acht Prozent wächst und der Abzinsungssatz acht Prozent beträgt, ergibt die DCF-Formel als Lösung für den Wert der Aktie einen unendlichen Wert. Das Problem ist nicht die DCF-Formel, sondern die fehlbaren Annahmen. Im genannten Fall könnte eine Wachstumsrate von acht Prozent für die nächsten paar Jahre eine vernünftige Annahme sein, aber darüber hinaus oder gar für immer wäre sie völlig unrealistisch.

Warren Buffett ist ein großer Verfechter der DCF-Methode, aber er hält auch viel davon, die Grenzen seines Wissens zu kennen. Er misstraut verzwickten Hochrechnungen, die zwangsläufig von den Ereignissen gekippt werden. Er teilt seine DCF-Analysen, die uns zeigen würden, wie man es richtig macht, nie mit und sagt dazu verschämt, es gebe gewisse Dinge, die man nicht in der Öffentlichkeit tun solle. Hier meine Vermutungen: Buffett hält das DCF-Verfahren für ein leistungsfähiges Werkzeug, wenn es um Anleihen und hochwertige Unternehmen geht, jedoch für andere Fälle nicht. Er geht von konservativen Annahmen aus. Er sucht zwar nach himmelhohem Potenzial, verlässt sich aber nicht darauf. Für die kurze Liste der Unternehmen mit höchst gewissen Cashflows braucht er keinen hohen Abzinsungssatz. Er verwendet für die Bewertung von Unternehmen keine qualvoll verzwickten Modelle, sondern Abkürzungen.

DER GEGENWARTSWERT UND DIE RENTENFORMEL

Auf die meisten Aktien wende ich als erste Formel für den Gegenwartswert diejenige der ewigen Rente an. Die klassischen ewigen Renten waren die Consols, die die britische Regierung früher einmal ausgab. Sie trugen jährliche Zinsen und sollten nie zurückgenommen werden. Eine ewige Rente von drei Pfund jährlich ist bei einer Abzinsung mit drei Prozent 100 Pfund wert (3 Pfund/0,03). Das ist eine saubere Sache, denn der Abzinsungssatz, die laufende Rendite und die Rendite der Restlaufzeit sind identisch, was allerdings bei anderen Anleihen, die zum Nennwert gehandelt werden, nicht der Fall ist. Die Formel für die ewige Rente verkörpert eine Gesellschaft, in der jeder seinen Platz und sein Einkommen kennt, in der die Einkommen weder steigen noch sinken und in der sie auf Generationen hinaus gezahlt werden.

Der Geschäftswelt fehlt indes die Stabilität, deren sich die klassische britische Aristokratie einst erfreute, aber Aktien haben ebenso wie Consols kein feststehendes Enddatum, und die Berechnung der Rentenformel ist einfach. Man teile das regelmäßige Einkommen durch den Abzinsungssatz (als Bruch ausgedrückt), und schon hat man den Gegenwartswert. Manche multiplizieren lieber als durch einen Dezimalbruch zu teilen. Bei einer Rendite von drei Prozent kann man, anstatt das Einkommen durch 0,03 zu teilen, es auch mit 1/0,03 beziehungsweise mit 33⅓ multiplizieren, um den Gegenwartswert zu berechnen. Bei einer Aktie bezeichnet man die Verhältniszahl aus Gewinn und Preis als Gewinnrendite und das umgekehrte Verhältnis des Preises zum Gewinn als Kurs-Gewinn-Verhältnis oder KGV. Ich persönlich verwende für problemlose Vergleiche mit Abzinsungssätzen die Gewinnrendite, aber an der Wall Street ist das KGV beliebter.

Vorläufig tue ich mal so, als wäre das Einkommen der in Übereinstimmung mit den allgemein akzeptierten Rechnungslegungsgrundsätzen (GAAP) berechnete Gewinn pro Aktie. Manche Analysten nehmen am Gewinn lieber Anpassungen vor oder bilden Durchschnitte über mehrere Jahre, und wieder andere nehmen lieber Dividenden. Während ich dies schreibe, verwende ich als Abzinsungssatz für Aktien acht Prozent, allerdings nahm ich im Jahr 2010 noch zehn Prozent. Das wird sich auch in Zukunft wieder ändern, wenn sich die Risikoprämien für Aktien und die Renditen von Staatsanleihen verschieben.

Um gute Entscheidungen zu treffen, brauche ich nicht immer zutreffende Vorhersagen zu treffen. Mit einer guten Entscheidung meine ich eine Entscheidung, die in den meisten Fällen ein zufriedenstellendes Ergebnis bringt, selbst wenn ich damit, wie die Welt aussehen wird, komplett danebenliege. Und wenn ich weiß, dass ich keine ganze Kategorie künftiger Ausgänge vorhersagen kann, dann ist meine beste Entscheidung diejenige, beiseitezutreten. Indem ich emotionale Entscheidungen vermeide, Investments meide, die ich nicht gut verstehe, sowie schlechte Menschen und instabile Unternehmen meide, kann ich meine Liste potenzieller Investments beträchtlich verkürzen – und das mache ich auch. Nachdem ich untersucht habe, welche Unternehmen eines der Elemente des Wertes nicht erfüllen, kann ich noch mehr potenzielle Investments ausschließen.

WERT-FALLSTRICKE UNTER DEN ELEMENTEN DES WERTES

„Value Trap" ist eine gängige Bezeichnung für Aktien, die enttäuschen oder von denen eine Enttäuschung erwartet wird. Sie bedeutet, dass eine Investment-Abkürzung darauf hingedeutet hat, ein Wertpapier sei unterbewertet, dass es sich dann aber nicht gut entwickelt hat. Sie sagt mir nicht, inwiefern ich es vergeigt habe, damit ich es vermeiden kann, meine Fehler zu wiederholen. Abkürzungen und DCF-Analysen schlagen aufgrund eines schwachen Gliedes unter den vier Elementen des Wertes fehl – (1) Profitabilität, (2) Lebenserwartung, (3) Wachstum und (4) Gewissheit. Ich verwende eine kurze, aber anspruchsvolle Checkliste, um den Finger auf wunde Punkte zu legen:

1. Hat die Aktie eine hohe Gewinnrendite, also ein niedriges KGV?
2. Macht das Unternehmen etwas Einzigartiges, das es ihm ermöglicht, mit seinen Wachstumschancen tolle Profite zu verdienen? Hat es einen Burggraben?
3. Ist das Unternehmen auf Dauer ausgelegt, oder ist es durch Konkurrenten, Moden, Obsoleszenz oder überzogene Schulden gefährdet?
4. Sind die Finanzen des Unternehmens stabil und in die weitere Zukunft hinein berechenbar, oder sind sie zyklisch, schwankend und ungewiss?

Bei der Beantwortung jeder dieser Fragen prüfe ich die bisherige Bilanz des Unternehmens. Auch brauche ich eine auf die Zukunft gerichtete Story, die erklärt, weshalb die Zahlen so geworden sind, wie sie sind, und ob und wie lange sich diese Faktoren fortsetzen werden. Die Zukunft könnte aufgrund neuer Produkte oder zunehmender Größeneinsparungen besser werden oder aber aufgrund wachsender Konkurrenz oder Obsoleszenz schlechter. Egal, wie leuchtend die Story auch sein mag, ich würde nicht zuversichtlich davon ausgehen, dass ein Unternehmen in Zukunft überdurchschnittlich profitabel sein wird, wenn es in den vergangenen zehn Jahren nicht in fast allen Jahren eine Eigenkapitalrendite (ROE = Return On Equity) von zehn oder zwölf Prozent erzielt hat. Ich achte genau auf schlechte Jahre und auf Sonderbelastungen, die oft widrige Faktoren widerspiegeln, die in der Story vielleicht nicht vorkommen.

Als im Jahr 2010 der als „Obamacare" bekannte Affordable Care Act (ACA) verabschiedet wurde, wichen die Aussichten der Krankenversicherungsbranche vom historischen Verlauf ab. Im Rückspiegel betrachtet waren die laufende Profitabilität und das Wachstum der Branche robust. Als regulierte Unternehmen waren Krankenversicherungen selten bankrottgegangen. Die größeren Gesellschaften erwirtschafteten im Allgemeinen stetige Gewinne. Ihre Profitabilität schwankte entlang eines Zyklus des Versicherungsschutzes, der nicht mit dem allgemeinen Konjunkturzyklus zusammenhing. Ich beschloss, meine Aufmerksamkeit auf UnitedHealth Group (Tickersymbol: UNH) zu richten, den größten Managed-Care-Anbieter. Alle vier Elemente des Wertes schienen dafür zu sprechen, dass UNH unterbewertet war, bis auf den „Elefanten im Zimmer": Obamacare. Wenn die Vereinigten Staaten auf ein System mit nur einem Akteur umstellten, konnten die Managed-Care-Gesellschaften überflüssig werden.

TEST 1: NIEDRIGES KGV

Gemäß dem laufenden Gewinn, dem ersten Element des Wertes, wirkte die UNH-Aktie recht preiswert. Im Jahr 2010 erzielte UNH einen Gewinn von 4,10 Dollar pro verwässerte Aktie, und die Aktie kostete circa 30 Dollar, was eine Gewinnrendite von 13,7 Prozent und ein KGV von 7,3 ergab. Unter Anwendung der Rentenformel und eines Abzinsungssatzes von zehn Prozent hätte sich ein KGV von 10 ergeben. Dies deutete darauf hin, dass UNH pro Aktie 41 Dollar wert war, also 37 Prozent mehr als der Marktpreis von 30 Dollar, und das hätte eine angemessene Sicherheitsmarge bedeutet. Zu einer Bewertung gehört zwar noch viel mehr als nur die Suche nach niedrigen KGVs – nämlich Wachstum, Lebenserwartung und Gewissheit –, aber das niedrige KGV von UNH war ein starkes Anzeichen dafür, dass seine Aktie unterbewertet war.

Trotzdem wollte ich sichergehen, dass die laufenden Gewinne nicht zum Ausreißer würden, sobald der ACA greifen würde. Elf Datenpunkte und eine Schätzung reichen zwar nicht, um statistisch signifikant zu sein, aber sie vermitteln einen Eindruck von der Bandbreite der bisherigen Ereignisse. Im Jahr 2010 erwirtschaftete UNH eine Netto-Ertragsmarge von 4,9 Prozent, womit es im Mittelfeld der letzten zwölf Jahre lag. Die höchste Marge hatte UNH im Jahr 2005 mit 7,3 Prozent erzielt, die niedrigste 1999 mit 2,9 Prozent. Gemäß dieser kleinen Stichprobe schienen die Ertragsmargen von UNH in der Nähe ihrer zentralen Tendenz oder leicht darunter zu liegen. Daher fühlte ich mich damit wohl, dass der damals geschätzte (und später tatsächliche) Gewinn pro Aktie von UNH im Jahr 2010 von 4,10 Dollar mehr oder weniger normal war.

Die meisten Anleger nehmen die zentrale Tendenz einer Wahrscheinlichkeitsverteilung als Anhaltspunkt für die Schätzung des Wertes. Ich betrachte hingegen die gesamte Verteilung, die eine Spanne von Ausgängen beinhaltet, darunter auch Verlustszenarien. Wenn die Netto-Ertragsmarge von UNH im Jahr 2010 dem Tief von 1999 von 2,9 Prozent entsprochen hätte, dann hätte es einen Gewinn von 2,42 Dollar pro Aktie erzielt, was bei einem KGV von 10 einem Wert von 24,20 Dollar entsprochen hätte. Außerhalb des Paralleluniversums der Wahrscheinlichkeiten klingt es widersprüchlich, zu sagen, die beste Schätzung für den Wert sei 41 Dollar *und* die Chancen stünden 1:12, dass die Aktie weniger als 30 Dollar wert ist. Eine Stichprobe von zwölf Jahren mag einen nützlichen Hinweis auf die Form einer Wahrscheinlichkeitsverteilung bei einem Satz geltender Regeln bieten, aber durch Obamacare änderten sich die Regeln. Ich wollte wissen, wie Krankenversicherungsgesellschaften in der Vergangenheit pleitegegangen waren. Dafür brauchte ich eine längere Historie.

In den 1990er-Jahren erlebten die Krankenversicherungen, was die Abschlüsse angeht, ausgeprägte Zyklen aus Aufschwung und Abschwung, und im Jahr 1998 machte UNH Verlust. Seither hatten sich die Krankenversicherer konsolidiert, und die Struktur der Branche hatte sich verändert. Viele Managed-Care-Anbieter hatten trotz ihrer beeinträchtigten Gewinne in den 1990er-Jahren auf rasantes Beitrittswachstum gesetzt. Kleinere Health Maintenance Organizations (HMOs) und Preferred Provider Organizations (PPOs) wuchsen aufgrund der Zunahme verschiedener Krankheiten – oder auch zum Beispiel von Frühgeburten –, aber auch aufgrund der Expansion in neue Gebiete oder in neue Versicherungskategorien. Die Medicaid-HMOs, die es gewohnt waren, einen stetigen Strom normaler Schwangerschaften und Asthmafälle profitabel zu managen, stellten plötzlich fest, dass Bevölkerungsgruppen mit besonderen Bedürfnissen versicherungsmathematisch eine ganz andere Sache sind. Die Milliarden-Dollar-Frage lautete, ob der ACA diese Probleme in anderer Form wiederbeleben würde.

Gemäß ACA wurde jeder Amerikaner verpflichtet, entweder eine Krankenversicherung abzuschließen oder ein Bußgeld zu bezahlen. Für die neu versicherten Bevölkerungsgruppen waren nicht immer historische Zahlen zu den Medizinkosten verfügbar, und das, was verfügbar war, konnte ein schwacher Anhaltspunkt für die künftig zu erwartenden Ansprüche sein. Um eine wettbewerbsfähigere Beitragsfestlegung zu fördern, richteten Regierungen neue Krankenversicherungsbörsen ein. Die Beiträge jüngerer, gesünderer Mitglieder sollten über den ökonomischen Kosten liegen, um die Beiträge der älteren, kränkeren Mitglieder zu subventionieren. Die Versicherungsgesellschaften befürchteten jedoch, dieses Preismodell würde die unprofitablen Mitglieder veranlassen, als Erste Versicherungen abzuschließen. Das Gesetz wies die Krankenversicherungen außerdem an, einen Mindestanteil ihrer Prämieneinnahmen für medizinische Kosten zu verwenden oder die Lücke ihren Kunden zu erstatten. Die

Managed-Care-Gesellschaften befürchteten, wenn sie die Prämien anfangs zu niedrig ansetzten, wären sie in späteren Jahren davon ausgeschlossen, die Kosten wieder hereinzuholen.

Angesichts derart vieler offenkundiger Fallstricke und ohne Anreize, verrückte Risiken einzugehen, vermutete ich, die meisten Krankenversicherer würden sich so absichern, dass sie hinterher nichts zu bedauern hätten. Dort, wo die Vorschriften die „garantierte Ausstellung" von Policen an Bevölkerungsgruppen verlangten, deren Versorgung kostspielig war, würden die Versicherer entweder die Prämien hoch genug ansetzen, um ihre Kosten zu decken, oder nicht an dem Programm teilnehmen. Die Börsen eröffneten die Möglichkeit der geografischen Expansion, aber die größeren Managed-Care-Netze in einer Region haben gewöhnlich geringere Kosten und eine bessere Qualität. Neue Mitbewerber ohne Netze und ohne Datenbanken über medizinische Kosten würden unter höheren Kosten und wenig Diversifizierung leiden. Während die Börsen und die neuen Mitbewerber die Margen für alle schmälern würden, war es bei den Neulingen wahrscheinlicher als bei den Etablierten, dass sie ein Blutbad erleiden würden.

TEST 2: PROFITABLES WACHSTUM

Schnelleres Wachstum deutet gewöhnlich darauf hin, dass eine Aktie mehr wert ist. Der Haken an der Sache ist jedoch, dass der zusätzliche Gewinn, den das Unternehmen erwirtschaftet, ausreichen muss, damit das daran beteiligte Kapital eine angemessene Rendite abwirft. Egal, wie schnell ein Unternehmen wächst – wenn es nur einen angemessenen Gewinn erzielt, steigt dadurch sein DCF-Wert nicht. Größer zu werden senkt sogar den Shareholder Value, wenn die Renditen auf das zusätzlich investierte Kapital mager sind. Bei den meisten Unternehmen steigert jedoch Wachstum den Wert. Das mediane ROE der im S&P 500 enthaltenen Unternehmen belief sich im Jahr 2015 auf 14,5 Prozent, und das lag weit über den Eigenkapitalkosten, die ich damals auf acht Prozent schätzte.

In der Theorie ändert eine Änderung der Wachstumsrate den Wert eines Unternehmens nicht sehr, es sei denn, es hat einen Burggraben oder einen Wettbewerbsvorteil, der ihm seine ungewöhnliche Profitabilität bewahrt. Viele Unternehmen machen nichts Einzigartiges, das andere Unternehmen nicht machen können, und sie setzen ihr Kapital nicht mit speziellem Geschick ein. Für die meisten Aktien von der Stange bedeutet das, dass die Rentenformel ohne irgendwelche Wachstumsbereinigungen gut funktioniert. Um den Wert von Wachstum zu berechnen, muss man zunächst den Zeitraum abschätzen, über den ein Unternehmen einen Wettbewerbsvorteil bewahrt, der die Gewinne hoch hält, und dann die Höhe der Gewinne. Der Zeitraum des Wettbewerbsvorteils endet zwar, bevor ein Unternehmen bankrott ist, aber die beiden Zeitpunkte hängen zusammen. Florierende Unternehmen überleben länger. Besäße man eine perfekte Voraussicht, würde man einen niedrigen aktuellen Preis im Verhältnis zum Gewinn zu einem künftigen Zeitpunkt anstreben.

Aufgrund der Kombination eines konsequent attraktiven ROE mit Wachstum war ich bei UNH sicher, dass das Wachstum seinen Wert signifikant positiv beeinflussen würde. Im Jahr 2010 verwendete ich als Abzinsungssatz für Aktien zehn Prozent, und die Renditen von UNH auf das investierte Kapital übertrafen diese Hürde regelmäßig. Trotz der großen Mengen an Goodwill in der Bilanz und trotz der regelmäßigen Spitzen der medizinischen Kosten betrug das ROE von UNH von 1999 bis 2010 im Durchschnitt mehr als 20 Prozent, womit es zur Elite gehörte. In seinem schlechtesten Jahr erwirtschafte UNH ein immer noch überlegenes ROE von 14,4 Prozent. Ich dachte, in diesen Renditen würden sich die Größeneinsparungen niederschlagen, die mit UNHs Stellung als größter Managed-Care-Gesellschaft verbunden waren, und ich rechnete damit, dass sie sich fortsetzen würden. Schrieb man das Wachstum von UNH über zehn Jahre fort, hätte sein auf die künftigen Gewinne bezogenes KGV unter 4 liegen können, also verlockend niedrig.

Als Amerikas größte Krankenversicherung, die landesweit tätig war, hatte UNH eine enorme Verhandlungsmacht und enorme Größenvorteile. Es konnte die größten Nachlässe auf das als Chargemaster bezeichnete Preis- und Leistungsverzeichnis der Krankenhäuser erzielen und war womöglich in der Lage, Erstattungssätze für Behandlungen zu diktieren. Ärzte fühlten sich zu UNH hingezogen, weil es ihnen eine große Anzahl von Patienten zuweisen konnte.

Auch die Kunden sahen das weitgespannte Netz an Ärzten und Krankenhäusern als starkes Wertangebot. In den letzten Jahrzehnten haben die belegschaftsorientierten HMOs Marktanteile an die PPOs verloren, die ein breiteres Spektrum an Ärzten und Krankenhäusern zur Wahl stellen. Nationalen Arbeitgebern bot UNH alle Krankenversicherungsleistungen aus einer Hand. Es mag wohl Größeneinsparungen im Backoffice und im Vertrieb geben; anteilsmäßig auf den Umsatz bezogen waren die Gemeinkosten von UNH zwar niedriger als bei Aetna und Cigna, aber nicht die niedrigsten in der Managed Care. Konkurrenten würde es schwerfallen, die Vorteile von UNH nachzubilden, und sie würden sich nur langsam abnutzen, was bedeutete, dass UNH einen Burggraben besaß, der seine Profitabilität schützte.

Ich fand, dass das Urteil, ob die Einkaufstour von UNH seinen Shareholder Value erhöht hatte, noch ausstand. Der größte Deal der letzten Zeit war der Kauf von PacifiCare im Jahr 2005 gegen Bargeld und Aktien gewesen. Zwar hatte UNH ein KGV bezahlt, das deutlich in den 20ern lag, was bedeutete, dass es auf seine Übernahme von PacifiCare eine geringe Rendite erwirtschaften würde, aber seine eigenen Aktien wurden zu einem fast ebenso hohen KGV gehandelt. In den Jahren nach der Übernahme hatten sich die Margen der Tarife von PacifiCare hübsch gebessert. Durch die Übernahme von PacifiCare und im Jahr 2007 von Sierra Health wurde UNH zum wahrhaft landesweiten Unternehmen. Aufgrund der landesweiten Abdeckung waren die einzigen Krankenversicherungen, an denen UNH noch interessiert war, Kleinvieh.

Der Schwerpunkt der Übernahmen von UNH verlagerte sich auf das Optum-Cluster aus schneller wachsenden Unternehmen, die Gesundheitsdaten analysierten, Apotheken und Unternehmen für Mitarbeiterhilfe. Alle diese Unternehmen brachten hohe KGVs mit, was niedrige Anfangsrenditen auf den Kaufpreis verhieß. Wenig überraschend war Optums Gewinn-Vermögen-Verhältnis im Jahr 2010 niedriger als das der Managed-Care-Sparte von UNH, sodass ich befürchtete, UNH könnte dafür zu viel bezahlt haben. Allerdings stiegen danach die Gewinne von Optum, und im Jahr 2014 war seine Anlagerendite höher als die der Managed Care. Allerdings wusste ich das im Jahr 2010 noch nicht.

Ich hatte zwar bei der Bewertung von UNH nicht berücksichtigt, ob es sein Kapital produktiv einsetzte, aber es hatte die Zeitpunkte seiner Aktienemissionen und Aktienrückkäufe gut gewählt. Drei Jahre nach der Übernahme von PacifiCare war der Gewinn von UNH gestiegen, aber sein Aktienkurs war um zwei Drittel abgesackt. Es fuhr sein Rückkaufprogramm hoch und hatte innerhalb von nicht einmal zwei Jahren die Aktien, die es für den Kauf von PacifiCare ausgegeben hatte, mehr als wettgemacht. Diese Kombination aus steigendem Reinertrag und sinkender Aktienanzahl wirkte auf den Gewinn pro Aktie wie ein Turbolader.

Ich war zuversichtlich, dass das organische Wachstum von UNH kräftig bleiben würde. Der Erlös von UNH war noch in keinem Jahr zurückgegangen. Das schwächste Jahr war 2007 mit einer Steigerung von 5,4 Prozent gewesen. Die Managed Care versichert einen nach und nach wachsenden Anteil der amerikanischen Bevölkerung, die ihrerseits um rund ein Prozent jährlich wächst. Ich dachte, wenn sich die Krankenversicherung allgemein stärker ausbreitet, könnte auch das Volumenwachstum anziehen. In den letzten 50 Jahren sind die Gesundheitsausgaben mit dem nominalen Bruttoinlandsprodukt *zuzüglich* zwei Prozent im Jahr gestiegen. Im neuen Jahrtausend sind die Krankenhausaufenthalte pro Kopf und die Praxisbesuche zurückgegangen. Ob die gestiegenen Ausgaben nun eine verbesserte Versorgung oder eine gesundheitsspezifische Inflation wiedergaben, auf jeden Fall würden Sie UNH Rückenwind verleihen. Und dann war da noch Optum, das Wachstumsgelegenheiten hatte, die von Obamacare möglicherweise profitieren konnten.

Wenn sich die Profitabilität und das Wachstum eines Unternehmens ständig ändern, funktionieren geradlinige Abkürzungen nicht. Aber das ist der Normalzustand. Bei der Beurteilung des Wertes von

Wachstum kommt man um eine vollständige DCF-Analyse nicht herum. Bei einer Abkürzung, die als Wachstumsmodell nach Gordon bekannt ist, nimmt man an, dass die Dividenden oder der freie Cashflow ewig mit einer stabilen Rate wachsen. Der Abzinsungssatz einer Aktie ist die Summe aus der Dividendenrendite und dem ewigen Dividendenwachstum. Keine Wachstumsrate hält ewig an, aber ich dachte mir, während der nächsten paar Jahre könnten der Gewinn und der freie Cashflow von UNH um jährlich acht Prozent steigen.

Unter knackigen Annahmen konnte die UNH-Aktie 123 Dollar wert sein, also das Vierfache des damaligen Kurses von 30 Dollar. Zog man acht Prozent Wachstum vom zehnprozentigen Abzinsungssatz ab, bedeutete das, dass die Free-Cash-Flow-Rendite von UNH zwei Prozent hätte betragen sollen. Unter der Annahme, dass es ewig ein ROE von 20 Prozent erwirtschaften würde, hätte UNH 40 Prozent seines Gewinns reinvestieren müssen, um mit acht Prozent zu wachsen. Von einem Gewinn pro Aktie von 4,10 Dollar würden pro Aktie 2,46 Dollar an freiem Cashflow übrig bleiben. Bei einer Free-Cash-Flow-Rendite von zwei Prozent wäre die UNH-Aktie 123 Dollar wert gewesen und hätte ein KGV von 30 gehabt, also 14-mal so viel, wie ich schätzte, dass es in zehn Jahren würde verdienen müssen.

Unter Verwendung vorsichtigerer Wachstumsprognosen berechnete ich für die UNH-Aktie Werte zwischen 41 und 61 Dollar. In den meisten Fällen ging ich von einem anfänglichen Wachstum und ROE von acht respektive 20 Prozent aus, die dann nachlassen würden. In meinem erfreulichsten Szenario ging ich davon aus, dass sich Wachstum und Profitabilität 15 Jahre lang würden halten können. In meinem düstersten würden die Margen wegen des ACA ein Stück weit sinken. Mit Blick auf die Zukunft würde kein noch so großes Wachstum den Wert erhöhen, sodass UNH den Wert laut Rentenformel besäße. Man sollte den Wert einer Aktie stets als einen gewissen Bereich betrachten, aber ich nahm den geometrischen Durchschnitt der beiden Szenarien, der 50 Dollar betrug. Wenn man keine trostlosere Situation ins Auge fasste als ich, würde das Wachstum den Wert von UNH definitiv anschieben.

TEST 3: AUF DAUER AUSGELEGT

Die dritte Komponente des Wertes, die verbleibende Lebenserwartung, hängt davon ab, wie lange ein Unternehmen außerordentliche Gewinne aufrechterhalten kann. Ewige Anlagen mit Monopolrenten sind selten, da die Konkurrenten ständig versuchen, noch den kleinsten Vorteil herauszuholen. Ein durchschnittliches Unternehmen erzielt durchschnittliche Gewinne, daher genießen die meisten Unternehmen nie längere Phasen mit außerordentlichen Gewinnen. Unternehmen mit Burggräben, die ihre Profitabilität schützen, leben länger. Außer in schnelllebigen Branchen wie Technologie und Mode können die meisten Unternehmen mit einem sichtbaren Wettbewerbsvorteil damit rechnen, lange zu leben, da sie florieren.

Was den Gegenwartswert angeht, so spielt es kaum eine Rolle, ob ein Unternehmen in 40 Jahren oder niemals dichtmacht, solange das Ende noch nicht nahe ist, also im nächsten oder übernächsten Jahrzehnt liegt. Ein ewiges Einkommen von acht Dollar im Jahr ist mit acht Prozent abgezinst 100 Dollar wert, während das gleiche Einkommen über 75 Jahre aufgerundet auch 100 Dollar ergibt. Auf ganze Dollar gerundet wäre ein Jahreseinkommen von acht Dollar über 30, 20 beziehungsweise zehn Jahre 90, 79 beziehungsweise 54 Dollar wert. Natürlich will man Unternehmen meiden, deren Leben unschön, brutal und kurz ist. Allerdings bringen weitere Jahre ab einem gewissen Punkt nur noch wenig; wichtiger ist, was die Unternehmen in der Zwischenzeit erreichen.

UNH schien Wettbewerbsvorteile zu haben, die es jahrzehntelang höchst profitabel und im Geschäft halten würden. Managed-Care-Unternehmen machen seltener Bankrott als Unternehmen im Allgemeinen. Krankenversicherungen sind in hohem Maße reguliert, da es nicht im Interesse der Allgemeinheit liegt, dass sie bankrottgehen und ihre Mitglieder unversichert hinterlassen, und Regulierung schränkt gewöhnlich den Wettbewerb ein. Krankenversicherer geraten gewöhnlich deshalb in Schwierigkeiten, weil sie zu klein und zu wenig diversifiziert sind, um eine Flut kostspieliger Ansprüche zu bewältigen – das Gegenteil der Position von UNH. Ohne eine vollständige

Suche durchzuführen, waren die einzigen größeren HMO-Pleiten, von denen ich weiß, Maxicare im Jahr 1989 und dessen kalifornische Tochter im Jahr 2001. Maxicare war dadurch zur größten HMO des Landes geworden, dass es durch die Aufnahme hoher Schulden eine Reihe schlecht geführter Versicherer übernahm.

Zwar stufte ich UNH sowohl hinsichtlich der Haltbarkeit des Wettbewerbsvorteils als auch seiner gesamten Lebensdauer günstig ein, aber meine Schätzung des Wertes blieb unverändert bei 50 Dollar je Aktie. Da der Wert der Periode des Wettbewerbsvorteils bereits in den Wert des Wachstums eingeflossen war, machte ich mir nicht die Mühe, ihn zu beziffern. Ich erwartete, dass UNH länger überdauern würde als die meisten Unternehmen, was hinsichtlich des Gegenwartswerts so gut war wie das ewige Leben. Im Endeffekt wirkt die Lebenserwartung überwiegend als negatives Filter für Investments und siebt nicht sehr nachhaltige Unternehmen aus. Das traf auf UNH nicht zu, das eine starke Wettbewerbsstellung sowie starke Finanzen hatte und eine unentbehrliche Dienstleistung anbot.

Für viele Unternehmen besteht das Endspiel nicht im Bankrott, sondern im Verkauf. Häufig verlieren Manager ihre Jobs, wenn ihr Unternehmen übernommen wird, sodass die Übernahme zu gut sein muss, um sie abzulehnen – also besser als ein konservativ geschätzter DCF-Wert. Die Fähigkeit, für den Verkauf einen besonders günstigen Moment zu wählen, verschafft den Managern eine Option, die für widerstandsfähige Unternehmen höchst wertvoll ist.

TEST 4: NICHT SICHER, WIE MAN GEWISSHEIT MESSEN SOLL

Wenn man Ungewissheiten anhand eines Blicks von außen zusammen einordnet, werden sie manchmal zu Risiken, also zu Ungewissheiten, bei denen es eine gewisse statistische Grundlage gibt, um die Wahrscheinlichkeiten im Voraus zu ermitteln. Im *Merck Manual* finde ich eine beliebige Anzahl gesundheitlicher Leiden, von denen ich nicht wusste, dass es sie gibt. Aber auch nach der Lektüre dieser Seiten weiß ich nicht mit Sicherheit, welche Krankheiten ich persönlich bekommen werde oder von welcher ich als Nächstes befallen werde. Wenn man wissen muss, wie und warum man krank werden wird, steckt man im Ungewissen. Im Gegensatz dazu brauchen Versicherungen nur die über Millionen von Menschenleben verteilten Gesamtkosten für gesundheitliche Versorgung zu kennen und können daher ein Risiko anstatt der Ungewissheit der Einzelheiten managen.

Managed Care ist ein Geschäft mit äußerst stabilen und vorhersehbaren Einnahmen. Die Mitglieder versichern sich gegen eine Prämie, die ein Jahr im Voraus festgelegt wird. Für viele Menschen ist die Krankenversicherung eine Notwendigkeit, sodass die Nachfrage kaum auf die Konjunktur anspricht. Die meisten Versicherten bleiben Jahr für Jahr beim selben Anbieter, sodass sich die Zahl der Versicherten nur allmählich ändert. Auch die Erstattungsanteile für Ärzte und Krankenhäuser werden ein Jahr im Voraus vertraglich festgelegt, sodass man die künftige Kostenentwicklung im Blick hat. Medizinische Ansprüche werden gewöhnlich innerhalb von Wochen eingereicht, sodass ein etwaiger Ausschlag schnell zu erkennen ist. Wenn die medizinischen Ansprüche eines Mitglieds unerwartet ansteigen, werden seine Prämien im nächsten Jahr angehoben. Seit der Verabschiedung des ACA haben die großen HMOs und PPOs auf annualisierter Basis keine Verluste gemacht, während mehrere kleinere Vereinigungen bankrottgegangen sind.

Ich war der Meinung, UNH erfreue sich noch größerer Gewissheit als der Rest der Branche, aber für Gewissheit oder für das, was man nicht weiß, gibt es keine wirklich guten zahlenmäßigen Messlatten. UNH war nicht nur über das ganze Land diversifiziert, sondern auch über verschiedene Arten von Kunden: große gewerbliche, kleine gewerbliche, private, Medicare, Part D, Medicaid und so weiter. Seine Investitionen in Technologie waren dafür gedacht, Überraschungen frühzeitig zu erkennen. Statistisch gesehen war die Varianz des Gewinns und des ROE von UNH geringer als bei seinen Branchenkollegen. Wäre ich an dieser Stelle stehen geblieben, hätte die verhältnismäßig hohe operative Gewissheit von UNH einen niedrigen Abzinsungssatz signalisiert, und die Aktie wäre mehr als 50 Dollar wert gewesen.

Ich musste aber auch ein völlig anders geartetes *existenzielles Risiko* berücksichtigen. Der ACA drohte das Geschäftsmodell der Krankenversicherung in die Luft zu jagen. Wenn der US-amerikanische Staat zum „einzigen Zahler" aller medizinischen Kosten würde, könnten die Versicherungen überflüssig werden. Das könnte durchaus passieren. Länder wie Großbritannien und Kanada haben einheitliche Gesundheitssysteme. Im Medicare-System ist der US-amerikanische Staat bereits der einzige Zahler für Menschen über 65. Allerdings trägt Medicare gewisse Kosten nicht und bezahlt den Rest nicht vollständig, sodass die Medigap-Versicherung floriert. Und viele Menschen beziehen ihre Medicare-Leistungen über einen Versicherer. Es gibt zwei Möglichkeiten, dieses Risiko zu erfassen – subjektive Wahrscheinlichkeiten und das Beta –, und mit beiden fühle ich mich nicht so recht wohl.

Subjektiv schätzte ich die Wahrscheinlichkeit, dass Obamacare das Managed-Care-Geschäft kaputtmachen würde, auf zehn Prozent. Natürlich ist es höchst gewagt, einer unbekannten Ungewissheit eine Zahl beizulegen, aber wenn man die Wahrscheinlichkeiten nicht schätzt, fällt das gesamte Gebilde des Gegenwartswerts auseinander. Deshalb machte ich damit weiter. Zumindest eine florierende und zuvor legale Industrie war von der US-Regierung in der Vergangenheit dichtgemacht worden. Beweisstück A war die Alkohol-Prohibition gemäß dem Volstead Act. Seit der Warnung des Leiters der Gesundheitsbehörde vor einem halben Jahrhundert versucht die Regierung außerdem, den Verkauf von Zigaretten zu verbieten. Die Bundesbehörden haben also bereits eine Branche geschlossen, um das allgemeine Wohlergehen zu schützen – sie tun das aber nur selten und nicht sehr schnell.

Eine Wahrscheinlichkeit von zehn Prozent für einen Totalausfall und eine 90-prozentige Wahrscheinlichkeit auf 50 Dollar bedeutete, dass die Aktie von UNH 45 Dollar wert war, aber ich musste auch sicherstellen, dass ich auf den schlimmsten denkbaren Fall vorbereitet war. Wenn man nur wenige Aktien besitzt und es einem an der geistigen Ruhe und an dem Reichtum von Warren Buffett mangelt, sollte man keine Aktien kaufen, die mit einem existenziellen Risiko konfrontiert sind, wie es UNH im Jahr 2010 war. Ich persönlich kann nicht objektiv bleiben, wenn die Wahrscheinlichkeit besteht, dass eine meiner wichtigsten Anlagen bald wertlos sein wird. Deshalb sind meine Fonds breit gestreut, und manche bezeichnen sie als überdiversifiziert. Dadurch kann ich Risiken statistisch abwägen.

Die andere Art, Risiken zu bewerten, besteht darin, den Abzinsungssatz einer Aktie an ihr Beta – die Volatilität des Aktienkurses – anzupassen, indem man eine CAPM-Formel (Capital Asset Pricing Model) verwendet. Eine Aktie, die so schwankungsfreudig ist wie der Gesamtmarkt, hat ein Beta von 1. Ich glaube zwar nicht, dass das Beta das geschäftliche Risiko misst, aber es ist problemlos verfügbar und wird auf der Business School gelehrt, und in Abwesenheit einer besseren Methode ist es daher eine Perspektive, die in Betracht zu ziehen sich lohnt. Das geschäftliche Risiko ist zu facettenreich, als dass man es einfach auf eine einzige Zahl reduzieren könnte. Für Trader gibt das Beta das kurzfristige Kursrisiko zutreffend an. Das Bewertungsrisiko von Anlegern – das Risiko, zu viel zu bezahlen – hat mit dem Beta nichts zu tun. Wenn der Aktienkurs von UNH plötzlich eingebrochen wäre und sein innerer Wert weniger gesunken wäre, dann wäre das Risiko gesunken, als Anleger zu viel zu bezahlen. Gleichzeitig konnte das Beta von UNH steigen, was bedeuten würde, dass es riskanter geworden war.

Als ich ein Beta von 1,11 in die CAPM-Formel einsetzte, spuckte sie mir einen Wert von 45 Dollar aus. Da das Beta systemische Risiken aller Art zu einer einzigen Kennzahl zusammenfasst, war theoretisch keine weitere Anpassung an Obamacare mehr nötig. Auch wenn ich fand, dass UNH ein risikoarmes Geschäftsmodell besaß, das ein viel niedrigeres Beta und einen viel niedrigeren Abzinsungssatz verdiente, akzeptierte ich diese Schlussfolgerung, weil sie Obamacare einberechnete. Vielleicht ist es Zufall, dass sowohl die Methode der subjektiven Wahrscheinlichkeit als auch das Beta für UNH den gleichen Wert von 45 Dollar ergaben, vielleicht aber auch nicht. Modelle des Gegenwartswerts sind knifflige Angelegenheiten.

Die Schätzung des Wertes erfüllte ihren Zweck: Im Laufe von sechs Jahren, von 2010 bis 2016, verfünffachte sich der Aktienkurs von UNH von 30 auf 150 Dollar, während sich der S&P 500 nur grob verdoppelte. Wir werden nie erfahren, wie wahrscheinlich es wirklich war, dass Managed Care durch den ACA zerstört worden wäre, und auch den wahren Wert der UNH-Aktie nicht. Im Rückblick waren meine Erwartungen bezüglich Optum viel zu vorsichtig. Andere Anleger hätten konservativere oder aggressivere Annahmen verwendet. Die Verzerrungen können derart heikel und die Unwahrheiten derart deutlich sein, dass ich verstehe, weshalb Buffett seine DCF-Modelle nicht öffentlich darlegt.

Meine Lieblingsinvestments sind solche, bei denen sich eine Unterbewertung anhand der zu Anfang des Kapitels vorgestellten Checkliste erkennen lässt:

1. Hat die Aktie eine hohe Gewinnrendite, also ein niedriges KGV?
2. Macht das Unternehmen etwas Einzigartiges, das es ihm ermöglicht, mit seinen Wachstumschancen tolle Profite zu verdienen? Hat es einen Burggraben?
3. Ist das Unternehmen auf Dauer ausgelegt, oder ist es durch Konkurrenten, Moden, Obsoleszenz oder überzogene Schulden gefährdet?
4. Sind die Finanzen des Unternehmens stabil und in die weitere Zukunft hinein berechenbar, oder sind sie zyklisch, schwankend und ungewiss?

Diese Checkliste erfasst nicht alle unterbewerteten Aktien, aber sie sortiert die meisten gängigen Quellen der Enttäuschung aus. Sie garantiert nicht, dass nichts Schlimmes passieren kann, aber sie verbessert die Chancen. Wenn ich mein Portfolio mit Aktien füllen kann, die alle vier Eigenschaften besitzen, sehe ich keine Notwendigkeit, welche in Betracht zu ziehen, die Mängel haben. Die meisten Aktien fallen durch dieses Sieb, was aber nicht heißt, dass sie *nicht* unterbewertet wären. In solchen Fällen muss man eine vollständige DCF-Analyse durchführen und dabei auf das Risiko von Prognosefehlern achten, die auf dem bekannten wunden Punkt beruhen.

20 DOPPELBLASEN-ÄRGER

„Blasen entstehen nicht aus dem Nichts.
Sie haben eine solide Grundlage in der Realität,
aber die Realität ist durch eine Fehlauffassung verzerrt."
- George Soros -

Eine Blase ist das, was die Menschen einen riesigen Börsenanstieg nennen, der ihnen nicht gefällt. Das ist eine Definition, die man weder beweisen noch widerlegen kann. Wenn man Blasen erkennen will, während sie sich aufblähen, muss man zunächst die richtige Frage stellen, nämlich „Was ist sie wert?" anstatt „Was passiert als Nächstes?". Sogar die eisernen Anhänger der Effizienzmarkthypothese räumen ein, dass der Preis nicht zutreffend ist, wenn er um einen Faktor von 2 abweicht – also wenn etwas für das Doppelte (oder die Hälfte) seines Wertes verkauft wird. Damit eine Blase vorliegt, müssen die Preise einer wirklich großen Gruppe von Anlagen danebenliegen, andernfalls handelt es sich bloß um ein paar verrückte Preise. Ein paar Ausreißer gibt es immer. Gäbe es sie nicht, würde das Value-Investing nicht funktionieren.

Ob zum Guten oder zum Schlechten, der Wert einer Aktie lässt sich nicht durch Beobachtung feststellen, er ist immer eine fundierte Meinung. Die Anhänger der Markteffizienz behaupten allerdings, niemand könne eine Blase erkennen, bevor sie platzt. Nachdem sich die Aktienkurse halbiert haben, geben sie vielleicht zu, dass eine Blase bestanden hat. Wenn Ihnen die Sache mit der Beobachtbarkeit wirklich nachgeht, stellen Sie sich vor, dass der historische Durchschnitt des Markt-KGVs bei 14 oder 15 liegt und dass beim Doppelten eine Blase vorliegt. Fast jedes Mal, wenn eine klar erkennbare Gruppe von Aktien ein KGV von über 30 hatte, endete es mit Tränen. Erst recht gilt das für ganze Märkte wie etwa für den japanischen im Jahr 1990. Selbst wenn man so etwas nicht als Blase bezeichnet, sollte man es meiden.

Solange man noch keine durchgemacht hat, klingt eine Blase absurd. Ich hatte Berichte über die Goldenen Zwanziger und die wilden Sechziger gelesen, und auch die Tulpenmanie und die Südseeblase aus früheren Zeiten kannte ich. Damals hatten Finanzkapitäne Aktien auf unverschämte, ungerechtfertigte Niveaus hinauf manipuliert, extrem verzwickte Wertpapiere ausgegeben und sich mit viel zu vielen Schulden beladen. Manager von Unternehmen hatten sich selbst zu viel bezahlt. Ausgedehnte Holdinggesellschaften waren zusammengeworfen worden. Horden durchgedrehter Menschen kauften und taten ausgefallene, dämliche Dinge. Es schien, als hätten in finanzieller Hinsicht plötzlich alle zur gleichen Zeit den Verstand verloren. Nach solchen Geschichten zu schließen hätte man meinen können, Blasen träten ohne Grund auf. Doch sobald man einmal eine Blase erlebt hat, stellt man fest, dass die anfängliche Voraussetzung gewöhnlich zutreffend und zwingend ist.

GESCHENKTES GELD

Geschenktes Geld oder zumindest leicht verdientes Geld ist eine notwendige Zutat jeder Blase. Es mag zwar sein, dass leichtes Geld gemäß dem Wunsch der Notenbanken schnelles Wirtschaftswachstum fördert, aber zunächst einmal treibt es die Anlagepreise in die Höhe. Wenn die U.S. Federal Reserve (die Fed) Geld schöpft, dann taucht es in Form von Bankeinlagen auf, sodass seine erste Station die

Finanzmärkte sind. Wenn man Finanzleuten Geld in die Hand gibt, werden sie damit (zumindest anfänglich) Finanzanlagen kaufen. Je nach der Art der Blase kann sich das Geld dadurch in physische Anlagen verwandeln, wie es etwa bei der Häuserblase der Fall war. Allerdings halten sich Blasen länger, wenn das Geld in der imaginären Welt der Finanzen verbleibt. Wenn es reale Sachwerte hervorbringt wie beispielsweise Glasfaserkabel oder Eigentumswohnungen in Las Vegas, dann kann dies den Enthusiasmus dämpfen. Trader schichten in diejenigen Anlagen um, die am schnellsten steigen. Das läuft am besten, wenn keine Verankerung in der Realität besteht.

In den 1990er-Jahren ließ die Fed wegen der nachlassenden Inflation die Zügel zunächst unermüdlich locker und versorgte das Finanzsystem mit reichlich Liquidität. Die Rendite 10-jähriger Schatzanleihen, die auf dem Höhepunkt im Jahr 1981 fast 15 Prozent betragen hatte, war im Jahr 1990 auf acht Prozent und bis 1996 auf sechs Prozent abgestürzt. Der Börsencrash 1987 und die Anfang der 1990er-Jahre immer noch hohe Arbeitslosigkeit bereiteten der Fed Sorgen. Die Preise von Aktien und Anleihen steigen, wenn der Diskontsatz beziehungsweise der Leitzins sinkt, und daher war das für die Preise von Finanzanlagen eine echt tolle Nachricht. Bei einer Aktie mit stetiger Rendite und ohne Wachstum steigert ein Rückgang des Diskontsatzes von 15 auf 6 Prozent den Wert auf $^{15}/_{6}$ des anfänglichen Wertes, also auf das 2,5-Fache. Die Aktienkurse wachsender Unternehmen können dadurch noch mehr in die Höhe schnellen. Wenn man sich an der anfänglichen Bewertung orientiert, kommt einem das wie eine Blase vor.

Später merkte die Fed, dass ein lebhafter Aktienmarkt politisch gut ankommt. Jedes Mal, wenn der Konjunktur oder dem Aktienmarkt ein Sturz drohte, pumpte die Fed Geld in das System und erzielte damit den gewünschten Effekt. Die Arbeitslosigkeit sank, obwohl die Erwerbsbevölkerung wuchs. Die Inflation blieb zahm. Volkswirte behaupteten, angesichts der „großen Mäßigung“ könnten die Konjunkturzyklen ein Relikt der Vergangenheit sein. Strategen von Brokerhäusern traten eifrig für den sogenannten „Greenspan Put“ ein und gingen davon aus, der Fed-Vorsitzende Alan Greenspan werde immer da sein, um die Aktienkurse zu stützen, wenn sie von Turbulenzen heimgesucht wurden. Und falls er irgendwann doch nicht mehr aushelfen würde, konnte man große, aktiv gehandelte Aktien ja eilig abstoßen.

Laut Überlieferung der Wall Street machen Privatanleger immer das Falsche, und diesmal häuften sie Aktien an. Aktienanalysten, die früher als so langweilig wie Buchhalter galten, traten jetzt im Fernsehen auf.

Im Jahr 1996 stellte der Fed-Vorsitzende Alan Greenspan die Frage: „Aber woran merken wir, dass irrationaler Überschwang die Anlagewerte ungebührlich nach oben getragen hat, sodass sie nun unerwarteten und langwierigen Kontraktionen unterliegen, wie es in Japan seit einem Jahrzehnt geschieht?“ Zumindest, so dachte ich, war Greenspan aufgefallen, dass man auch richtige Gedanken zu weit treiben kann. Jedoch deuteten seine Bemerkungen nicht auf das Kommende voraus. Von der Großen Depression bis zum Jahr 1974 hatte die Fed immer dann, wenn sie die Spekulationen dämpfen wollte, die Mindesteinschüsse angehoben. Nach Greenspans Äußerungen über den „irrationalen Überschwang“ tat die Fed jedoch nichts, und im Jahr 2017 galt nach wie vor eine Einschusspflicht von 50 Prozent.

Wegen des Greenspan Puts schienen die Wirtschaft und der Aktienmarkt sicherer zu sein als früher. Marktstrategen sprachen vom „Fed Model“, was bedeuten sollte, dass die Gewinnrendite von Aktien der Rendite von Anleihen hoher Bonität entsprechen sollte. In einem Buch mit dem Titel „Dow 36,000“ aus dem Jahr 1999 spannen die Volkswirte Glassman und Hassett diesen Gedanken fort. Sie behaupteten, in Wirklichkeit seien Aktien auf lange Sicht *weniger* riskant als Anleihen. Daher sei es vernünftig, Aktienkurse zu haben, die die gleiche Gesamtrendite produzieren wie Anleihen. Die Schätzung der Gesamtrendite – und des Abzinsungssatzes – einer Aktie ist die Summe der Dividendenrenditen zuzüglich der Wachstumsrate der Dividende. Normalerweise betrachtet man die Gesamtrendite und die Wachstumsrate als gegeben, und die Dividende ist die Variable, deren Lösung die Formel findet.

Wenn der Abzinsungssatz eines Anlegers unter der Wachstumsrate eines Unternehmens liegt, funktioniert diese Formel nicht. Da die Dividenden der im S&P 500 enthaltenen Aktien um jährlich sechs Prozent wuchsen und die Anleiherendite sechs Prozent betrug, wurde allerdings gar keine Dividendenrendite benötigt. Dies galt vor allem für hyperschnell wachsende Aktien wie Cisco. Im Juni 1998 stand die Cisco-Aktie bei 64 Dollar, was ein KGV von 86 bedeutete, aber die Autoren berechneten den eigentlichen Wert auf 399 Dollar. Glassmans und Hassetts Auffassung von der vernünftigen Praxis, den Wert auf einen gewissen Bereich zu schätzen, war atemberaubend, denn sie schrieben, der Wert von Cisco könne zwischen 122 und 1.652 Dollar liegen. Das obere Ende hätte ein KGV von mehr als 2.000 bedeutet. Mir schwirrte der Kopf.

Wenn also die Fed endlos Liquidität bereitstellen und die Zinsen drücken würde, wusste ich, dass ich nicht dagegen ankämpfen durfte. Die Sparkassen und die kleineren Banken waren klare Profiteure der sinkenden Zinsen und der üppigen Liquidität. Es gab Dutzende von Finanzinstitutionen mit einstelligen KGVs, die unter ihrem Buchwert gehandelt wurden. Es zeigte sich, dass die Sparkassen in den 1990er-Jahren zu den besser performenden Aktien gehörten. Außerdem konnten Unternehmen, die hohe Zinsen bezahlen mussten, ihre Schulden auf niedrigere Zinsen umschulden, was ihren Gewinnen einen Schub verlieh. Wenn Aktien auch ohne diesen zusätzlichen Kick schon billig waren, sammelte ich sie ein.

DIE GLOBALISIERUNG UND DAS WIEDERERWACHEN AMERIKAS

In den 1990er-Jahren bahnten sich Ereignisse an, die die Welt verändern sollten – wie es bei den größten Blasen immer der Fall ist. Der Boom der 1990er-Jahre war gewissermaßen eine doppelte Blase, die sich auf zwei Megatrends gründete: Globalisierung und Technologie. Niemand konnte abschätzen, wie machtvoll diese Trends waren, aber alle Hochrechnungen schienen viel zu niedrig zu sein. Bald lag auf der Hand, dass globale Unternehmen und Technologie-Aktien unbegrenztes Gewinnpotenzial besaßen. Alles, was sich lohnte, war auch eine Übertreibung wert.

Die Deregulierung und Globalisierung des Handels hatten die amerikanische Wirtschaft wieder an die Spitze geschoben; der technologische Aspekt war der weitverbreitete Einsatz von Personal Computern, Handys und des Internets. Was den ersten Punkt angeht, so hatte der Kapitalismus gewonnen und Amerika stand wieder an der Spitze. Das „Reich des Bösen" kollabierte, die Berliner Mauer fiel und Deutschland wurde wiedervereinigt. Regierungen hörten auf, Industrien zu verstaatlichen, und begannen sie zu privatisieren. Viele Branchen wurden dereguliert, vor allem Telefongesellschaften und Versorgungsunternehmen. Steuern wurden massiv gesenkt, und Großunternehmen waren am besten positioniert, sie noch weiter zu drücken, indem sie ihre Betriebe in steuergünstigere Länder außerhalb der Vereinigten Staaten verlegten, beispielsweise nach Hongkong, Irland oder Luxemburg.

Der internationale Handel kommt beiden Handelspartnern zugute, schrieb der britische Ökonom Adam Smith im Jahr 1776. Jedes Land produziert dann mehr von den Produkten, bei denen es einen verhältnismäßigen Vorteil hat, und importiert diejenigen Produkte, bei denen es weniger Vorteile hat, anstatt sie selbst zu produzieren. Diese Theorie ging davon aus, dass die Länder einen Goldstandard haben, sodass sich der Handel letztlich ausgleichen musste.

Nach den Ölpreisschocks in den 1970er-Jahren zog der Welthandel an. Zum Teil schlug sich im steigenden Handelsaufkommen lediglich der höhere Ölpreis nieder. Vielleicht schlugen sich darin auch die Reaktionen von Deutschland, Japan und anderen Ländern nieder, die den größten Teil des von ihnen verbrauchten Öls einführen mussten. So verzeichnete beispielsweise Japan Ende der 1970er-Jahre ein Außenhandelsdefizit. Um die gestiegenen Ölkosten zu decken und den Handel auszugleichen, mussten diese Länder ihre Ausfuhren hochfahren. Deutschland und Japan wurden zu Exportweltmeistern. Als Saudi-Arabien und andere Ölförderländer Handelsbilanzüberschüsse anhäuften, investierten sie den Erlös häufig in den Vereinigten Staaten oder zumindest in Anlagen, die in Dollar notierten („Eurodollar") – für den amerikanischen Kapitalmarkt eine angenehme Überraschung. Allerdings führte dies auch zu einem Dilemma, das der Ökonom Robert Triffin erkannte: Da der US-Dollar die Weltreservewährung war, wurde von den Vereinigten Staaten erwartet, dass sie Dollar ausgeben würden, um den Rest der Welt damit zu versorgen. Sie fuhren ein ständiges Außenhandelsdefizit, das für ihre Exportbranchen fürchterlich war, aber gut für die Finanzmärkte. Und die Kreditaufnahme im Ausland zur Finanzierung des laufenden Konsums hat zur Folge, dass die Amerikaner heute mehr konsumieren können, als sie produzieren.

Durch die Aufnahme von Kapital im Ausland verschoben die Vereinigten Staaten die Grundlage des Handels von einem *vergleichsweisen Vorteil* hin zu einem *absoluten Vorteil.* Da einem Import kein Export entsprechen musste, konnten sich amerikanische Unternehmen Produkte zum weltweit niedrigsten möglichen Preis beschaffen. Die Stundenlöhne sind in vielen Ländern der Welt viel niedriger als in den USA. In den 1990er-Jahren verlagerten sich die Schuh-, die Textil- und die Bekleidungsindustrie ebenso wie ein großer Teil der Elektronikbranche nach Asien. Der zunehmende Import zog bei diesen Produkten eine Preisdeflation nach sich, dank deren die Fed ihre lockere Geldpolitik beibehalten konnte.

Auch wenn der Rest der Welt die Amerikaner nicht mochte, so kaufte er doch amerikanische Konsumartikel und technologische Produkte. Er wollte von Micky Maus unterhalten werden, Coca-Cola, Pepsi und Budweiser trinken, Marlboro rauchen und Nike tragen.

Für amerikanische Unternehmen mit einer globalen Lieferkette war das fantastisch, denn dadurch konnten sie wettbewerbsfähige Preise anbieten und näher an vielen neuen Märkten sein. Neue Technologien verbanden viele Menschen und Unternehmen aus der ganzen Welt miteinander, eröffneten neue globale Märkte und senkten die Kosten für Verkauf, Marketing und Logistik. Die Verkaufspreise neuer Technologien fielen kontinuierlich, aber die Kosten für ihre Produktion sackten noch schneller ab. So war es möglich, dass geringe Inflation herrschte und gleichzeitig sowohl die Produktion als auch die Gewinne zunahmen.

Im S&P 500 enthaltene Großunternehmen waren perfekt dafür aufgestellt, von der Globalisierung zu profitieren. Walmart, das einst damit geworben hatte, ein Großteil seiner Ware sei „Made in USA", wurde zum größten Importeur des Landes. Im Jahr 1998 verdoppelte sich der Aktienkurs von Walmart und der mehrerer anderer Giganten. Der S&P 100 überholte den S&P 500, und der Nasdaq 100 lief dem Nasdaq Composite davon.

Viele kleinere Unternehmen hatten allerdings höhere Kosten und waren Teil der zunehmend nicht mehr gebrauchten US-amerikanischen Lieferkette. Außerdem waren sie den wachsenden internationalen Märkten weniger ausgesetzt. Ein Fondsmanager, dessen Schwerpunkt auf den erwähnten Giganten lag, fauchte mich an, Kleinunternehmen seien eine veraltete und irrelevante Anlageklasse. Der Schwerpunkt meines Fonds liegt auf Small Caps, und so kaufte ich US-amerikanische Firmen mit internationalem Betrieb und ausländische Small Caps. Unter anderem kaufte ich eine mittelgroße finnische Fernseh- und Telefongesellschaft namens Nokia, die von ihren neuen Mobiltelefonen zu Recht begeistert war. Wie sich herausstellte, ließen sogar ausländische und kleinere Technologie-Unternehmen in Asien fertigen. Wenn ein Produkt den amerikanischen Verbrauchern so richtig gefiel, dann verkaufte es sich von Frankreich abgesehen auch in Europa gut.

COMPUTER, TELEFONE UND DAS INTERNET

Vielleicht reitet jeder große Börsenboom auf dem Rücken der massenhaften Nutzung einer neuen Technologie. Das Goldene Zeitalter der 1890er-Jahre fuhr buchstäblich Eisenbahn. In den 1920er-Jahren setzten sich das Automobil, Elektrogeräte, das Telefon und die Elektrizität allgemein durch. Die 1960er-Jahre brachten den Computer, den Farbfernseher, den Fotokopierer, die Sofortbildfotografie, Flugreisen und Luftfracht. Das war derart schwindelerregend, dass Alvin Toffler 1970 den Besteller „Der Zukunftsschock" schrieb, in dem er die Auswirkungen zu vieler Veränderungen auf den Menschen beschrieb.

Jede dieser Innovationen zog Legionen von Wettbewerbern an. Die meisten scheiterten irgendwann. Doch vom Gipfel einer Blase aus gesehen sind sogar die Gewinner enttäuschend. Die Radio Corporation of America (RCA) war in den 1920er-Jahren eine Ikone des Aufschwungs gewesen und hatte sich in anderthalb Jahren verdoppelt. Das Radio hat Nachrichten und Musik für immer verändert. Aber wenn man im Jahr 1929 RCA-Aktien gekauft hätte, dann hätte man in den 50 Jahren danach hinter dem Markt gelegen. Ebenso waren Polaroid, Eastman Kodak und Xerox – die Stars der 1960er-Jahre – von ihren Hochs aus gesehen katastrophale langfristige Positionen. Cisco und America Online (AOL) sollten schließlich ähnliche Schicksale erleiden.

Schon als Kind wusste ich, dass der Computer wichtig sein und das Leben auf Arten und Weisen verändern würde, die man nicht vollständig vorhersehen konnte. Das Stück Zukunft, das mir damals völlig entging, war das Telefonnetz. Es begann mit der Zerschlagung von AT&T, die konkurrierenden Gesellschaften den Eintritt in den Markt ermöglichte. Danach kamen das Handy, das Glasfaserkabel, das Netzwerk und eine Reihe weiterer Innovationen. Die fiktiven Fernsehdetektive Dick Tracy und Mannix benutzten Mobiltelefone, aber wozu sollten das normale Menschen je tun wollen? Ferngespräche waren so billig geworden, dass Anrufe bei meiner Oma oder bei meinen Eltern nicht mehr auf zehn Minuten begrenzt waren und nicht mehr planmäßig an Wochenendabenden stattfanden. Das war nun etwas Rationales, von dem man überschwänglich begeistert sein konnte.

Die klaren Gewinner dieser Themen waren Technologie-Unternehmen und globale Großunternehmen. Technologiefirmen verkauften die Anlagen, die den Globus vernetzten, und die besten Kunden von Technologie-Unternehmen waren häufig andere Technologie-Unternehmen. Die globalen Unternehmen hatten außerdem viel dadurch zu gewinnen, dass sie ihre Verkaufs- und Marketingkosten vor allem grenzüberschreitend senkten. General Electric gab detaillierte Pläne bekannt, mithilfe elektronischer Beschaffung und elektronischer Vermarktung Milliarden einzusparen. Unternehmen wie Cisco, Dell, Intel und Microsoft standen im Zentrum beider Kategorien und wurden als die „Four Horsemen“ bezeichnet, also als die apokalyptischen Reiter.

VERSUCHEN, DIE WELT ZU VERSTEHEN

Die Dinge änderten sich so schnell, dass ich nicht vollständig erfassen konnte, was vor sich ging. Ich durfte die Technologie und die Kommunikation nicht ignorieren, weil sie bedeutende Sektoren waren und Chancen boten, wie ich sie noch nie gesehen hatte. Ich machte mich daran, etwas darüber zu erfahren und Technologie-Unternehmen zu beobachten. Die Zeitungen und die Finanzsender halfen mir nicht dabei, diese aufkommenden Produkte zu verstehen oder die Technologiepläne zu studieren. Die Jahresberichte der Unternehmen erzählten mir etwas über Gigahertz und Flächendichten, doch ich fragte mich, was das war und warum mich das kümmerte.

Die Brokerhäuser stellten Vertriebsleute ein, die auf Technologie-Aktien spezialisiert waren, unter ihnen auch „Vinnie“. Er sagte mir fröhlich, ich verstünde das einfach nicht. Wiederholt äußerte er seine Schlüsselaussagen. Diesmal sei alles anders. Technologie-Aktien seien anders. Die Bewertung von Technologie-Aktien sei anders. Man könne nicht aus der Vergangenheit lernen. Die alten Standards würden die neue Realität nicht widerspiegeln. Er sagte mir, in einer Welt im Wandel müssten diejenigen Analysten, die am meisten wüssten, am meisten wieder verlernen. Das sei nicht mein Fehler; ich sei einfach fünf Jahre zu früh geboren. Ich war allerdings nicht davon überzeugt, dass Technologie-Aktien anders bewertet werden sollten oder dass die Vergangenheit unnütz sei.

Hambrecht & Quist (H&Q) aus San Francisco war der coolste Technologiebroker und hatte intensive Verbindungen ins Silicon Valley. Mir gefielen diese lockeren, aber energiegeladenen Vibes. Daniel Case, der CEO von H&Q, war im gleichen Jahr geboren wie ich und war damit einer der jüngsten Broker-CEOs der damaligen Zeit. Sein Bruder Steven war CEO von AOL. H&Q hielt die besten Konferenzen ab, fieberhafte Versammlungen, bei denen sich sechs Unternehmen auf einmal in knackigen halbstündigen Meetings präsentierten. Die Meetings und der Handel mit den Aktien erzeugten das gleiche Feeling – 200 beste Freunde, die sich auf einmal in denselben winzigen Raum quetschen.

Ich kann zwar nicht beweisen, dass im Laufe von Blasen moralische Normen zusammenbrechen, aber ich glaube es. Zwischen den Meetings versammelten sich die Investoren und tauschten Branchentratsch aus. Einige schienen den ganzen Tag lang kaum etwas anderes zu tun. Bei den Technologiekonferenzen stieß ich immer wieder auf eine kluge, freundliche Frau namens Roomy, die bei Intel arbeitete. Besonders freundlich ging sie mit Raj Rajaratnam um, einem Hedgefonds-Manager, den ich als höchst angesehenen Halbleiteranalysten bei Needham kennengelernt hatte. Mehr als zehn Jahre vergingen, ohne dass wir Kontakt miteinander hatten, und ich dachte nicht mehr an Roomy und Raj. Dann sah ich in den Nachrichten einen Beitrag über einen Hedgefonds namens Galleon Group, der wegen Insiderhandel angeklagt war. Roomy Khan wurde zu einem Jahr Gefängnis und Raj zu elf Jahren verurteilt. Zum Glück hatte ich den Kontakt mit ihnen verloren.

IPOS

Die Broker waren damals vor allem darauf aus, die Käufer über ihre Börsengänge (IPOs = Initial Public Offerings) zu informieren, denn es gab einen stetigen Strom neuer Technologie-Unternehmen, die an die Börse gingen. Die Investmentbanken vereinbarten stillschweigend, die Emissionsgebühren der meisten IPOs auf circa sechs Prozent des Emissionserlöses festzulegen. Also konnte ein Börsengang zu 15 Dollar ihnen Gebühren in Höhe von 90 Cent je Aktie einbringen. Vinnie liebte solche IPOs. Bei einem normalen Aktiengeschäft beliefen sich die institutionellen Gebühren damals vielleicht auf fünf Cent pro Aktie (und heute sogar noch weniger). An solchen Deals verdiente Vinnie also viel höhere Gebühren, und dabei wurden oft große Blöcke gehandelt. Außerdem macht es ja allen mehr Spaß, es mit einer neuen, aufregenden Story zu tun zu haben.

In normalen Zeiten ist es gefährlich, ein IPO zu kaufen, wenn man bloß weiß, dass es superangesagt ist, aber das waren keine normalen Zeiten. Viele Börsengänge werden durchgezogen und fallen dann unter den Emissionspreis. Doch im Laufe der 1990er-Jahre stiegen fast alle Aktien, die die Technologieboutiquen an den Markt brachten, nach der Emission. Sie waren heißer als heiß, aber je heißer die Aktie, desto kleiner die Zuteilung. Einem milliardenschweren Fonds wie dem meinen brachte es natürlich nicht viel, 800 Stücke von einer Aktie zu haben, die sich verdoppelte. Die Veranstaltung einer IPO-Versammlung bot gelegentlich die Chance, mehr Aktien zu bekommen, aber auf jeden Fall half mir das, zu beurteilen, ob ich eine Aktie wirklich haben wollte.

Die IPO-Roadshow von Long Distance Discount Services (LDDS) im Jahr 1989 hatte ich verpasst, aber ich traf mich später mit Managern des Unternehmens. LDDS war 1983 nach der Zerschlagung von AT&T durch das Justizministerium gegründet worden. LDDS war viel kleiner als Sprint oder MCI, aber es war schnell gewachsen und übernahm weiterhin Konkurrenten. Die LDDS-Aktie wurde bezogen auf den prognostizierten Gewinn zu einem niedrigen zweistelligen KGV gehandelt. Ich kaufte ein paar Aktien (nicht viel), hielt sie aber nicht lange. Nachdem die Aktie gestiegen war, hielt ich sie für überbewertet und verkaufte sie. Bis zum Jahr 1998 stieg sie auf das Siebenfache, und dann änderte sie ihren Namen in WorldCom.

Immer wieder bedauerte ich es, Aktien verkauft zu haben, die danach zu Tenbaggern wurden, also auf das Zehnfache oder mehr stiegen. Im Jahr 1992 hatte ich die IPO-Versammlung von AOL veranstaltet. Die Aktie ging zu 11,50 Dollar in den Handel und schloss am ersten Tag bei 14,75 Dollar. Die meisten Anleger ignorierten sie. Bei rund sechs Millionen Aktien war der Marktwert von AOL immer noch winzig klein, weniger als 90 *Millionen* Dollar. Der ursprüngliche Service hatte Game Line geheißen und war wohl ganz spaßig, aber keine Goldgrube. AOL konnte viel größer werden. Die Manager verwiesen auf Minitel in Frankreich, das eigentlich für Zahlungen und Ticketbuchungen gedacht war, aber auch für romantische Verabredungen und viele andere Dinge genutzt wurde. AOL war bereits profitabel, der Erlös schnellte in die Höhe, und das Management gefiel mir. Ich beschloss, ihm eine Chance zu geben. Bis zum Jahr 1995 war AOL auf das 20-Fache gestiegen, aber wieder hatte ich von diesem Gewinn nur ein winziges Scheibchen bekommen.

AOL hatte unter buchhalterischen Streitigkeiten gelitten, wie die Kosten des Versands von Disketten zu behandeln seien, mit denen neue Abonnenten geworben werden sollten. Das Unternehmen wuchs schnell, verbrannte aber auch eine Menge Geld, um neue Kunden zu gewinnen. Wie lange würde AOL wohl brauchen, um diese Kosten wieder hereinzuholen? Das hing von der Kundenfluktuation ab, die wild schwankte. Die Börsenaufsicht befasste sich weiterhin mit der Rechnungslegung von AOL, und daraus ergaben sich wiederholte Geldstrafen und Neufassungen der Abschlüsse.

Doch die AOL-Aktie galoppierte weiter. Der Umsatz stieg Jahr für Jahr, 1994 auf mehr als das Doppelte, dann 1995 wieder und auch 1996 wieder. Im Jahr 1999 wurden sechs 2:1-Splits vorgenommen, was den bereinigten IPO-Preis auf 18 Cent drückte. Nun war AOL doppelt so viel wert wie Time Warner. Sein KGV bewegte sich in den Hunderten, aber das interessierte niemand. Wichtiger waren Clickthroughs und Seitenaufrufe. Als AOL und Time Warner im Jahr 2000 fusionierten, betrug der Marktwert des neuen Unternehmens mehr als 300 *Milliarden* Dollar.

Andere Investoren empfanden das gleiche Bedauern wie ich darüber, dass sie mit den IPOs zu vorsichtig gewesen waren. Dann taten sie, was sie vermeintlich schon früher hätten tun sollen. Sie kauften immer schrottigere und dann noch schrottigere Börsengänge. Im Jahr 1999 machten mehr als drei Viertel der IPOs Verlust. In den 1980er-Jahren und Anfang der 1990er-Jahre hatte weniger als ein Drittel der IPOs Verlust gemacht. Während einer gewissen Zeit im Jahr 1999 verdoppelte sich das durchschnittliche IPO am ersten Handelstag. Im Jahr 1999 gab es mehr als 400 IPOs.

Im Oktober 1999 ging Sycamore Networks zu 38 Dollar an die Börse und schloss den ersten Handelstag mit 184 Dollar ab. In den vier Monaten danach verdreifachte sich sein Aktienkurs erneut. Die beiden Gründer wurden fast sofort Multimillionäre. In allen Bostoner Medien war die Rede davon, denn Sycamore hatte seinen Sitz in der Vorstadt Chelmsford. Inzwischen hatte Vinnie dreimal die Firma gewechselt und schließlich seinen eigenen Hedgefonds und seine eigene Wagniskapitalfirma gegründet. Irgendwie hatte er eine massive Zuteilung von Sycamore ergattert. Sein winziger Fonds startete durch wie eine Rakete. Geld strömte herein. Anstatt Gewinne mitzunehmen, kaufte er im Steigen noch mehr Sycamore-Aktien. Auf dem Höhepunkt hatte Sycamore einen Marktwert von 44 Milliarden Dollar – unglaublich, wenn man bedenkt, dass es in seinem besten Jahr nur 374 Millionen Dollar Umsatz gemacht hatte und der Umsatz im Jahr danach um vier Fünftel eingebrochen war. Nicht dass es darauf angekommen wäre, aber mit diesem Umsatz hatte Sycamore keinerlei operativen Gewinn erzielt.

Es klingt bizarr, aber wenn sich Start-ups zu gesalzenen Preisen verkaufen lassen, gründen „Entrepreneure" Unternehmen, von denen sie wissen, dass sie niemals Geld verdienen werden. Im Jahr 2000 war die Website Kozmo.com unter den jüngeren Mitarbeitern von Fidelity sehr beliebt. Kozmo verkaufte online zu Einzelhandelspreisen alles, was Leute unter 30 so brauchten: DVDs, Videospiele, Zeitschriften, Essen, Starbucks-Kaffee und so weiter. Das Beste daran war, dass Kozmo die Ware innerhalb einer Stunde lieferte, ohne Mindestbestellsumme und ohne Liefergebühr. Ein Kollege blieb zu Hause, kuschelte mit seiner Freundin und ließ sich für ein paar Dollar Unterhaltung, Getränke und Kaugummi in sein Nest bringen.

Jeder, der eine Idee hatte, schien reich zu werden. Auf einmal hatte einer meiner Kommilitonen vom College, der im Internet einen Lebensmittel-Lieferdienst mitgegründet hatte, zig Millionen Dollar. Ein Kommilitone eines jüngeren Kollegen landete mit 28 Jahren einen noch größeren Treffer: nicht marktfähige Internet-Aktien im Wert von 100 Millionen Dollar. Ein oder zwei Jahre später fragte mein Kollege noch einmal nach – die Aktien waren wertlos verfallen.

UNGLÄUBIGE WERDEN ZUM SCHWEIGEN GEBRACHT

Im Schnitt hinken meine Fonds in überschwänglichen Haussen hinterher und halten sich in Abschwüngen besser. Nach einer längeren Phase, in der die Märkte ununterbrochen rauschend gestiegen sind, mag es wie chronische Underperformance wirken, wenn man im Aufschwung zurückliegt. Ich sagte mir immer wieder, außer wenn du ein böser Mensch oder ein Betrüger bist, wirst du während einer Hausse nicht gefeuert. Doch nachdem ich gesehen hatte, dass Technologie-Analysten degradiert wurden, weil sie nicht bullish genug waren, glaubte ich nicht mehr so ganz daran.

Ich sagte mir immer wieder, dass die Kunden ihr Geld bei einem völligen Zusammenbruch das Marktes wahrscheinlich am dringendsten brauchten und dass ich sie schützen sollte. Aber die Anteilsinhaber meines Investmentfonds können mich im Endeffekt jederzeit dadurch aus ihrem Depot feuern, dass sie irgendwann ihr ganzes Vermögen auf einmal abziehen. Viele haben das auch getan. Während der Internetblase lief mir etwa die Hälfte meiner Mittel davon.

Die Briefe und E-Mails von Anteilseignern fielen entschieden unglücklich aus. Aber die meisten waren freundlich verfasst und manche sogar nützlich. Damit meine ich, dass einige Briefe konkrete Aktien anpriesen, die zu guten Investments führten. Manche dieser Aktien waren mir neu, andere hatte ich bereits oder zumindest kannte ich sie. In einem dieser Briefe hieß es: Ich habe ein paar Low-Priced-Aktien und 1.000 Stücke CMGI. Ich arbeite nicht bei CMGI, aber schauen Sie sich die mal an, damit werden Sie viel Geld verdienen." Das war ein hervorragender und rechtzeitiger Tipp, denn er kam im Jahr 1998, als CMGI noch weitere anderthalb Jahre mit spektakulären Kursgewinnen vor sich hatte. Ich wusste bereits davon, hielt aber wieder einmal zu wenig, und das auch noch zu kurz.

CMG Inc. (CMGI) hatte als College Marketing Group mit dem Verkauf von Versandadressen angefangen und sich zu einem Konglomerat von Internetprojekten entwickelt. Es ging 1994 an die Börse, gliederte Lycos aus und führte mehrere Splits durch, insgesamt etwa durch 24, sodass der bereinigte Kurs wohl bei 25 Cent lag. Ende 1999 war die gesplittete Aktie auf 238 Dollar explodiert. Eine Vertausendfachung in fünf Jahren. Das Unternehmen saß in Massachusetts, und ich kannte viele Menschen, die in der Nähe des Verwaltungsratsvorsitzenden von CMGI wohnten. Mein Kollege

Neal Miller sprach nur noch von CMGI und anderen Internet-Aktien, und sein Fonds New Millennium wuchs 1999 auf mehr als das Doppelte an.

Aber ich hatte das vollständig verpasst. Im Jahr 1999 war Low-Priced um gerade mal 5,1 Prozent gestiegen. Viele Leute waren sicher, ich hätte nicht wirklich verstanden, was für ein Idiot ich war. Mein Benchmark-Index, der Russell 2000, enthielt Dutzende Internet-Aktien. CMGI war nicht nur in meinem Index enthalten, sondern war darin auch zur zweitwichtigsten Aktie geworden. Alle sagten mir, es sei gefährlich riskant, diese Aktien *nicht* zu haben. Einer meiner Vorgesetzten beschwor mich, die halbe Indexgewichtung an CMGI zu halten, aber ich tat es nicht. Hätte ich es getan, wäre es um den Faktor 3 meine größte Position gewesen. CMGI hatte noch nie einen positiven operativen Cashflow gehabt. Ich wusste nicht recht, was ich mit seinen Projekten anfangen sollte, die Namen wie Green Witch, Raging Bull und Tribal Voice trugen.

Ein wertbewusster Portfoliomanager und ehemaliger Technologie-Analyst befand sich in einer anderen Position als ich. Er war zehn Jahre älter als ich, hatte eine hervorragende langfristige und eine mittelmäßige kurzfristige Erfolgsbilanz und gab stets ausgezeichnete Ratschläge. Eines seiner Kriterien war, große Verluste zu vermeiden. Sein Fonds war größer als meiner, und er steckte voller kleinerer sowie unzeitgemäßer, aber wachsender Unternehmen. Ich weiß nicht, ob seine Entscheidung, sich zur Ruhe zu setzen, persönlich war oder nicht. Er hatte sich lautstark über die „Tulpenzeit“ geäußert, sodass seine Performance Kritik auf sich zog. In den Wochen nach seinem Weggang stieß der neue Manager alle Konsumgüterhersteller, Aktien mit niedrigen KGVs und den Kleinkram ab, und er ersetzte sie gerade zu der Zeit durch flotte, glänzende neue Spielzeuge, als die Blase Luft zu lassen begann.

Vinnie hingegen war obenauf. Ich wollte es eigentlich gar nicht wissen, aber er hielt mich immer über sein wachsendes Privatvermögen auf dem Laufenden. Einmal machte ich den Fehler, über die Underperformance meines Fonds zu meckern. Er sagte mir, das sei die gerechte Strafe dafür, dass ich diesen Müll kaufte. Ich sei ein Feind der Zukunft. Er stimmte dem Kommentar von George Gilder im *Wall Street Journal* vom 31. Dezember 1999 zu: „Der Anleger, der immer erst dann handelt, wenn die Finanzdaten seine Entscheidung bestätigen, ist durch das Vertrauen in unechte Rationalität verdammt."

Die Blasenpsychologie erinnert mich an die teuflische Versteigerung eines Dollarscheins, die sich der Spieltheoretiker Martin Shubik ausgedacht hat. Ein Dollarschein wird in Cent-Schritten versteigert, und der Zuschlag geht an den Höchstbietenden. Der Trick dabei ist, dass auch der zweithöchste Bieter bezahlen muss, aber nichts dafür bekommt. Das heißt, selbst wenn die Gebote über einen Dollar steigen, gibt der Zweite ein höheres Gebot ab, *um der Strafgebühr zu entgehen.* Die Spieler können nur verlieren, aber sie können nicht aufhören. Wenn man begriffen hat, dass etwas Blödsinn ist, heißt das noch nicht, dass es aufhört. Und so kann es auch sein, dass sich Anleger, die die inflationäre Anlage noch nicht haben, genötigt sehen, sie zu kaufen, um mitzuhalten. Beide, Shubiks Spiel und Investmentblasen, enden letztlich für alle Spieler schlecht.

PUFF!

Als der Nasdaq 100 im Jahr 2000 bei einem KGV von 100 seinen Höhepunkt überschritt und in den nächsten zwei Jahren um 78 Prozent absackte, war es kaum strittig, dass es eine Technologieblase gegeben hatte. Obwohl der S&P 500 ein KGV von mehr als 30 (mehr als 1929 und 1966) gehabt und die Hälfte seines Wertes verloren hatte, bestreiten viele, dass es eine Blase großer Wachstumsaktien gegeben habe. Wie von den Autoren von „Dow 36,000" nahegelegt, können Schätzungen des Wertes einen sehr breiten Bereich abdecken, aber für mich ist klar, dass es eine Doppelblase gegeben hat. Das ist der leichte Teil. Aber diese Schlussfolgerung ist für einen Value-Anleger nicht besonders nützlich, denn wir versuchen ja, Aktien für weniger als ihren Wert zu kaufen und sie zum angemessenen Wert oder mehr zu verkaufen. Wenn eine Gruppe von Aktien zum doppelten Wert verkauft wird, sollten wir längst draußen sein.

Der schwierige Teil ist der Umgang mit der Massenpsychologie von Blasen. Sie beginnt mit der korrekten Voraussetzung, dass sich die Welt dramatisch verändert. Die Dinge haben sich besser entwickelt als erwartet, und daher wirken Erwartungen, die auf einer langen Vorgeschichte basieren, viel zu konservativ. Wenn Menschen falsch verstandene Fakten weitergeben, bauen sie darauf auf und verbreiten noch mehr Fehlverständnis. Nun erscheint es sinnlos, Unternehmen zu bewerten. Die Finanzgeschichte ist eine endlose Reihe von Aufschwüngen und Niedergängen. Jeder, der sich damit befasst hat, muss sich wundern, ob die Meute jemals richtigliegt. Dabei ist nicht die Story falsch, sondern der Preis.

Niemand kann genau sagen, wann eine Blase enden wird. Wie die Professoren sagen: Es ist arrogant, zu meinen, das eigene Urteil sei korrekt und Millionen von Anlegern würden sich irren. Aber die Millionen hatten ihre Aufmerksamkeit nicht auf die Frage gerichtet, ob die Blase existierte, sondern auf das Timing. Wie Chuck Prince, der CEO der Citigroup, später unter ähnlichen, aber doch anderen Umständen sagte: „Solange die Musik noch spielt, muss man aufstehen und tanzen." Jede Blase der Finanzgeschichte ist irgendwann geplatzt, aber der Zeitpunkt wird immer überraschend sein.

Den klarsten Beweis, dass sich „Was passiert als Nächstes?" nicht vorhersagen lässt, findet man in der Beobachtung, dass fast alle die eine Seite von Aufschwung und Niedergang richtig erkannt haben. Rechtgläubige sind Rechtgläubige geblieben, und Zweifler sind Zweifler geblieben. Entweder ist man auf dem Boom geritten und hat beim Platzen alles verloren, oder man hat der Blase widerstanden und später einen Geldsegen geerntet. Ich gehörte zur zweiten Gruppe. Ja, Mark Cuban hat Broadcast.com fast auf dem Höhepunkt abgestoßen und ist Milliardär geblieben. Aber es gab weitaus mehr Trader, die viel von dem Anstieg verpasst haben, spät einstiegen und in der Folgezeit unter die Räder kamen.

Wenn man mitten in einer Blase steckt, muss man begreifen, dass man die Renditen nicht unmittelbar kontrollieren kann. Was man hingegen kontrollieren kann, ist, wie riskant die eigenen Investments sind, wann man sie kauft und was man für sie bezahlt. Diese Faktoren wirken sich auf die Renditen aus, die man am Ende erntet, aber der Markt macht sein Ding nach seinem eigenen Zeitplan. Die Zyklen schwanken zwischen Gier und Angst, und auch wenn man ein Gefühl dafür hat, wo sich das Pendel gerade befindet, bringt es nichts, zu erraten zu versuchen, was als Nächstes passiert, weil Zyklen nicht in Standardgrößen auftreten. Es mag einem vorkommen, als würden die derzeitigen Bedingungen eine Ewigkeit anhalten, aber die Finanzgedächtnisse sind äußerst kurz. In den Jahren 2008 und 2009 hatten Junkbonds Renditen zwischen 10 und 20 Prozent – zwei Jahre später fielen sie auf die niedrigsten Niveaus seit Beginn der Aufzeichnungen.

21
ZWEI PARADIGMEN

„Der unvernünftige Mann passt die Bedingungen an sich selbst an. [...]
Jeglicher Fortschritt hängt vom unvernünftigen Mann ab."
- George Bernard Shaw -

„Das Einzige, was ich im Leben bedaure,
ist, das ich nicht jemand anders bin."
- Woody Allen -

Die Weisheiten von Warren Buffett und die von Jack Bogle – zwei Ikonen der modernen Geldanlage – weisen in völlig entgegengesetzte Richtungen, und doch laufen sie zusammen. Buffett personifiziert einen ureigenen Stil der aktiven Geldanlage, während Bogle bei Vanguard den ersten Indexfonds auf den S&P 500 aufgelegt hat. Offensichtlich kann ja ein Portfolio nicht exakt dem Markt entsprechen und ihm gleichzeitig möglichst unähnlich sein. Aber beide Systeme minimieren Bedauern von der Art, wie es in diesem Buch besprochen wurde. Das Geniale am Index-Investing ist, dass man dadurch, dass man (dank breiter Streuung) durchschnittlich ist, das tiefe Bedauern vermeidet, das durch die Extreme von Emotionen, Unwissenheit, treuhänderischen Vergehen, Obsoleszenz, Überschuldung und Überbewertung hervorgerufen wird. Und den Index kaufen kann jeder! Sogenannte „Indexer" bereuen keine verpassten Gelegenheiten, weil der Index von allem ein Stückchen enthält. Buffetts Methode ist anspruchsvoller, denn sein Ziel ist es, jegliche Reue zu vermeiden. Er kauft ein Wertpapier nur, wenn er darin von mehreren Blickpunkten aus eine reichliche Sicherheitsmarge sieht.

Buffett und Bogle vertreten allerdings nicht die einzigen denkbaren Arten, sicher zu investieren, und so mancher mag spekulativere Ansätze bevorzugen. Der Weg, den Sie wählen – und manchmal selbst entwickeln müssen –, hängt von Ihrem emotionalen Charakter, von Ihrem Wissen und von Ihrer Neugier ab. Seine eigenen Motive, Fähigkeiten und Einschränkungen rational zu prüfen ist immer qualvoll. Viele Menschen ziehen das leichte, praktische Behagen dem Griff nach den Sternen (der manchmal danebengeht) vor. Quälen Sie sich nicht, wenn Sie einfach nicht dafür gemacht sind, es wie Buffett hinzubekommen!

Vor langer Zeit hat Buffett einmal gesagt, eine Lochkarte zu einem Anlegerleben sollte nur 20 Löcher haben. So wenige Aktien haben meine Fonds noch nie enthalten. Auch wenn meines Erachtens nichts im Angebot ist, das Buffett vollständig absegnen würde, habe ich den Auftrag, zu handeln. Ich sehe die Welt nicht schwarz-weiß, sondern in Graustufen. Außerdem bin ich neugierig und möchte etwas lernen, und deshalb teste ich oft die Grenzen meines Kompetenzkreises aus. Ich versuche, Dinge mit den Augen anderer Menschen zu sehen und an den Menschen etwas Gutes zu entdecken, bevor ich ein Urteil über sie fälle. Bei diesem Verfahren bin ich auch auf einige böse Buben gestoßen. Beständigkeit und Hartnäckigkeit interessieren mich, aber Experimentieren und Anpassungsfähigkeit faszinieren mich. Ich bin zwar geduldiger als viele andere, aber gegen das Glücksgefühl eines plötzlichen Segens bin auch ich nicht gefeit. Trotzdem will ich vor allem sicher investieren.

Ich kaufe eine Anlage nur, wenn sie vor folgenden Dingen sicher ist:

1. Übereilten Entscheidungen
2. Falsch verstandenen Tatsachen
3. Vorhersehbarem treuhänderischen Missbrauch
4. Obsoleszenz, Verkommen zum Massenprodukt und Überschuldung
5. Dass die Zukunft anders wird als gedacht

1. DER BEKLOPPTE MR. MARKET

Bogle und Buffett versuchen bei ihren Anlageentscheidungen, sich in sicherer Entfernung von ihren Emotionen zu halten, und sie streben weniger, dafür rationalere Entscheidungen an. Sie pflegen die Kunst der gedankenvollen, leidenschaftslosen Beobachtung. Um sicherzustellen, dass ihr Handeln nicht von Leiden geleitet wird, investieren manche Bogle-Getreuen (die sogenannten Bogleheads) jeden Monat einen festen Betrag, egal wie sich der Markt verhält. Sie kaufen bei Börsenhochs, aber auch bei Börsentiefs, weil sie glauben, am Ende werde sich schon alles klären. Indexfonds sind breit angelegt und langweilig, kein leckeres Futter für heiße Tipps und Fantasien, zu denen einzelne Aktien anregen können. Ich vergleiche das damit, dass eine Diät mit pulverigen Shakes, Sellerie oder Tofu vielleicht nicht nur deshalb funktioniert, weil sie weniger Kalorien beinhaltet, sondern auch, weil durch sie das Essen keine so große Versuchung ist. Das ändert allerdings nichts an der Tatsache, dass es nach wie vor Schwärme von Daytradern gibt, die mit Index-ETFs handeln und mit denen Bogle zu Recht schimpft. Die Minimierung des Umschlags vermeidet schlechte Entscheidungen, Provisionen und sonstige Gebühren, und sie schiebt die Kapitalertragsteuer auf.

Ein Rezept zum Glücklichsein: selektive Unaufmerksamkeit und Lethargie. Das Leiden, das ein verlorener Dollar bewirkt, ist größer als die Freude, die ein gewonnener Dollar bereitet, daher ist man umso mürrischer, je mehr man die umherspringenden Kurse beobachtet. Verbringen Sie lieber mehr Zeit damit, Informationen zu sammeln, die sich auf den Wert Ihrer Geldanlage beziehen, anstatt ihren Preis zu verfolgen. Wenn eine Nachricht in einem Jahr keine Bedeutung mehr haben wird, übergehen Sie sie. Mein ständiger Vorsatz besagt, mehr Bücher, Jahresberichte und Publikationen wie den *Economist* zu lesen, weniger E-Mails und soziale Medien. Man sagt, eine gute Ehe beginne mit weit geöffneten Augen, setze sich dann aber mit fast schon willentlicher Blindheit gegenüber kleinen Fehlern fort – und das Gleiche gilt für Aktien. Warum Entscheidungen überstürzen? Vielleicht weiß man morgen mehr.

Buffett beherrscht sich nicht nur, nicht reflexartig emotional zu reagieren und zu warten, bis die Fakten zwangsläufig werden, sondern er profitiert auch dadurch, dass er kauft, wenn andere das unangenehm oder gar qualvoll finden. Die abruptesten Preisreaktionen treten gewöhnlich dann auf, wenn der launische Mr. Market zu Recht eine existenzielle Bedrohung spürt. Buffett kaufte 1973 Anteile der *Washington Post*, nachdem sie die Story über den Einbruch in Watergate gebracht hatte. Angeblich wollte Präsident Nixon die Zeitung schließen und die Sendelizenzen des Unternehmens für Florida aufheben. In einer funktionierenden Demokratie sollte so etwas eigentlich nicht passieren, aber wenn alles nach Lehrbuch gelaufen wäre, hätte es die Watergate-Affäre nie gegeben. Zwischenzeitlich hatten sich angesichts der im Gange befindlichen Rezession auch einige Anzeigenkunden zurückgezogen. Es wäre nicht irrational gewesen, daraus den Schluss zu ziehen, dass die Gewinne auf kurze Sicht beeinträchtigt wären und dass ein wesentliches Risiko bestehe, dass die *Post* dichtgemacht wird. Erst jetzt im Nachhinein können wir sagen, dass diese Befürchtungen überzogen waren. Tatsächlich verbesserte sich der Stand der *Post* sogar, und ihre Reporter Woodward und Bernstein wurden zu Volkshelden.

Keine von Buffetts größeren Investitionen fand vor einem erschreckenderen Hintergrund statt als sein Kauf von GEICO-Aktien Mitte der 1970er-Jahre. Anders als die anderen Coups, die Buffett landete, blutete die GEICO massiv, und manche dachten, sie sei erledigt. Die Verluste kamen daher, dass die GEICO über ihren ursprünglichen Kompetenzkreis hinaus – Kfz-Versicherungen für Staatsbedienstete mit geringem Risiko – expandiert hatte. Die massiven Deckungsverluste hatten zur Folge, dass die GEICO in einer Marktflaute Aktien abstoßen musste, um sich Geld für die Bezahlung der Schadensfälle zu beschaffen. Es wurde erwartet, dass der Aufsichtsbeamte für das Versicherungswesen die Insolvenz der GEICO erklären würde. Der CEO wurde abgesetzt. Das Ehepaar, das die GEICO gegründet hatte, war verstorben. Später starb auch der Sohn, anscheinend durch Selbstmord. Was davon schreit Ihnen nicht laut „FINGER WEG!“ zu? Aber ebenso wie bei einer gelungenen Krebsoperation stellte sich auch hier heraus, dass der Patient ansonsten gesund war und sich die ungesunden Teile entfernen ließen. Trotzdem atmete noch viele Jahre lang niemand wirklich auf.

2. IN ETWAS INVESTIEREN, WAS MAN KENNT

Die Festlegung eines Kompetenzkreises kann einem helfen, seine Anlagen vor Missverständnissen zu schützen. Halten Sie sich an Unternehmen, bei denen Sie die Schlüsselfaktoren identifizieren können, die ihre Einkünfte auf mehrere Jahre hinaus bestimmen werden, und bei denen Sie verstehen können, welche Wechselwirkungen zwischen diesen Faktoren bestehen. Bei einem Indexanleger sind das im Gegensatz zum Käufer einzelner Aktien eher makroökonomische Faktoren. Normalerweise fangen Analysten mit einer Meinung darüber an, ob die Ertragsmargen zyklisch über oder unter dem Trend liegen und ob die Rückkehr zum Mittelwert hilfreich oder hinderlich sein wird. Dann berechnen sie eine Wachstumsrate ein, wofür sie häufig das reale Wachstum des Bruttoinlandsprodukts zuzüglich der Inflation einsetzen. Diese Wachstumsschätzung ist häufig zu hoch, denn sie berücksichtigt weder die Verwässerung durch Aktienoptionen noch das BIP-Wachstum, das Start-ups und Kleinunternehmen beigetragen haben, die nicht im Index enthalten waren (man denke an Google, Facebook und Uber). Und schließlich braucht man noch einen angemessenen Abzinsungssatz. Wenn Sie das Buch bis hierhin gelesen haben, kennen Sie sich in Finanzdingen wahrscheinlich gut genug aus, um den S&P 500 in Ihren Kompetenzkreis aufzunehmen.

Da Anleger, die den S&P 500 Index kaufen, alle Branchen besitzen, betreiben sie keine Top-down-Sektorrotation. Allerdings merken sie als Besitzer des Gesamtmarkts, dass der ökonomische Top-down-Ansatz die Tür zum Markt-Timing öffnet. Ich hege die vorgefasste Meinung, dass so gut wie niemand in der Lage ist, zwischen Sektoren zu wechseln oder Märkte zeitlich abzupassen, vor allem nicht, wenn dies hochfrequent geschieht. Schon das Zeitlupentiming, das man als Asset Allocation bezeichnet, ist schwierig hinzubekommen, und nur wenige haben die nötige Geduld, sich auch daran zu halten. Wirtschaftliche Prozesse sind zu komplex und beinhalten zu viele verborgene Zusammenhänge, an denen oft menschliches Verhalten beteiligt ist, das sich ändern kann, als dass mechanische Systeme zuverlässig funktionieren würden. Indem Bogle und Buffett die Sektorrotation und das Markt-Timing abtun, versuchen sie, einen innerhalb des Kompetenzkreises zu halten.

Außerdem enthält der S&P 500 keine massiven Konzentrationen von Unternehmen, die ihren Sitz im Ausland haben, oder von mysteriösen Derivaten, die möglicherweise außerhalb des eigenen Kompetenzkreises liegen, jedoch in anderen Indexfonds enthalten sind. Man kann argumentieren, man brauche keine ausländischen Indexfonds zwecks weiterer Diversifizierung, weil die im S&P 500 Index enthaltenen Unternehmen umfangreiche ausländische operative Aktivitäten haben. Wenn man sich ins Ausland vorwagt, sollte man berücksichtigen, ob das Land ein Rechtsstaat ist und ob es politisch stabil genug ist, damit glaubhafte Prognosen seiner mittelfristigen Zukunft möglich sind. Berücksichtigen Sie auch, wie die Finanzinformationen übersetzt werden, vor allem wenn sich die Kultur, die Institutionen und die Sprache eines Landes von denen Ihres Landes unterscheiden.

Anders als im S&P 500 Index sind bei Berkshire Hathaway nicht alle Branchen vertreten, und offenkundig ist es der Meinung, dass viele Branchen außerhalb seines Kompetenzkreises liegen. Laut seiner Erfolgsbilanz besitzt Buffett ein immenses Geschick, was Markenprodukte und Markendienstleistungen für Verbraucher angeht, und ebenso bei Versicherungen und Finanzfirmen. Auch Arzneimittel dürften dazugehören, nicht aber Medizinprodukte und medizinische Dienstleistungen. Von IBM abgesehen ist Technologie nicht vertreten, fast so, als habe es PCs, Smartphones und das Internet nie gegeben! Rohstoffe und Bergbau werden fast vollständig vernachlässigt, und das gilt auch für landwirtschaftliche Rohstoffe. Doch sogar in Branchen, die Berkshire im Allgemeinen meidet – etwa in der Automobilindustrie –, findet es Segmente, in denen es mitspielt, beispielsweise Autohändler. Bahngesellschaften liegen im Kompetenzkreis, nicht aber Speditionen und Schifffahrtsgesellschaften.

Buffett weist jegliche Fähigkeit von sich, Wirtschaftsdaten vorherzusagen, und er verwendet bei seinen Anlageentscheidungen keine ökonomischen Prognosen. Die meisten Unternehmen unter dem Dach von Berkshire Hathaway sind nicht besonders zyklisch, und daher braucht er keine volkswirtschaftlichen Vorhersagen. Die einzige volkswirtschaftliche Wette, die Buffett eingeht, besagt, dass Amerika im Laufe der Zeit wachsen wird und dass dies unter anderem der Eisenbahngesellschaft Burlington mehr Frachtaufkommen bescheren wird, was ihre Fixkosten verwässert und ihre Gewinne steigert.

Berkshire Hathaway handelt zwar auch mit komplexen Finanzderivaten, aber offenbar ist Buffett nicht übertrieben darauf aus, sie in seinen Kompetenzkreis aufzunehmen. Er hat sie einmal als „finanzielle Massenvernichtungswaffen" bezeichnet und Jahre damit verbracht, ein Derivateportfolio abzuwickeln, das er mit der Rückversicherung Gen Re erworben hatte. Angesichts bekanntermaßen brillanter Mitarbeiter wie Ajit Jain würde ich meinen, dass, wenn es überhaupt ein Unternehmen gibt, das im Derivatehandel kompetent ist, Berkshire dieses Unternehmen wäre, und dass es das nur behutsam täte.

Gelegentlich versucht sich Berkshire an ausländischen, überwiegend europäischen Aktien und hat beispielsweise in Guinness, Glaxo, Tesco und Sanofi investiert. Auch dies sind wieder überwiegend nichtzyklische, nicht übermäßig komplexe Unternehmen mit starken Marken, Patenten oder Wettbewerbspositionen. Sie sind in Branchen tätig, die es schon seit Jahrzehnten gibt und die wahrscheinlich nicht veralten werden. Sie sind in Rechtsstaaten aktiv. Vielleicht ist das nur mein Eindruck, aber Buffett scheint englischsprachige Länder zu lieben. Ich nehme an, er betrachtet weite Teile der Welt der Schwellen- und Entwicklungsländer als außerhalb seines Kompetenzkreises liegend, unter anderem Lateinamerika, Afrika und das westliche Asien.

Sowohl die GEICO als auch die Washington Post Company waren verhältnismäßig einfache, verständliche, stabile und widerstandsfähige Unternehmen. Auf Autoversicherungen trifft das Prinzip „What You See Is What You Get" mehr zu als auf viele andere Versicherungen. Die Versicherungsprämien gehen ein, bevor die Schadensfälle bezahlt werden, und daher ist bei richtiger Vertragsgestaltung der

Cashflow fast immer positiv. Aufgrund seines Direktvertriebsmodells hat die GEICO geringere laufende Kosten als Versicherungen, die Vertreter einsetzen. Die Limits der GEICO-Policen sind klein, und auch wenn ein Anspruch gelegentlich Jahre braucht, werden doch die meisten innerhalb von Monaten geregelt. Nach einem Unfall werden die Prämien angehoben. Historisch gesehen konzentrierte sich die GEICO auf sichere Fahrer, sodass sie unterdurchschnittlich viele Schadensfälle regulieren musste. Im Gegenzug verlangte sie moderate Prämien. Die meisten Versicherten blieben bei der Gesellschaft, sodass sie die künftigen Prämieneinnahmen gut abschätzen konnte. Um zu erkennen, was die GEICO tun musste, um das Ruder herumzureißen, brauchte man keinen Management-Guru. Sie musste entweder unprofitable Versicherte loswerden oder die Prämien erhöhen.

Die Einnahmen von Zeitungen wie der *Washington Post* aus den Abonnements waren in den 1970er-Jahren ziemlich berechenbar, aber die Werbeeinnahmen schnellten zyklisch auf und ab. Die Zahl der Staatsbediensteten, die in Washington wohnten, wuchs stetig, und darum tendierten sowohl die Auflage als auch die Anzeigen recht beständig nach oben. Als führende Tageszeitung der Stadt erreichte die *Washington Post* die breiteste Leserschaft und lockte damit auch Werbekunden anderer Zeitungen an. Außerdem konnte sie es sich leisten, mehr Geld für eine überlegene Nachrichtenredaktion auszugeben oder die Kosten auf mehr Leser zu verteilen und dadurch eine höhere Gewinnspanne zu erzielen – oder beides. Die Kosten für Zeitungspapier und Druckerschwärze schwankten zwar etwas, aber die *Post* erwarb eine Beteiligung an einer Papierfabrik. Warren Buffett brauchte keine dreitausendzeilige Excel-Tabelle, um zu verstehen, was bei der *Washington Post* oder der GEICO vor sich ging. Sie befanden sich absolut innerhalb seines Kompetenzkreises.

3. EHRLICHE, FÄHIGE VERTRAUENSVERMITTLER

Ob zum Guten oder zum Schlechten – niemand kann den Verbleib seines Kapitals von Anfang bis Ende kontrollieren. An irgendeinem Punkt sind wir alle auf Erfüllungsgehilfen angewiesen, denen wir vertrauen. Um dies auf die absurde Spitze zu treiben: Würde man vollständig auf Vertreter und Mittler verzichten, müsste *man selbst* die Arbeit *aller* Mitarbeiter der Firmen machen, in die man investiert. Natürlich sind manche Erfüllungsgehilfen wichtiger als andere. Am meisten zerreißt es einem das Herz, wenn man von jemandem betrogen wird, dem man vollständig vertraut hat. Der Zweck des Finanzwesens besteht unter anderem darin, handelnde Personen mit anderen handelnden Personen und letztlich mit den Eigentümern von Unternehmen zu einem Netz des Vertrauens zu verflechten. Wenn das Vertrauen gegenseitig und verdient ist, klappt alles perfekt. Aber wie klappt es bei denjenigen unter uns, die bloß ohne allzu viel Aufhebens ihre Gewinne einstreichen wollen? Wohl mag jeder aus Eigeninteresse handeln, aber nicht jeder definiert das Eigeninteresse auf die gleiche Weise.

Die Eigentümer von Indexfonds sind zwar vor vollständiger Unterschlagung sicher, aber dafür bekommen sie ihr versicherungsmathematisches Scherflein Ärger. Wenn von 500 CEOs zwei Betrüger und 20 Idioten sind, entspricht das Leid der Indexbesitzer dem Durchschnitt. Wenn nicht gerade das System zutiefst korrupt oder funktionsgestört ist, lösen sich die entsprechenden Schäden in der gesamten Mischung auf. Bei den meisten Indexfonds belaufen sich die Verwaltungsgebühren etwa auf 0,1 Prozent, also auf ein verhältnismäßig winziges Stückchen der Rendite. Doch sogar passive Anleger müssen aufpassen und sicherstellen, dass das, was die Treuhänder wahren, *ihre* Interessen sind. Ich finde, einige Anbieter von Indexfonds nehmen sich dies seit einigen Jahren zunehmend zu Herzen, indem sie sich mithilfe ihrer Stimmrechte für eine bessere Corporate Governance einsetzen. Wenn japanische Unternehmen Berge von Bargeld anhäufen, das ihnen nichts einbringt, und wenn sie es weder reinvestieren noch als Dividenden ausschütten, dann dienen die Manager damit anderen Interessen als denen der Eigentümer ihrer Unternehmen.

Insgesamt bin ich der Meinung, dass die im S&P 500 enthaltenen Unternehmen an eindrucksvollen Standards gemessen werden. Sie gehören zu den größten Unternehmen Amerikas und hätten diese dominierende Stellung wahrscheinlich nicht erreicht, wenn sie nicht gut geführt wären, zumindest historisch betrachtet. Nischenfirmen haben häufig ausgeprägtere Produktangebote und ausgeprägtere Kulturen als S&P-Unternehmen und sind anpassungsfähiger. Bei der Kapitalallokation sind die Giganten allerdings gewöhnlich im Vorteil. Im Rampenlicht zu stehen kann zwar den Druck hervorrufen, die Zahlen zu frisieren – so wie bei Enron oder bei Valeant –, aber in Kombination mit den Auflagen bezüglich der Transparenz wirkt das meistens als Desinfektionsmittel, das die Manager von Fehlverhalten abhält.

Berkshire erwirbt gut positionierte und gut geführte Unternehmen vollständig und ermutigt sie, so zu bleiben, wie sie sind. Der hauptsächliche Kritikpunkt an Buffetts Managementstil besagt, er sei zu vertrauensselig. Die Buchführung der Sparten wird zwar gründlich geprüft, und überschüssiges Cash wird zwecks großmaßstäblicher Kapitalallokation nach Omaha gespült, doch ansonsten regiert Berkshire mit sehr leichter Hand. Das 20-köpfige Team in der Zentrale beaufsichtigt Unternehmen, die Hunderttausende beschäftigen. Anstatt detaillierte Budgets und Ziele anzupeilen, fordert Berkshire die Manager auf, „den Burggraben zu verbreitern, dauerhafte Wettbewerbsvorteile aufzubauen, die Kunden zu erfreuen und unermüdlich gegen die Kosten anzukämpfen". Das ABC der Feinde Buffetts lautet „Arrogance, Bureaucracy, Complacency" – Überheblichkeit, Bürokratie, Selbstgefälligkeit. Seine Absicht ist es, den Druck und die Versuchungen zu vermeiden, die zu schlechter Kapitalallokation oder zu Betrug führen. Meine Kurzfassung: Investiere nur, wenn die richtigen Anreize vorliegen. Wenn das Management viele Aktien besitzt, ist das ein gutes Zeichen.

Berkshire besteht beide Tests auf gute Unternehmensführung mit fliegenden Fahnen – den Kunden etwas Unverwechselbares bieten und das Kapital gut verwenden. Ersteres erzielt es durch die Trennung der geschäftlichen Einheiten, hingegen erfolgt die Kapitalverwendung hochgradig zentralisiert. Viele von Buffetts Investments sind so gut wie gleichbedeutend mit ihrer Kategorie: zum Beispiel steht American Express für gehobene Kreditkarten, Gillette für das Rasieren, Disney für Familienunterhaltung und Coca-Cola für alkoholfreie

Getränke. Auch die Unternehmen, die sich vollständig in Berkshires Besitz befinden, sind unverwechselbar, wenn auch gewöhnlich in einem engeren Kontext. Dazu zählen Benjamin Moore, Dairy Queen, Duracell, Fruit of the Loom, Flight Safety und See's Candies. Solange die Unternehmen ihre Kunden weiterhin bei Laune halten, werfen sie mehr ab, als sie zum Wachsen brauchen. Gelegentlich werden durch die Konzentration auf zufriedene Kunden wohl auch böse Jungs ausgesiebt, denn Unternehmen, die mit ihren Kunden Missbrauch treiben, werden dies auch mit anderen Menschen tun, unter anderem auch mit den Eigentümern.

4. KONKURRENZ UND OBSOLESZENZ MEIDEN

Niemand beabsichtigt, sich an einem Unternehmen zu beteiligen, das veraltet ist, zum üblen Allerweltsanbieter geworden ist und durch Schulden watet, aber trotzdem enden viele Investmentgeschichten so. Der S&P 500 wird immer einige Aktien enthalten, die ins Schleudern geraten, aber auch immer einiges, das funkelnd und neu ist. Ich würde sagen, da sich die meisten Unternehmen im S&P 500 schon mindestens über ein paar Jahrzehnte bewährt haben, besitzen sie überdurchschnittliche Chancen, noch ein paar Jahrzehnte zu überleben. Um das Jahr 1960 betrug die durchschnittliche Lebenserwartung eines Mitglieds des S&P 500 etwa 60 Jahre, in letzter Zeit hingegen eher 16 Jahre. Kürzere Lebenserwartungen von Unternehmen sind für Anleger nicht immer schlecht. Darin schlägt sich nämlich überwiegend die Zunahme der Fusionen und Übernahmen nieder. Da der S&P 500 nach Marktkapitalisierung gewichtet ist, balanciert er sich ständig zugunsten von Aktien aus, die gestiegen sind, und die gesunkenen werden schwächer. Auch hier bewahrt einen die Durchschnittlichkeit wieder vor Verwüstungen durch Extreme.

Die Bedeutung von Rebalancing und Kapitalallokation lässt sich anhand einer hypothetischen Investition in General Motors zu 43 Dollar im Jahr 1958 verdeutlichen. Sie hätte eine Jahresrendite von neun Prozent oder einen Totalverlust einbringen können. General

Motors ging 2009 bankrott, und die Aktien wurden gestrichen. Ein Anleger, der seine gesamten Dividenden und Erlöse aus Ausgliederungen in GM-Aktien reinvestiert hätte, hätte alles verloren. Über ein halbes Jahrhundert hinweg hatte General Motors pro Aktie mehr als 190 Dollar an Dividenden und Ausgliederungen ausgeschüttet, darunter Delphi und Hughes, die weitere 36 Dollar wert waren, wenn man sie sofort verkaufte. Solange man das regelmäßige Einkommen ausgab oder in etwas Besseres investierte, war das eine zufriedenstellende Rendite. Allerdings tun Indexfonds auf den S&P 500 das nicht wirklich, aber sie reinvestieren die Ausschüttungen in ein aus 500 Aktien bestehendes Portfolio.

Als sich Buffett in Berkshire Hathaway einkaufte, war es eine zum Untergang verurteilte Textilfabrik mit veralteten Anlagen, die ein nicht ausreichend unterscheidbares Produkt verkaufte. Ohne dieses Fiasko wäre Buffett vielleicht blind für die Sicherheit geblieben, die Burggräben und einzigartige Kompetenzen bieten. Berkshire war der größte Hersteller von Anzugfuttern, aber Futter waren kein Markenkennzeichen, auf das die Käufer abzielten. Als die Konkurrenz durch Importe zunahm, war Berkshire nicht mehr der billigste Produzent und konnte die Preiserhöhung, die es gebraucht hätte, nicht durchsetzen. In dem Wissen, dass die Schließung seiner Fabriken die örtlichen Gemeinden zerstören würde und dass die ausländischen Firmen unweigerlich den Sieg davontragen würden, reinvestierte Berkshire nicht mehr in sie und betrieb sie trotz Verlusten noch viele Jahre weiter.

Als es die Vereinigten Staaten zur dauerhaften Politik machten, massive Defizite der Handelsbilanz in Kauf zu nehmen, war alles zum Untergang verdammt, was keinen starken Markennamen hatte und sich im Ausland billiger fertigen ließ. Zwar veralteten Anzugfutter und Dexter-Schuhe nicht, aber ihre Herstellung in Amerika schon. Mehr Glück hatte Berkshire mit Markentextilien, unter anderem mit Unterwäsche der Marke Fruit of the Loom und mit Kinderbekleidung der Marke Garanimals. Insofern Berkshire in Massengeschäfte mit Produkten investiert hatte, die international gehandelt werden können, förderte es die Billighersteller in Ländern mit niedrigeren Löhnen. So erfüllt beispielsweise der südkoreanische Stahlerzeuger

POSCO die strengen Qualitätsmaßstäbe japanischer Autohersteller, hat aber niedrigere Kosten als die japanischen Hütten.

Um sich gegen Obsoleszenz und Massenprodukte zu schützen, heftete sich Berkshire an immer wieder gekaufte Markendienstleistungen und Markenprodukte, die sich nicht so schnell verändern und die keiner importierten Konkurrenz ausgesetzt sind. Für Verbrauchermarken wie Disney, Gillette und Coca-Cola waren die internationalen Märkte keine Bedrohung, sondern eine wunderbare Chance. Das Zweite, wonach Buffett sucht, ist eine Eintrittsbarriere beziehungsweise ein Burggraben. Anfänglich war ich verblüfft, als Buffett Massenbetriebe wie Bahngesellschaften und Stromversorger kaufte, aber aus einer Legion von Gründen werden es diese Branchen nicht erleben, dass neue Mitbewerber den Markt stören. Die Nachfrage ist stetig und wiederkehrend. Bevor wir Dinge wie selbstfahrende Lastwagen oder erneuerbare Energien bekommen und sie kommerziell profitabel werden, wird die Obsoleszenz hier warten müssen. Und bis dahin werden sich die Bahnen und die Versorger an die neue Welt angepasst haben.

Die meisten Technologie-Unternehmen passen nicht in Buffetts Muster des evolutionären Wandels, der unterscheidbaren Produkte, der treuen Gewohnheitskunden und der geringen Zahl von Konkurrenten. Die wenigen, bei denen die letzten drei Punkte zutreffen – darunter Alphabet, Apple, Amazon, Facebook und Netflix –, sind spektakuläre Gewinner. Wenn der Wandel konstant ist, muss es auch die Neuerfindung sein. Ab einem gewissen Punkt fallen Unternehmen, die die Welt erobert haben, Buffetts ABC zum Opfer: Überheblichkeit, Bürokratie und Selbstgefälligkeit. Die Monetarisierung der Kunden beginnt dann wichtiger zu werden als ihre Zufriedenheit. Kurz gesagt ist Technologie ein hartes Geschäft. Die bislang einzige – und nicht gerade bemerkenswert erfolgreiche – Technologie-Aktie, die Buffett besitzt, ist IBM.

Die *Washington Post* ist nach wie vor eine bekannte landesweite Zeitung, aber Buffett sah nicht voraus, dass die Rolle der Zeitungen durch das Internet geschmälert würde, das es damals noch nicht gab. Tatsächlich wurde die Zeitung 2013 für 250 Millionen Dollar – nicht mehr als der Kaufpreis vier Jahrzehnte zuvor – an den Amazon-Gründer Jeff Bezos verkauft. Buffett hatte zutreffend ein solides und wachsendes Geschäft erkannt, das Bargeld produzierte, von dem es Fernsehsender und Kabelsender kaufte und somit gegen die neue bedrohliche Konkurrenz für die Zeitungen ankämpfte. Später verlegte sich die Washington Post Company auch auf Bildungsanbieter, indem sie Stanley Kaplan kaufte. Und viel später kaufte sie das Internetmagazin *Slate*. Als die *Post* verkauft wurde, belief sich der Erlös auf weniger als ein Zehntel der Vermögensgegenstände, die die Holdinggesellschaft hielt. Obwohl niemand das Internet hätte vorhersagen können, überlebte und gedieh die Washington Post Company dadurch, dass sie sich gut anpasste.

Für die GEICO war das Internet ein unverhoffter Segen, denn es erleichterte und verbilligte die Werbung, die Preisangaben und den Kundenservice, was den Kostenvorteil des Unternehmens noch verstärkte. Das ist ein weiterer Fall des Mottos „Kaufe die Nutzer einer Technologie, nicht die Technologie-Aktie". Die GEICO nahm der Konkurrenz immer mehr Marktanteile ab und gilt nun als Nummer 2 unter den Autoversicherungen. Ansonsten haben sich die Merkmale der Kfz-Versicherung kaum verändert. Bevor das autonome Fahren nicht absolut narrensicher ist, wird die Kfz-Versicherung nicht verschwinden. Mit der GEICO hat Buffett ein Unternehmen gefunden, das der Obsoleszenz und der Entwicklung zum Allerweltsprodukt seit vier Jahrzehnten widersteht und sogar vom Wandel profitiert hat. Als Teil von Berkshire besitzt die GEICO einen starken finanziellen Rückhalt, der es ihr erlaubt, sich den Gegebenheiten anzupassen. Dazu ist anzumerken, dass sie, wenn Buffett nicht Mitte der 1970er-Jahre ihr Kapital aufgestockt hätte, nicht die Flexibilität besessen hätte, Chancen zu nutzen, als sie sich ergaben.

Viele betrachten Berkshires schuldenarme Positionierung als ineffizient konservativ, aber sie verhindert es, in Entscheidungen hineingedrängt zu werden, und sie schafft die Möglichkeit, unvorhergesehene Gelegenheiten auszunutzen. Das Paradoxe an zyklischen Branchen ist, dass zu den Zeitpunkten der größten Chancen niemand genug Geld hat. Während der globalen Finanzkrise hatten nur wenige andere sowohl den starken Magen als auch das nötige Kleingeld, um hochrentable Vorzugsaktien mit Wandlungsoption zu kaufen. Nach ein paar Jahren war ein Kupon von zehn Prozent, wie ihn Goldman Sachs zahlte, bei keinem festverzinslichen Papier guter Bonität mehr zu haben, und die damit verbundene Wandlungsoption war Milliarden wert. Meine Schlussfolgerung: In jeder Branche, die sich schnell wandelt oder in der die Gelegenheiten kommen und gehen, sind mir wenige Schulden lieber.

5. NIEMALS DEN VOLLEN PREIS BEZAHLEN

Wie man sich einen sicheren Preis für ein Investment vorstellt, hängt davon ab, wie vollständig man von der Effizienzmarkthypothese (EMH) überzeugt ist. Laut den wahren Gläubigen sind die Aktienkurse immer angemessen und daher sicher oder zumindest so sicher, wie es Aktien eben sein können. Entweder existieren Manien und Blasen nicht oder gemäß der schwächeren Form der Hypothese kann niemand daran Geld verdienen. Dieser Logik zufolge sollten sich Anleger lieber darauf konzentrieren, geeignete Erwartungen an die Rendite festzusetzen. Die EMH lieferte die theoretische Grundlage für die Auflage des ersten Indexfonds auf den S&P 500. Bogle erweiterte die EMH auf die Hypothese, es komme auf die Kosten an: Anleger könnten damit rechnen, die durchschnittliche Rendite des Marktes abzüglich Gebühren und Steuern zu verdienen.

Dies impliziert unter anderem, dass die Besitzer einzelner Wertpapiere mit der gleichen Marktrendite rechnen sollen, allerdings unter viel größeren Schwankungen als bei einem Indexfonds. Bogle würde sagen, wegen der gleichen Rendite und des geringeren Risikos solle man sich für den Indexfonds entscheiden. Da auf den Indexfonds eine (geringe) Gebühr anfällt, könnten die Besitzer einzelner Wertpapiere auf geringere Kosten kommen, wenn sie selten handeln würden. Aber für Manager von aktiven Fonds, wie ich einer bin, ist das ein Schuss vor den Bug. Aktive Fonds verlangen höhere Verwaltungsgebühren, und manche haben einen hohen Umschlag (mein Fonds hatte allerdings in einem der letzten Jahre einen geringeren Umschlag als sein Benchmark-Index, der Russell 2000). Wenn man *alle* aktiv gemanagten Fonds gleichmäßig gewichtet, kommt man bei den meisten Untersuchungen ungefähr auf die Underperformance, die Bogle vorhersagen würde. Allerdings fährt man mit Fonds, die geringe Kosten haben und im Rahmen größerer Fondsgesellschaften von erfahrenen Managern betrieben werden, spürbar besser.

Meines Erachtens wird der Preis einer durchschnittlichen Aktie im zeitlichen Durchschnitt ungefähr ihrem angemessenen oder fairen Wert entsprechen – aber was ist mit den extremen Ausreißern? Sprechen wir von einer „schlampigen" Version der EMH. Die EMH ist eine warnende Geschichte, die einem sagt, dass die Wertpapieranalyse eine schwierige Sache ist und dass man nicht unbekümmert davon ausgehen sollte, man wisse mehr als der Markt. Wie bei jeder menschlichen Aktivität besteht hier ein Spektrum der Fähigkeit und der Anwendung. Der durchschnittliche Akteur ist durchschnittlich, aber unter den Extremen sind manche Virtuosen und andere sind tollpatschig. Auch gibt es in Extremfällen Blasenaktien, Blasenbörsen und unglaubliche Geschenke. Während der meisten Zeit sind die Dinge mehr oder weniger durchschnittlich, sodass es den Bogleheads die meiste Zeit gut geht.

Sorgen mache ich mir, wenn der Markt NICHT normal ist, sondern meschugge ist und durchdreht. Die täglichen kollektiven Halluzinationen beinhalten zwar nur eine kurze Liste von Lieblingen, nicht den gesamten Markt, aber Blasen treten auf und lassen sich erkennen. Sie platzen – man weiß allerdings nicht, wann. Und es stimmt, wenn man am Ende nicht rehabilitiert wird, wird die konsequente Meinungsverschiedenheit mit der Welt als Wahnsinn gebrandmarkt. Wenn man im Jahr 2000 über voraussichtliche Aktienrenditen nachdachte, als Staatsanleihen mehr als sechs Prozent abwarfen, hätten die Gewinnrendite von 3,2 Prozent und die Shiller-Gewinnrendite von 2,3 Prozent eigentlich eine schreiende Warnung sein müssen. Ebenso war es auf den schwindelerregenden Gipfeln des Jahres 1989, als der Nikkei eine Gewinnrendite von 1,3 Prozent hatte, japanische Staatsanleihen hingegen eine Rendite von 4,5 Prozent. Und dann gibt es da noch tragische Fälle wie Österreich, wo die menschengemachten Ereignisse sinnloser waren als die Märkte. In solchen Kontexten sind Indexanleger nur in dem Sinne sicher, dass ein Fehlurteil keine Schande ist, wenn man es mit einer Masse von Menschen teilt.

Buffett hat sein Vermögen an dem dämlichen Verhalten der anderen verdient, und er hat einmal gesagt, er sei den Professoren dankbar, die lehren, es sei sinnlos, nach Schnäppchen zu suchen. Insbesondere sucht er nach Überreaktionen auf größere behebbare Probleme eines ansonsten fantastischen Unternehmens. Ein solches Investment kombiniert alle vier Elemente des Wertes miteinander: eine hohe Gewinnrendite, Wachstumsaussichten, einen Burggraben oder Wettbewerbsvorteil, der vor der Pleite schützt, sowie Gewissheit bezüglich der Zukunft. Abgesehen von eingestellten Geschäftstätigkeiten wie im Falle der GEICO sind Buffetts Unternehmen durch transparente Rechnungslegung mit nur wenigen Anpassungen sowie durch Owner-Earnings gekennzeichnet, in denen sich die gemeldeten Zahlen niederschlagen. Aber solche Situationen ergeben sich nicht oft.

Buffetts ersten Schritt beim Aktienkauf könnte auch ein Roboter durchführen – Aktien kaufen, deren KGV auf den normalisierten Gewinn bezogen niedrig ist. Als Buffett die Washington Post Company kaufte, hatte sie ein KGV von 8. Einen Teil der GEICO-Aktien kaufte Berkshire zu einem auf die bisherigen Spitzengewinne bezogenen KGV von 1,5, und der größte Teil davon waren 7,4-prozentige Vorzugsaktien, die zu einem auf die gleichen Gewinne bezogenen KGV von 2,5 in Stammaktien wandelbar waren. Wells Fargo bekam er zum Buchwert und einem KGV von unter 5. American Express hatte im Jahr 1965 ein KGV von 10. Coca-Cola war mit einem KGV von 15 seine Glamour-Aktie. Wenn man historische Gewinne als Maßstab betrachten darf, dann boten diese Preise Sicherheitsmargen.

Der magische, unaussprechliche Teil des Ganzen war, dass in allen diesen Fällen der Gewinn bald danach alle bisherigen Rekorde sprengte und die Kaufpreise von Berkshire wie erstaunliche Anomalien wirken ließ. Anfang 1980 überstieg der Gewinn pro Aktie der GEICO den Kaufpreis der ersten Aktientranchen. Der Gewinn der

Washington Post Company betrug nach fünf Jahren die Hälfte des Kaufpreises. Der Gewinn pro Aktie von American Express stieg im Laufe von vier Jahren von 3,33 auf 12,00 Dollar. Der Gewinn von Coca-Cola vervierfachte sich im ersten Jahrzehnt. Und so weiter. In allen Fällen waren die Probleme tatsächlich nur vorübergehend, und die Unternehmen boten einer wachsenden Kundenbasis etwas von einzigartigem Wert. Abgesehen von ihren einmaligen Problemen waren diese Unternehmen ziemlich berechenbar gewesen. Nimmt man alles zusammen, war ihr Wert viel größer, als es die Gewinnrendite allein anzeigte. Sie verdienten höhere KGVs.

Buffetts Kaufpreis für die Washington Post Company dürfte eine Sicherheitsmarge von 75 Prozent beinhaltet haben. Für Medien gab es damals einen aktiven privaten Markt, und die Schätzungen für die Washington Post Company lagen größtenteils im Bereich von 400 Millionen bis 450 Millionen Dollar. Die Marktkapitalisierung betrug rund 110 Millionen Dollar, zeitweise sogar nur 75 Millionen Dollar. Ich kann dies nur mithilfe der Annahme, dass die Chancen auf einen Bankrott der *Washington Post* 3:1 standen und die anderen Vermögensgegenstände des Unternehmens wertlos waren, mit der Markteffizienz in Einklang bringen.

SICHERHEITSMARGEN VERSTÄRKEN EINANDER GEGENSEITIG

Eine Sicherheitsmarge in einer Dimension unterstützt oft die Sicherheitsmargen in anderen Dimensionen. Beispielsweise ist es, wenn man darauf achtet, rational zu denken, leichter, die Grenzen des eigenen Kompetenzkreises zu erkennen und zu akzeptieren. Wenn man sich darin übt, seine Grenzen zu kennen und Fehler einzugestehen, ist man auch besser in der Lage, die begrenzten Fähigkeiten und moralischen Mängel von anderen zu erkennen. Wenn man sich fähige Manager aussucht, kann es sein, dass sie die Bedrohungen durch Obsoleszenz, Massenprodukte und Überschuldung bereits vorhersehen und sich erfolgreicher daran anpassen. Wenn man die Sackgassen umgangen hat, die Anleger beschreiten, wenn sie versuchen, in die Zukunft zu blicken, ist es wahrscheinlicher, dass die eigenen Schätzungen des Wertes zuverlässig sind.

NICHTS IST ABSOLUT

Das Leben und die Geldanlage sind von Grund auf unsicher, und daher sind alle besprochenen Sicherheitsmargen relativ, vom Zusammenhang abhängig und mit Kompromissen verbunden. Nehmen wir einmal die Rationalität beziehungsweise Vernunft. Manche lehnen es ab, in „sündige" Aktien wie Tabak, Alkohol und Glücksspiel zu investieren, und ich halte das nicht für unvernünftig. Sie stellen ihre persönlichen Werte über den Gewinn, den sie aus diesen Aktivitäten ziehen könnten. War es irrational, als Buffett nach minimalen Recherchen ein paar Dutzend südkoreanische Aktien kaufte? Oder war der Schluss rational, umfassendere Recherchen bezüglich einer Gruppe von Aktien mit guten Erfolgsbilanzen in Branchen, die er kannte, und mit einstelligen KGVs hätten die Ergebnisse nicht so sehr verbessert, dass es den Aufwand gerechtfertigt hätte? Wir alle haben Momente, in denen wir der launische Mr. Market sind – wenn auch hoffentlich nicht allzu oft.

Häufig muss man einen Kompromiss zwischen verschiedenen Arten von Sicherheit schließen, wie beispielsweise bei Yukos, wo ein massiver Abschlag auf den berechneten Buchwert darauf schließen ließ, dass die Eigentumsrechte in Russland alles andere als gesichert waren. Hingegen werden Glamour-Aktien mit Superstar-CEOs und unaufhaltsamem Wachstum üblicherweise mit einer *Un*sicherheitsmarge gepreist. Keine Kompromisse sollte man allerdings bei denjenigen Sicherheitsmargen schließen, die man unter Kontrolle hat: bei der eigenen Rationalität und beim eigenen Kompetenzkreis. Wenn Sie wie ich bezüglich des Kompetenzkreises ein bisschen lockerer sind, ist lebenslanges Lernen die beste Verteidigung. Wenn man noch dabei ist, Fakten zu sammeln, sind kleine Einsätze und Diversifizierung hilfreich (ja, das bekommt man auch durch einen Indexfonds).

Bevor man Geld anlegt, sollte man das schwächste Glied der Sicherheitsmarge identifizieren und sich überlegen, ob es für sich genommen über Erfolg oder Misserfolg entscheiden könnte.

Egal, ob Ihr Pfad eher dem von Bogle oder dem von Buffett ähnelt, werden Sie Ihr Bedauern dadurch mindern, dass Sie in fünf Schritten eine Sicherheitsmarge anpeilen: (1) Seien Sie sich über Ihre Motive im Klaren und lassen Sie es nicht zu, dass Emotionen Ihre finanziellen Entscheidungen leiten. (2) Erkennen Sie an, dass man manche Dinge nicht verstehen kann und dass Sie auch manche anderen nicht verstehen. Konzentrieren Sie sich auf die Dinge, die Sie am besten verstehen. (3) Investieren Sie bei ehrlichen, vertrauenswürdigen Menschen, die etwas Einzigartiges und Wertvolles machen. (4) Bevorzugen Sie Unternehmen, die nicht durch den Wandel der Zeiten, durch den Übergang zum Massenprodukt oder durch Überschuldung vernichtet werden. (5) Halten Sie vor allen Dingen stets nach Investments Ausschau, die viel mehr wert sind als das, was Sie dafür bezahlen.

DANKSAGUNG

Ohne die Unterstützung und Anleitung zahlreicher Menschen wäre dieses Buch nicht möglich gewesen. Ohne Peter Lynch hätte ich wohl nie bei Fidelity Investments gearbeitet und somit niemals die Erfahrungen gemacht und die Diskussionen geführt, aus denen das Buch hervorgegangen ist. Allgemeiner gesehen hat mir Fidelity die Freiheit geboten, zu lernen und zu wachsen, wobei Abby Johnson die Tradition von Ned Johnson und zuvor dessen Vater fortsetzt. Riesengroßen Dank für endlose Kommentare an Tom Allen, Justin Bennett, Richard Beuke, Elliott Mattingly, Peter Hage, Emily McComb, Maura McEnaney, Derek Janssen, Arvind Navaratnam, Leslie Norton, F. Barry Nelson, Brian Peltonen, Charles Salas und das gesamte Small-Cap-Team von Fidelity. Dank auch für technisches Fachwissen an Jeff Cathie, Daniel Gallagher, Sean Gavin, Scott Goebel, Salim Hart, Mark Laffey, Joshua Lund-Wilde, Chris Lin, Sumit Mehra, Karen Korn, Ramona Persaud, Doug Robbins, Ken Robins, Jeff Tarlin und John Wilhelmsen. Auch weiß ich die Ermunterung zu schätzen, die ich von Myles Thompson von Columbia University Press bekam, sowie das Lektorat, die Korrekturen und die Ratschläge von Jonathan Fiedler, Meredith Howard, Ben Kolstad, Leslie Kriesel und Stephan Wesley. Vor allen Dingen bin ich meinen Eltern sowie Anne Croly, Erick Montgomery und Valerie Tillinghast dankbar dafür, dass sie mich während des Schreibprozesses unterstützt und mich ertragen haben.